MINERAÇÃO SUSTENTÁVEL

Uma abordagem sociojurídica da participação popular cidadã em acidentes minerários de grande porte

PEDRO ARRUDA JUNIOR

MINERAÇÃO SUSTENTÁVEL

Uma abordagem sociojurídica da participação popular cidadã em acidentes minerários de grande porte

editora Del Rey

Belo Horizonte

2023

EDITORA DEL REY LTDA.
www.editoradelrey.com.br

Editor: Arnaldo Oliveira

Editor Adjunto: Ricardo A. Malheiros Fiuza
(*in memoriam*)

Coordenação Editorial: Letícia Neves

Diagramação: Know-how Editorial

Capa: JP Designer

Editora:
Rua dos Goitacazes, 71 – Lojas 20 a 24
Centro – Belo Horizonte – MG
CEP 30190-050

Comercial:
Tel.: (31) 3284-3284 / 3293-8233
vendas@editoradelrey.com.br

Editorial:
editorial@editoradelrey.com.br

A779m Arruda Junior, Pedro
Mineração sustentável: uma abordagem sociojurídica da participação popular cidadã em acidentes minerários de grande porte / Pedro Arruda Junior.-- Belo Horizonte: Del Rey, 2023.
360 p.: il.

ISBN 978-65-00-71503-3.
Bibliografia: p. 335-341.

1. Direito de minas - Brasil. 2. Mineração - Brasil. 3. Desenvolvimento sustentável - Brasil. 4. Barragens de rejeitos. 5. Democracia deliberativa. 6. Impactos ambientais. I. Título.

CDU: 351.823.3(81)

Junio Martins Lourenço – Bibliotecário – CRB-6/3167

Dedico esta obra à razão do meu viver: meu filho
Pedro Neri Arruda.

PREFÁCIO

A mineração se constitui em negócio estratégico para os povos ao longo da história. Desde as primeiras civilizações até os nossos dias, a mineração se converteu em motor de desenvolvimento econômico e, a partir deste, de prosperidade política, social e militar.

Por isso mesmo, os negócios envolvendo a mineração sempre foram alvos de cobiça e interesse, tanto dos governantes e Estados quanto dos empresários, implicando disputas e polêmicas.

A exploração de pessoas através de trabalhos forçados, escravidão ou condição similar a esta, a degradação ambiental, as mortes e assassinatos motivados pelas disputas e conflitos ligados à atividade minerária, provocaram a necessidade de regulação deste setor de suma importância para as nações. Daí a conexão que se estabeleceu entre normatização jurídica e atividade minerária.

É neste contexto que Pedro Arruda Junior, autor desta obra primorosa, intitulada *Mineração sustentável: uma abordagem sociojurídica da participação popular cidadã em acidentes minerários de grande porte*, vem a nos brindar com uma reflexão profunda, sistemática e dotada de completude sobre a mineração.

Pesquisador dedicado há mais de uma década aos estudos ambientais e suas interconexões jurídicas e sociais, Arruda Júnior nos oferece um produto de altíssima qualidade, na forma de um livro, um verdadeiro diamante extraído das centenas e centenas de horas dedicadas à investigação da atividade minerária no Brasil e no mundo, com os respectivos impactos que esta produz. Tive a honra de acompanhar a trajetória da investigação percorrida pelo autor deste livro e de testemunhar a dedicação nas leituras de milhares de páginas sobre os assuntos enfocados, o esmero no tratamento de cada conceito, o cuidado requintado na confecção de cada parágrafo.

Diferentemente de outras obras que tratam da legislação minerária ou do histórico da mineração, esta obra que chega até os leitores traz uma abordagem destes temas que vai além da mera descrição dos dispositivos legais ou da narrativa político-institucional que fez surgir a legislação. A partir de um enfoque orientado pela perspectiva discursiva inspirada no pensador alemão contemporâneo Jürgen Habermas, o autor nos oferece uma reflexão inédita, preocupada com a democracia, a cidadania e o desenvolvimento sustentável.

É essa atenção e acuidade de Arruda Júnior que o faz assentar, primeiramente, os fundamentos filosóficos de sua obra, ao tratar da democracia deliberativa como elemento de partida para discutir a mineração brasileira. Feito isso, o autor trará aos leitores um contingente de informações históricas e jurídicas, expondo a legislação ambiental e minerária brasileira construída através dos séculos.

Todavia, outro elemento que torna essa obra extraordinária e inédita, é a aproximação e interconexão que Arruda Júnior faz entre a legislação brasileira e os diversos fatos e eventos, em âmbito local e internacional, que impactaram a trajetória jurídica de nosso país na seara ambiental e minerária.

E se essa parte do trabalho apresentado já é suficiente para torná-lo um contributo intelectual importante, o autor vai muito mais longe nas expectativas que se possam levantar e analisa, a partir dos princípios norteadores do direito minerário, os impactos que a mineração traz em si, em termos sociais e ambientais, refletindo sobre os graves acidentes minerários vivenciados no Brasil em tempo recente.

O autor, então, procura extrair lições que levem a alterações legais, políticas e administrativas que permitam a gestão das atividades minerárias voltadas à sustentabilidade e que envolvam a participação popular nas decisões acerca da atividade minerária, em termos de exercício de uma cidadania ativa e crítica, necessárias ao bom funcionamento dos estados democráticos de Direito.

E não bastasse a preciosa originalidade na construção deste livro, graças à vasta interlocução estabelecida pelo autor com a literatura especializada, encontramos na obra uma bibliografia vasta e atualizada sobre as questões minerárias no Brasil e no mundo, com suas implicações jurídico-legais, político-sociais, ético-morais, econômico-administrativas e lógico-filosóficas.

Por todas essas razões, sinto-me honrado com a possibilidade de prefaciar o livro de Pedro Arruda Júnior e recomendá-lo a todos aqueles que partilham da avidez por informações qualitativamente gabaritadas e argumentos consistentes sobre os problemas atuais, especialmente sobre aqueles que envolvem a mineração, o desenvolvimento sustentável e a construção do Estado Democrático de Direito através de um exercício ativo e crítico da cidadania cosmopolita e da democracia deliberativa. Congratulações ao autor e também à Editora, que trazem ao Brasil e ao mundo, na forma de um livro, um contributo deveras significativo para a construção de um planeta mais saudável, justo e viável para todos.

Brasil, outono de 2023.

Gilvan Luiz Hansen
Prof. Doutor do Departamento de Direito Privado
Universidade Federal Fluminense/Brasil

LISTA DE FIGURAS

LISTA DE TABELAS

SUMÁRIO

CAPÍTULO 3

CAPÍTULO 4

INTRODUÇÃO

A criação de um Estado está ligada diretamente à positivação do direito, o qual, por sua vez, possui como objetivo precípuo a busca constante da justiça nas relações sociais. Com o desenvolvimento dos povos, a figura do ente estatal se fez presente com a necessidade de harmonizar os laços, sejam horizontais, quando apenas indivíduos da mesma classe se interligavam, sejam verticais, quando o Estado se dispunha como ente, trazendo a reflexão de pacto social proposta por Rousseau (2003).

Com o advento da Constituição da República de 1988, conhecida como Constituição Cidadã, um complexo arcabouço de garantias entrara em vigor no país, dentre eles as normas inerentes à coletividade, assim como as normas de cunho ambiental de visão protecionista.

Lado outro, com o viés de desenvolvimento do Estado, encontra-se inserida como setor estratégico nacional, a mineração. A atividade minerária, além de riquezas diretas proporcionadas pela prospecção, também possibilita a geração de empregos e rotatividade financeira regional. Contudo, com a atividade antrópica desordenada, inúmeras alterações ocorreram no planeta, dentre elas os danos ambientais. Decota-se aqui a análise para os impactos de grande porte provocados pela mineração, ou seja, retirados aquelas intercorrências, assim como explotação manual, como a garimpagem, por exemplo.

Quando se trata de mineração é válido ressaltar a existência do Código de Mineração, instituído num momento em que o país passava por um constante crescimento econômico e manifestou-se como uma tentativa de alavancar o Estado com políticas minerárias não totalmente sustentáveis. Todavia, não há como analisar o marco da mineração sem contrapor a Constituição da República de 1988, que traz a postura de um Estado Democrático de Direito, preocupado com o meio ambiente na mineração, tanto o é que reserva capítulo especial no texto constitucional. Sintonizar os textos legislativos com as propostas histórico-sociais e trazer o cidadão como ator e não como receptor de normas é uma das balizas da presente pesquisa.

A prospecção mineral possui variabilidade de técnicas, ou seja, existem inúmeros procedimentos aplicáveis à retirada do mineral do meio ambiente, o que também será devidamente esclarecido na presente pesquisa doutoral. Ressalta-se que, na prospecção à úmido (aquela que utiliza água no processo produtivo) necessário se faz a construção de barragens de rejeitos. Considerando as tragédias mais recentes por rompimento de barragens, especialmente de Bento Rodrigues e Brumadinho, ambos em Minas Gerais, em cenários de completa destruição, é que a presente obra abordará questões de ordem técnica, jurídica e reflexiva sobre a participação da sociedade na solução das lides, com ênfase nos Compromissos de Ajustamento de Conduta promovidos pelo Ministério Público.

E é nessa vertente de participação popular cidadã que se construirá a presente obra. Mas a participação popular que ora se apresenta não se trata de participação meramente formal, ou seja, para cumprimento de pseudo garantias constitucionais. Trata-se de uma análise de implementação e concretização.

Logo, qual seria a forma ideal de se incluir e validar o discurso da sociedade diretamente afetada por catástrofes de rompimento de barragens numa vertente de mineração sustentável? Como alinhar a interação do causador do dano ambiental com a sociedade e órgão da Administração Pública sem tornar marginalizado o discurso social? Tal problemática tem o eixo na formação da gestão participativa e na aplicação da cidadania.

Nos dias de hoje, tem-se difundido a ideia de povo e planeta resilientes, ou seja, há uma capacidade finita da natureza em absorver a degradação ambiental realizada pela atividade antrópica, visando uma conscientização de todos para que, por meio de mudança de comportamento, possa perpetuar-se a espécie humana no planeta, interagindo com outros seres componentes da própria natureza. Contudo, em cenários de alta devastação a resiliência, por si, não é suficiente para a restauração do ambiente, motivo este que leva o presente trabalho a um outro patamar, com a discussão da ação comunicativa habermasiana.

A relevância da presente pesquisa está ligada diretamente à dimensão dos acidentes como foco de estudo: Bento Rodrigues/MG como maior desgaste ambiental brasileiro por atividade antrópica e Brumadinho/MG, maior acidente minerário fatal, ultrapassando duzentas e quarenta mortes. E, intrinsecamente, ligada ao fato de se fazer necessário inserir uma visão multifocal do instituto.

Considerando todos os elementos apresentados, cumpre salientar que a pesquisa se enquadra como uma nova contribuição para a academia e possui como objetivo geral: estabelecer a possibilidade da mineração sustentável partindo da premissa do exercício da cidadania por meio da participação popular no momento da celebração de Compromissos de Ajustamento de Conduta promovidos pelo Ministério Público.

Por seu turno, como objetivos específicos da presente obra, destacam-se: a) demonstrar a evolução legislativa ambiental e minerária; b) compreender o funcionamento da atividade de prospecção mineral no Brasil e explicar o funcionamento e espécies de barragens; c) determinar o funcionamento do Compromisso de Ajustamento de Conduta e suas fragilidades; d) apresentar mecanismos de implementação da participação popular cidadã na mineração sustentável traçada como objetivo geral.

Como marco teórico utilizar-se-á, incialmente, José Eli da Veiga (2010) sobre o pensamento de sustentabilidade, considerando a necessidade de se analisar a pesquisa como um todo, os conflitos socioambientais derivados da catástrofe anteriormente relacionada, o envolvimento social e o dano propriamente dito. Adentrando especificamente ao caso de mineração, a noção de dádiva ou maldição da mineração de Enriquez (2007) sobre os fatores da postura dos afetados "empreendedor - poder público - trabalhadores e comunidade". E, por fim, a pesquisa trará a análise desse diálogo institucionalizado por meio da ação comunicativa de Habermas (1981).

O problema proposto será estudado por meio de uma investigação sociojurídica exploratória, que se utilizará de ampla pesquisa bibliográfica, que inclui a consulta à legislação, constitucional e infraconstitucional, bem como dos trabalhos científicos correlatos, por meio do método hipotético-dedutivo.

A estruturação da obra dar-se-á em seis grandes capítulos, dispostos harmonicamente da seguinte forma. No primeiro capítulo, como plano inicial de estudo, será abordada a democracia deliberativa no cenário da mineração brasileira. Para tanto, o primeiro capítulo permeará institutos que estão conectados com a ideia e discussão sobre o cenário histórico da democracia e seus traços evolutivos dentro da ótica de esfera pública habermasiana. Logo, ideias sobre a cidadania na atualidade e a respectiva dificuldade de conceituação. No cenário de acidentes minerários de grande porte por rompimento de barragens, a participação popular, como mencionado em linhas anteriores, está posicionada de maneira secundária no Estado brasileiro. Por conta de tamanha violação da cidadania, após traçar um dos pilares de constituição da presente pesquisa, passar-se-á à análise do desenvolvimento histórico da legislação minerária e ambiental.

No segundo capítulo, inicialmente, as normas ambientais serão apresentadas historicamente mediante periodização: Colônia, Império e República. Numa visão mais direcionada, as normas minerárias serão trazidas separadamente para estudo. A atualização legislativa, na maior parte das vezes, segue reflexos de grandes alterações sociais ou de eventos que provoquem reflexões acerca desses eventos. Nessa vertente, o presente capítulo também abordará a análise dos eventos impactantes na legislação global que influenciaram também o sistema jurídico brasileiro, sejam estes vinculados à mineração ou ao meio ambiente, através de recorte temático de atividade antrópica. Por fim, uma vez apresentados os traços históricos tanto das normas ambientais como mineiras, as tragédias ambientais que possibilitaram reflexões sociais sobre a necessidade de proteção e suas respectivas legislações impactantes serão apresentadas. Por conta do objeto central de estudo, efetuou delineamento para as normas a partir da década de 60, período de surgimento do Código da Mineração. Válido mencionar que tal detalhamento é grande contribuição para acadêmica, considerando a escassez de obras nesse sentido.

Já no Capítulo 3, direcionará a compreensão da atividade minerária e o tênue liame entre o desenvolvimento nacional os impactos ambientais negativos, passando por uma análise das normas consuetudinárias, gerais e específicas, com recorte temático para a revolução do minério de ferro, etapas, procedimento licenciatório, de autorização de pesquisa, concessão de lavra e as dimensões da atividade mineira.

Uma vez centralizada a pesquisa na prospecção do minério de ferro em larga escala, o quarto capítulo será reservado para as modalidades de barragens de rejeitos, processo de beneficiamento mineral, gestão e apresentação de acidentes por rompimento de barragens na mineração, assim como os dados econômicos atuais do setor. Tal momento aprofundará a temática que envolve técnica sobre construção de barragens e segurança das mesmas e o sistema de gestão de barragens, com a descrição e caracterização de lugar e senso de pertencimento proposto por Augé (2016). Dados acerca dos dois eventos direcionados da presente pesquisa serão apresentados, num concatenar de eventos pós tragédias. Acrescenta-se que as alterações ocorridas na legislação também serão apresentadas.

No quinto capítulo, estudar-se-á o instituto do compromisso de ajustamento de conduta como mecanismo de solução de demandas, aspectos conceituais e estruturais do instituto jurídico, além de confrontar a extinta lei de Política Nacional de Participação Popular numa vertente imbricada com os direitos humanos e a participação da Defensoria Pública como *custos vulnerabilis*.

Por fim, o último capítulo enfrentará o estudo da mineração sustentável inicialmente conduzindo os debates sobre desenvolvimento e globalização, sob uma perspectiva além da economia. As consequências jurídicas nos casos de Bento Rodrigues e Brumadinho serão descritas, com dados processuais e caminho seguido para solução da lide com a constituição de Assessorias Técnicas Independentes. A sustentabilidade proposta será estudada em conjunto com a participação popular, instrumentos de aferição da sustentabilidade e exibir-se-á a vertente de mineração sustentável baseada na participação da sociedade pautada pela ética do discurso num olhar habermasiano, passando por institutos como a resiliência e mecanismos de concretização da participação popular cidadã.

CAPÍTULO I

DEMOCRACIA DELIBERATIVA NO CENÁRIO DA MINERAÇÃO BRASILEIRA

É possível afirmar que, atualmente e de maneira geral, é vultuosa a preocupação da sociedade com tragédias ambientais. Isso porque, não raras vezes, a degradação ambiental pode se desdobrar por dias, semanas e até meses. Logo, como mensurar a dimensão desses eventos? A presente obra doutoral é criada com um olhar para os acidentes minerários de grande porte. Aqui é válido discorrer sobre o objeto central de estudos.

A atividade minerária possui uma variabilidade procedimental extensa: prospecção de minerais da construção civil (areias, argilas e britas), garimpagem, explotação à seco e à úmido. Tais institutos serão abordados oportunamente no presente trabalho. O que merece análise é o recorte do que é considerado grande porte aos olhos do autor.

Toda atividade industrial mecanizada, ou seja, aquela que possua uma metodologia no processo produtivo formalizado com segmentação no mercado comercial será abarcada na conceituação de grande porte. Logo, excluídas as práticas isoladas como garimpagem e prospecção manual de minerais.

Como se pode ver, os acidentes minerários de grande porte, então, para o presente estudo, serão vistos sob a ótica da estruturação industrial. Tal escolha se dá pelo fato que do ponto de vista ambiental é tecnicamente amplo para solidificar o grau de impacto. O impacto ambiental em qual ótica? Econômica, humana, social, fauna e flora? Por conta da variabilidade diante das múltiplas facetas que envolvem uma tragédia ambiental, optou-se por firmar a concepção da presente obra na formalização da prática mineira. Além disso, acrescenta-se que na atividade minerária é possível identificar acidentes e intercorrências, sendo estas últimas fatores de menor preocupação e, normalmente, sem vítimas. Portanto, esclarecendo, desde já, a narrativa que será trazida nesta obra é aquela atividade minerária de porte industrial.

Uma vez delineada a amplitude e recorte temático, a mineração sustentável pautada na participação popular cidadã será alvo de estudo na presente pesquisa, principalmente relacionada ao compromisso de ajustamento de conduta realizado pelo Ministério Público com empreendedores quando da ocorrência de acidentes de grande porte na mineração. A sociedade atingida não é, diretamente, parte do presente instrumento jurídico, o que, de fato, instiga reflexões além da legislação. Um olhar sobre democracia, cidadania e Estado de Direito se faz pertinente.

Jürgen Habermas[1] (1929) apresenta uma abordagem da argumentação acerca da prática da cidadania no processo de construção do diálogo institucionalizado entre Estado e sociedade como preceitos da democracia deliberativa e trouxe, no decurso dos anos, inúmeras e relevantes obras aplicáveis a várias facetas da ciência, tendo forte influência nos ideais democráticos pautados pela comunicação de senso coletivo.

A democracia, em sua essência histórica, a qual remonta à antiguidade. Hansen (2019a, p. 33) discorre, com precisão, sobre a temática:

> A ideia de democracia remonta à antiguidade, quando na Grécia se constituiu em experiência política segundo a qual o governo era exercido por pessoas eleitas pelo povo, que discutiam os destinos da polis em praça pública (*ágora*) e tomavam as decisões mais significativas argumentando com os cidadãos e legitimados pelo apoio dado por estes às iniciativas de gestão.
>
> A configuração histórica da democracia grega levada a cabo a partir de Atenas possuía suas contingências e limitações, advindas de uma compreensão de mundo ontológico-metafísicas que atribuía a alguns seres humanos o status pleno de humanidade e de direitos, enquanto a maioria existia para papéis restritos e específicos na grande engrenagem cósmica.

[1] Filósofo e sociólogo alemão que pertence a Escola de Frankfurt, a qual possui outros representantes como Adorno (1903-1969), Marcuse (1898-1979), Horkheimer (1895-1973) e Benjamin (1892-1940).

> O destino comandava a existência das pessoas e cada uma devia buscar entender qual era o papel na pólis e desempenhá-lo com virtude, sendo feliz.

Hansen (2019a, p. 34) ainda prossegue com dados de que somente um quinto da população possuía condições para o exercício da soberania em sua plenitude (participação no sorteio de cargos, votar e ser votado, dentre outras características da época) e que "a partir de um debate público, legitimado na força do melhor argumento e na transparência das ações, é o legado que trouxe a democracia à modernidade".

Diante disso, é perceptível que, no decorrer dos anos, incorporou-se a compreensão de universalidade, ou seja, o acesso de todos os indivíduos na formação de ideais comuns, de vontade coletiva. A soberania popular, então, é exercida no espaço público e, conforme Hansen (2019a, p. 35):

> A soberania popular se exercita no âmbito do espaço público, o qual pode se converter em esfera pública (*Öffentlichkeit*) desde que nela se exerçam criticamente ações comunicativas. Isso, segundo Habermas, ocorre quando "[...] os planos de ação dos atores envolvidos são coordenados não por meio de cálculos egocêntricos do êxito que se quer obter, mas por meio de atos de entendimento". Por "entendimento" compreende-se um comum acordo que é racionalmente motivado e perseguido pelos participantes das interações comunicativas. Então, para Habermas, a ação comunicativa tem origem na interação entre dois ou mais sujeitos capazes de falar e agir, que estabelecem relações interpessoais para compreenderem as situações vivenciadas em um determinado contexto social e orientarem suas ações por meio de um "entendimento". Esse "entendimento" é construído intersubjetivamente no "mundo da vida" (*Lebenswelt*).

Em 1962 Habermas lançou a obra – Mudança Estrutural da Esfera Pública – onde aborda a constituição da esfera pública moderna a partir da esfera pública burguesa de pessoas privadas, as quais reuniam-se formando um público. E, conforme Ribeiro *et al.* (2013, p. 187):

> Apesar desta obra tratar da importância do surgimento da imprensa na construção da esfera pública burguesa e a evolução desta esfera através de uma construção histórica, durante toda a obra fica difusa e distribuída a definição do que é a esfera. Esse conceito vem de forma bastante clara na obra

Direito e Democracia - Entre Facticidade e Validade (I e II) de 1992. Nessa obra o conceito de espaço público deixa de ser histórico normativo para se tornar uma visão sociológica.

Trazendo os delineamentos de Habermas (2011b, p. 93), a constituição da esfera pública como estrutura comunicacional se dá com "o agir orientado pelo entendimento, a qual tem a ver com o espaço social gerado no agir comunicativo, não com as funções nem com os conteúdos da comunicação cotidiana". Nessa vertente, Ribeiro *et al.* (2019, p. 188) descrevem a concepção Habermasiana de espaço público ao afirmarem que:

> Qualquer encontro, troca de informação, que parta da posição recíproca de comunicação alimentado pela liberdade comunicativa que uns concedem a outros, acontece em um espaço público, ou seja, a esfera de diálogo (esfera pública) existe em um espaço público. Assim como o ator, a ação, o grupo ou a coletividade, a esfera pública é também um fenômeno social elementar. Sendo assim, este é constituído através da linguagem.

Nesse contexto de espaço público, a democracia se desenvolve com a pluralidade de ideias e formação de um diálogo social, ou seja, hodiernamente, esses elementos são fundamentais para a vida na sociedade e estruturam, inclusive, a cidadania. Sob a análise da participação social na formulação dos Compromissos de Ajustamento de Conduta após acidentes minerários de grande porte - quando há inúmeros setores a serem reparados (ambiental, social, econômico, trabalhista), a estruturação do espaço público que se debruça é justamente o diálogo criado entre o Estado - representado pelo Ministério Público (por ser o legitimado mais frequente na elaboração na formulação das condicionantes negociais) - e sociedade, a qual é sujeito de direitos e núcleo decisivo de todo o processo. O que se constata, na prática, é a realização dos presentes acordos somente entre empresa e Ministério Público. Assim, a formulação da esfera pública, sob o olhar do autor, pode ser vista como concatenação entre sociedade, órgão ministerial e empresa, num cenário de diálogo formal e levantamento das essenciais necessidades da comunidade atingida. Hansen (2019b, p. 185) menciona que as regras, na antiguidade, descreviam as funções sociais e papéis a serem desempenhados e, na medida em que fossem aplicadas e utilizadas, dava sentido ao acontecer humano, ou seja, as normas são garantia e limites da cidadania e:

> Ao mesmo tempo em que se constituía como garantidor da cidadania, o estado de direito somente encontrava a realidade e validade à medida que as pessoas pertencentes às coletividades específicas davam o seu consentimento, seja por submissão, ação legisladora ou contestação, ao aparato normativo que se lhe apresentava, participando do processo de modo comissivo ou omissivo.
>
> Das modalidades de participação nas coletividades sociais advindas de tempos longínquos, herdamos formas de exercício de cidadania que são tomadas como mais ativas ou mais passivas, a depender do seu caráter substancial ou meramente formal.

Com uma visão sobre a cidadania na atualidade, Dagnino (1994, p. 104) destaca que este instituto está presente por toda parte no mundo moderno, com sentidos e intenções diversas e faz uma análise otimista dessa ampliação do estudo e aplicação do instituto com a aproximação social e firma duas vertentes sobre a temática ao afirmar que:

> Em primeiro lugar, o fato de que ela deriva e, portanto, está intrinsecamente ligada à experiência concreta dos movimentos sociais, tanto os de tipo urbano – e aqui é interessante anotar como cidadania se entrelaça com o acesso à cidade – quanto os movimentos de mulheres, negros, homossexuais, ecológicos etc. Na organização desses movimentos sociais, a luta por direitos – tanto o direito à igualdade como o direito à diferença – constituiu a base fundamental para a emergência de uma nova noção de cidadania.
>
> Em segundo lugar, o fato de que, a essa experiência concreta, se agregou cumulativamente uma ênfase mais ampla na construção da democracia, porém, mais do que isso, na sua extensão e no seu aprofundamento. Nesse sentido, a nova noção de cidadania expressa o novo estatuto teórico e político que assumiu a questão da democracia em todo o mundo, especialmente a partir da crise do socialismo real.
>
> Como consequência dessas duas dimensões, eu destacaria um terceiro elemento que considero fundamental nessa noção da cidadania: o fato de que ela organiza uma estratégia de construção democrática, de transformação social, que afirma um nexo constitutivo entre as dimensões da cultura e da política. Incorporando características da sociedade contemporânea, como o papel das subjetividades, a emergência de sujeitos

sociais de novo tipo e de direitos de novo tipo, a ampliação do espaço da política, essa é uma estratégia que reconhece e enfatiza o caráter intrínseco e constitutivo da transformação cultural para a construção democrática.

Num primeiro momento, então, a cidadania, aos olhos da referida autora, está conectada com a experiência dos movimentos sociais em busca de direitos. Tais movimentos sociais, lato senso, proporcionam o envolvimento da sociedade nas mais diversas formas de atuação. Isso porque, desde a Constituição da República de 1988, a sociedade passa por um processo de reaproximação entre Estado e indivíduos, trazendo estes para o processo decisório. Logo, os movimentos sociais apresentados pela autora podem ser entendidos tanto aqueles formais (oriundos de comando legal) quanto informais. Além disso, apresenta-se um novo olhar sobre a cidadania partindo do pressuposto da política, gerando uma construção democrática de transformação social. Assim, o reconhecimento e a união de grupos sociais com ideias de garantias jurídicas podem ser entendidos como exercício de cidadania.

A Constituição de um determinado país democrático deve refletir justamente os anseios desses atores da sociedade, os quais, reunidos, buscam o reconhecimento e concretização de direitos. Menezes e Bannel (2007, p. 2) acrescentam que:

> A Constituição, forte elemento da identidade política, deve refletir os interesses dos diferentes grupos e, para fazê-lo, deve ser construída em conjunto por todas as pessoas atingidas pela Constituição (ou ao menos por uma representação verdadeira de todos os grupos atingidos). São os membros da comunidade política que devem decidir, juntos, quais normas e valores serão consideradas válidas para sua comunidade. Essas normas e valores é que devem fazer parte da Constituição.

Mas, afinal, o que seria um Estado Democrático de Direito? Que haja pluralidade partidária? Que todos os indivíduos possuam acesso à alimentação e moradia? Que todas as pessoas sejam tratadas igualmente, independente de cor, sexo, e grau de riqueza? Aquele país onde a sociedade possa participar de associações e sindicatos? Ou até mesmo criticar e protestar sem medo de represálias? Dagnino (1994, p. 197) sustenta que:

> Uma das consequências dessa perspectiva é a necessidade de distinguir a nova cidadania dos anos 90 da visão liberal que, tendo gerado esse termo nos fins do século XVIII como uma

> resposta do Estado às reivindicações da sociedade, acabou por essencializar a noção de cidadania. Essa "essência", de cunho liberal, continua vigente até hoje, lutando para permanecer como tal e certamente desempenhando funções bastante diferentes daquelas que caracterizaram a sua origem.
>
> Essa distinção, que é ao mesmo tempo política e teórica, na verdade, é o que torna possível falar de sentido inovador e de uma nova cidadania. Por outro lado, como reflexão, essa distinção ainda não avançou suficientemente, o que eu acho que explica várias das críticas que a nova cidadania enfrenta.

Na obra - Direito e Democracia - Habermas (1997) propõe que as normas de um Estado Democrático de Direito sejam vistas como resultado de deliberações e processos de interlocução social, pautado na igualdade e na liberdade dos sujeitos ao afirmar que só é legítimo "aquilo em torno do qual os participantes da deliberação livre podem unir-se por si mesmos, sem depender de ninguém" (Habermas, 2003, p. 162). Além disso, Wirth e Hamel (2006, p. 166) trazem informações com base Habermasiana que:

> Os cidadãos devem deliberar a respeito de seus problemas e necessidades sociais assim como a opinião pública deve direcionar o poder administrativo a determinadas demandas sociais.
>
> O autor demonstra, também, que o conceito de discurso, incluído na democracia, torna a sociedade diferenciada, a partir do momento em que permite contrastar opiniões, proporcionando a contestação e a identificação das necessidades existentes no seu interior, podendo, ainda, apontar possíveis soluções para determinados problemas sociais.

Nesse cenário, a teoria do agir comunicativo propicia uma reflexão sobre as instituições que se constituem como espaços democráticos para o exercício da cidadania. Por conta dessa análise, ao se observar o objeto de estudo da presente obra, constata-se a necessidade de participação social na formulação do diálogo com o órgão ministerial e empreendedor quando da celebração de compromisso de ajustamento de conduta.

Numa obra de dois volumes - Teoria da ação comunicativa (Habermas, 1987) - se tornou um dos mais marcantes estudos do autor. A ação comunicativa, então, vem "como resposta de Habermas a teoria da racionalização de Weber, sendo assim a teoria de Weber repousa na consciência e a de Habermas na Linguagem" (Ribeiro *et al.*, 2013, p. 190). Logo, a comunicação é base de uma reconstrução dos fundamentos da sociedade.

Habermas (2003) se propõe a pensar sobre o modelo político necessário para atender a sociedade contemporânea sob a ótica da necessidade de três dimensões (individual, cultural e cidadã), fixando uma tensão entre dois modelos políticos (liberalismo e comunitarismo).

O liberalismo clássico apresenta privilégios à dimensão individual, desejos e limitações. Tais características são essenciais para expansão das liberdades e que a sociedade consiga caminhar. Christmann (2019, p. 6) justifica que:

> O liberalismo a que Habermas se refere pode ser chamado de democracia liberal-pluralista, a respeito do qual se pode destacar como expoentes Schumpeter e Dahl. Referida teoria é marcada pela exclusão de qualquer tipo de participação da população (exceto o voto), na medida em que tem como prioridade a estabilidade política.

Por outro lado, o comunitarismo apresenta uma dimensão cultural com o reconhecimento de indivíduos que possuem afinidades e características em comum e, conforme Menezes e Bannell (2007, p. 1) ambos os modelos possuem pontos negativos e positivos:

> Se, por um lado, o liberalismo clássico traz a conquista da individualidade, por outro, não reconhece a comunidade. O comunitarismo vem justamente trazer o senso de pertencimento a uma comunidade, porém exclui quem nela não se encaixa. Como, então, respeitar o indivíduo e reconhecer os grupos diferenciados pertencentes a uma mesma comunidade? Como saída, Habermas propõe que haja um terceiro modelo: a democracia deliberativa.

Durão (2017, p. 24) analisa detalhadamente o exercício da cidadania alinhado aos valores típicos da própria identidade ao apresentar que:

> O comunitarismo apela à tradição que remonta a Aristóteles (comunitarismo duro) ou a Hegel (comunitarismo brando) e associa o exercício coletivo da cidadania com a preservação dos valores definidores da própria identidade. A política, então, não deve ser neutra em relação aos valores da coletividade, ao contrário, deve proteger os valores comuns, pois,

> inclusive os valores das maiorias estão ameaçados no caso de que não sejam promovidos pela lei. A língua de uma comunidade, a religião ou a etnia dominante são tão vulneráveis que podem ser modificadas pela imigração, pela falta de motivação ou pela adoção de um modelo liberal de política. Um estado liberal que não protege os valores de seus cidadãos expõe ao risco de extinção estes elementos característicos fundamentais. Para os comunitaristas, por conseguinte, a política tem que promover os valores da comunidade, reprovando assim a concepção neutra do liberalismo que conduz ao atomismo social.

Traçados estes elementos, válido mencionar as principais críticas dos comunitaristas à Teoria da Justiça proposta por Rawls, conforme ensinamentos de Silveira (2007, p. 170) que, sinteticamente, as distribuem em cinco grandes grupos:

> 1) opera com uma concepção abstrata de pessoa que é consequência do modelo de representação da posição original sob o véu da ignorância; 2) utiliza princípios universais (deontológicos) com a pretensão de aplicação em todas as sociedades, criando uma supremacia dos direitos individuais em relação aos direitos coletivos; 3) não possui uma teoria da sociedade em função de seu contratualismo, trazendo como consequência uma atomização do social, em que a pessoa é considerada enquanto átomo isolado; 4) utiliza a ideia de um Estado neutro em relação aos valores morais, garantindo apenas a autonomia privada (liberdade dos modernos) e não a autonomia pública (liberdade dos antigos), estando circunscrita a um subjetivismo ético liberal; 5) é uma teoria deontológica e procedimental, que utiliza uma concepção ética antiperfeccionista, estabelecendo uma prioridade absoluta do justo em relação ao bem.

Como visto, as duas concepções são distintas e diferenciam-se principalmente no papel desempenhado pelo processo democrático. Nas lições de Christmann (2019, p. 5):

> Nesse sentido, a diferença fundamental existente entre a concepção liberal e a concepção republicana de democracia encontra-se no papel desempenhado pelo processo democrático. Na democracia liberal-pluralista, o processo político possibilita a formação da vontade política a partir da concorrência entre atores sociais que disputam posições de poder.

> [...]
> Diferentemente, o processo político na concepção republicana apresenta-se de maneira mais complexa em razão do matiz ético que possui. [...] Emerge, portanto, uma vontade política que transcende a simples agregação de preferências pessoais e se aproxima de uma vontade propriamente coletiva.
>
> Nessa esteira, o conceito de cidadão para o republicanismo tem foco nas liberdades positivas identificadas com o direito de participação e de comunicação política. O republicanismo, dessa maneira, fortalece a possibilidade de participação dos cidadãos e a busca, entre eles, da formação de consensos coletivos.

Diante dessa dualidade, considerando a necessidade de diálogo dentro da vontade coletiva, Habermas (1995, p. 45) destaca a terceira via por meio da teoria deliberativa:

> A política dialógica e a política instrumental podem entrelaçar-se no campo das deliberações, quando as correspondentes formas de comunicação estão suficientemente institucionalizadas. Portanto, tudo gira em torno das condições de comunicação e dos procedimentos que outorgam à formação institucionalizada da opinião e da vontade políticas sua força legitimadora.

Numa visão ampla, destaca-se que a teoria deliberativa da democracia se apresenta como um modelo normativo e "reinsere a dimensão social, colocando o discurso na esfera pública como um meio para atingir decisões coletivas" (Christmann, 2016, p. 3).

A democracia deliberativa, então, é constituída principalmente pela participação das pessoas de uma comunidade política na tomada de decisão quanto aos princípios que deverão orientar (Menezes e Bannell, 2007), ou seja, apresenta uma projeção cidadã justamente entre a tensão do liberalismo clássico e do comunitarismo. Acrescenta-se que esta democracia é justamente pautada no exercício da cidadania, ativamente, nos procedimentos de criação de normas. Contudo, não há um conceito sólido e uníssono do que venha a ser cidadania. Todavia, é possível estabelecer relações entre conceitos e ideias para que seja, assim, possível, delinear a cidadania que se apresenta no presente trabalho. Contornando a lógica Habermasiana, a cidadania pode ser entendida como um plano ativo da pessoa humana, que proporciona uma identidade política e uma ação comunicativa na esfera pública por meio de uma democracia deliberativa.

Quando da análise dos contornos legislativos do direito ambiental e minerário é de fácil identificação a participação popular no momento de elaboração do Estudo de Impacto Ambiental, a qual é oriunda de comando legal, conforme Farias e Coelho (2012, p. 10) sustentam:

> A exigência do EIA aplica-se aos empreendimentos mineiros de toda e qualquer substância mineral. Entretanto, para as substâncias minerais de emprego imediato na construção civil, em função das características do empreendimento, poderá ser dispensado a apresentação do EIA. Nesse caso, a empresa de mineração deverá apresentar o Relatório de Controle Ambiental (RCA), em conformidade com as diretrizes do órgão ambiental estadual competente. O EIA, a ser elaborado obrigatoriamente por técnicos habilitados, deve estar consubstanciado no Relatório de Impacto Ambiental (RIMA), o qual é submetido ao órgão de meio ambiente estadual competente, integrante do Sistema Nacional de Meio Ambiente (SISNAMA), para análise e aprovação. Nesta fase, o RIMA deve ser tornado público para que a coletividade ou qualquer outro interessado tenha acesso ao projeto e a seus eventuais impactos ambientais e possa conhecê-los e discuti-los livremente, inclusive em audiência pública. A aprovação do EIA/RIMA é o requisito básico para que a empresa de mineração possa pleitear o Licenciamento Ambiental do seu projeto de mineração.

Mesmo em linhas iniciais da presente pesquisa, válido destacar que a participação popular a ser investigada é aquela após a ocorrência de acidentes minerários de grande porte, ou seja, tanto o Estudo de Impacto Ambiental como o Relatório de Impacto Ambiental serão abordados em capítulos posteriores apenas a título de fundamentação dos traços evolutivos do envolvimento da sociedade nesse cenário de ação comunicativa, não sendo recorte metodológico o aprofundamento dos institutos mencionados.

Ribeiro *et al.* (2013, p. 199), ao apresentar a problemática envolvendo os contornos jurídico, social e político da contemporaneidade, apresenta como solução a validação dos direitos dos indivíduos por meio da autonomia política:

> Mais do que somente fazer uma análise jurídica, política e social da problemática moderna, através da ideia de democracia deliberativa (que pode se obter com uma sociedade dos

cidadãos, formada por uma opinião pública pensante e uma sociedade civil atuante) Habermas também sugere uma solução, mesmo que utópica. Possível ou não de ser efetivada, a política deliberativa serve como parâmetro comparativo para avaliar os poderes públicos vigentes na pós-modernidade e acender a ideia de que a validação dos direitos do homem, fundamentais e universais, só é possível através da autonomia política dos cidadãos, ou seja, da soberania do povo.

Na ótica constitucional atual, há previsão expressa acerca do exercício da cidadania diretamente ou por meio de representantes eleitos, conforme preceitua o artigo 1°, parágrafo único. Quando abrimos o campo de estudos do exercício da cidadania na área minerária, encontram-se alguns obstáculos como trâmites gravados por sigilo, participação meramente formal no processo de integração e licenciamento ambiental, dentre outros.

Inúmeros regramentos específicos, aplicáveis a várias áreas do saber como: engenharia de minas, engenharia civil, geologia, direito, dentre outras, são vinculados à essa concepção. O estudo histórico da mineração merece atenção por conta da sua escassez na academia. Quando se fala em escassez, remonta-se a ideia de dificuldade de localização das normatizações agrupadas em documentos únicos ou conexos. O direito minerário rege-se, quase em sua integralidade, com Portarias e Resoluções que, muitas vezes, não são referenciadas pela legislação federal, tornando o trabalho extremamente específico. Por conta disso, no capítulo que se abre em linhas subsequentes, esse estudo contribuirá para formação e solidificação do saber.

O consenso baseado numa ótica de democracia deliberativa no espaço público na presente obra doutoral pode ser entendido como a criação das normas entre as partes, ou seja, a estruturação das condicionantes do TAC deve abrir a oportunidade de aproximação social para deliberação. Não se trata de legitimação de decisões, mas de efetiva participação na formulação dos termos do acordo. Existem inúmeras formas de concretização do diálogo institucionalizado (Estado e sociedade), e o recorte metodológico da presente pesquisa direciona o olhar para o fortalecimento desta faceta. O Estado Democrático de Direito não é aquele em que a haja democracia somente indiretamente. É, inclusive, um dever, com escora constitucional, de manifestação social no espaço público, com a convergência de interesses que precisam ser absorvidos e implementados durante as possíveis soluções nos impactos ambientais negativos de grande porte. Hansen (2019a, p. 37) expressa a necessidade de cidadania ativa sob pena de aniquilação social:

> Nesse horizonte, a cidadania que se faz imprescindível e inafastável, sob pena de aniquilação da espécie humana e de grande parte das demais espécies, é ativa. Seu acontecer, contudo, tem contornos de acolhimento, de solidariedade, de inclusão, de valorização recíproca, onde todos são vistos como participantes, até mesmo aqueles que não reúnem condições efetivas de participação imediata (enfermos mentais, crianças em tenra idade, etc.), pois devem ser tratados como destinatários de igual dignidade aos que empiricamente praticam a cidadania.
>
> [...] Sem sua consecução, tanto a experiência histórica da democracia quanto do Estado de Direito será frágeis, débeis e constantemente ameaçadas ante a astúcia e interesses espúrios dos defensores de vias opressivas e de dominação dos demais seres humanos.

Ao se investigar cientificamente as questões fenomenológicas da mineração um cenário dúplice surge: o momento histórico de constituição e atenção normativa da exploração mineral é da década de 60 (Código da Mineração) e a Constituição da República de 1988 aborda, dentro da ordem econômica. Apesar dessa constituição em momentos históricos distintos, novos olhares devem ser traçados para a sociedade atual. A integração dos indivíduos no espaço público de discussão sobre eventos e empreendimentos que possam ocasionar modificações na constituição de modo de vida. Aqui não se destaca os impactos negativos, mas sim a mudança da estrutura da sociedade ao receber um empreendimento minerário de grande porte.

A relação entre Estado e sociedade precisam ser reavaliadas com a expansão e concretização da participação popular, a qual é fruto de um Estado de Direito. Com isso conseguir-se-á a construção de um espaço público deliberativo. Nessa concepção Dagnino (1994, p. 110) afirma:

> O que essas experiências apontam é exatamente que essa redefinição não é apenas dos modos de tomada de decisões no interior do Estado como também dos modos como se dão as relações Estado-sociedade. Além disso, não aparece haver dúvida quanto ao fato de que elas expressam – e contribuem para reforçar – a existência de sujeitos cidadãos e de uma

> cultura de direitos que inclui o direito de ser coparticipe da gestão da cidade. As dificuldades que são reais e extremamente complexas, como as assimetrias de informação, de uso da linguagem, de saber técnico, não estão servindo de pretexto para que se descarte essa possibilidade, mas estão sendo enfrentadas na prática.
>
> Mais ainda, eu diria que esse tipo de processo contribui para a criação de um espaço público onde os interesses comuns e os particulares, as especificidades e diferenças podem ser discutidos.

Importante frisar que as escolhas e decisões dos indivíduos em sociedade normalmente ocorrem de maneira coletiva, ou seja, as ações e interações isoladas são normalmente dependentes ou precisam de uma validação de terceiros, formando assim uma interação estratégica, ou seja, uma organização das ideias e anseios para um fim coletivo. Lessa (2016, p. 3):

> Este tipo de interação pode ser teoricamente representado como interação estratégica e modelado como um jogo. Adicionalmente, o fato de que os resultados sejam qualificadamente coletivos, ao passo que as decisões são estritamente individuais, requer, neste caso, a elaboração de uma noção de racionalidade estratégica atribuível aos indivíduos em tais circunstâncias, na medida em que suas possíveis ações são contingentes às ações possíveis dos outros com os quais interagem.

Ainda sobre o comportamento unilateral dos indivíduos que compõem a sociedade, por si só, não são dotados de uma certa racionalidade, considerando principalmente as variantes de resultados dessa decisão singular. Por isso a importância de uma organização de senso coletivo e direcionamento da tomada de decisões. Gontijo e Maia (2004, p. 16) descrevem com grande precisão essa vertente:

> O comportamento de um único indivíduo em condições de isolamento jamais pode apresentar elevado grau de racionalidade. O número de alternativas que esse indivíduo deve conhecer e a informação de que necessita para avaliá-las são tão vastos que é difícil admitir qualquer aproximação da racionalidade objetiva. A escolha individual ocorre num ambiente de pressupostos – premissas que são aceitas pelo indivíduo como bases para a escolha – e o comportamento é flexível apenas dentro dos limites fixados por esses pressupostos.

> O ambiente psicológico, baseado nos pressupostos existentes de determinada situação, pode alcançar um elevado grau de racionalidade, de acordo com a escolha e modificação das alternativas possíveis para o tomador de decisões. O papel da organização é propiciar um ambiente psicológico que condicione as decisões aos objetivos da organização, proporcionando as informações necessárias para a tomada de decisão.
>
> A racionalidade objetiva sugere que o indivíduo atuante ajuste seu comportamento a um sistema integrado, mediante uma visão panorâmica das alternativas, a consideração das consequências da escolha e a escolha criteriosa de uma alternativa.

Ribeiro *et al.* (2019, p. 198) destacam a dificuldade do Estado em integrar a sociedade no processo de formulação de políticas públicas, assim como decisões. Destacam que é notório o reconhecimento da aproximação por meio de uma democracia deliberativa ao destacarem que:

> É impossível negar que estas sejam ações que buscam a comunicação deliberativa, a participação do povo nas decisões políticas e, portanto, são um ensaio da soberania popular através do agir comunicativo, mas estão ainda em estágio muito primário. Esses movimentos só podem crescer e alcançar maior alcance quando os estados tiverem suas estruturas de funcionamento modificadas de forma a incluir definitivamente o diálogo aberto do povo e de fazer entender que o povo tem poder através da comunicação na esfera pública, como acredita Habermas.
>
> Mais do que somente fazer uma análise jurídica, política e social da problemática moderna, através da ideia de democracia deliberativa (que pode se obter com uma sociedade dos cidadãos, formada por uma opinião pública pensante e uma sociedade civil atuante) Habermas também sugere uma solução, mesmo que utópica. Possível ou não de ser efetivada, a política deliberativa serve como parâmetro comparativo para avaliar os poderes públicos vigentes na pós-modernidade e acender a ideia de que a validação dos direitos do homem, fundamentais e universais, só é possível através da autonomia política dos cidadãos, ou seja, da soberania do povo.

Nesse cenário de complexas relações envolvendo o Estado, empreendedor minerário e sociedade – direta e indiretamente atingida pela atividade mineira – surge a necessidade de se aprofundar o estudo da participação popular aplicada a esse espaço, principalmente entendendo que a racionalidade estratégica pode ser o pilar para o alinhamento e validação das decisões da coletividade. Em capítulos posteriores serão apresentados os traços históricos da mineração, fruto de levantamento bibliográfico extenso. Além disso, destaca-se, desde já, que a ótica participativa social deve ocorrer amplamente no processo minerário. Inicialmente, levando-se em consideração o meio ambiente como bem de uso comum deve ser aberto a toda a sociedade. Com a ocorrência de acidentes minerários, no momento de formulação do compromisso de ajustamento de conduta essa intervenção social deverá, inicialmente, ser destinada aos atingidos.

Com esse raciocínio, conforme adiantado em linhas anteriores, constata-se que muitos institutos do direito minerário são oriundos de outras áreas do saber, motivo este que direciona a presente pesquisa por permear os aspectos históricos, assim como a descrição técnica da prática minerária, os quais serão desenvolvidos nos capítulos subsequentes.

CAPÍTULO 2

HISTÓRICO DA LEGISLAÇÃO AMBIENTAL E MINERÁRIA BRASILEIRA

No Brasil, a evolução da legislação ambiental e minerária não ocorreu de maneira harmônica e linear, ou seja, o surgimento ocorreu em épocas diferentes, apesar de se entrelaçarem em muitos momentos. Por conta disso, inicialmente, abordar-se-á a legislação inerente ao meio ambiente numa visão macro e, posteriormente, as normas do direito minerário, culminando, por fim, com os eventos impactantes nessas normas e os respectivos reflexos legislativos. Ressalte-se que o presente momento da pesquisa irá trazer os principais marcos positivados.

2.1 LEGISLAÇÃO AMBIENTAL

A periodização da história nacional é comumente distribuída em quatro momentos, quais sejam: a) Pré-Descobrimento ou Pré-Cabraliano (até 1500); b) Brasil Colônia (1500 a 1822); c) Brasil Império (1822 a 1889); e, d) Brasil República (1889 até os dias atuais). Na presente obra objetivar-se-á os delineamentos normativos e sociais pós descobrimento, ou seja, desde a Colônia aos dias atuais. Sabe-se da importância do período Pré-Cabraliano na formação social, dos laços de interatividade, até mesmo, o primórdio escambo com os primeiros portugueses em navegação. Contudo, não será objeto de estudo, considerando o recorte temático da pesquisa.

2.1.1 Brasil Colônia

No período colonial se iniciou a concretização do extrativismo no Brasil com a comercialização de inúmeras espécies da vegetação nativa, em especial o Pau Brasil[2]. Sobre a referida árvore, importante destacar

[2] *Paubrasilia echinata* (nome científico).

que ela sofreu uma recodificação perante as classes científicas de espécies. Antes pertencente ao grupamento *Caesalpinia*, grupo que contém mais de 200 (duzentas) modalidades de vegetação tropical, o pau brasil foi estudado e a comparação das sequências de DNA demonstraram que tal árvore possui características próprias e que merecia a criação de um código exclusivo de catalogação. O referido estudo foi publicado pela revista científica Phytokeys e foi liderado por Edeline Gagnon (2016) da Universidade de Montreal.

O Pau Brasil foi considerado a primeira riqueza permutável, geradora, consequentemente, do primeiro contrato de arrendamento entre a Coroa Portuguesa e um consórcio de cristãos-novos, liderado por Fernão de Noronha.

Sirvinskas (2019, p. 79) menciona a relação aproximada entre Portugal e Brasil nessa fase ao afirmar que:

> A história nos mostra que tanto em Portugal como no Brasil Colônia já havia a preocupação com o meio ambiente. Naquela época, procurava-se proteger as florestas em decorrência da derrubada de árvores de madeira de lei para a exportação a Portugal, onde escasseava esse tipo de recurso. Houve inúmeras invasões de franceses, holandeses e portugueses no Brasil Colônia, com o intuito apenas de extrair minérios (ouro, prata e pedras preciosas) e madeira, contrabandeando-os para Portugal e para outros países. Diante disso é que nossos primeiros colonizadores resolveram adotar medidas protetivas às florestas e aos recursos minerais por meio da criação de normas criminais.

Por seu turno, as Ordenações Manuelinas trouxeram normas mais detalhadas inerentes ao meio ambiente, como o Título LXXXIII do Livro V que proibia a caça de perdizes, lebres e coelhos e, no Título C, tipificava o corte de árvores frutíferas como crime.

Castro Meira (2008, p. 11) destaca que, sob o domínio espanhol, as Ordenações Filipinas foram aprovadas e continham em seu bojo normativo regras de proteção ambiental, em especial "no Livro I, título LVIII Livro II, título LIX; Livro IV, título XXXIII; Livro V, títulos LXXV e LXXVIII".

O Livro V, Título C nas Ordenações Manuelinas (1512 a 1603):

> Da pen. que avera o que matar bestas, ou cortar árvores de fruito. E que tanto que o guado fe decepar fe esfole logo.

> Qualquer peffoa que matar befta de qualquer forte que feja, ou boi, ou vaca alhea por malicia, fe for na Villa, o em qualquer cafa, pague a extimaçam em dobro, e se for no campo pague-a em tresdobro, e todo para feu dono. E o que cortar qualquer aruore de fruito em qualquer parte que eftever, paguará a extimaçam dela a feu dono em trefdobro, e aalem dello fe o dano que affi fezer, quer nas beftas, ou guado, quer nas aruores, for de valia de quatro mil reaes, ferá, açoutado, e mais ferá degradado quatro anos pera Alem. E fe for de valia de trinta cruzados, e di pera cima, feja degradado pera femfre pera a Ilha de Sam Thome.

Por volta de 1503 teve início a exploração do pau brasil, que movimentaria a economia da colônia brasileira durante cerca de quatro décadas. Utilizada para tingir tecidos, a referida madeira foi um dos principais marcos extrativistas, tendo inclusive baseado na construção do nome que o país recebe até os dias atuais.

Como a atividade do extrativismo do pau brasil era exclusividade da Coroa Portuguesa, o governo português precisou elaborar uma carta régia (conhecido também como ordem régia), a qual se tratava de um documento de cunho oficial assinado por determinado monarca, com delineamentos de cumprimento obrigatório, muito usual no período do Brasil Colônia, como, por exemplo, a 1ª Carta Régia de 1542, que limitou a saída do pau-brasil, assim como punições para o desperdício da presente espécie. Válido destacar que a referida Carta não possuía um viés protecionista, que, conforme será abordado em linhas posteriores, só surgiu no país em meados da década de 60. No Brasil Colônia, essa punição ao desperdício se dava principalmente para que a Coroa Portuguesa controlasse o fluxo e pesagens da mercadoria.

Brêa Monteiro (2018, p. 1), destaca a importância do pau-brasil para a história nacional e apresenta as proibições e as penalidades:

> [...] pelo descumprimento às regulamentações para essa atividade exclusiva do governo metropolitano, que perduraram pelos séculos XVIII e XIX, podem ser observadas na documentação do fundo Alfândega da Bahia (códice 141), onde se registram provisões e alvarás de navegação autorizando o carregamento de itens do comércio colonial e em que fica "proibida a embarcação de munições e pau-brasil", sob pena de castigos estipulados em contrato, como degredo,[14] perda de bens entre outros.[15] Na carta de foral[16] datada de

> 6 de outubro de 1534, o rei d. João III confirma a cessão de uma capitania de oitenta léguas na costa do Brasil ao capitão Pero Lopes de Souza, irmão de Martim Afonso de Souza (donatário da capitania de São Vicente), e dita as regras a serem seguidas. O documento determina que todo o pau-brasil e outras "mercadorias defesas", como especiarias e drogarias, pertenciam à Coroa portuguesa e o embarque ou comércio sem licença implicaria a perda de toda a fazenda e o degredo para a ilha de São Tomé. Os forais asseguravam o aproveitamento do pau-brasil que se fizesse dentro do próprio país desde que não fosse abatido por queimada, cuja prática incorreria nas penas determinadas.

Em 12 de dezembro de 1605, surge então, o primeiro marco legislativo protecionista do Brasil, conhecida como "Regimento do Pau-Brasil" e, juntamente com ele, diversos diplomas normativos como Alvarás, Regimentos começam a fazer parte da história nacional. Válido contextualizar a instalação do Jardim Botânico do Rio de Janeiro, ocorreu nessa mesma época, precisamente em 13 de junho de 1808, através do Decreto de Dom João VI.

A dependência da matriz econômica do pau-brasil, desde o tempo do Brasil Colônia até o período da independência provocou a redução à nível de extinção da espécie que, atualmente, devido a sua especificidade e riqueza genética exclusiva, recebeu nova catalogação científica, conforme abordado em linhas anteriores. Acrescenta-se o reconhecimento jurídico como "Árvore nacional do Brasil" proclamada pela Lei 6507 de 7 de dezembro de 1978, quando se afirmou o dia 3 de maio como o "dia do pau-brasil". Mesmo com reconhecimento nacional, verifica-se que somente na contemporaneidade a referida espécie ganha relevo protecionista, com o escopo de eternizar a história nacional, tão ligada ao meio ambiente.

No período colonial a proteção ambiental não era pauta constante estando as leis, na maior parte das vezes, com contornos de proteção de riquezas, conforme lições de Theodoro *et al.* (2016, p. 3):

> No período colonial, quando as metrópoles não tinham grandes preocupações em controlar a exploração dos recursos naturais das colônias, alguns poucos visionários já discutiam questões que envolviam temas ambientais. No Brasil, tais questões também faziam parte das preocupações de José Bonifácio, o Patrono da Independência, que,

surpreendentemente, já possuía uma cosmovisão em relação à exploração dos recursos, especialmente no caso das florestas. Tal visão fundamentava-se na "teoria do dessecamento", que relacionava a destruição da vegetação nativa com a redução da umidade, das chuvas e dos mananciais. Na época (final do século XVIII), essa teoria ganhou um novo patamar conceitual e político, dado o potencial dessa ação gerar sérias consequências econômicas. Foi a partir do Século XVIII, que aparecem as primeiras normas com o propósito de controlar a poluição e a degradação ambiental propriamente dita, como as que proibiam o lançamento de bagaço de cana em rios e açudes e aquelas que protegiam os manguezais da destruição.

Outros marcos legislativos ocorreram no período colonial como a Carta Régia de 1800, a Proposta de Reflorestamento de 1802 e a criação do Jardim Botânico em 1808. As duas primeiras possuem relação com políticas ambientais de fixação do poder da Coroa Portuguesa no Brasil com o escopo de restringir exportações de recursos naturais e, as últimas com um olhar de restauração ambiental, conforme Brêa Monteiro (2018, p. 4):

> No entanto, com a exploração exacerbada do pau-brasil nas áreas em torno da costa brasileira, assim houve a primeira ação de reflorestamento com o teor ambientalista para restaurar extenso litoral do Brasil que foram degradadas. Assim, no ano de 1808, foi criado o Jardim Botânico do Rio de Janeiro, pelo príncipe regente português Dom João IV para a aclimatação por plantas e o estudo dos valores econômicos.

Sustentados os contornos do período Colonial, apresentar-se-á em linhas subsequentes os marcos do período Imperial e Republicano.

2.1.2 Brasil Império

A Constituição Imperial de 1824 foi completamente omissa no que se refere à proteção ao meio ambiente, para que, assim, o extrativismo (vegetal e mineral) mantivesse sua capacidade produtiva como eixo econômico.

Em 1825 foi retirada a proibição de licença a particulares para a exploração do pau-brasil, mantendo-se o monopólio do Estado, sendo que a exportação da referida matéria prima era um dos pilares econômicos da época. Regra essa que seria modificada em 1831 com o estabelecimento de conservação das madeiras numa faixa de 10 léguas da costa (FAUSTO, 2009).

Durante o período imperial, muitas proibições surgiram, dentre elas a Carta de Lei de 1827, delegando aos juízes de paz das províncias a fiscalização das matas e na interdição de corte de madeiras de construção em geral.

Por seu turno, em 1844 o plantio de árvores nos arredores de mananciais no Rio de Janeiro fora proposto por meio de Regulamento Complementar n.º 363 e classificava e especificava as ditas "madeiras de lei" e regulamentavam seu corte, ou seja, o país possuía instrumento normativo para estabelecer critérios e padrões para exploração florestal e evitar o desgaste profundo no país.

Outras leis surgiram nessa mesma época, a exemplo a Lei 601 de 1850 que proibia a exploração florestal em terras descobertas. O entrave se deu pelo fato que cabia aos Municípios o controle e fiscalização. Como era cediço, à época buscava-se o desenvolvimento econômico para o progresso e expansão, fatores que "mascaravam" a fiscalização.

Apesar de inúmeros autores sustentarem que o Código Criminal do Império trouxe a tipificação do crime de corte ilegal de árvores em seu artigo 257, verifica-se que este artigo remonta à infração penal de furto: "Tirar a cousa alheia contra a vontade de seu dono, para si, ou para outro.Penas – de prisão com trabalho por dous mezes a quatro annos, e de multa de cinco a vinte por cento do valor furtado".

A Lei 601 de 18 de setembro de 1850 dispunha sobre as terras devolutas do Império, também conhecida como Lei das Terras, uma vez que regulamentava a propriedade e registro de territórios ocupados, nos termos do artigo 13:

> Art. 13. O mesmo Governo fará organizar por freguezias o registro das terras possuidas, sobre as declaracões feitas pelos respectivos possuidores, impondo multas e penas áquelles que deixarem de fazer nos prazos marcados as ditas declarações, ou as fizerem inexactas.

Característica impar possui o artigo 2º, que previa a sanção de despejo com perda de benfeitorias, além da prisão, para aqueles indivíduos que provocarem incêndio ou derrubadas:

> Art. 2º Os que se apossarem de terras devolutas ou de alheias, e nellas derribarem mattos ou lhes puzerem fogo, serão obrigados a despejo, com perda de bemfeitorias, e de mais soffrerão a pena de dous a seis mezes da prisão e multa de 100$,

> além da satisfação do damno causado. Esta pena, porém, não terá logar nos actos possessorios entre heréos confinantes.
>
> Paragrapho unico. Os Juizes de Direito nas correições que fizerem na forma das leis e regulamentos, investigarão se as autoridades a quem compete o conhecimento destes delictos põem todo o cuidado em processal-os o punil-os, e farão effectiva a sua responsabilidade, impondo no caso de simples negligência a multa de 50$ a 200$000.

Por fim, a Lei 601 de 1850 ainda conceitua terras devolutas como sendo:

> Art. 3º São terras devolutas:
>
> § 1º As que não se acharem applicadas a algum uso público nacional, provincial ou municipal.
>
> § 2º As que não se acharem no dominio particular por qualquer título legitimo, nem forem havidas por sesmarias e outras concessões do Governo Geral ou Provincial, não incursas em commisso por falta do cumprimento das condições de medição, confirmação e cultura.
>
> § 3º As que não se acharem dadas por sesmarias, ou outras concessões do Governo, que, apezar de incursas em commisso, forem revalidadas por esta Lei.
>
> § 4º As que não se acharem occupadas por posses, que, apezar de não se fundarem em título legal, forem legitimadas por esta Lei.

Como marcos materiais da época, cita-se a criação do Instituto Histórico e Geográfico Brasileiro e o Arquivo Nacional (Rio de Janeiro) e a rearborização da Floresta da Tijuca em 1862 sob a direção do seu primeiro administrador: Maior Manoel Gomes Archer e teve como empreendedor o Imperador Dom Pedro I sendo um dos maiores símbolos da ecologia e do desenvolvimento do Império do Brasil sob a ótica ambiental.

Por seu turno, em 1864, remonta a primeira concessão para pesquisa de petróleo no país. Celso Lucchesi (1998, p. 17) reforça esse momento histórico e descreve outros marcos inerentes ao início da atividade petrolífera:

> No Brasil, em meados do século passado, consumia-se produtos combustíveis animais como o óleo de baleia, mas a demanda não era grande devido à baixa e irregular distribuição

da população. Os primeiros registros de que se tem notícia sobre a procura de petróleo no Brasil relacionaram-se às concessões dadas pelo imperador em 1858, para a pesquisa e lavra de carvão e folhelhos betuminosos na região de Ilhéus, Bahia e, em 1864, para pesquisa e lavra de turfa e petróleo na mesma região. Assim, nestes 140 anos, a exploração de petróleo no Brasil evoluiu sustentada por crescimento do conhecimento geológico, aumento expressivo da demanda por derivados do petróleo, disponibilidade de recursos financeiros, choques dos preços internacionais e marcos regulatórios implantados. O evento mais importante do período foi a criação da Petrobrás, com responsabilidade de atuação exclusiva neste segmento da indústria.

Em 1886, a Lei 3311 passa a considerar infração penal "incendiar ou destruir plantações, colheitas, matas, lenha cortada, pastos ou campos".

Uma das características da época foi o fortalecimento da agricultura enquanto base econômica, o que, por si só, ocasionou impactos ambientais negativos, visto que a queima de pastos era forma de limpeza e preparo para cultivo. Um marco dessa época é justamente o fluxo de recepção escravocrata. Nesse momento histórico, quaisquer normas para proteção ou organização do meio ambiente era politicamente desinteressante, considerando a necessidade de incentivar a ocupação do território nacional.

2.1.3 Brasil República

O período republicano se subdivide em República Velha (1889-1930), iniciando pela Proclamação da República, momento em que o domínio político foi marcado pelas elites agrárias minerais, somado ao fato de que inexistia uma grande preocupação com o ambiente. Por seu turno, em 1934 houve a implantação do Estado Novo, juntamente com o primeiro Código Florestal - Decreto 23793/34 - que era o principal diploma jurídico de regulação do uso de florestas.

Meira (2003, p. 6) menciona as características principais que marcaram o início da fase republicana nacional:

> Logo no seu início, em 1895, o Brasil subscreveu o convênio das Egretes, em Paris, responsável pela preservação de milhares de garças que povoavam rios e lagos da Amazônia. Pelo Decreto n.º 8843, de 26 de junho de 1911, foi criada a primeira

reserva florestal do Brasil, no antigo território do Acre. Em 28 de dezembro de 1921, foi criado o Serviço Florestal do Brasil, sucedido pelo Departamento de Recursos Naturais Renováveis - IBDF e, atualmente, pelo Instituto do Meio Ambiente e dos Recursos Naturais Renováveis - IBAMA.

No que toca à defesa ambiental, surgiram os primeiros códigos de proteção dos recursos naturais - florestal, de mineração, de águas, de pesca, de proteção à fauna. Até então os únicos limites eram os constantes no Código Civil, quanto ao direito de vizinhança.

Na década de 30 alguns eventos isolados de importância ambiental ocorreram, novos diplomas normativos surgiram (Código das Águas, por exemplo) e a criação do primeiro parque nacional do país: o Parque Nacional de Itatiaia (1937), o qual foi o acesso para que o Brasil criasse catorze parques no período de 1938 a 1965, com total de 1,2 milhões de hectares e Reserva Florestal na Região Amazônica de 200.000 ha (Borges *et al.*, 2009, p. 14).

Com o decurso da história nacional, as normas jurídicas se tornaram cada vez mais frequentes. Como a legislação ambiental e minerária evolui com tremenda velocidade - por meio de portarias, instruções normativas, resoluções - por mecanismos legais menos burocráticos, o recorte temático não permeará a completude das normas, mas sim aquelas de maior dimensão e destaque prático, conforme serão catalogadas por meio de tabelas nas linhas ulteriores.

A Constituição Republicana de 1891, artigo 34, previa a competência privativa do Congresso Nacional para "legislar sobre terras e minas de propriedade da União", texto revogado pela Emenda Constitucional 3/1926. Anos posteriores à Carta Republicana, surge o Código Civil de 1916, com as primeiras regras específicas da propriedade urbana e rural, incluindo águas pluviais e poluição. Alguns artigos ao direito ambiental foram trazidos por esse diploma, como o artigo 584 que proibia as "construções capazes de poluir, ou inutilizar para o uso ordinário, a água de poço ou fonte alheia, a elas preexistente", e o artigo 585 (BRASIL, 1916):

> Art. 585. Não é permitido fazer escavações que tirem ao poço ou à fonte de outrem a água necessária. É, porém, permitido fazê-las, se apenas diminuírem o suprimento do poço ou da fonte do vizinho, e não forem mais profundas que as deste, em relação ao nível do lençol d'água.

No período Republicano, outras constituições surgiram, como a de 1934 que trouxe as regras inerentes à prevenção e controle de degradação ambiental. Sempre válido destacar que, por mais que o constituinte inserisse artigos de "proteção" ambiental, estávamos num momento de desenvolvimento nacional a qualquer custo, ou seja, a matriz era o meio ambiente enquanto fonte de riqueza.

Outros instrumentos normativos marcaram a época, como: a) Decreto 16300/1923 que aprovou o regulamento do DNSP - Departamento Nacional de Saúde Pública, revogado pelo Decreto de 5 de setembro de 1991; b) Decreto 5481/1928, que dispunha sobre a alienação parcial dos edifícios de mais de cinco andares, dentre outras providências, revogado pela Lei 4591/1964 (Lei de condomínio e incorporações imobiliárias); c) Decreto 24645/34 que estabelecia medidas protetivas aos animais e a definição de maus tratos de fauna, revogado pelo Decreto 11/1991 (Estrutura Regimental do Ministério da Justiça) que, por sua vez, foi revogado pelo Decreto 761/1993 alterado pelo Decreto 1796/1996, revogado pelo Decreto 2802/1998 e posteriormente revogado por inúmeros decretos; d) Decreto 24643/34 Código de Águas, ainda em vigor.

A Constituição de 1937 e a de 1946 não trouxeram grandes alterações nas normas ambientais, mantendo a competência privativa da União para legislar sobre caça, sem, contudo, excluir a competência estadual para matérias lacunosas de âmbito regional. Entre os dois textos constitucionais, o Código de Caça (Decreto-lei 5894/1943) surgiu.

Em 1941, durante período de forte exploração e comércio da madeira de pinho (*Auracaria angustifólia)*, foi criado o INP - Instituto Nacional do Pinho, vinculado ao Ministério do Trabalho, Indústria e do Comércio, com o objetivo principal de tratar de assuntos inerentes à esta espécie.

O Código Florestal Brasileiro surgiu em 1965 como promessa de atualização do Código de 1934, representando importante norma regulamentadora de atividades florestais. Nos anos posteriores, as atribuições institucionais ganharam maior dimensão com a criação do Instituto Brasileiro de Desenvolvimento Florestal, vinculado ao Ministério da Agricultura.

Já em meados da década de 70 foi elaborado o I Plano Nacional de Desenvolvimento (PND), aprovado pela Lei 5727/71, para ser executado no biênio 72/74, sem muito sucesso diante do avanço de devastação florestal. Borges *et al.* (2018, p. 16) relaciona o baixo desempenho do PND vinculado às facilidades de aquisição de terras:

> I PND em matéria ecológica foi um desastre. Foi por meio deste plano que o processo de devastação da Amazônia foi mais intenso. Frente aos incentivos e as facilidades de aquisição de terras, um grande contingente de pessoas migrou para a região em busca de trabalho e de fazer riqueza. O mesmo autor acrescenta que as consequências dessa política foram as piores possíveis e as destruições em massa dos recursos naturais causaram muitos estragos, alguns indeléveis
>
> As consequências negativas do I PND produziram forte ração na opinião pública, fazendo com que o governo recuasse em sua política de agressão ambiental que vinha sendo praticada na Região Amazônica. No ano de 1972, quando estava sendo implementado o I PND, ocorreu em Estocolmo, Suécia, a Conferência das Nações Unidas sobre Meio Ambiente. Esta conferência influenciou a Política Ambiental do Brasil, pois o país era signatário do Tratado. Isto fez com que fosse criada, em 1973, a Secretaria Especial de Meio Ambiente (SEMA), que tinha como objetivo dotar a administração pública federal de um espaço institucional destinado à gestão dos recursos ambientais.

A Lei 6151/74 aprovou o II Plano Nacional de Desenvolvimento para o quadriênio1975/1979, com ajustes feitos para mitigar os impactos negativos do I PND, trazendo a regulação do uso de fogo para preparo de áreas, nas práticas de rotação de cultivo. A Resolução 1/1979 aprovou o III PND para vigorar de 1980 a 1985, sendo aqui um dos grandes marcos do direito ambiental com a criação da Política Nacional do Meio Ambiente, que futuramente viria a ser abarcado pela Lei 6938/81, diploma legal regente das normas ambientais que, mesmo anterior à Constituição de 1988 já traçada princípios e regras utilizados até os dias de hoje.

A Constituição de 1988 deu firmeza ao direito ambiental e minerário ao constitucionalizar as principais regras inerentes a cada um. O primeiro no Capítulo VI que destacou o princípio da responsabilidade solidária (Estado-indivíduos) na gestão e proteção do ambiente e, para mineração, destaque no capítulo sobre Ordem Econômica.

Considerando todos os aspectos normativos do direito ambiental, se faz necessário, então, o estudo da legislação minerária, essencial para compreensão da temática enfrentada na presente obra.

2.2 LEGISLAÇÃO MINERÁRIA

O Direito Minerário é fruto da própria evolução social, ou seja, desde o período Colonial até a contemporaneidade, diversas foram as alterações constitucionais, legais e de interpretação acerca da referida temática.

Os primeiros traços legislativos que abordam a questão mineral podem ser encontrados no Primeiro Regimento das Terras Minerais (1603), o qual criou as casas de fundição e regulamentou a demarcação de terras. Conforme sustenta Ricci Camargo (2011, p. 2):

> O primeiro ato conhecido foi o Primeiro regimento das terras minerais, de 15 de agosto de 1603, que regulou a demarcação das terras, determinou a criação das casas de fundição e das provedorias das minas onde se encontrasse ouro ou prata, e ordenou o recolhimento do direito real do quinto. Este regimento foi sucedido por outros que alteraram a estrutura administrativa e efetuaram diversas transformações na forma de arrecadação dos rendimentos reais. No século seguinte foram empreendidas reformas mais substanciais através do regimento de 19 de abril de 1702, que transformou as provedorias em superintendências e expressou uma preocupação maior com a fiscalização e com o combate ao contrabando. Depois deste ato foram promulgados ainda o decreto de 28 de 2 janeiro de 1736, que criou as intendências do ouro em várias capitanias, e os alvarás de 3 de dezembro de 1750 e de 4 de março de 1751, que estabeleceram novas atribuições para os cargos e órgãos relacionados à mineração e dispuseram sobre a arrecadação do quinto e a derrama, que seria decretada caso não se completassem as cem arrobas de arrecadação exigidas pela Coroa.

No período Colonial, o sistema adotado era conhecido como regaliano ou realengo, ou seja, as minas existentes no território nacional eram de propriedade da Coroa Portuguesa, conforme pensamento de Barroso (1994, p. 68):

> O sistema regaliano teve vigência no Período Colonial. Estava consagrado nas Ordenações Manuelinas, em vigor à época do

> início da colonização do Brasil. O subsolo constituía propriedade distinta da do solo e pertencia à Coroa Portuguesa, que podia extrair diretamente os bens minerais ou conceder sua exploração a terceiros, que ficavam obrigados ao pagamento de uma compensação ao Rei. O fundamento desse regime era o de que os indivíduos em nada haviam contribuído para a existência da jazida, que, assim, como todo bem desconhecido existente nos limites territoriais do país, pertencia ao Monarca.

Durante toda fase do Brasil Colônia, os recursos minerais constituíam propriedade exclusiva da Coroa Portuguesa e qualquer explotação exigia autorização do Rei. Feigelson (2012, p. 36) destaca as características desse sistema como "essa regalia submetia o minerador ao pagamento do quinto (20% do material extraído, que foi reduzido para o dízimo (10%), a partir do Alvará de 13 de maio de 1803".

O sistema regaliano, baseado na Teoria do Metalismo[3], acabou por influenciar toda a sociedade brasileira no que se refere à cobrança compulsória de tributos, a qual gerou reflexos em todo cenário social e político da época. Um desses reflexos foi a própria Inconfidência Mineira em 1789, a qual, em pleno ciclo do ouro, representou um dos mais importantes movimentos sociais da história do país em busca de liberdade, contra a constante opressão e abusos do governo português durante o Brasil Colônia. Um exemplo dessa atuação de Portugal era a própria derrama, cobrança compulsória que tinha por escopo principal contemplar quotas mínimas da exploração do ouro. Tal cobrança ocorreu no período de decadência da explotação mineral.

Apesar da independência do Brasil, Ribeiro (2006, p. 4) destaca que a Lei de 20 de outubro de 1823 referendou o sistema regaliano, apenas realocando-o num sistema jurídico de um povo independente. Contudo, a Constituição Imperial de 1824 trouxe expresso no artigo 179, inciso XXII o direito de propriedade ao particular em toda sua plenitude, ou seja, marcou o fim do direito do Estado à propriedade minerária,

[3] A Teoria do Metalismo teve como um de seus pilares teóricos a doutrina do bulionismo. O termo é derivado da palavra *bullion* (barra de ouro/prata). Para essa teoria, o Estado poderia auferir suas riquezas tomando como parâmetro a quantidade de metais preciosos que possuíssem (incluindo territórios colonizados).

visto que esta integraria a propriedade do solo como acessório, marcando o surgimento do sistema de acessão.

> Art. 179. A inviolabilidade dos Direitos Civis, e Politicos dos Cidadãos Brazileiros, que tem por base a liberdade, a segurança individual, e a propriedade, é garantida pela Constituição do Imperio, pela maneira seguinte.
>
> XXII. E'garantido o Direito de Propriedade em toda a sua plenitude. Se o bem publico legalmente verificado exigir o uso, e emprego da Propriedade do Cidadão, será elle préviamente indemnisado do valor della. A Lei marcará os casos, em que terá logar esta unica excepção, e dará as regras para se determinar a indemnisação.

Apesar da unicidade da propriedade no referido sistema, um ponto crítico deve ser levando em conta: o critério de acessoriedade. No sistema de acessão o acessório possui maior valor que o próprio bem principal, considerando que, em regra, os recursos minerais, uma vez beneficiados, possuem maior potencial econômico que a própria terra (Ribeiro, 2006).

O Decreto de 27 de janeiro de 1829 declara que "os súbditos do Império não precisam de autorização para emprehender a mineração, nas terras de sua propriedade por meio de companhias por meio de sócios nacionae e estrangeiros".

A Constituição de 1891 trouxe a competência da União para legislar sobre questões inerentes ao Direito Minerário, conforme previsão no artigo 34, *in verbis:* "Compete privativamente ao Congresso Nacional [...] 29º) legislar sobre terras e minas de propriedade da União".

Já o artigo 64 da mesma Carta Constitucional traz a propriedade de minas e terras devolutas aos Estados, sendo que a União somente interviria em caso de território na zona fronteiriça:

> Art. 64. Pertencem aos Estados as minas e terras devolutas situadas nos seus respectivos territórios, cabendo à União somente a porção do território que for indispensável para a defesa das fronteiras, fortificações, construções militares e estradas de ferro federais.
>
> Parágrafo único. Os próprios nacionais, que não forem necessários para o serviço da União, passarão ao domínio dos Estados, em cujo território estiverem situados.

O sistema fundiário ou de acessão veio nesta Carta Constitucional e vigorou durante toda a 1ª República até 1934. Esse sistema conferia ao proprietário da coisa principal também a propriedade da coisa acessória. Assim, pertencia ao dono do solo toda a matéria mineral contida no subsolo. Decorria esse regime da concepção do direito absoluto de propriedade, baseado na fórmula "*usque ad coelum et usque ad ínferos*", noção individualista acolhida na Inglaterra e, com adaptações, nos Estados Unidos. Sarmento (1976, p. 357) destaca alguns pontos negativos desse sistema:

> O sistema da acessão no País, inaugurado com o advento da República, foi uma conquista negativa para a mineração brasileira; verificou-se a estagnação da indústria na primeira fase republicana, comparativamente ao Império, que nos legou, como exemplos marcantes do seu glorioso passado, ainda nos dias atuais, os dois monumentos que constituem a Escola de Minas de Ouro Preto, como monumento científico e a Mina de Morro Velho, em Nova Lima, como monumento industrial, ambos no Estado de Minas Gerais.
>
> E a razão do retrocesso constatado na mineração brasileira estava na vinculação do solo à propriedade das jazidas nele encravadas, ficando ambas as propriedades – a mineral e a superficial – pertencendo ao proprietário do solo.
>
> É que dominava, na época, um estreito individualismo, formado nos princípios dos Direitos do Homem – a conquista definitiva da Revolução Francesa – e, assim, ao proprietário do solo era garantido o domínio ilimitado da propriedade, seja para cima (para o céu) ou para baixo (para o centro da terra), vale dizer que imperava em favor do proprietário do solo plena liberdade de usar, gozar e dispor das riquezas do subsolo, do mesmo modo que o faria com outro bem qualquer que lhe pertencesse.

O próprio artigo 72 da Constituição de 1891 trazia a informação acerca da propriedade particular das minas e jazidas. Imperioso destacar que tal artigo sofreu alterações com a Emenda Constitucional 3/1926, mas permaneceu com sua essência:

> Art. 72. A Constituição assegura a brasileiros e a estrangeiros residentes no País a inviolabilidade dos direitos concernentes à liberdade, à segurança individual e à propriedade, nos termos seguintes:

> [...]
>
> § 17. O direito de propriedade mante-se em toda a sua plenitude, salva a desapropriação por necessidade ou utilidade pública, mediante indenização prévia. As minas pertencem aos proprietários do solo, salvas as limitações que forem estabelecidas por lei a bem da exploração deste ramo da indústria.

Esse período foi marcado com inúmeras atividades de criação normativa, sendo destaque o Projeto de Lei sobre Minas, o qual surgiu no período de vigência dessa Constituição, elaborado por Antônio Olinto dos Santos Pires. Merece destaque, ainda, os projetos encabeçados por Calógeras em 1899 e por Estevam Lobo (1902). Um projeto de Lei de autoria de Calógeras em 1905 se converteu na Lei 2933/15 e, por fim, a Lei Simões Lopes (Decreto 4265/21).

Diante da ampla variabilidade de projetos mineiros, a Lei 2933/15 e o Decreto 4265/21 delinearam os primeiros esboços da legislação minerária, com importantes informações como a separação jurídica do solo e da mina, como propriedades distintas. Apesar de pertencerem o dono do solo.

Sarmento (1976, p. 3) menciona "fato indiscutível é que com a República, cessou a atividade mineira no País. E assim, o País exigia, por quantos tinham contato com a questão mineira, que fosse abandonado o regime de acessão".

Na segunda fase republicana, após a Revolução de 1930, a Junta Governativa Revolucionária instituiu o Governo Provisório, e outorgou a Lei Orgânica desse mesmo Governo, pelo Decreto 19.398, de 11.11.30.

O artigo 4º do Decreto 19.398 expressava que a Constituição de 1891 e instrumentos legislativos infraconstitucionais permaneceriam em vigor, contudo, atentos às modificações e restrições previstas no referido Decreto, tendo inclusive manifestado em seu artigo 5º do Decreto 19398 que: "ficam suspensas as garantias constitucionais e excluídos de apreciação judicial os decretos e atos do Governo Provisório praticados em conformidade da presente lei ou de suas modificações".

Ocorre que alguns diplomas inerentes à mineração foram alterados durante o Governo Provisório, como por exemplo, a propriedade mineral que era garantia constitucional, confundindo-se com a propriedade superficiária por acessão, teve sua conceituação modificada.

O Decreto 20.223/31 suspendeu os atos de alienação ou oneração ou qualquer jazida mineral. Por seu turno, o Decreto 20299/31, que subordinou a pesquisa e a lavra de novas jazidas à permissão governamental, mesmo quando pretendidas pelo dono do solo. O Decreto 23936/34, com condições às autorizações para contratos de pesquisa e lavra de jazidas minerais que tivessem de ser outorgadas na forma do artigo 1º do Decreto 20799/31.

Por fim, em julho de 1934 surgiu o Decreto 24642 – Código de Minas, promulgado pelo Governo Provisório, editado por Juarez Távora. Dias após, surgia a Constituição de 1934.

Já com o surgimento da Constituição de 1934 houve uma grande revolução no setor minerário brasileiro ao se estabelecer que as minas e jazidas eram propriedades distintas da do solo, encerrando o sistema de acessão. Além disso, houve a queda das restrições à estrangeiros na exploração mineral. Ruy Barbosa (1994, p. 69) menciona aspectos negativos dessas inovações:

> A Constituição de 1934 operou uma verdadeira revolução no setor mineral ao estabelecer que as minas e jazidas constituíam propriedade distinta da do solo, sepultando, assim, o regime de acessão.
>
> [...]
>
> A Carta de 1934 eliminou, também, as restrições à participação de estrangeiros na exploração mineral, introduzida na lei constitucional pela reforma de 1926, e estabeleceu a nacionalização progressiva das minas e jazidas consideradas essenciais à defesa econômica ou militar do País.

Importante destacar que o Departamento Nacional da Produção Mineral – DNPM, responsável pela execução da política minerária no Brasil foi criado. Assim como, data da mesma época a codificação deste ramo do direito com a edição do Código de Minas de 10 de julho de 1934.

> O sistema de concessão, instaurado a partir de 1934, consagrou o domínio do Estado sobre os bens minerais que se tornassem conhecidos. Considerava que as minas, antes da concessão, eram coisas (*res*) e não bens, só adquirindo esse caráter quando, após descobertas, passavam a integrar o patrimônio da Nação.
>
> As substâncias minerais não conhecidas eram consideradas "*res nullius*" ficando sua exploração condicionada à outorga

> de um título, representante da coletividade e dos interesses gerais, fixando as regras e condições para a realização da exploração mineral.
>
> O direito brasileiro sobre as minas evoluiu, portanto, do regime regaliano da Coroa para o regime de concessão, que vigora ainda hoje no País com as modificações introduzidas pela Constituição de 1988. (RUY BARBOSA, 1994. p. 68).

Nesta fase histórica é possível analisar o princípio da liberdade minerária, o qual determina a propriedade dos recursos minerais ao primeiro descobridor-ocupante da jazida. Assim, é possível visualizar dois "proprietários": aquele superficiário, também aquela pessoa que obteve autorização estatal para prospectar determinado mineral, independentemente da titularidade formal das terras. Essa liberdade mineira teve seus primeiros delineamentos no direito germânico, conforme aponta Leoncy (1997, p. 5):

> Tendo origem no direito germânico da liberdade de prospecção mineira (*Bergbaufreiheit*[4]), o modelo da ocupação (ou liberal) considerava a propriedade do solo distinta da do subsolo, podendo inclusive ser atribuídas a distintos titulares. Com isso, era possível a um terceiro explorar o minério que descobrisse na propriedade de outrem, desde que obtivesse a outorga de um título por parte do Estado.

A Constituição de 1937, em linhas gerais, permaneceu com as normativas inerentes à mineração, principalmente no tocante à noção de propriedade, a qual continuou dúplice – o solo e o subsolo são institutos juridicamente distintos. Além disso, o aproveitamento dos recursos com chancela de autorização ou concessão federal é o outro ponto que a Constituição de 1937 insistiu, conforme artigo 143:

> Art. 143. As minas e demais riquezas do subsolo, bem como as quedas d'água constituem propriedade distinta da propriedade do solo para o efeito de exploração ou aproveitamento industrial. O aproveitamento industrial das minas e das jazidas minerais, das águas e da energia hidráulica, ainda que de propriedade privada, depende de autorização federal.
>
> § 1º A autorização só poderá ser concedida a brasileiros, ou empresas constituídas por acionistas brasileiros, reservada ao proprietário a preferência na exploração, ou participação nos lucros.

---

4 Liberdade de mineração (tradução nossa).

Essa exclusividade da exploração mineral especificadas a brasileiros foi, contudo, extinta pela Constituição de 1946, que, nesse sentido, retomou às características da Constituição de 1934, conforme se constata no artigo 153:

> Art. 153. O aproveitamento dos recursos minerais e de energia hidráulica depende de autorização ou concessão federal na forma da lei.
>
> § 1º As autorizações ou concessões serão conferidas exclusivamente a brasileiros ou a sociedades organizadas no País, assegurada ao proprietário do solo preferência para a exploração. Os direitos de preferência do proprietário do solo, quanto às minas e jazidas, serão regulados de acordo com a natureza delas.

Dessa forma, as autorizações ou concessões para aproveitamento dos recursos minerais poderiam ser concedidas exclusivamente a brasileiros, assim como a sociedades organizadas no País, o que torna possível a compreensão que uma sociedade de estrangeiros organizadas formalmente no país poderiam gozar de tais privilégios (Leoncy, 1997).

Toda essa compreensão é possível quando observamos o momento histórico em que o Brasil vivia na década de 40, com a reabertura das fronteiras para capital estrangeiro, baseados nos ideais de redemocratização. Assim, muitas leis infraconstitucionais que obstaculizavam a participação de estrangeiros como sócios ou acionistas na seara mineira (Fausto, 2009).

Mesmo a natureza jurídica da propriedade mineira permanecer a mesma (dualista), o constituinte de 1946 observou a necessidade de valorizar o proprietário do solo, surgindo assim o direito de preferência ao dono da superfície em explorar os recursos minerais eventualmente existentes. (Leoncy, 1997).

No lapso temporal que compreendia as Constituições de 1946 e 1967, duas modificações relevantes ocorreram na legislação mineira: a) o monopólio estatal para pesquisa, lavra, refino e transporte de petróleo e; b) monopólio para os minérios nucleares (Leoncy, 1997).

A Carta Constitucional de 1967 trouxe uma atualização normativa no que se refere ao direito minerário: o encerramento do direito de preferência do proprietário quanto às jazidas e minas, e fixou a sua participação nos resultados da lavra situada em terreno particular. Além disso, houve previsão de indenização ao superficiário. Ruy Barbosa (1994, p. 70) explica a prioridade trazida por esta Carta Magna:

> A prioridade é entendida como sendo a precedência de registro da jazida no protocolo do órgão responsável pela emissão dos títulos minerários: o DNPM – Departamento Nacional de Produção Mineral. É o lado romântico da mineração: a jazida pertence a quem primeiro registra.
>
> O regime de prioridade tem uma exceção: é quando, em certos casos, as jazidas são oferecidas ao público pelo Governo, mediante concorrência. Nessa hipótese, os requerimentos disputam entre si, em condições de igualdade, vencendo o proponente que, a critério do Governo, melhor atender aos interesses do setor mineral.

Na Constituição de 1967, não havia mais o direito de preferência, sendo estipulado a participação de resultados da lavra equivalente a 10% do imposto incidente sobre a exploração mineral, o IUM – Imposto Único sobre Minerais, nos moldes do artigo 161 desse texto constitucional:

> Art. 161. As jazidas, minas e demais recursos minerais e os potenciais de energia hidráulica constituem propriedade distinta da do solo para o efeito de exploração ou aproveitamento industrial.
>
> [...]
>
> § 2º É assegurada ao proprietário do solo a participação nos resultados, da lavra; quanto às jazidas e minas cuja exploração constituir monopólio da União, a lei regulará a forma da indenização.
>
> § 3º A participação referida no parágrafo anterior será igual ao dízimo do imposto único sobre minerais.

A Constituição de 1967 relacionou no artigo 8º, XVII, h a competência da União para legislar sobre: "jazidas, minas e outros recursos minerais; metalurgia; florestas, caça e pesca". Vale frisar que no ano de 1967 também houve a edição de um diploma legal extremamente importante para o Direito Minerária: o Código de Mineração, Decreto-Lei 227/67.

A Constituição de 1988 trouxe, em alguns trechos, a atividade de exploração mineral. Os recursos minerais foram apresentados nos artigos que tratam dos bens da União, das competências privativas desse ente, bem como no artigo inerente às competências comuns. Todavia, um dos artigos da Magna Carta que merece destaque é o 176:

> Art. 176. As jazidas, em lavra ou não, e demais recursos minerais e os potenciais de energia hidráulica constituem propriedade distinta da do solo, para efeito de exploração ou aproveitamento, e pertencem à União, garantida ao concessionário a propriedade do produto da lavra.
>
> § 1º A pesquisa e a lavra de recursos minerais e o aproveitamento dos potenciais a que se refere o "*caput*" deste artigo somente poderão ser efetuados mediante autorização ou concessão da União, no interesse nacional, por brasileiros ou empresa constituída sob as leis brasileiras e que tenha sua sede e administração no País, na forma da lei, que estabelecerá as condições específicas quando essas atividades se desenvolverem em faixa de fronteira ou terras indígenas.
>
> § 2º É assegurada participação ao proprietário do solo nos resultados da lavra, na forma e no valor que dispuser a lei.
>
> § 3º A autorização de pesquisa será sempre por prazo determinado, e as autorizações e concessões previstas neste artigo não poderão ser cedidas ou transferidas, total ou parcialmente, sem prévia anuência do poder concedente.
>
> § 4º Não dependerá de autorização ou concessão o aproveitamento do potencial de energia renovável de capacidade reduzida.

Além disso, a Constituição da República Federativa do Brasil de 1988 ainda trouxe título específico sobre traços protecionistas acerca do meio ambiente aplicável à mineração:

> Art. 225. Todos têm direito ao meio ambiente ecologicamente equilibrado, bem de uso comum do povo e essencial à sadia qualidade de vida, impondo-se ao Poder Público e à coletividade o dever de defendê-lo e preservá-lo para as presentes e futuras gerações.
>
> § 1º Para assegurar a efetividade desse direito, incumbe ao Poder Público:
>
> I – Preservar e restaurar os processos ecológicos essenciais e prover o manejo ecológico das espécies e ecossistemas;
>
> II – Preservar a diversidade e a integridade do patrimônio genético do País e fiscalizar as entidades dedicadas à pesquisa e manipulação de material genético;
>
> III – definir, em todas as unidades da Federação, espaços territoriais e seus componentes a serem especialmente protegidos, sendo a alteração e a supressão permitidas somente

através de lei, vedada qualquer utilização que comprometa a integridade dos atributos que justifiquem sua proteção;

IV - Exigir, na forma da lei, para instalação de obra ou atividade potencialmente causadora de significativa degradação do meio ambiente, estudo prévio de impacto ambiental, a que se dará publicidade;

V - Controlar a produção, a comercialização e o emprego de técnicas, métodos e substâncias que comportem risco para a vida, a qualidade de vida e o meio ambiente;

VI - Promover a educação ambiental em todos os níveis de ensino e a conscientização pública para a preservação do meio ambiente;

VII - proteger a fauna e a flora, vedadas, na forma da lei, as práticas que coloquem em risco sua função ecológica, provoquem a extinção de espécies ou submetam os animais a crueldade.

§ 2º Aquele que explorar recursos minerais fica obrigado a recuperar o meio ambiente degradado, de acordo com solução técnica exigida pelo órgão público competente, na forma da lei.

§ 3º As condutas e atividades consideradas lesivas ao meio ambiente sujeitarão os infratores, pessoas físicas ou jurídicas, a sanções penais e administrativas, independentemente da obrigação de reparar os danos causados.

§ 4º A Floresta Amazônica brasileira, a Mata Atlântica, a Serra do Mar, o Pantanal Mato-Grossense e a Zona Costeira são patrimônio nacional, e sua utilização far-se-á, na forma da lei, dentro de condições que assegurem a preservação do meio ambiente, inclusive quanto ao uso dos recursos naturais.

§ 5º São indisponíveis as terras devolutas ou arrecadadas pelos Estados, por ações discriminatórias, necessárias à proteção dos ecossistemas naturais.

§ 6º As usinas que operem com reator nuclear deverão ter sua localização definida em lei federal, sem o que não poderão ser instaladas.

§ 7º Para fins do disposto na parte final do inciso VII do § 1º deste artigo, não se consideram cruéis as práticas desportivas que utilizem animais, desde que sejam manifestações culturais, conforme o § 1º do art. 215 desta Constituição Federal, registradas como bem de natureza imaterial integrante do patrimônio cultural brasileiro, devendo ser regulamentadas por lei específica que assegure o bem-estar dos animais envolvidos.

Por comando constitucional, aqueles empreendimentos que sejam potencialmente poluidores devem apresentar o Estudo de Impacto Ambiental. A mineração como uma das atividades mais incisivas no meio ambiente, então, deverá ter plena harmonia entre as normas ambientais e minerárias para o bom desenvolvimento da atividade. Sirvisnkas (2019, p. 170) apresenta os elementos constantes no referido estudo:

> O EPIA nada mais é do que a avaliação, por meio de estudos realizados por uma equipe técnica multidisciplinar, da área onde o postulante pretende instalar a indústria ou exercer atividade causadora de significativa degradação ambiental, procurando ressaltar os aspectos negativos e/ou positivos dessa intervenção humana. Tal estudo analisará a viabilidade ou não da instalação da indústria ou do exercício da atividade, apresentando, além disso, alternativas tecnológicas que poderiam ser adotadas para minimizar os impactos negativos ao meio ambiente.

Todo o procedimento minerário será abordado em capítulo próprio, inclusive no que se refere ao licenciamento ambiental e regras específicas do direito minerário.

Conforme toda a descrição histórica-jurídica da mineração, pode-se concluir que não há um consenso na doutrina e jurisprudência acerca do quantitativo de sistemas adotados na compreensão do direito mineiro. Contudo, alguns modelos são reafirmados por pensadores da área[5], quais sejam: a) acessão; b) realengo; c) *res nullius*[6].

Válido mencionar que, apesar de peculiaridades em cada sistema jurídico da mineração no curso da história do Brasil, uma nova concepção poderia tomar forma, qual seja, a separação em modelo jurídico privado e modelo jurídico público do direito mineiro, onde sopesar-se-ia a atuação do Estado, direta ou indireta nos empreendimentos.

Conclui-se que três grandes momentos ocorreram na trajetória do país: a) Regime Dominial (Império) as jazidas e minérios pertenciam à Coroa Portuguesa; b) Acessão (1891 a 1934) as jazidas e minas

---

5 LEONCY, Léo Ferreira. O Regime Jurídico da Mineração no Brasil. NAEA – Núcleo de Altos Estudos Amazônicos, Edição 73, Fevereiro de 1997. No mesmo sentido: SARMENTO, 1976; RUY BARBOSA, 1994.

6 Coisa sem dono (tradução nossa).

pertenciam ao proprietário do solo; e, por fim, c) Res Nullius (1934 até os dias atuais) as jazidas e minas a ninguém pertencem. Contudo, detém-nas quem as explora legalmente. Feigelson (2012, p. 41) compartilha do mesmo entendimento, modificando, contudo, da nomenclatura dos institutos:

> Constatamos, assim, que o Direito Minerário compreendeu distintos sistemas ao longo da história do ordenamento jurídico brasileiro. Tivemos o sistema regaliano, com vigência durante todo o período colonial, sistema que previa os recursos minerais como propriedade exclusiva da Coroa Real portuguesa. O sistema regaliano deu lugar ao sistema dominial imperial, muito similar ao anterior, adequando apenas as distinções entre Brasil Colônia e o Brasil independente.
>
> O sistema dominial imperial, por sua vez, deu origem ao sistema de acessão, reflexo do sistema liberal, inspirado nas revoluções burguesas, em especial a francesa, e o respectivo Código Civil Napoleônico.
>
> [...]
>
> O sistema de acessão deu lugar ao sistema dominial republicano, atualmente vigente, que consagra a dualidade da propriedade.

A reestruturação política do Brasil, pós-período de ditadura militar, trouxe novo delineamento jurídico constitucional do direito minerário. Contudo, antes de aprofundar acerca dessa temática, passar-se-á a uma análise da evolução da consciência ambiental no Brasil para, assim, estruturar um conhecimento alinhado entre essas áreas (FREIRE, 2010).

Acrescenta-se a importância de destacar eventos que auxiliaram na modificação do pensamento ambiental de utilitarista-extremo até o protecionista-mitigado, ou seja, as fontes materiais do direito ambiental e minerário (VEIGA, 2010)

2.3 EVENTOS IMPACTANTES NA LEGISLAÇÃO GLOBAL E BRASILEIRA

A ação do ser humano no meio ambiente remonta a história brasileira, considerando que desde os momentos mais remotos da civilização, o ambiente fora utilizado como fonte de subsistência e, posteriormente, como forma extrativista nos períodos da Colônia, Império e República.

Os recursos naturais e seus respectivos frutos: águas, solos, atmosfera, eram entendidos inicialmente como fontes inesgotáveis, vistos como a própria subsistência do ser humano. Contudo, com o passar das décadas, verificou-se a finitude e riqueza dessas fontes, considerando que a deterioração, assim como o aumento de demanda eram eixos que promoviam a modificação do saber. Diante desse cenário, mesmo que sem a noção de proteção e restauração ambiental, surgiu a necessidade de regulação da temática ambiental.

O processo de conscientização acerca do meio ambiente, seja visto como obstáculo ao desenvolvimento ou observado como matriz ética a ser seguida, instrumentos legais pontuais surgiram, dentre eles: normas de regulação dos recursos florestais e hídricos, patrimônio histórico e artístico, mineração, dentre outros. Toda essa evolução surgiu gradativamente no período compreendido entre as décadas de 30 e 70, esta última conhecida como período do “Milagre Econômico”.

Válido destacar que a compreensão da posição do ser humano nesse ciclo vital demorou a ser amadurecida. Inicialmente, por meio da análise dos diplomas legais da época de 30 a 50, verifica-se que o homem era visto como parte fora do desgaste ambiental, ou seja, todo o desgaste naquele meio inicialmente visto como essencial para servir todas as vontades do homem, era normal. A típica compreensão do meio ambiente enquanto coisa, a qual poderia ser utilizada da maneira que melhor conviesse, no espaço e tempo que a atividade antrópica fosse ditada. Por seu turno, o pensamento ecológico só ganhou espaço após o senso coletivo em saber que todo prejuízo do meio ambiente afetaria diretamente todos os seres vivos, inclusive os animais racionais. Para ilustrar a temática, entende-se o ser humano como uma das engrenagens do meio ambiente. Logo, não há como cuidar do meio ambiente como se fosse um objeto alheio à vida humana. É necessário corrigir a engrenagem em funcionamento.

No desenvolver do pensamento humano sobre o meio ambiente, tem-se que este era tido apenas como bem de uso econômico, trazendo à baila os preceitos de uma corrente utilitarista, ou seja, o meio ambiente estava à disposição do homem para ser explorado e ter sua composição econômica. Décadas após, averiguou-se que era impossível dissociar o homem do meio ambiente visto que estavam inseridos no mesmo sistema, trazendo à tona uma visão protecionista. A visão protecionista buscava o amparo dos seres humanos como um todo, considerando que estavam inseridos na mesma plataforma de convivência. Todavia, o pensamento evolutivo moldou a corrente utilitarista em utilitarista mitigada, podendo ser entendida como corrente que busca a proteção do meio ambiente, assim como sua exploração econômica por meio de recursos de recomposição do meio.

Feita a presente apresentação da conversão de pensamentos, destaca-se no cenário desenvolvimentista, o Clube de Roma, conhecidos como "Zeristas", institucionalizado na década de sessenta, por uma associação informal de pessoas, sem vínculo político, com os seguintes objetivos:

> Os objetivos do Clube de Roma são: identificar os problemas mais cruciais que vão determinar o futuro da humanidade, através da análise prospectiva e integrada, para avaliar cenários alternativos para o futuro e para avaliar os riscos, as escolhas e oportunidades, desenvolver e propor soluções práticas para os desafios identificados; comunicar os novos *insights* e conhecimentos derivados dessa análise para os tomadores de decisões nos setores público e privado e também para o público em geral e para estimular o debate público e a ação efetiva para melhorar as perspectivas para o futuro.
>
> O Clube de Roma, em seus primeiros anos, com foco sobre a natureza dos problemas globais, a "problemática" sobre os "limites do crescimento" e de novos caminhos para o desenvolvimento mundial. O Clube de Roma está se concentrando em seu novo programa sobre as causas profundas da crise sistêmica, definindo e comunicando a necessidade de a visão e os elementos de uma nova economia, que produz riqueza real e bem-estar, o que não degradar os recursos naturais e fornece empregos significativos e renda suficiente para todas as pessoas. O novo programa também abordará valores subjacentes, crenças e paradigmas[7]. (tradução livre)

[7] The aims of the Club of Rome are: to identify the most crucial problems which will determine the future of humanity through integrated and forward-looking analysis; to evaluate alternative scenarios for the future and to assess risks, choices and opportunities; to develop and propose practical solutions to the challenges identified; to communicate the new insights and knowledge derived from this analysis to decision-makers in the public and private sectors and also to the general public and to stimulate public debate and effective action to improve the prospects for the future.

Em outra obra de nossa autoria (2014), apresenta-se o Clube de Roma como marco para discussão sobre o desenvolvimento, pois considerava-se que o meio ambiente era toda a estrutura do sistema e se discutia a problemática da finitude dos recursos naturais, com a proposição do crescimento zero. Esta atitude radical foi tomada em virtude de que os maiores prejuízos causados à biosfera eram provenientes da atividade humana, ou seja, antropocêntricos. Com a limitação do crescimento, pensou-se que a proteção seria mais efetiva.

A iniciativa principal do Clube de Roma era propor um limite para o desenvolvimento tendo por base a proteção ambiental. Porém, a iniciativa recebeu inúmeras críticas da sociedade. Um dos fatores que levaram a essa repulsa foi a não distinção de região (micro ou macro), cidades e lugarejos. Os espaços presentes no globo terrestre são divididos geograficamente e, dependendo da região, sofrerá intervenções naturais diversificadas. Além das influências sociais, políticas, científicas, as quais são peculiares a depender da localização. Assim, tratar todos os Estados, indistintamente, propondo-lhes metas radicais, apesar de ser um ato ousado e eventualmente necessário, não foi efetivo.

As pesquisas do Clube de Roma foram consolidadas em uma obra denominada "Limites do Crescimento" (*Limits of Growth).* A obra de cunho coletivo foi liderada por Dornella Meadows e traduzida para mais de vinte e quatro idiomas, para atingir os mais variados tipos de leitores.

Em que pesem os diversos argumentos, sejam eles positivos ou negativos, é imperioso destacar que o Clube de Roma foi um grande avanço para a área ambiental, mesmo que seus ideais extremistas fossem apenas o embrião de toda a gestão ambiental globalizada.

The Club of Rome, in its early years, focused on the nature of the global problems, the "problematique", on the "limits to growth" and on new pathways for world development. The Club of Rome is focusing in its new programme on the root causes of the systemic crisis by defining and communicating the need for, the vision and the elements of a new economy, which produces real wealth and wellbeing; which does not degrade our natural resources and provides meaningful jobs and sufficient income for all people. The new programme will also address underlying values, beliefs and paradigms (tradução livre). Disponível em: http://www.clubofrome.org/?p=324. Acesso em: 18 jan. 2020.

Nesse momento da história mundial, a pesquisa do Clube de Roma condenava o crescimento sem observância da vertente ambiental, de modo a colocar em risco todo o globo. Com a realização da Convenção de Estocolmo, em 1972, o discurso da primeira-ministra da Índia, Sra. Indira Gandhi, surpreendeu a todos os governantes presentes quando pronunciou:

> Os problemas ambientais dos países em desenvolvimento não são os efeitos colaterais da industrialização excessiva, mas refletem a inadequação do desenvolvimento. Os países ricos podem olhar sobre o desenvolvimento como a causa da destruição do meio ambiente, mas para nós é um dos principais meios de melhorar o ambiente para viver, ou o fornecimento de alimentos, água, saneamento e abrigo; de fazer os desertos verdes e as montanhas habitável. A pesquisa e perseverança de pessoas dedicadas nos deram uma visão que é susceptível de desempenhar um papel importante na formação dos nossos planos futuros. Vemos que por mais que o homem anseie por bens materiais, eles nunca podem dar-lhe plena satisfação. Assim, o mais alto padrão de vida deve ser alcançado sem alienar as pessoas de seu patrimônio e sem despojando a natureza de sua beleza, frescura e pureza tão essencial para nossas vidas.
>
> A questão mais urgente e fundamental é a da paz. Nada é tão inútil como a guerra moderna. Nada destrói tão instantaneamente, tão completamente, como as armas diabólicas que não só matam, mas mutilam e deformam os vivos e os que ainda não nasceram, que envenenam a terra, deixando longas trilhas da feiura, aridez e desolação sem esperança. Que projetos ecológicos podem sobreviver a uma guerra? O primeiro-ministro da Suécia, Olof Palme Sr., já chamou a atenção da Conferência para isso em palavras poderosas.
>
> É claro que a crise ambiental, que o mundo está enfrentando, irá alterar profundamente o destino futuro ou o nosso planeta. Ninguém entre nós, qualquer que seja o nosso estado, a força ou circunstância pode permanecer inalterado. O processo de mudança desafia atuais políticas internacionais. Será que a crescente consciência de "uma terra" e "um ambiente" nos guiar para o conceito de "uma humanidade"? Haverá uma partilha mais equitativa dos custos ambientais e de maior interesse internacional pelo progresso acelerado do mundo menos desenvolvido? Ou, vai ficar confinado

> a uma preocupação estreita, com base na autossuficiência exclusiva?[8] (tradução livre)

O discurso demonstrava a realidade dos países emergentes e que a fixação desses limites não seria possível, porque os Estados que vivenciam a pobreza precisariam primeiro equilibrar os fatores sociais e melhorar as condições de vida para, depois, refletir sobre os limites que incluíam o meio ambiente como fator de urgência no processo desenvolvimentista. Apesar disso, o meio ambiente foi destacado como de necessária proteção e maturidade da consciência global-protecionista.

A Convenção de Estocolmo, no ano de 1972, foi o primeiro encontro estatal e internacional que colocou o meio ambiente em pauta de urgência. Contudo, uma leitura crítica deve ser feita. Na década de 70,

---

8 The environmental problems of developing countries are not the side effects of excessive industrialization but reflect the inadequacy of development. The rich countries may look upon development as the cause of environmental destruction, but to us it is one of the primary means of improving the environment for living, or providing food, water, sanitation and shelter; of making the deserts green and the mountains habitable. The research and perseverance of dedicated people have given us an insight which is likely to play an important part in the shaping of our future plans. We see that however much man hankers after material goods, they can never give him full satisfaction. Thus the higher standard of living must be achieved without alienating people from their heritage and without despoiling nature of its beauty, freshness and purity so essential to our lives.

The most urgent and basic question is that of peace. Nothing is so pointless as modern warfare. Nothing destroys so instantly, so completely as the diabolic weapons which not only kill but maim and deform the living and the yet to be born; which poison the land, leaving long trails of ugliness, barrenness and hopeless desolation. What ecological projects can survive a war? The Prime Minister of Sweden, Mr. Olof Palme, has already drawn the attention of the Conference to this in powerful words.It is clear that the environmental crisis which is confronting the world, will profoundly alter the future destiny or our planet. No one among us, whatever our status, strength or circumstance can remain unaffected. The process of change challenges present international policies. Will the growing awareness of "one earth" and "one environment' guide us to the concept of "one humanity"? Will there be a more equitable sharing of environmental costs and greater international interest in the accelerated progress of the less developed world? Or, will it remain confined to a narrow concern, based on exclusive self-sufficiency? Disponível em: http://lasulawsenvironmental.blogspot.com.br/2012/07/indira-gandhis-speech-at-stockholm.html. Acesso em: 30 jan. 2020.

muitos Estados presentes na conferência internacional abordada acima, apenas participaram para estreitar os laços diplomáticos, sendo que intrinsecamente a proteção ambiental não estava sempre à frente das discussões. Independente de tal crítica, o que se identifica é a internalização dos anseios discutidos em Estocolmo com reflexo nas legislações internas. No Brasil, um grande exemplo é a Lei de Política Nacional do Meio Ambiente, datada de 1981 e, posteriormente, a Constituição da República de 1988.

O Código de Mineração Brasileira, Decreto 227, é do ano de mil novecentos e sessenta e sete. Levando-se em consideração o brevíssimo histórico evolutivo ambiental, identifica-se a inserção da legislação minerária no período em que o país buscava sua colocação em cenário global. Com isso, a legislação que se discute tem viés fortemente econômico.

Deve-se trazer à tona o Princípio 5 da referida convenção internacional de 1972 "Os recursos não renováveis da terra devem empregar-se de forma que se evite o perigo de seu futuro esgotamento e se assegure que toda a humanidade compartilhe dos benefícios de sua utilização".

Considerando os traços de mudança de paradigma ambiental conclui-se que o meio ambiente se transmutou de elemento econômico para elemento de proteção mitigada (com traços econômicos). Dentro dessa vertente econômica do ambiente traça-se a análise da mineração, forma de exploração e encerramento de atividades, visto que é uma das atividades antrópicas mais invasivas na seara em epígrafe.

Com o aumento da atividade antrópica no meio ambiente, mesmo com a presença de diplomas normativos protetivos, verifica-se no curso da história mundial que inúmeras catástrofes promoveram a necessidade de reflexão e debate sobre o esgotamento dos bens ambientais.

Abordar-se-á alguns dos principais eventos de impacto ambiental com o escopo de ilustrar a intensidade do antropocentrismo no meio ambiente, conforme será descrito em linhas subsequentes. O recorte específico dos acidentes foi pautado principalmente naqueles eventos de grande repercussão global e, levando-se em conta, o direcionamento da doutrina no sentido de destacá-los, conforme Thomé (2018), Freire (2017) e Feigelson (2012).

Inicialmente cumpre destacar que há fatores na matriz de impacto ambiental global que reconhece as mudanças climáticas, a gestão de resíduos, a perda da biodiversidade e as tragédias ambientais como base motivadora da modificação de pensamento da humanidade em relação ao meio ambiente. No presente capítulo será abordado de maneira elucidativa algumas das principais tragédias envolvendo o meio ambiente durante a história mundial. Destaca-se, por fim, que não há o objetivo de contrastar a participação popular em cada evento, considerando a multiplicidade de locais ao redor do mundo onde ocorreram, envolvendo, assim, os mais variados sistemas jurídicos existentes. Portanto, é de extrema importância a análise da atividade antrópica nos cenários de grandes tragédias palco de debates quando do estudo dos acidentes minerários de grande porte ocorridos no Brasil, especialmente Bento Rodrigues/MG e Brumadinho/MG.

2.3.1 Minamata

O incidente ocorreu na região de Minamata, Japão, um arquipélago localizado no sul do país que foi contaminado por rejeitos da empresa Chisso, que poluiu, durante mais de vinte anos, a fauna marinha com mercúrio. Todo esse desastre ocorreu na década de 60 e, por conta da cadeia alimentar, os peixes contaminados acabaram por chegar aos pratos das comunidades de entorno, trazendo transtornos de saúde e até mutações genéticas de gerações vindouras. Por conta disso, até os dias de hoje, há luta dessa comunidade para reconhecimento da "Doença de Minamata".

Augusto César *et al.* (2017, p. 51), relacionam a utilização desse composto químico pelo setor de indústrias:

> Apesar da modernidade tecnológica, do avanço das leis de proteção do meio de trabalho, o mercúrio e seus compostos ainda são utilizados em processos e produtos em todo o mundo, principalmente em países periféricos. Sendo assim, é difícil controle de exposição aos vapores do metal no ambiente de trabalho. Apesar de existir naturalmente em quantidades traço na crosta terrestre, as emissões antrópicas de mercúrio são maiores e, por sua vez, vem aumentando significativamente desse o início do período industrial.
>
> As reações químicas do mercúrio no meio ambiente são complexas e, uma vez liberado pela ação antrópica, considerando sua volatilidade, seu ciclo biogeoquímico, proporcionando circulação entre solo, ar e água, somados à circulação e aos fenômenos atmosféricos, o mercúrio pode ser encontrado nos lugares mais distantes do planeta Terra.

A divulgação da catástrofe ambiental só ganhou plano internacional quando o fotografo americano Eugene Smith, em meados de 1972 fez uma foto de uma menina, Tomoko Uemura, com membros inferiores e superiores deformados, cega, surda e muda. E, diante da morosidade do Judiciário nipônico, somente em meados de 1997 os prejudicados foram indenizados.

Liberou-se no transcurso das últimas décadas valor superior a 1,9 toneladas, conforme dados apresentados por Ashwani Sharma (2014, p. 1064), do Instituto de Tecnologia da Índia:

> Estima-se que as atividades humanas tenham liberou cerca de 1.900 toneladas de mercúrio na atmosfera e pelo menos cerca de 1.000 toneladas métricas na água em 2010, de acordo com um relatório de 2013 pelo Meio Ambiente das Nações Unidas Programa (PNUMA). Queima de carvão é a maior fonte antrópica de mercúrio emissões atmosféricas, representando 45% do total de emissões, enquanto 18% da mineração de ouro, pois o mercúrio ajuda separar o ouro da rocha e outros sedimentos.
>
> O problema do mercúrio é transfronteiriços e de natureza global. Os perigos globais da poluição por mercúrio abordado pela primeira vez nas Nações Unidas Conferência sobre o Meio Ambiente Humano, realizada em Estocolmo em 1972. (tradução livre)[9]

Diante tamanha repercussão internacional, fora celebrada a Convenção de Minamata para uso controlado de mercúrio, realizada em Kumamoto em 2013. Como é cediço, o trâmite de internalização dos acordos internacionais, pela legislação brasileira, é bifásico, ou seja, mesmo com o acordo celebrado em 2013, o Congresso Nacional

---

[9] Human activities are estimated to have released around 1,900 metric tonnes of mercury into the atmosphere and at least around 1,000 metric tonnes into the water during 2010, according to a 2013 report by the United Nations Environment Programme (UNEP). Burning of coal is the largest anthropogenic source of Mercury air emissions, accounting for 45% of total emissions, while 18% comes from gold mining, as mercury helps separate gold from the rock and other sediments.

The problem of mercury is transboundary and global in nature. The global perils of mercury pollution were first addressed in the United Nations Conference on the Human Environment, held in Stockholm during 1972.

precisou analisar toda a legislação para constatar se haveria alguma afronta constitucional. Diante disso, somente em 2018, cinco anos após, promulgou-se por meio do Decreto 9470/2018.

2.3.2 Torrey Canyon

O conhecido acidente com o navio tanque S/T Torrey Canyon é um dos primeiros impactos petrolíferos a que se tem notícia. A embarcação pertencia a Barracuda Tanker, empresa registrada na Libéria, contudo, atuando por mais de vinte anos para Union Oil Califórnia.

A embarcação tinha potencial de carga de 60.000 toneladas e, após procedimento de jumborização, dobrou sua capacidade de carga. Tal procedimento fora realizado no Japão. Convertendo-se a carga em barris, constata-se que o Petroleiro Torrey Canyon tinha capacidade de 730.000 barris de petróleo.

Aluxan Branco (2014, p. 18), da Escola de Formação de Oficiais da Marinha Mercante do Brasil, apresenta, com detalhes, o histórico do acidente com a embarcação Torrey Canyon:

> O navio colidiu em Pollard´s Rock no Recife Sevens Stone, situado à nordeste das Ilhas Scilly ao largo da costa da Grã-Bretanha. Estima-se que a colisão tinha destruiu seis de seus 18 tanques de carga, derramando toneladas de óleo cru no mar e originando grave poluição nas Costas do Sudoeste da Inglaterra e do Norte da França. A tragédia ocasionou danos imediatos com custos enormes para a economia e os recursos naturais. A maior parte da vida marinha foi destruída a partir da Inglaterra até a França. Praias foram afetadas por mais de cinco meses. Aproximadamente 25000 pássaros foram mortos.
>
> Para combater o óleo, dois navios de Marinha Britânica foram enviados com milhares de galões de detergente parar reduzir a mancha. Após uma inspeção foi revelado que 15 tanques de carga tinham sido danificados, uma catástrofe muito maior do que se concluiu.
>
> No dia seguinte aconteceu uma nova tentativa, tentou-se puxar o petroleiro das rochas. No dia 19 de março, uma extraordinária explosão ocorreu. Cinco homens deixados a bordo foram feridos e duas pessoas foram lançadas ao mar. Um morreu e outro resgatado. Efeitos financeiros e naturais foram avaliados. A gravidade do evento foi definitiva para a

criação da Convenção sobre a responsabilidade civil (CRC) em 1969. Desta forma, os Armadores (Donos dos navios) se tornaram estritamente responsáveis pelo acidente ao invés de devedores, caso a negligência fosse comprovada. A Convenção exigiu novas leis de proteção do ambiente, determinando que navios mais seguros fossem adotados.

No âmbito legislativo, o Brasil foi signatário da Convenção Internacional sobre preparo, resposta e cooperação em caso de poluição por óleo, realizada no ano de 1990 em Londres (Inglaterra), internalizada por meio do Decreto 2870/1998, onde reconhece expressamente o princípio do poluidor pagador.

Tal norma consuetudinária, remonta a ideia de responsabilização pecuniária em caso de danos ambientais, ou seja, a norma jurídica determina a conversão do prejuízo ambiental em pecúnia, não excluindo também, a necessidade de reparação e reconstituição ambiental.

2.3.3 Exxon Valdez

No final da década de 80, especificamente em Prince William Sound (Alasca/EUA), o petroleiro Exxon Valdez encalhou num recife, o qual perfurou o casco do navio e, consequentemente, causando um derramamento de óleo no mar.

O navio com capacidade de 200 mil toneladas de petróleo bruto estava navegando com uma carga de 126.400 barris de petróleo e cerca de um quinto de sua carga foi lançada nos oceanos, ocasionando a cobertura de praias, extinção de espécies aquáticas e redução da qualidade hídrica.

Aluxan Branco (2014, p. 21) ainda destaca que "O Capitão Hazelwood foi acusado de estar embriagado no momento do acidente, mas tais acusações nunca foram comprovadas. Ele foi, no entanto, condenado a prestar serviços comunitários".

Por conta desse acidente, os Estados Unidos criaram a legislação denominada "Oil Pollution Act of 1990" (Lei sobre poluição de óleo de 1990), a qual determinou que todos os cascos das embarcações-tanque deveriam ser duplos, a fim de promover maior segurança ambiental.

O referido acidente ambiental é conhecido como maior catástrofe de óleo cru (sem beneficiamento) da história mundial, vez que devastou a fauna local, causou uma perda absoluta da qualidade das águas, as quais atingiram a costa do Alaska.

2.3.4 Chernobyl e Fukushima

Um outro acidente envolvendo o meio ambiente foi o impacto ambiental de Chernobyl, que aconteceu em 1986, quando a Usina V.I. Lenin, localizada na cidade de Pripyat (antiga União Soviética), no reator 4, explodiu e emitiu radiação em alta intensidade, a qual se propagou, por força das correntes de ar, por vários pontos do mundo. É considerado o maior acidente com energia nuclear da história.

Os relatos midiáticos sustentam que o desastre de Chernobyl foi ocasionado por um conjunto de erros humanos e violações de protocolos de segurança. No dia 25 de abril de 1986, fora realizado teste de potência na Usina 4, o qual compreendia o estudo de quanto tempo as turbinas eram capazes de funcionar após queda instantânea de eletricidade.

Ao executar o teste, o piloto automático das máquinas estava ligado, o que, provocou uma reunião energética acima de cem vezes a potência usual e, no religar o maquinário, havia muita energia para ser propagada e a usina não comportou e as 210 toneladas de urânio juntamente com iodo-131, césio-137 e estrôncio-90 foram lançados nas correntes atmosféricas (HELERBOCK, 2013).

No que se refere à legislação, constata-se que Chernobyl promoveu a conscientização forçada e, com isso, surgiu a Convenção sobre Notificação Prévia e a Convenção sobre assistência em caso de acidente nuclear ou emergência radiológica. Posteriormente, vários Estados celebraram a Convenção sobre segurança Nuclear em 1994, realizada em Viena e internalizada por meio do Decreto 2648/98, a qual detinha três grandes objetivos, quais sejam: a) alcançar e manter um alto nível de segurança nuclear mundial através do fortalecimento de medidas nacionais e da cooperação internacional, incluindo, onde for apropriado, cooperação técnica relacionada com segurança; b) estabelecer e manter defesas efetivas em instalações nucleares contra danos radiológicos potenciais, de forma a proteger indivíduos, sociedade e meio ambiente dos efeitos nocivos da radiação ionizante originária dessas instalações c) prevenir acidentes com consequências radiológicas e mitigar tais consequências caso ocorram.

Em março de 2011 outro acidente na área nuclear ficou em voga: Fukushima. Após sofrer um terremoto de 8,9 graus na escala Richter, e recepcionar um tsunami, danos foram causados na usina nuclear de Fukushima, localizada na região nordeste do Japão.

Durante a atividade ambiental (tsunami provocado por meio de movimentação de placas tectônicas) várias usinas nucleares promoveram o desligamento dos reatores, como medida preventiva.

Por conta desse evento, foi realizado em 2011 uma audiência pública pela Comissão de Minas e Energia, com o escopo de discutir a construção de novas usinas nucleares brasileiras, bem como direcionar o futuro das já existentes. Em apertada síntese, conforme Informe Parlamentar 1182/2011, enfatizou-se que somente o acidente de Fukushima não seria motivo para mudar o Programa Nuclear Brasileiro, considerando a essencialidade da fonte energética para os brasileiros.

Em análise posterior, Davis e Corroy (2017, p. 6) apresentam dados alarmantes, ao diagnosticarem altos índices de radiação fora da zona de exclusão de Fukushima:

> A importância dessas medidas é melhor compreendida em relação à proposta "segura" níveis. A Agência Internacional de Energia Atômica (AIEA) proclamou que o aceitável a exposição anual para o público é de um milissegundo por ano acima da radiação natural de fundo.
>
> Embora o envenenamento por radiação aguda – com sintomas como vômito e náusea – não comece ocorrer até que alguém seja exposto a aproximadamente 1000 millisieverts, a dose anual segura é muito menor devido aos efeitos negativos para a saúde da exposição a longo prazo. Se tomarmos o parâmetro de nível de 1 millisievert por ano e dividi-lo em microsieverts por hora, a dosagem é aproximadamente 0,11 μSv / h.
>
> As leituras de radiação na maioria das cidades do mundo estão entre 0,03 e.1 μSv / h. Para comparação, na cidade de Fukushima durante o verão de 2013 – uma cidade de quase 300.000 pessoas – fora da zona de exclusão evacuada – as medições de radiação variaram de 0,23 a mais de 22,1 μSv / h (traduz-se entre 2,0 e 192 millisieverts por ano).
>
> Em outras palavras, as medições variaram de duas a quase 200 vezes a recomendada pelo limite de segurança da AIE (tradução livre)[10]

[10] The significance of these measurements is best understood relative to proposed 'safe' levels. The International Atomic Energy Agency (IAEA) has proclaimed that the acceptable yearly exposure for the public is one millisievert per year above natural background radiation.While acute radiation poisoning – with

Como se depreende da análise dos dados apresentados, conclui-se que independente da intensidade do acidente nuclear, os danos à comunidade mundial são praticamente irreversíveis, o que, por si só, promove um repensar acerca do futuro de tal modalidade energética.

Interessante posicionamento o da Cientista Política Patrícia Martuscelli (2015, p. 227):

> Com o intuito de tentar proteger a população civil e evitar sua exposição à radiação, milhares de pessoas foram removidas de suas residências. Essas podem ser classificadas como "deslocados ambientais" visto que foram forçadas a sair de suas casas por consequências ambientais que estavam além de seu alcance. Tanto as pessoas que saíram das regiões mais afetadas como aquelas que lá ficara e sofreram restrições em suas atividades habituais o que tornou a rotina diária difícil e instável.

Tal assertiva se direciona à catástrofe de Chernobyl, em analisar o ciclo migratório forçado com o objetivo inicial de segurança, mas que ocasiona desconforto e redução de direitos aos atingidos. Tal característica também é clarividente no objeto central dessa obra: acidentes minerários de grande porte por rompimento de barragens, ou seja, os atingidos também sofrem com a remoção habitacional e incerteza indenizatória. Motivo este que determina a necessidade de estudo da voz à população lesionada na celebração dos Compromissos de Ajustamento de Conduta.

2.3.5 Bhopal

A cidade de Bhopal está localizada no centro da Índia e foi palco de uma das maiores tragédias provenientes de gás da história mundial. Em 1984, uma empresa fabricante de inseticidas utilizava três

---

symptoms like vomiting and nausea – does not start to occur until someone is exposed to approximately 1000 millisieverts, the yearly safe dosage is much lower due to the negative health effects of long-term exposure. If we take the safe level of 1 millisievert per year and break it down to microsieverts per hour the dosage is approximately.11 μSv/h. Radiation readings in most cities in the world are between.03 and.1 μSv/h. For comparison, in Fukushima City during the summer of 2013 – a city of nearly 300,000 people well outside the evacuated exclusion zone – radiation measurements ranged from.23 to well over 22.1 μSv/h (translates to between 2.0 and192 millisieverts per year). In other words, measurements ranged from double to almost 200 times the recommended IAEA safe limit.

compostos químicos como base do processo produtivo: isocianato de metila, 1-naftol e 1-naftol-N-metilcarbamato.

A empresa (Union Carbide Corporation), por utilizar grande quantidade de isocianato de metila na produção dos agrotóxicos, mantinha grande estoque retido em tanques. Contudo, um acidente ocasionou o vazamento completo do gás, ocasionando mais de oito mil vítimas fatais, além de danos secundários, como abortos, doenças oculares e respiratórias.

Conforme dados do Fundacentro (2014, s/p), três mil pessoas morreram no acidente em Bopal instantaneamente por asfixia, mas estima-se que a catástrofe tenha ceifado cerca de 20 mil mortes e 150 mil contaminações crônicas.

Possebom (2014, s/p) apontou as principais falhas envolvendo o acidente em debate:

> A empresa Union Carbide fabricava isocianato de metila – ICM. "Tinha os recursos para evitar uma catástrofe, mas a maioria dos equipamentos não estava funcionando ou estava em manutenção. Não havia equipe de controle de emergência para atuar, e as providências demoravam a ser tomadas". O sistema de refrigeração, por exemplo, havia sido retirado de operação para manutenção, apesar do isocianato de metila precisar ser mantido a uma temperatura de 0° C. O lavador de gases, que utilizava uma solução de hidróxido de sódio para neutralizar o ICM, também estava inoperante no dia do acidente. Já o queimador de gases (*flare*) estava desativado, pois um trecho da tubulação foi retirado para manutenção. Se estivesse funcionando, queimaria o ICM e impediria a contaminação ambiental. Outro problema foi o sistema de armazenamento da substância química. Feita em três tanques, o terceiro deveria estar vazio e ser utilizado para estocagem de emergência, para controlar temporariamente o produto fora de especificação, antes de reprocessá-lo. Mas os três estavam cheios. O sistema de pressurização também falhou, porque a válvula estava com vazamento e permitiu a entrada da água no tanque. Trinta anos após o acidente, a planta continua abandonada e não desmontaram a estrutura.

No Brasil a segurança química é contemplada com a Norma Regulamentadora NR-13 e com a ratificação da Convenção 174 da Organização Internacional do Trabalho.

2.3.6 Amoco Cadiz

Em 1978, dez anos após o grande acidente com Torrey Canyon, coincidentemente também em março, o petroleiro liberiano Amoco Cadiz transportava 228.000 toneladas de petróleo bruto do Irã para Holanda. Após reconhecer uma falha no sistema de comando hidráulico e enfrentar condições meteorológicas instáveis, o navio desviou de rota e naufragou, promovendo um vazamento de óleo e promovendo mais uma mancha negra nos mares.

Mariana Heck (2013, p. 198) apresenta os danos causados pela presente catástrofe:

> Os danos causados pelo acidente com Amoco Cadiz ao meio ambiente, apesar das medidas de remediação e limpeza, foram catastróficos. A poluição de 400 km de costa teve consequências dramáticas para a vida marinha: pelo menos 15.000 pássaros mortos; 26.000 toneladas de matéria viva destruída; e prejuízos incalculáveis aos recursos biológicos.
>
> Ele teve, ademais, sérias consequências do ponto de vista jurídico e prático. O naufrágio do Amoco Cadiz mostrou que o combate à poluição dos oceanos depende de ação nacional, a qual, ao mesmo tempo, deve encontrar respaldo internacional. Tais ações, seguindo Laurent Lucchini, implicam a adoção de vários tipos de medidas complementares entre si e indispensáveis para garantir a "coerência do conjunto": medidas preventivas e repressivas, regras de responsabilidade e planos de intervenção que devem ser aplicados em caso de acidentes.

Além dos acidentes envolvendo petroleiros relacionados a título ilustrativo na presente pesquisa, importante destacar que a ITOPF – *International Tanker Owners Pollution Federation* (Federação Internacional de Poluição e Proprietários de Petroleiros) publicou estatística[11] sobre esse tipo de impacto ambiental, que engloba desde a década de 60 até 2010. Dos dados prospectados, forma-se a presente tabela:

[11] Disponível em: http://www.itopf.com/information-services/data-andstatistics/statistics/index.html#major. Acesso em: 13 fev. 2020.

Tabela 1 – Descritiva dos principais acidentes petrolíferos na história mundial.

Ano	Local	Ocorrência	Volume vazado (m3)
1967	Inglaterra	Petroleiro Torrey Canyon	119 mil
1972	Golfo de Oman	Petroleiro Sea Star	115 mil
1973	Porto Rico	Petroleiro Zoe Colocotroni	5 mil
1974	Chile	Petroleiro Metula	51 mil
1975	Portugal	Petroleiro Jacob Maersk	85 mil
1978	França	Petroleiro Amoco Cadiz	230 mil
1978	Brasil	Petroleiro Brazilian Marina	6 mil
1979	Caribe	Petroleiro Atlantic Empress	287 mil
1983	África do Sul	Petroleiro Castillo de Belver	252 mil
1988	Mar do Norte	Petroleiro Piper Alpha	670 mil
1989	Alasca	Petroleiro Exxon Valdez	40 mil
1989	Espanha	Petroleiro Khark 5	70 mil
1991	Angola	Petroleiro ABT Summer	260 mil
1991	Itália	Petroleiro Haven	144 mil
1999	França	Petroleiro Erika	20 mil
2002	Espanha	Petroleiro Prestige	63 mil
2003	Paquistão	Petroleiro Tasman Spirit	30 mil
2004	Brasil	Navio químico Vicuña	292 mil
2007	Coréia	Petroleiro Hebei Spirit	10,5 mil
2007	Inglaterra	Navio Conteineiro Napoli	200 mil
2010	EUA	Plataforma Deepwater Horizon	779 mil

Fonte: elaborada pelo autor.

2.3.7 Seveso

Em 10 de junho de 1976, na província de Milão (Itália), na região mais conhecida como Seveso, ocorreu a ruptura de um disco de segurança de um reator da empresa ICMESA, com consequente emissão de uma grande nuvem tóxica composta de TCP (Triclorofenol), etilenoglicol e 2,3,7,8-tetraclorodibenzenoparadioxina, com a contaminação imediata de 1.800 hectares por conta dos compostos clorados.

Estima-se que o reator não possuía sistema de arrefecimento automático e que uma reação exotérmica tenha causado o vazamento dos gases. Mais uma vez houve a mesma conduta de acidentes anteriores: isolamento de área e remoção forçada de habitantes a fim de minimizar os impactos sofridos.

Jeromy Ravetz *et al.* (2000, p. 156) apresenta que a falta de regulamentação e planos emergenciais potencializam os efeitos de impactos ambientais industrial:

> A Diretiva Seveso foi, assim, um crescimento orgânico, em resposta às necessidades para regulamentação dos riscos que se tornaram transfronteiriços em uma Europa integrada. A regulamentação é complementar à produção e não provê meramente proteção contra perigos, mas também assegura um nível de atuação no campo para o livre comércio dentro da área da União Europeia, privando os operadores menos escrupulosos de uma vantagem competitiva. [...]
>
> O desastre Seveso e os outros acidentes ampliados mencionados, que ocorreram no mesmo período, demonstraram dramaticamente a inadequação das regulamentações e das práticas correntes para o gerenciamento de riscos. A vulnerabilidade das comunidades afetadas localmente começou a ser percebida como um reflexo de uma ampla vulnerabilidade das sociedades como um todo.
>
> Independentemente de suas características e dinâmicas específicas, esses acidentes surgiram como sintomas de uma falha global das políticas de gerenciamento de riscos industriais. Em particular, a ausência comum de informações completas acerca das instalações industriais, as vezes até de sua existência, foi sentida como uma grande fraqueza, o que impedia medidas preventivas e um planejamento de emergências adequado.

Como se vê, o princípio da solidariedade internacional se aplica perfeitamente ao caso em comento, considerando que os danos ocorridos poderiam ultrapassar as fronteiras e causar danos a terceiros, devendo os Estados envolvidos/limítrofes, atuar conjuntamente para barrar a evolução dos prejuízos ao ser humano e ao meio ambiente. Tal princípio se adequa à teoria de agir localmente pensando globalmente, ou seja, por menor que seja meu auxílio na contenção de um impacto ambiental, promove-se uma governança ambiental.

2.3.8 Golfo do México

Em 20 de abril de 2010, uma explosão na plataforma Deepwater Horizon, de titularidade da empresa British Petroleum (BP) levou à óbito onze funcionários. Dois dias após tal explosão, a plataforma entrou em colapso e afundou nas proximidades da costa da Louisiana, sul dos Estados Unidos da América. O maior acidente petrolífero do Estado americano.

Danos humanos, ambientais e econômicos ocorreram. Além das onze mortes das pessoas que trabalhavam na plataforma, após a mesma afundar, ocorria um vazamento de cinco mil barris de petróleo por dia, o que ocasionou a contaminação do Golfo do México.

A empresa prospectora de petróleo somente conseguiu estancar o vazamento em meados de julho do mesmo ano, ou seja, três meses após a catástrofe.

Carvalho e Berwig (2012, p. 85), publicam dados da recuperação de área pós acidente no Golfo do México, destacando, infelizmente, somente a retirada de petróleo derramado no que se refere a um quinto do vazamento:

> Ao final do desastre, foi mensurado, que cerca de 5 milhões de barris de petróleo foram lançados ao longo dos 86 dias de vazamento, tornando a DWP o maior derramamento de petróleo *offshore* na história. Estima-se que a BP capturou apenas 1/5 (um quinto) do vazamento de óleo em sua operação de limpeza, em torno de 800 mil barris. Além disso, os danos ambientais se agravaram, em razão de dispersantes utilizados para controlar o derramamento que eram potencialmente tóxicos e prejudiciais ao meio ambiente, deixando uma espessura de resíduo no ambiente marinho.

De acordo com Elkington (2012), há três pontos críticos que afetam a transição para um modelo de sustentabilidade: (1) boas leis e formas eficazes de execução, (2) instituições financeiras fortes, capazes de direcionar a economia para atividades mais produtivas e (3) um bom governo, com sistemas eficazes de gestão ambiental.

A história de acidentes ambientais se repete com grandes frequências em nichos diversificados. A legislação brasileira é completa, complexa, porém, ineficiente. Além disso, há falhas governamentais na fiscalização e eventual punição de responsáveis por autorizar ou licenciar empreendimento com iminência de impacto ambiental.

No caso do Golfo do México, restou evidenciado que há múltiplos fatores que causaram o impacto ambiental: a) erro humano e falha de equipamentos na unidade de perfuração; b) falha governamental para permitir auxílio financeiro e fiscalizatório prévio; c) mídia dispersiva, ou seja, a imprensa não conseguia transmitir informações precisas à população.

Mesmo diante de tantas falácias, o governo norte-americano ainda não promoveu reforma legislativa intensa e abrangente sobre as medidas protecionistas para perfurações e processo petrolífero.

2.3.9 Mineração: Miraí, Bento Rodrigues e Brumadinho

Em Miraí, no dia 10 de janeiro do ano de 2017, uma das barragens da Mineradora Rio Pomba Cataguases se rompeu e espalhou pela cidade e região mais de dois milhões de metros cúbicos de rejeitos oriundos do beneficiamento de bauxita (SCHEMBRI, s/d).

No caso da Mineradora Rio Pomba Cataguases, localizada em Miraí/MG, SCHEMBRI (2002) sustenta que o rompimento da barragem fora ocasionado pelo uso inadequado do vertedor de fuga, considerando as evidências de utilização além dos padrões suportáveis para a capacidade:

> Perante os fatos apurados, a equipe técnica do DNPM atesta a tese do rompimento ter sido ocasionado pelo uso inadequado do vertedor de fuga, uma vez que existem evidências de que ele fora utilizado por carga muito além de sua capacidade. Foi relatado pela Diretoria de Emergências Ambientais de Minas Gerais (DEAME), que no final de 2006 e início de 2007 houve grande quantidade de precipitação na região, ocasionando o galgamento da barragem, podendo ser uma das causas do rompimento. Esta tragédia é comparada com acidente na cidade de Mariana, devido à proporção de danos causados pelo seu rompimento.

A própria Fundação Estadual do Meio Ambiente de Minas Gerais – FEAM divulgou laudo informando a responsabilidade ter sido da mineradora no caso de Miraí (2007).

Já em Bento Rodrigues/MG, conforme dados apresentados na Nota Técnica 1/2016 de assinatura entre vários órgãos ambientais brasileiros (2016), apresentou-se os dados que a barragem do Fundão, de propriedade da Empresa Samarco Mineração S/A, continha aproximadamente 50 milhões de m^3 de rejeitos de mineração de ferro, sendo que 34 milhões de m^3 de lama vazaram com o rompimento. A onda de água e lama atingiu a localidade de Bento Rodrigues causando mortes e destruição do povoado. A gigantesca onda de água e rejeitos percorreu os Rios Gualaxo do Norte e Carmo entrando no curso do Rio Doce, onde percorreu cerca de 600 km até sua foz em Linhares-ES.

Em relação à amplitude do impacto ambiental, o evento de iniciado em Miraí também atingiu Muriaé, Patrocínio de Muriaé, Laje de Muriaé e Itaperuna. Com o rompimento da barragem gerou-se um fluxo de água e lama com grande potencial destrutivo, alterando o ecossistema de onde percorria, inundando casas, escolas, comércios, inutilizando plantações. Em virtude de toda essa problemática inúmeros municípios tiveram o abastecimento hídrico interrompido (SCHEMBRI, 2002)

Por seu turno, no caso de Bento Rodrigues/MG, distrito de Mariana/MG, a onda de rejeitos destruiu comunidades, estruturas urbanas, áreas de preservação permanente, alterou de forma drástica a qualidade da água, levando ao extermínio da biodiversidade aquática, incluindo espécies ameaçadas, incluindo a ictiofauna e indivíduos da fauna silvestre.

Os níveis de turbidez da água e dos sedimentos levaram à interrupção do abastecimento de água dos municípios e das atividades econômicas com captações nos rios atingidos.

Além das vítimas fatais e dos feridos, ao longo do trecho afetado, foram constatados danos ambientais, econômicos e sociais diretos, tais como a destruição de moradias e de estruturas urbanas, destruição de áreas de preservação permanente, isolamento de comunidades, mortandade de animais de produção, impacto em plantações nas áreas rurais, restrições à pesca, danos à saúde, mortandade da fauna silvestre e doméstica, interrupção da geração de energia elétrica pelas hidrelétricas atingidas, suspensão do abastecimento de água e danos às áreas ambientalmente sensíveis. (Nota Técnica 1/2016).

Uma outra tragédia envolvendo rompimento de barragem ocorreu em Brumadinho/MG, quando a barragem B1 da Vale, na mina Córrego do Feijão, deixou, ao menos, 270 pessoas mortas e 11 desaparecidas. Com a liberação de 12 milhões de metros cúbicos de rejeitos.

De acordo com a Associação Conectas – Direitos Humanos (2020, s/p): mais de cento e seis mil pessoas recebem ajuda emergencial mensalmente; indenizações individuais e por núcleo familiar somam 723 acordos, com 2.300 beneficiários e, na área trabalhista: 516 acordos e 1.539 beneficiários.

Por conta da devastação ocorrida, 196 milhões de reais serão remetidos da União à Minas Gerais para reestruturação e ampliação de serviços de saúde, considerando que, com o rompimento da barragem em estudo, dezoito municípios foram diretamente atingidos.

O meio ambiente está protegido pela Magna Carta no artigo 225: "todos têm direito ao meio ambiente ecologicamente equilibrado, bem de uso comum do povo e essencial à sadia qualidade de vida, impondo-se ao Poder Público e à coletividade o dever de defendê-lo e preservá-lo para as presentes e futuras gerações".

A humanidade vive uma perspectiva de urgência, no entendimento de Leonardo Boff (1999, p. 3). Isso porque o crescimento, tanto material quanto populacional, sacrifica demasiadamente os recursos naturais dispostos no planeta, o que também causa um certo embaraço no amanhã das gerações vindouras. Nessa linha de raciocínio, os pormenores da resiliência serão trazidos a fim de apresentar reflexões sobre o caso apresentado.

Neste primeiro capítulo, o objetivo é ilustrar a atividade do homem no meio ambiente e seus impactos. O legislativo, em regra, acompanha o desenvolvimento social e eventos causadores de reflexão social como base de criação normativa, as chamadas fontes formais do direito, as quais serão abordadas no próximo item.

Com relação aos acidentes oriundos do rompimento de barragens, válido destacar a necessidade de se compreender o direito minerário numa maior profundidade, conforme se verá nos próximos capítulos da presente pesquisa.

A análise da evolução da consciência ambiental e da inserção da mineração no eixo desenvolvimentista do Estado gerou inúmeros reflexos na legislação pátria. Por conta disso, será abordado em linhas posteriores as legislações impactantes nessas áreas, sendo didaticamente divididas em tópicos por décadas.

2.4 LEGISLAÇÕES IMPACTANTES NO ÂMBITO AMBIENTAL E MINERÁRIO BRASILEIRO

Ao se abordar a questão das fontes formais objetiva-se traçar os principais diplomas legais para a formação da consciência ambiental que tanto se discute na atualidade. E dentro desse novo saber, verificar-se-á que um dos pilares da atividade empresária é a sustentabilidade, analisada sob a ótica da mineração. Válido mencionar que no presente capítulo já se demonstrou, numa visão ampla, a evolução legislativa ambiental e minerária.

Inúmeros foram os diplomas normativos que possuem relação de impacto tanto no direito ambiental quanto no direito minerário. No presente momento da pesquisa, efetua-se o delineamento por décadas, a iniciar em 1960 justamente considerando o marco de surgimento do Código de Mineração. Mesmo com o recorte metodológico à partir deste código, válido mencionar algumas legislações que também foram expressivas para o amadurecimento dos ramos em análise, dentre elas: O primeiro Código Florestal datado de 1934, o qual fora substituído pelo Código Florestal de 1965 e, por fim, também sobrestado pela Lei 12.651/2012; Código de Águas de 1934; Código de Águas Minerais de 1945; Lei sobre os Monumentos Arqueológicos e Pré-históricos de 1961; Lei de Política Nacional de Energia Nuclear de 1962; Estatuto da Terra de 1964 e os Códigos de Proteção à Fauna de 1967.

2.4.1 Décadas de 1960 e 1970

Em 1961 foi editado o Decreto 49974-A, o Código Nacional de Saúde, que trouxe inúmeras regras, inclusive ambientais, conforme se depreende da leitura do artigo 33:

> Art. 33. O Governo Federal prestará assistência técnica e financeira aos Estados, Territórios, Distrito Federal e Municípios, visando à solução dos problemas básicos de saneamento.
>
> § 1º Serviços de saneamento, tais o abastecimento de água e a remoção de resíduos (sólidos, líquidos ou gasosos), para melhorai das condições ambientais, atribuídos ou não à administração pública, ficarão sujeitos à orientação e fiscalização das autoridades sanitárias competentes.
>
> § 2º As instalações ou estabelecimentos públicos ou privados, que abasteçam de água, direta ou indiretamente, meios de transporte para uso de pessoas em trânsito interestadual, internacional ou em concentrações humanas temporárias, ficarão sujeitos, além do controle das autoridades sanitárias locais, à fiscalização do órgão competente do Ministério da Saúde.
>
> § 3º Todo manancial que possa ser utilizado para abastecimento de água por mais de uma Unidade da Federação, ou

por países fronteiriços, ficará sujeito, além do controle das autoridades sanitárias locais, à fiscalização do órgão competente do Ministério da Saúde.

O Decreto 50877/61 surge como diploma inerente à gestão das águas, traçando conceitos sobre poluição e, em 1967, surge o Conselho Nacional de Saneamento (Lei 5318/67).

Inúmeros foram os diplomas normativos da presente década, conhecida por ser o berço das normas ambientais, dentre elas: Lei 5318/67 (criação do Conselho Nacional de Controle de Poluição); Decreto Lei 221/67 (Código da Pesca); Lei 4771/65 (Código Florestal); Lei 5197/67 (Lei de Proteção à Fauna); Lei 3964/61 (proteção de monumentos arqueológicos e pré-históricos); Lei 41/32/62 (desapropriação por interesse social e para proteção do solo); Lei delegada n.º 10 (criação da Superintendência do Desenvolvimento da Pesca, extinta pela Lei 7735/89 passando as atribuições institucionais ao IBAMA); Decreto-lei 227/67 (Código de Mineração); Decreto 62127/68 (Código Nacional de Trânsito); Lei 6151/74 (Plano Nacional de Desenvolvimento); Lei 73030/73 (Secretaria Especial do Meio Ambiente); Decreto-lei 1413/75 (áreas críticas de poluição e zoneamento); Decreto 9714/77 (Regulamento de Mananciais); Decreto 79367/77 (padrões de potabilidade da água); Lei 6513/77 (áreas de relevante interesse turístico); Lei 6662/79 (Parques Nacionais).

A década de 70 é a mais relevante para o direito ambiental, considerando que no ano de 1972 ocorreu o primeiro encontro com representantes formais dos Estados a fim de discutirem questões ambientais (Convenção de Estocolmo). Válido destacar que embora o Brasil assumisse um compromisso de proteção ambiental, estava-se vivendo numa época quando o desenvolvimento nacional era mais relevante. Assim como vários países em desenvolvimento, o acordo foi meramente formal. Todavia, é o marco do nascedouro da evolução de pensamento sobre o meio ambiente.

Soma-se o reflexo na legislação pátria com o Decreto-Lei 1413 de 1975 sobre a regulação da poluição industrial.

2.4.2 Década de 1980

Entre o final da década de 70 e início dos anos 80 a legislação nacional foi se fortalecendo a cada dia, sem, contudo, criar uma codificação única. Característica que paira o direito ambiental até os dias de hoje (legislações esparsas, densas e extensas).

Nos anos oitenta, três diplomas tiveram muito destaque: a) Lei da Política Nacional de Meio Ambiente, Lei 6938/81; Ação Civil Pública pela Lei 7347/81 e; c) Constituição da República de 1988 que abarcou em capítulo especial a proteção ao meio ambiente.

Dentre as normas jurídicas formais dessa época, pode-se ressaltar: Lei 6803/80 (zoneamento industrial); Lei 6894/80 (produção e comércio de fertilizantes); Decreto 88351/83 (criou o Conselho Nacional do Meio Ambiente - CONAMA); Lei 7804/89 (substituição da Secretaria Meio Ambiente pelo IBAMA); Decreto 84973/80 (estações ecológicas); Decreto-Lei 1809/80 (sistema de proteção nuclear brasileiro); Decreto 86176/81 (áreas de interesse turístico); Decreto 89336/84 (reservas ecológicas); Resolução 1 do Conselho Nacional do Meio Ambiente de 1986 (Estudo de Impacto Ambiental e Relatório de Impacto Ambiental); Lei 7661/88 (Plano Nacional de Gerenciamento Costeiro); Decreto 96944/88 (Programa de Defesa do Complexo de Ecossistemas da Amazônia Legal - Programa Nossa Natureza; Lei 7735/89 (criador do Instituto Brasileiro do Meio Ambiente e dos Recursos Naturais Renováveis - IBAMA); Decreto 97946/89 (estruturação do IBAMA); Lei 7803/89 (obrigatoriedade de licença para comercialização de motosserra); Decreto 99274/90 (estações ecológicas); Decreto 96944/88 (Programa de Defesa do Complexo de Ecossistemas da Amazônia Legal); Lei 7802/89 (pesquisa e experimentação de embalagem e rotulagem); Lei 7797/89 (Fundo Nacional do Meio Ambiente).

Além de capítulo próprio na Constituição da República de 1988, há previsão no artigo 170 (Ordem Econômica), local legislativo onde também se encontra a mineração. Assim sendo, o constituinte buscou destacar a relevância tanto do meio ambiente como do direito mineiro e, uma das questões mais discutidas hodiernamente é a mineração sustentável, temática enfrentada em capítulos posteriores da presente pesquisa.

2.4.3 Década de 1990 em diante

Nos anos 90 é possível visualizar uma acomodação das normas ambientais no ordenamento jurídico pátrio, considerando que o crescimento normativo foi gradual. Entenda-se como um amadurecimento. Diante disso, os diplomas desse período possuíam como escopo o aperfeiçoamento das leis já existentes.

Como marco legislativo da década de 90 tem-se: Lei 8028/90 (atualizou a Lei de Política Nacional do Meio Ambiente); Decreto 1298/94 (Regulamento das Florestas Nacionais); Decreto 1775/96 (procedimento administrativo em demarcação de território indígena); Resolução 5/93 CONAMA (procedimento para gestão de resíduos); Resolução 23/96 (controle de movimentos transfronteiriços de resíduos perigosos); Decreto 2110/97 (SISPRON - Sistema de Proteção Nuclear Brasileiro); Lei 8974/95 (uso de técnicas de engenharia genética); Lei 9433/97 (Política Nacional de Recursos Hídricos); Resolução 09 CONAMA (exige Estudo de Impacto Ambiental na autorização de exploração mineral); Lei 9605/98 (Lei de crimes ambientais).

Nesta década de 90 ainda ocorreu a Conferência das Nações Unidas sobre o meio ambiente e desenvolvimento, realizada no Rio de Janeiro em 1992, conhecida popularmente como ECO-92. Como resultado do presente encontro internacional, três foram os maiores resultados: Convenção sobre Biodiversidade (compromisso internacional para proteger riquezas biológicas); Convenção sobre o clima (compromisso internacional para redução e controle de CO2) e, por fim, Agenda 21 (plano de ações de cooperação internacional na seara ambiental).

Ao adentrar nos anos 2000 a legislação continuou a se aperfeiçoar por outros diplomas normativos e a causa ambiental foi se fortalecendo a cada dia, como: Lei 9985/2000 (Sistema Nacional de Unidades de Conservação); Lei 10257/2001 (Estatuto das Cidades); Lei 10305/2010 (Política Nacional de Resíduos Sólidos) e a Lei 12651/2012 (Novo Código Florestal), dentre várias outras. Hoje em dia, discute-se muito em obras jurídicas e técnicas, congressos internacionais e nacionais (como é o caso dos Acordos de Aarhus e Escazú que serão abordados oportunamente), a relevância da temática, embasada, muitas vezes, pelo meio ambiente estar ligado diretamente aos direitos humanos.

Com a propulsão legislativa baseada na modificação da consciência ambiental, milhares de leis - no sentido lato - surgiram e surgem a cada dia. Não se busca aqui trazer toda a evolução legislativa, considerando o recorte metodológico.

Diante de toda argumentação traçada no presente capítulo e, considerando a relevância dos textos constitucionais para o aperfeiçoamento do saber, apresenta-se uma tabela descritiva das normas ambientais e minerárias constantes nos textos das Constituições que tiveram vigência no Brasil.

Tabela 2 – Descritiva das Constituições do Brasil acerca de normas ambientais e minerárias (no mesmo eixo temático).

Constituição	Localização legal	Abordagem
1824	1. Artigo 179, XXII	1. Direito à propriedade plena
1891	1. Artigo 34, XXIX	1. Competência legislativa para mineração
	2. Artigo 64	2. Propriedade das minas localizadas exclusivamente em propriedade estadual;
	3. Artigo 72, § 17	3. Direito à propriedade plena, excetuada desapropriação
1934	1. Artigo 118	1. Sistema dual de propriedade (mina e solo);
	2. Artigo 119	2. Aproveitamento de jazidas por autorização
1937	1. Artigo 143	1. Necessidade de autorização federal para aproveitamento industrial de minas
	2. Artigo 144	2. Nacionalização progressiva de minas e jazidas
1946	1. Artigo 5°, XV, I	1. Competência da União para legislar sobre subsolo, mineração, águas, metalurgia, energia, floresta, caça e pesca.
	2. Artigo 152	2. Dualidade da propriedade (solo e subsolo)
	3. Artigo 153	3. Necessidade de concessão ou autorização para aproveitamento de recursos minerais e de energia hidráulica
1967	1. Artigo 8°, XVII, h	1. Competência da União para legislar sobre jazidas, minas e outros recursos minerais; metalurgia; florestas, caça e pesca;
	2. Artigo 22	2. Tributação minerária
	3. Artigo 161	3. Dualidade da propriedade (solo subsolo)
1988	1. Artigo 23, VI	1. Competência concorrente
	2. Artigo 24. VI e VIII;	2. Competência legislativa
	3. Artigo 129, III	3. Atribuição do Ministério Público em matéria ambiental
	4. Artigo 170, VI	4. Ordem econômica e defesa do meio ambiente
	5. Artigo 174, § 3°	5. Atividade garimpeira
	6. Artigo 176	6. Dualidade da propriedade
	7. Artigo 186, II	7. Função social
	8. Artigo 200, VIII	8. Meio ambiente do trabalho

Fonte: elaborada pelo autor.

Diante de todo o exposto no primeiro capítulo desta obra, vislumbra-se que a legislação minerária e da ambiental tiveram nascedouros diversos, em momentos históricos diferentes e, até nos dias de hoje, a mineração ainda é circundada pelo escopo da década de 60, ou seja, da atividade econômica e caráter utilitarista do meio ambiente. Contudo, pós Constituição de 1988, essa vertente se encontra em evolução.

O estudo detalhado da legislação permite uma melhor visão da história brasileira e a apresentação de acidentes ambientais de grande porte como fonte material do direito dá subsídio para compreensão da atuação do Estado em casos de catástrofes de grande impacto, como é o caso da presente pesquisa: abordar acidentes minerários por rompimento de barragem de rejeitos na mineração em Minas Gerais e a questão da governança minério-ambiental, além de trazer a participação popular pós impacto, especificamente aos compromissos de ajustamento de conduta.

A cidadania é um dos pilares da Carta Magna de 88 e será o alicerce das discussões de uma mineração sustentável conjugada com a participação popular, exemplo de democracia direta, típica de um Estado Democrático de Direito.

No próximo capítulo abordar-se-á a atividade minerária na contemporaneidade, com a análise da estruturação, modalidades e instrumentos de controle ambiental e de fechamento de mina além de traçar as normas consuetudinárias que envolvam a pesquisa.

CAPÍTULO 3

ATIVIDADE MINERÁRIA: O LIAME ENTRE DESENVOLVIMENTO E ACIDENTE

No presente capítulo abordar-se-á a atividade minerária, suas origens e relevância para o desenvolvimento nacional, assim como a delimitação temática inerente ao minério de ferro enquanto centralização do objeto de pesquisa, assim como procedimentos – tanto de licenciamento ambiental mineral, avaliação judicial e características do Plano Nacional de Mineração – PNM 2030.

3.1 NOTAS INTRODUTÓRIAS ACERCA DA MINERAÇÃO NO BRASIL

A mineração, como um todo, constitui uma das atividades que ocasiona maior impacto ambiental, principalmente por estar ligada intimamente aos recursos naturais e que o extrativismo pode ocasionar diversas adversidades, desde aquelas de cunho biológico, quando se aborda a modificação do meio ambiente por uma atividade antrópica invasiva, ou àquelas do ponto de vista social e econômico.

Ao analisar a própria Constituição da República de 1988 constata-se a obrigação de reparação de danos em casos de exploração de recursos minerais, *in verbis:*

> Art. 225. Todos têm direito ao meio ambiente ecologicamente equilibrado, bem de uso comum do povo e essencial à sadia qualidade de vida, impondo-se ao Poder Público e à coletividade o dever de defendê-lo e preservá-lo para as presentes e futuras gerações.
>
> [...]
>
> § 2º Aquele que explorar recursos minerais fica obrigado a recuperar o meio ambiente degradado, de acordo com solução técnica exigida pelo órgão público competente, na forma da lei.

Todavia, em contrapartida, o empreendimento em análise é fator precípuo ou de parcela considerável do desenvolvimento do Estado, seja na economia internacional com as importações e exportações, seja na interna com os empregos diretos e indiretos e monetização do bem mineral.

A atividade econômica também encontra proteção constitucional no art. 170:

> Art. 170. A ordem econômica, fundada na valorização do trabalho humano e na livre iniciativa, tem por fim assegurar a todos existência digna, conforme os ditames da justiça social, observados os seguintes princípios:
>
> I – Soberania nacional;
>
> II – Propriedade privada;
>
> III – função social da propriedade;
>
> IV – Livre concorrência;
>
> V – Defesa do consumidor;
>
> VI – Defesa do meio ambiente, inclusive mediante tratamento diferenciado conforme o impacto ambiental dos produtos e serviços e de seus processos de elaboração e prestação;
>
> VII – redução das desigualdades regionais e sociais;
>
> VIII – busca do pleno emprego;
>
> IX – Tratamento favorecido para as empresas de pequeno porte constituídas sob as leis brasileiras e que tenham sua sede e administração no País.
>
> Parágrafo único. É assegurado a todos o livre exercício de qualquer atividade econômica, independentemente de autorização de órgãos públicos, salvo nos casos previstos em lei.

O IBRAM – Instituto Brasileiro de Mineração publicou o Guia de Planejamento de Fechamento de Mina no ano de 2013 e estruturou as etapas de vida da mina, quais sejam: Estudo de Viabilidade; Implantação; Operação; Desativação; Pós Fechamento (2013, p. 12).

O Estudo de Viabilidade inclui a exploração, estudo de previsibilidade, desenvolvimento de rotas de processos e estudos de viabilidade técnica, econômica e socioambiental. A exploração tem como objetivo descrever qualitativa e quantitativamente o depósito mineral. O estudo de viabilidade é conduzido para determinar o potencial do desenvolvimento do depósito mineral e a escala de produção.

Por seu turno, a fase de implantação se refere às atividades de construção e de preparação da mina e da infraestrutura necessária, inclui a aquisição de terras e a execução de programas compensatórios.

A etapa de operação designa a produção, podendo contemplar expansões, mudanças de processos, novas atividades de pesquisa mineral e a gestão do empreendimento.

A desativação é o período que tem início pouco antes do término da produção mineral (encerramento) e se conclui com a remoção de todas as instalações desnecessárias e a implantação de medidas que garantam a segurança e a estabilidade da área, incluindo a recuperação ambiental e os programas sociais.

Por fim, o pós-fechamento é o período após a completa implementação das medidas de desativação, no qual são executadas ações como monitoramento, manutenção, cuidados temporários ou permanentes e programas sociais, visando atingir os objetivos do fechamento da mina.

Conforme se verifica na dicotomia proteção ambiental versus desenvolvimento sócio estatal, a mineração encontra inúmeros obstáculos para ser executada em harmonia com os anseios sociais. Diante dessa relação altamente complexa de benesses e prejuízos, houve a necessidade de se regulamentar juridicamente todo o seu exercício.

Uma das primeiras leis brasileiras sobre a proteção ambiental, A Lei de Política Nacional do Meio Ambiente, Lei 6938/81, anterior inclusive à própria Constituição de 1988, apresenta a mineração como potencialmente poluidora e utilizadora de recursos ambientais.

Por ser enquadrada como potencialmente poluidora, a atividade minerária ainda encontra tipificação nas Resoluções 1/86 e 237/97 CONAMA – Conselho Nacional do Meio Ambiente, as quais determinam a realização de estudo prévio de impacto ambiental e licenciamento competente, sem prejuízo de outras licenças legalmente exigíveis, como por exemplo a outorga de recurso hídrico, por exemplo. Acrescente-se também a presença da Lei Complementar 140/2011, regulamentadora do artigo 23 da Constituição da República Federativa do Brasil no que se refere à cooperação entre os entes federativos em matéria ambiental, além de traçar as diretrizes do procedimento de licenciamento ambiental.

O licenciamento ambiental é um dos instrumentos mais importantes na regulação jurídica da mineração e será abordado em item específico ainda nesse capítulo.

3.2 PRINCÍPIOS NORTEADORES DO DIREITO MINERÁRIO

Para uma melhor compreensão dos elementos do direito minerário, por se tratar de ramo extremamente específico, por vezes compartilhando conceitos com a Engenharia de Minas, imperioso se faz a elucidação acerca dos princípios inerentes à contextualização. Destaque ímpar deve ser dado ao mencionar que os princípios, principalmente os de cunho geral, possuem viés elucidativo de preparo para o estudo de institutos mais específicos, não sendo uma abordagem densa e detalhada por não ser centro do objetivo desta pesquisa.

Assim como em qualquer ramo do direito, os princípios, por vezes, podem ter traços conceituais divergentes ou até mesmo se colidirem. Essas normas podem ser divididas em princípios gerais e específicos.

As normas principiológicas, compreendidas como fontes do Direito, são institutos relevantes para auxiliar no entendimento de determinada temática, assim como para auxiliar a solução de lides. Por mais que no sistema positivista as normas consuetudinárias não possuam tamanha dimensão, verifica-se a sua extrema relevância. Pode-se citar, inclusive, a Constituição da República de 1988, maior diploma normativo do Brasil e que contém, em seu arcabouço um completo e complexo conjuntos de princípios.

Quando se direciona o estudo do direito mineiro, não há como cindir algumas concepções principiológicas agrupadas com as normas costumeiras da administração pública. Isto porque a atividade os bens minerais são de titularidade da União. Não há o escopo de desenvolver a base principiológica em sua completude, considerando que tal fato ocasionaria fuga do recorte metodológico por ser a temática auxiliar ao objeto de estudo desta obra. Estrutura-se a presente fundamentação consuetudinária em princípios administrativos aplicados à mineração e os princípios específicos mais utilizados na problemática da pesquisa.

Como é de conhecimento público dos aplicadores do Direito, como princípios gerais da administração pública são: a) legalidade; b) impessoalidade; c) Moralidade; d) Publicidade; e) Eficiência.

3.2.1 Princípio da Legalidade

A legalidade por meio da concepção clássica do Direito Administrativo pode ser dividida em reserva legal privada e pública. Na primeira hipótese o particular estaria autorizado a promover qualquer tipo de comportamento social que a lei não proibisse. Por seu turno, a reserva legal pública direcionava o entendimento de que o administrador só poderia atuar nos estritos ditames legais, ou seja, a administração pública deve se pautar no comportamento positivo-legal.

Com o decorrer da evolução do direito, em especial, da compreensão do princípio da legalidade, constatou-se a necessidade de ampliação conceitual para alcançar os anseios sociais. Isto porque a lei se tornou insatisfatória. Então, a referida norma foi entendida, pela corrente moderna do direito administrativo, como o princípio da juridicidade. Aragão (2004, p. 63) apresenta tal fenômeno com precisão:

> Com efeito, evoluiu-se para se considerar a Administração Pública vinculada não apenas à lei, mas a todo um bloco de legalidade, que incorpora valores, princípios e objetivos jurídicos maiores da sociedade, com diversas Constituições (por exemplo, a alemã e espanhola) passando a submeter a Administração Pública expressamente à "lei e ao Direito", o que também se infere implicitamente da nossa Constituição e expressamente da Lei do Processo Administrativo Federal (artigo 2º, parágrafo único, I). A esta formulação dá-se o nome de Princípio da Juridicidade ou da legalidade em sentido amplo.

Marrara (2013, p. 25) descreve a variabilidade de critérios de definição do princípio da legalidade ao afirmar que:

> A legalidade administrativa pode ser examinada e classificada de acordo com inúmeros critérios. Neste ensaio, interessam basicamente o conhecimento de duas regras maiores que ela expressa.
>
> Merecem destaque, nesse particular, as regras da "reserva legal" (Varbehalt des Gesetzses) e a da "supremacia da lei" (Vorrang des Gesetzses), ambas fortemente interrelacionadas na medida em que visam a conferir "legitimação democrática" às ações do Estado. Os objetivos dessas duas regras decorrentes do princípio da legalidade não são outros senão o de evitar que o Estado aja quando o povo – representado pelo legislador – não deseje e não aja quando este assim o queira. A legalidade nada mais é, pois, que a expressão máxima do Estado Democrático de Direito.

Para o direito minerário a aplicação do princípio da legalidade em sentido amplo se faz necessário, considerando todo o bloco normativo (princípios e regras) específicos, devendo a Administração Pública se pautar em todo esse sistema normativo, não vinculando-se apenas àquelas normas positivadas.

3.2.2 Princípio da Impessoalidade

Prosseguindo à análise dos princípios administrativos de aplicação na mineração, destaca-se a impessoalidade. Odete Medauar (2014, p. 143):

> Com o princípio da impessoalidade, a Constituição visa obstaculizar atuações geradas por antipatias, simpatias, objetivos de vingança, represálias, nepotismo, favorecimentos diversos, muito comuns em licitações, concursos públicos, exercício do poder de polícia. Busca, desse modo, que predomine o sentido de função, isto é, a ideia de que os poderes atribuídos se finalizam ao interesse de toda a coletividade, portanto a resultados desconectados de razões pessoais em situações que dizem respeito a interesses coletivos ou difusos, a impessoalidade significa a exigência de ponderação equilibrada de todos os interesses envolvidos, para que não se editem decisões movidas por preconceitos ou radicalismos de qualquer tipo.

A compreensão de Medauar (2014) é precisa em relação à amplitude conceitual, além de moderna, completa. Carvalho Neto (2018, p. 94) faz um comparativo entre impessoalidade e finalidade:

> Conquanto não concordemos com a existência de uma identidade cabal entre as ideias de impessoalidade e finalidade, porque temos em mente que a impessoalidade desempenha um papel bem maior, não deixa de interessar a abordagem multifacetada feita pelo autor. A aplicação do princípio da impessoalidade o administrador não pode se descurar do fim legal, e que a finalidade terá um objetivo certo: o interesse público.

Voltando os olhares à mineração, o princípio da impessoalidade possibilita a aplicação das normas sem distinção. Independente se no procedimento de licenciamento ambiental, na fiscalização e proatividade do Estado frente ao particular com anseios de proteção do direito público em detrimento do particular, na licitação minerária, ou em qualquer direito, verifica-se que a impessoalidade é característica necessária para o bom desenvolvimento do Direito, não só o mineiro, mas de todo o complexo normativo nacional. Ressalte-se, por fim, que tal norma possui escora constitucional, de aplicabilidade total imediata.

3.2.3 Princípio da Moralidade

A moralidade administrativa é um dos eixos dos princípios constitucionais inerentes à Administração Pública que também gera reflexos na mineração. Apresenta-se incialmente a diferenciação entre ética e moral proposta por Hansen (2015, p. 50):

> A moralidade é um princípio fundamental não apenas para a administração pública, mas para toda e qualquer instituição que se pretenda digna de credibilidade, extensivo isso também aos Estados.
>
> Todavia, em que pese ter a moralidade um caráter principiológico e um valor posicional crucial no ordenamento jurídico brasileiro, percebe-se uma grande confusão quanto ao que se entende por moralidade e, por contraste, também por ética, no seio das instituições jurídicas.
>
> Para mencionar apenas um exemplo, os Indicadores Nacionais do Poder Judiciário contidos na página institucional do Conselho Nacional de Justiça preveem, no item 25, o índice de promoção de valores éticos e morais, explicitando que tal índice "mede as ações que fomentam os valores éticos e morais", além de esclarecer que o que se mede são "Ações internas e externas relacionadas à disseminação de valores éticos e morais correspondem à realização de campanhas para magistrados e servidores, bem como para os clientes da Justiça (cidadãos, advogados, ministério público, etc.)".
>
> Não trataremos aqui da discussão da ética e da moralidade vinculada ao Poder Judiciário, já que isto será tema de discussão específica em outro escrito. Ainda assim, temos que assinalar alguns pontos:
>
> – Há um equívoco entre a compreensão acerca do que é ética e do que é moral: ética se refere a um conjunto de valores e de concepções de bem viver partilhados por uma coletividade, enquanto a moral diz respeito a um conjunto de princípios racionais autorreferentes (positivos ou negativos) que devem orientar a definição de normas a partir de uma perspectiva universal, tendo como referencial a justiça.

Há previsão expressa no artigo 37 da Constituição da República de 1988 e pode ser entendido como uma evolução do princípio da legalidade, ou seja, enquanto este representa as limitações de atuação da Administração Pública, a moralidade possui caráter mais amplo, teórico. A legislação brasileira apresenta inúmeros mecanismos a fim de combater a imoralidade, como a Lei de Improbidade Administrativa, a qual possui em um dos seus eixos, a proteção da norma em análise, sendo válido expressar os ensinamentos de Delgado (2004, p. 3):

> A moralidade tem a função de limitar a atividade da administração. Exige-se, com base nos postulados, que a forma, que o atuar dos agentes públicos atenda a uma dupla necessidade: a de justiça para os cidadãos e de eficiência para a própria administração, a fim de que se consagrem os efeitos-fins do ato administrativo consagrados no alcance da imposição do bem comum. Não satisfaz às aspirações da Nação a atuação do Estado de modo compatível só com a mera ordem legal. Exige-se muito mais. Necessário se torna que a administração da coisa pública obedeça a determinados princípios que conduzam à valorização da dignidade humana, ao respeito à cidadania e à construção de uma sociedade justa e solidária. Está, portanto, o administrador obrigado a se exercitar de forma que sejam atendidos os padrões normais de conduta que são considerados relevantes pela comunidade e que sustentam a própria existência social. Nesse contexto, o cumprimento da moralidade além desse constituir um dever que deve cumprir, apresenta-se como um direito subjetivo de cada administrado.

No campo da mineração, o princípio da moralidade administrativa deve ser observado em todos os níveis e procedimentos, devendo a Agência Nacional de Mineração estar atenta às condutas dos interessados, levando-se em conta que a relevância econômica e ambiental da prática minerária, caso não seja observada tal regra possa gerar efeitos catastróficos.

3.2.4 Princípio da Publicidade

Prosseguindo na análise nas normas gerais aplicáveis à mineração, válido mencionar o princípio da publicidade, que também encontra escora constitucional no artigo 37. Nos dizeres de Hansen (2019a, p. 52), a publicidade é "algo importante num Estado Democrático e se vincula igualmente à noção de transparência dos atos do gestor público".

Por seu turno, Fernanda Marinela (2016, p. 41), doutrinadora contemporânea, apresenta preciso conceito acerca da norma:

> A publicidade, como princípio da Administração Pública, abrange toda atuação estatal, não só sob o aspecto de divulgação oficial de seus atos, como também de propiciação de conhecimento da conduta interna de seus agentes e como garantia de informação. Para fundamentar a obrigatoriedade

desse princípio, podem ser identificados alguns dispositivos constitucionais: o art. 37, *caput*, que define a publicidade como um dos princípios da Administração Pública; o art. 5º, inciso XXXIII, que garante o direito à informação; o art. 5º, inciso XXXIV, alínea b, que define o direito de certidão; além do art. 5º, inciso LXXII, que institui o remédio constitucional denominado habeas data, que garante o direito à obtenção e à retificação de informações pessoais.

O princípio da publicidade, como bem apontado pela autora, possibilita a divulgação, com objetivo de conhecimento público para, assim, proporcionar uma série de atividades de controle, considerando que o Estado é baseado economicamente no dinheiro público e a publicidade proporciona inclusive o acompanhamento de aplicabilidade dos recursos públicos.

Dentre todos os efeitos presentes em tal norma principiológica, pode-se destacar: a) condição de eficácia dos atos administrativos: somente irão gerar os efeitos externos após a publicização. Só é possível o cumprimento de um ato após tomar conhecimento dele; b) contagem de prazos: uma compreensão derivada do princípio do devido processo legal, possibilita a todos a manifestação de defesa (contraditório e ampla defesa) e isso só é possível com a publicidade do ato para início da contagem do prazo recursal; c) controle/fiscalização: para que a Administração Pública possa ser fiscalizada, tanto pela sociedade quanto por órgãos de controle, os atos devem ser públicos; d) efeito inibitório: há uma tendência pelo praticar probo do administrador sob o erário quando os atos administrativos podem ser acessados e consultados por toda a sociedade.

Contudo, quando se fala em publicidade dentro das regras mineiras, constata-se que há limitações desse princípio, como a Portaria DNPM 201/2006, revogada pela Portaria 155/2016 do DNPM que impõe sigilo às outorgas minerárias, nos termos do artigo 26:

> Art. 26. São considerados sigilosos os processos administrativos minerários a partir da outorga do título (alvará de pesquisa, concessão de lavra, registro de licenciamento e permissão de lavra garimpeira), os processos de Certificação Kimberley e os processos de cobrança de dívida ativa.

Assim como os demais direitos, não há norma de caráter absoluto, ou seja, mesmo que haja previsão constitucional para a publicidade dos atos da Administração Pública, há também, desde que normatizado, a possibilidade de gravar com sigilo, como é caso da Portaria 155/2016.

Nesses processos sigilosos junto ao órgão regulador da mineração, somente o titular, procurador, responsável técnico ou advogado podem obter vista ou obter fotocópias, desde que munidos do instrumento de procuração. Interessante ponto legislativo é o artigo 28 desta portaria que possibilita ao terceiro interessado – nos termos do artigo 9º da Lei 9784/99, poderá obter vista ou fotocópias, sendo o superficiário da área enquadrado nessa modalidade desde que apresente escritura do imóvel. Mesmo com a referida exceção, o princípio da publicidade é a regra e se aplica aos demais atos do processo administrativo minerário.

A publicidade dos processos já arquivados, daqueles que tenham sido indeferidos com trânsito em julgado, de títulos declarados caducos ou das áreas colocadas em disponibilidade serão dadas a qualquer pessoa.

3.2.5 Princípio da Eficiência

Por fim, fechando os primeiros princípios constitucionais da Administração Pública encontra-se a eficiência, o qual foi o último a ser inserido no artigo 37 da Magna Carta por meio da Emenda Constitucional 19/98 gera controvérsias na doutrina acerca de sua efetiva aplicação. Celso Antônio Bandeira de Mello (2002, p. 104) sustenta que tal norma mais parece um adorno agregado ao artigo 37. Por seu turno, para outros administrativistas, como Fernanda Marinela (2016), trata-se de condição indispensável para a efetiva proteção do interesse público.

Teoricamente a eficiência propõe que a atividade administrativa deve sempre ser pautada com prestatividade, perfeição e rendimento funcional. Esse rendimento pode ser entendido como gênero da economicidade, celeridade e produtividade do órgão público. Todavia, a eficiência é conceito aberto, de difícil visualização prática.

Feigelson (2012, p. 75) destaca a ampliação da legalidade em eficiência administrativa ao destacar que:

> A sociedade que outrora exigia uma atuação nos ditames da legalidade negativa, em que a Administração Pública atuava apenas nos preceitos e limites da lei, como mera executora, passa a exigir uma conduta além. Ou seja, não há que se falar

> em cumprimento legal apenas, mas sim cumprimento eficiente. Em outras palavras, a sociedade não quer a atuação pública agindo no mínimo para satisfação legal e, sim uma administração proativa, que atua no máximo de suas capacidades para saciar os anseios sociais, que cada vez ampliam mais.
>
> A atuação passa a ser pautada pela eficiência, pela produtividade, pela qualidade e pelo tempo. A equação qualitativa e temporal passa a fazer parte do controle da Administração Pública. Não basta fazer, há de se fazer da melhor forma, no menor tempo possível.

Considerando a dualidade acerca da condição da efetiva aplicação do princípio da eficiência, verifica-se que no plano teórico a norma traz uma grande esperança para a sociedade. Entretanto, com a observação do Poder Executivo Nacional confirma que tudo caminha pela rota oposta, com a morosidade administrativa, práticas incontáveis de corrupção, beneficiamento pessoal por bens públicos. Enfim, houve a necessidade de se criar um sistema fiscalizatório próprio (Ouvidoria, Controladorias e até mesmo Tribunais de Contas) a fim de direcionar caminhos que deveriam ser aplicados sempre com ética e moralidade, em outras palavras, a própria Administração Pública não consegue transmitir essa informação nem de moralidade, muito menos de eficiência de seus atos. Por fim, exemplifica-se que em pequenos municípios essa ineficiência administrativa seja ainda mais saliente, considerando o acirramento das condições partidárias e perseguições de cunho político, ferindo inclusive, o princípio da continuidade do serviço público.

Na ótica da mineração, a eficiência é uma norma de grande importância e ideal seria a sua ampla aplicação, considerando que há interessados envolvidos (seja a mineradora, a Administração Pública e o superficiário) em solucionar e decidir as lides com a maior prestatividade e clareza possíveis. A agilidade no trâmite dos processos gera reflexos diretos na economia do país.

Além dos princípios constitucionais da Administração Pública constantes no artigo 37 da Constituição da República de 1988, importante destacar que há ainda outro princípio extremamente importante para compreensão da temática abordada na presente obra: Devido Processo Legal, o qual será abordado como forma de finalização das normas principiológicas gerais.

3.2.6 Princípio do Devido Processo Legal

A necessidade de harmonia entre a Constituição da República de 1988 com o próprio ordenamento jurídico não é traço recente, fato que se pode entender como uma constitucionalização do Direito.

Nessa vertente, surge o princípio do devido processo legal que possui contornos de norma mestre em sede de direito processual. Didier (2014, p. 29) sustenta que esse princípio é a norma-mãe com compreensão de aplicação a tudo que se relacionar com a vida, patrimônio e liberdade. Em outras palavras, aos direitos fundamentais.

Na mineração há um emaranhado de normas que permeiam justamente por vincular-se à propriedade, a qual, muitas vezes, é explorada e explotada por terceiros que possuam a outorga minerária. Tudo isso deve ocorrer mediante uma regra procedimental única, que se chama devido processo legal, ou seja, um conjunto de atos e normas a serem respeitadas, sob pena de nulidade do feito.

A título de ilustração, no Direito Administrativo há o princípio da autotutela, que menciona que a Administração Pública pode anular atos eivados de vícios ou revogá-los por motivo de conveniência ou oportunidade. Como já mencionado outrora, o direito minerário é muito próximo, por vezes até se confunde, com o direito administrativo quando a temática envolve o funcionamento da máquina pública. Toda essa análise se faz necessária para compreender o julgado proveniente do TRF-1, de numeração 2001.41.00.004576/RO que explicitou que o DNPM não pode revogar a autorização de registro de licença sem observância do princípio do contraditório e ampla defesa. Esses últimos, podem ser compreendidos como subespécies do grande princípio do devido processo legal.

É válido destacar a existência princípios específicos do direito minerário. Assim como nos demais ramos do Direito, há uma variabilidade principiológica a depender da ótica de compreensão do aplicador das regras jurídicas. Apesar de Herrmann (2000) relacionar que os princípios aplicáveis à esta seara são: a) Supremacia do Interesse público sobre o particular; b) Destinação do bem mineral ao uso geral; c) Resultado Global; d) Recuperação da área degradada; e) Conteúdo ético, verificar-se-á que, a depender do autor sobre direito mineiro, o quantitativo principiológico pode ser alterado. Para potencialização e direcionamento da pesquisa, apresentar-se-á aqueles princípios específicos mais aplicáveis ao objeto de estudo.

3.3 PRINCÍPIOS ESPECÍFICOS DO DIREITO MINERÁRIO

No estudo do direito minerário importante destacar a presença de alguns princípios específicos dessa seara, como: princípio da supremacia do interesse público sobre o particular, princípio da prioridade e princípio da rigidez locacional.

3.3.1 Princípio da supremacia do interesse público sobre o particular

Cabe, desde já, apresentar o dissenso na doutrina do direito minerário acerca da localização de tal norma principiológica: se seria uma norma de cunho geral, visto que é compartilhada inclusive com outros ramos do direito ou regramento específico do direito mineiro.

Mesmo com a compreensão que o princípio da supremacia do interesse público sobre o particular é sim norma de cunho geral - aplicável à outros ramos, em outras circunstâncias - optou-se no presente trabalho em efetuar a abordagem enquanto norma específica. Isso porque a intensidade de aplicação desta norma consuetudinária é tão frequente, que impossível falar de mineração sem o estudo da presente norma.

Inicialmente, cumpre distinguir o interesse público primário do secundário. Aquele é o verdadeiro interesse da Administração Pública, alcançando os objetivos da coletividade e possui nítida supremacia em relação ao particular. Por seu turno, o interesse público secundário é aquele que busca o interesse patrimonial do Estado, o próprio interesse estatal. A análise do presente princípio, por razões de pertinência temática, será inerente ao interesse primário.

Cabe destacar que a atividade minerária é desenvolvida por particulares, comportando, assim, um interesse preponderante, qual seja, o lucro - eminentemente particular. Todavia, em paralelo, existe o interesse da União em explorar os seus bens, interesse público este. Se esse interesse público de exploração mineral fosse considerado secundário, as ações pautadas na supremacia do interesse público não seriam legítimas e, assim, não subsistiriam, conforme ensina Trindade (2009, p. 55):

> Contudo, a supremacia é essencial para a subsistência da atividade de mineração, haja vista a rigidez locacional, conforme abordaremos ainda neste tópico. E, além disso, a atividade minerária, atualmente, é fundamental para a economia brasileira, sendo certo que sua interrupção geraria significativos impactos à economia do país. Portanto, dúvidas não restam de que o interesse de que se reveste a atividade minerária é primário, e assim se sustenta o raciocínio teórico da supremacia do interesse público nesse ramo do Direito.

Assim, como compreensão geral, o princípio da supremacia do interesse público sobre o particular nada mais é do que o interesse da Administração Pública irá se sobrepor aos interesses privados, trazendo estabilidade estatal. Há nítida aplicação na mineração, considerando a localização onde os minérios se encontram em caráter de inamovibilidade (princípio da rigidez locacional que será abordado no próximo item). Logo, independente da vontade do particular, caso exista interesse público, este terá mais peso decisório.

Trindade (2006, p. 59) descreve a aplicação de tal princípio ao direito minerário como:

> Essa preponderância do interesse público sobre o privado vem traduzida, por exemplo, no artigo 27 do Código de Mineração, que garante aos titulares de autorização de pesquisa ou de concessão de lavra, o direito de entrar e permanecer em áreas públicas e privadas, desde que, neste último caso, arquem com o pagamento de renda pela ocupação da área e indenização por danos causados. Também o artigo 59 do Código de Mineração representa essa mesma preponderância, ao assegurar ao titular de concessão de lavra (e de autorização de pesquisa) beneficiar-se de servidões minerárias.

Considerando os aspectos apresentados acima, constata-se que a supremacia do interesse público busca coibir as privações do particular em obstaculizar a prática minerária, afetando assim, a economia nacional (interesse de maior porte do que a proteção de uma propriedade particular).

3.3.2 Princípio da prioridade

O princípio da prioridade está esculpido no Código de Mineração e preceitua que a outorga de direito de pesquisa deve respeitar a ordem de apresentação do requerimento feito no Departamento Nacional de Produção Mineral – DNPM, baseado, em regra, ao livre acesso de particulares com a finalidade de pesquisa com recursos minerais.

Pereira e Vale (2017, p. 169) destacam que:

> Em outras palavras, pode-se dizer que o direito de propriedade garante ao interessado que primeiro apresentar requerimento válido junto ao Poder Público a outorga de área livre para exploração mineral.
>
> Para assegurar o direito de propriedade é necessário que o requerimento tenha possibilidade de desenvolvimento válido, regular, e cujo objeto seja uma área livre na data da protocolização.
>
> Dessa forma, requerimento que não preencha os requisitos legais será indeferido de plano e, por conseguinte, não marcará nem gravará uma área.

Interessante destacar que a medida, à época foi considerada acertada, considerando que possibilitava a proteção do minerador, uma vez que buscou-se assegurar uma igualdade entre os particulares, conforme destaca Willian Freire (2010, p. 80):

> Desses, dois se destacam para proteger o minerador e a moralidade administrativa: o princípio da prioridade e a obrigatoriedade de consentimento são o núcleo do sistema jurídico-minerário. O primeiro oferece igualdade de tratamento entre os particulares; o segundo impede a discricionariedade administrativa. Resumindo, a União é obrigada a consentir na exploração àquele que primeiro a requerer regularmente.

Válido mencionar que a época de criação do atual Código de Mineração (década de 60) o país objetivava o desenvolvimento nacional e todos os esforços apontavam para esse sentido. A possibilidade ao particular de pesquisa mineral era uma forma de conseguir desonerar os cofres públicos, uma vez que repassava todos os gastos de tecnologia ao setor privado, além de ter a chance de empregar-se tecnologia do mais alto nível para análise da propriedade. Contudo, indissociável o reconhecimento que tal princípio ocasionou muitos casos obsoletos, como a possibilidade de pessoas físicas ou jurídicas registrarem uma infinidade de pedidos junto ao órgão público e não desenvolver a análise e eventual prospecção. Aqui pode-se denominar como especulação minerária.

Se compreender-se sobre o ponto de vista da especulação consegue-se visualizar que o princípio da prioridade também ocasionou centralização de poder na área privada, retirando, por muitas vezes, de empresas consolidadas e de capacidade tecnológica de desenvolverem a exploração mineral.

No cenário de inseguranças, surge o Projeto de Lei 5807/2013 com a proposta de concessão de direitos minerários, precedidos de licitação ou chamamento público aos interessados na lavra, nos termos dos artigos 10 a 13 da referida proposta legislativa:

> Art. 10. Aplica-se o disposto na Lei 12462, de 4 de agosto de 2011, às licitações de que trata esta Lei.
>
> § 1º O edital da licitação será acompanhado da minuta básica do contrato de concessão e disporá sobre:
>
> I - O bloco objeto da concessão;
>
> II - O prazo máximo para duração da fase de pesquisa e o programa exploratório mínimo;
>
> III - os critérios de julgamento da licitação;
>
> IV - as regras e as fases da licitação;
>
> V - As regras aplicáveis para participação de sociedades em consórcio;
>
> VI - As regras aplicáveis para a participação de sociedades estrangeiras, isoladamente ou em consórcio, inclusive quanto ao compromisso de constituir pessoa jurídica que atenda ao disposto no § 2º do art. 6º, caso vencedora;
>
> VII - a relação de documentos exigidos e os critérios de habilitação técnica, jurídica, econômico-financeira e fiscal dos licitantes;
>
> VIII - as garantias a serem apresentadas pelo licitante;
>
> IX - O prazo, o local e o horário em que serão fornecidos aos licitantes os dados, estudos e demais elementos necessários à elaboração das propostas;
>
> X - o local, o horário e a forma para apresentação das propostas; e
>
> XI - a exigência mínima de conteúdo local.
>
> § 2º A abertura de procedimento licitatório para a concessão do aproveitamento mineral em determinado bloco poderá ser solicitada ao poder concedente por qualquer interessado, na forma do regulamento.

§ 3º O prazo de duração da fase de pesquisa, referido no inciso II do *caput*, será estabelecido em função do nível de informações disponíveis, e das características e do tamanho do bloco licitado.

Art. 11. Nas licitações para concessão de direitos minerários serão considerados, de forma isolada ou combinada, os seguintes critérios de julgamento:

I – Bônus de assinatura

II – Bônus de descoberta

III – participação no resultado da lavra; e

IV – Programa exploratório mínimo.

Parágrafo único. O edital da licitação poderá estabelecer a utilização de outros critérios de julgamento, desde que combinados com um ou mais dos previstos no *caput*.

Art. 12. O instrumento de convocação da chamada pública conterá informações a respeito da localização e das características da área a ser concedida, a minuta do contrato de concessão, os critérios de julgamento da proposta e os requisitos necessários para manifestação de interesse.

§ 1º Qualquer interessado poderá solicitar o início do processo de chamada pública, que será aberto a critério do poder concedente.

§ 2º Concluído o processo de chamada pública com a participação de um único interessado, será celebrado contrato de concessão, nos termos da Lei.

§ 3º Caso exista a manifestação de mais de um interessado, o poder concedente deverá realizar processo seletivo público, na forma do regulamento.

Art. 13. O edital da licitação ou instrumento de convocação da chamada pública poderá estabelecer restrições, limites ou condições para a participação de empresas ou grupos empresariais na licitação, com vistas a assegurar a concorrência nas atividades de mineração.

O referido projeto de lei, caso aprovado, irá trazer novidades envolvendo a atividade minerária com a redução da especulação. Válido mencionar que o texto normativo data de 2013 e já possui, até o momento da escrita da presente obra 372 (trezentos e setenta e duas) emendas, ou seja, a ideia inicial já sofreu inúmeras alterações. Por outro lado, Pereira e Vale (2015, p. 175) sustentam que os investimentos na área mineira tendem a diminuir com o corpo normativo em votação. Isto porque algumas empresas possuem capital para exploração, mas não o possuem para explotação:

> Uma terceira mudança bastante debatida nos seminários sobre o novo Código da Mineração dizia respeito à substituição do direito de propriedade, conforme mencionado na seção 3.1. A principal motivação do Poder Executivo para essa modificação se deve ao fato de haver muitas situações em que os requerentes que conseguem a licença de pesquisa não iniciam as atividades, preferindo esperar sua valorização para posterior venda. Como o Poder Executivo deseja intensificar a produção mineral, ele tem uma percepção negativa dessa prática e, assim, desejaria que somente empresas que fossem efetivamente explorar os recursos pudessem deter os direitos de pesquisa. Dentro dessa lógica, as empresas de pesquisa mineral (*Junior Companies*) seriam particularmente prejudicadas, pois muitas têm capacidade de fazer pesquisa (etapa de maior risco da mineração), mas não de extrair minérios.

Prudente será o mapeamento geológico de cobertura do Brasil, uma vez que disponibilizar-se-á áreas a serem licitadas. Logo, o mínimo a ser feito é criar essa base de dados que atualmente é tão precária. Por conta disso, investimentos públicos serão essenciais no direcionamento do orçamento nacional para essas pesquisas.

3.3.3 Princípio da rigidez locacional

A rigidez locacional se deve à localização das riquezas minerais, as quais surgem em determinadas partes do globo, sem possibilidade de remoção ou redirecionamento. Scliar (1996, p. 35) apresenta um conceito preciso:

> Uma conjugação de fatores físicos, químicos e geológicos permitiu seu acúmulo em tal quantidade e teor que podem ser economicamente extraídos. Essa localização exclusiva e privilegiada dos bens minerais em alguns locais da crosta terrestre é chamada de rigidez locacional.

Esclarecedor apresentar uma diferenciação entre jazida e mina. Aquela é toda massa individualizada de substância, mineral ou fóssil, com valor econômico, aflorando à superfície ou existente no interior da terra, conforme previsão no artigo 4º do Código da Mineração. A mina, por seu turno, é a jazida em lavra, ou seja, em atividade minerária.

Até o ano de 2018, com base no artigo 7º do Regulamento do Código da Mineração, existia classificação das jazidas nas seguintes classes: a) jazidas de substâncias minerais metalíferas; b) jazidas de substâncias minerais de emprego imediato na construção civil; c) jazidas de fertilizantes; d) jazidas de combustíveis fósseis sólidos; e) jazidas de rochas betuminosas e pirobetuminosas; f) jazidas de gemas e pedras ornamentais; g) jazidas de minerais industriais, não incluídas nas classes precedentes; h) jazidas de águas minerais. Contudo, o Decreto 9406/2018 revogou as normas nesse sentido, não apresentando, embora necessário, atualização e realocação destas normas extremamente importantes para elucidar o princípio em comento.

Esta rigidez locacional justifica a riqueza de alguns Estados em detrimento de outros, justamente por não ser possível "escolher" o local da prospecção, ou seja, o tipo de minério, com base em sua localização geográfica é que norteará a exploração e prospecção: mina a céu aberto ou subterrânea. Silva (2018, p. 11) agrega que:

> Os recursos minerais a serem transformados normalmente ocorrem em camadas subjacentes da terra, Discurso comumente utilizado pelas empresas mineradoras para justificar a degradação ambiental causada em um determinado local onde se quer minerar seria a esgotabilidade e a rigidez locacional do mineral. Explicando-se melhor essa ideia, tem-se que os minerais são recursos não renováveis, o que os torna esgotáveis ou escassos com o tempo. Por rigidez locacional, entende-se pela não escolha do local de ocorrência do mineral e, consequentemente, da sua extração. Dessa narrativa surgem vários impactos socioeconômicos da mineração, especialmente nos países ou nas regiões ricas em minerais, como o Brasil.

Ainda sob a ótica conceitual da rigidez locacional, William Freire (2009, p. 52) auxilia na compreensão do instituto como aquele que:

> Significa que o empreendedor não pode escolher livremente o local onde exercer sua atividade produtiva, porque as minas devem ser lavradas onde a natureza as colocou. Isso faz com que o legislador tenha que criar marcos regulatórios especiais para mineração. A sociedade, dependente dos bens minerais, deve propiciar condições para seu desenvolvimento.
>
> O empreendedor não escolhe a comunidade, o ambiente político, o ambiente geográfico onde deseja se instalar.

> Exemplo interessante é a atividade mineral em áreas de preservação permanente, nenhum minerador, por vontade própria, deseja ter uma jazida nesse espaço territorial ambientalmente protegido. Mas a realidade é que vários minérios se concentram nesse tipo de região. A título de exemplo, estima-se que oitenta por cento de todas as reservas de minério de ferro do mundo estão localizadas em regiões com as características de área de preservação permanente.
>
> Não é difícil de perceber, portanto, que há necessidade de regras especiais para atividade mineral, criando condições para transformar o recurso mineral em riqueza.

Mesmo com todo o desenvolvimento tecnológico e investimentos em pesquisa não possibilitam a intervenção naquele local específico onde se localiza o mineral.

3.3.4 Princípio da participação

O princípio da participação preza que os indivíduos que compõem um determinado território sob a gestão governamental devem ser ouvidos para fins de processos decisórios que envolva a questão ambiental. No caso brasileiro, essa participação é latente, considerando o próprio Estado Democrático de Direito.

A democracia, por si, não se caracteriza apenas com as deliberações dos representantes eleitos, mas sua completude será atingida quando efetuar a aproximação social nas decisões que envolvam conteúdo ambiental.

Antes de adentrar no detalhamento das medidas, válido mencionar a existência da Convenção de Aarhus de 1998, promovida pela Comissão Econômica das Nações Unidas para Europa, popularmente conhecida como: Convenção sobre acesso à informação, participação pública em processos decisórios e acesso à justiça em temas ambientais.

Referida norma alienígena garante aos cidadãos dos países europeus o direito a participação no processo de decisão e acesso à justiça quando a temática envolva meio ambiente, direta ou indiretamente. Ressalte-se aqui que tal conferência foi destinada à Europa. Mesmo assim se torna evidente a preocupação global em trazer a sociedade numa típica função de democracia participativa, ter voz ativa.

O tratado de Aarhus é pautado na tríade: informação, participação pública nos processos de decisão e acesso à justiça, elementos estes que são frequentes na análise do direito internacional contemporâneo. Em seu artigo 3º (1998), itens 3, 6 e 7 merecem devida atenção:

> 3. Os procedimentos de participação do público devem incluir prazos razoáveis diferentes fases, permitindo tempo suficiente para informar o público em conformidade com o parágrafo 2 acima e para o público preparar e participar efetivamente durante a tomada de decisão ambiental.
>
> [...]
>
> 6. Cada Parte exigirá que as autoridades públicas competentes dêem à acesso público interessado para exame, mediante solicitação, quando exigido sob legislação nacional, gratuitamente e, logo que disponível, a todos informações relevantes para a tomada de decisão mencionada neste artigo que está disponível no momento do procedimento de participação pública, sem prejuízo do direito das partes de se recusarem a divulgar determinadas informações 3 e 4 do artigo 4.
>
> 7. Os procedimentos de participação do público devem permitir que o público apresente, em por escrito ou, conforme o caso, em audiência pública ou inquérito com o requerente, quaisquer comentários, informações, análises ou opiniões que considere relevantes para a atividade proposta. (tradução nossa)[12]

---

[12] 3. The public participation procedures shall include reasonable time-frames for the different phases, allowing sufficient time for informing the public in accordance with paragraph 2 above and for the public to prepare and participate effectively during the environmental decision-making.

[...]

6. Each Party shall require the competent public authorities to give the public concerned access for examination, upon request where so required under national law, free of charge and as soon as it becomes available, to all information relevant to the decision-making referred to in this article that is available at the time of the public participation procedure, without prejudice to the right of Parties to refuse to disclose certain information in accordance with article 4, paragraphs 3 and 4. The relevant information shallinclude at least, and without prejudice to the provisions of

7. Procedures for public participation shall allow the public to submit, in writing or, as appropriate, at a public hearing or inquiry with the applicant, any comments, information, analyses or opinions that it considers relevant to the proposed activity.

Como pode-se ver, no diploma alienígena além de consolidar a participação popular, determina-se que ocorram com prazos razoáveis, para assim, ser suficiente a concretização do direito da informação e, por conseguinte, a participação. Soma-se ao fato que a concretização da vontade popular dar-se-á por meio escrito ou oral (audiências públicas).

Um outro instrumento normativo internacional de grande valor é o Acordo de Escazú, inspirado na Convenção de Aarhus e realizado em setembro de 2018 na órbita da América Latina, sendo o primeiro tratado regional que possui escopo aprimorar o acesso à informação pública, a participação cidadã e a justiça nas temáticas que envolvam o meio ambiente. Liévano (2019) apresenta os principais pontos de destaque como:

> a) Proporciona aos cidadãos maior acesso à informação pública em temas ambientais, inclusive sobre grandes projetos de desenvolvimento;
>
> b) Promove uma maior participação cidadã em decisões ambientais;
>
> c) Proporciona maior facilidade de acesso à justiça em temas ambientais;
>
> d) Propõe prevenir, investigar e punir todos os ataques contra defensores de direitos ambientais. É o primeiro tratado internacional que contempla medidas específicas para protegê-los.

O artigo 1° do Acordo de Escazú (CEPAL, 2018, p. 14) já explicita como objetivo:

> Garantir a implementação plena e efetiva, na América Latina e no Caribe, dos direitos de acesso à informação ambiental, participação pública nos processos de tomada de decisões ambientais e acesso à justiça em questões ambientais, bem como a criação e o fortalecimento das capacidades e cooperação, contribuindo para a proteção do direito de cada pessoa, das gerações presentes e futuras, a viver em um meio ambiente saudável e a um desenvolvimento sustentável.

A principiologia do acordo não sustenta somente as tutelas exclusivas acerca do meio ambiente, como normalmente são ratificados os tratados internacionais. Um forte argumento presente em Escazú é justamente combater as injustiças socioambientais. A conexão com o objeto de pesquisa se dá justamente pelo fato que, na mineração, os processos não são democratizados, mas direcionados a pessoas ou grupos pré-determinados.

Alencar (2020, p. 65) antecipa algumas críticas ao diploma em análise ao afirmar que:

> A busca por um meio ambiente saudável seria impossibilitada pelo estabelecimento de um *numerus clausus* de três direitos. No artigo 4°, item 1, abrange-se a incidência para todo direito humano universalmente implicado aos iniciais. O próprio rol extenso de 13 (treze) princípios, elencados no artigo 3°, esfacelaria essa argumentação incipiente. Outro impeditivo prático seria a não aspiração em imputar responsabilidades às empresas, muitas vezes maiores violadoras do que os próprios Estados. O acordo incentiva que os Estados elaborem relatórios de sustentabilidade tanto das empresas públicas como privadas. Em uma visão macro, para além desse mecanismo anterior, sugere-se aos Estados que promovam um relatório nacional sobre o meio ambiente, em intervalos regulares (não mais do que cinco anos), sempre com linguagem de fácil compreensão, acessíveis em diferentes formatos e difundidos amplamente.

Válido mencionar que onze dos trinta e três países da América Latina e do Caribe precisam efetuar a devida ratificação para entrada em vigor. Até o fechamento da presente obra apenas cinco o fizeram: Bolívia, Guiana, São Cristóvão e Nevis, São Vicente e Granadinas, assim como o Uruguai.

Por fim, Liévano (2020, s/p) destaca a relevância do Acordo de Escazú para proteção dos líderes ambientais:

> A América Latina ocupa o vergonhoso primeiro lugar em todos os níveis de risco para defensores ambientais.
>
> – Os 10 países mais perigosos para defensores ambientais incluem seis da América Latina: Brasil, Colômbia, Guatemala, Honduras, México e Peru.
>
> – Das 135 comunicações enviadas por Forst a governos e empresas sobre violência contra defensores ambientais, 48% dizem respeito a casos na região.
>
> Segundo o relatório da ONG Global Witness deste ano, 164 defensores ambientais foram assassinados em 2018 em todo o mundo.
>
> – Mais da metade desses assassinatos ocorreram na América Latina, que se tornou a região mais violenta para ativistas ambientais desde que o relatório começou a ser produzido, em 2012.

– Colômbia, Brasil, Guatemala e México figuram no vergonhoso top 6. Também registraram assassinatos Honduras, Venezuela e Chile.

– Pela primeira vez desde 2012, o Brasil não ocupou o primeiro lugar, embora apareça em quarto. Na Guatemala, o número de assassinatos quintuplicou, tornando-se o país mais perigoso para ativistas ambientais, proporcionalmente.

– Foram verificados ao menos 1.356 ataques e episódios de violência contra defensores ambientais entre 2009 e 2018, nesses sete países.

– Os alvos de 56% desses ataques pertencem a alguma minoria étnica, demonstrando que os territórios indígenas e afrodescendentes são especialmente vulneráveis a interesses criminais.

– Informações conclusivas sobre sentenças (condenação ou absolvição) foram encontradas em apenas 50 casos (3,68% do total), mostrando que a justiça é extremamente ineficiente nesse tipo de ataque. Em boa parte dos casos, as sentenças julgaram os autores materiais dos crimes, não os idealizadores.

– Em ao menos 545 casos de ataques (40,19% do total), houve denúncias das vítimas e suas comunidades para autoridades, desde instituições estatais até instâncias internacionais como a Comissão ou a Corte Interamericana de Direitos Humanos.

Por mais que existam diplomas normativos que o Brasil participe, a Europa inicia processo de ampliação de tais direitos, levando para órbita transnacional. O que se vê na legislação pátria é a previsão – no licenciamento ambiental minerário, por exemplo – entretanto, sem uma efetiva expressão popular, com peso decisório.

Não é possível abordar os contornos do princípio da participação sem enfrentar alguns pontos legislativos do Brasil. A Lei 6938/81, que foi regulamentada pelo Decreto 99274/90, tendo esta, em seu artigo 14, expressado:

> Art. 14. A atuação do Sisnama efetivar-se-á mediante articulação coordenada dos órgãos e entidades que o constituem, observado o seguinte:
>
> I – O acesso da opinião pública às informações relativas às agressões ao meio ambiente e às ações de proteção ambiental, na forma estabelecida pelo Conama; e

> II – Caberá aos Estados, ao Distrito Federal e aos Municípios a regionalização das medidas emanadas do Sisnama, elaborando normas e padrões supletivos e complementares.
>
> Parágrafo único. As normas e padrões dos Estados, do Distrito Federal e dos Municípios poderão fixar parâmetros de emissão, ejeção e emanação de agentes poluidores, observada a legislação federal.

Assim, a articulação entre o Estado e sociedade necessariamente deverá ocorrer por meio da participação popular, principalmente por meio de opiniões públicas, entendidas como atuação direta e formal da comunidade, em relação às informações de natureza ambiental. Além da Lei de Política Nacional do Meio Ambiente, outros diplomas legais também mencionam o instituto da participação, como é o caso da Lei de Sistema Nacional de Unidades de Conservação – Lei 9985/2000, que exige a consulta pública quando da criação dessas áreas, conforme artigo 5°, III: "O SNUC será regido por diretrizes que: III – assegurem a participação efetiva das populações locais na criação, implantação e gestão das unidades de conservação"; Ou seja, o Estado precisa fornecer informações suficientes para que o objetivo de criação da unidade de conservação seja atingido, conforme determina a própria legislação.

Já sob a ótica internacional, as questões envolvendo a participação tomam grande robustez com o Princípio 10 da Declaração do Rio (1992):

> A melhor forma de tratar as questões ambientais é assegurar a participação de todos os cidadãos interessados ao nível conveniente. Ao nível nacional, cada pessoa terá acesso adequado às informações relativas ao ambiente detidas pelas autoridades, incluindo informações sobre produtos e atividades perigosas nas suas comunidades, e a oportunidade de participar em processos de tomada de decisão. Os Estados deverão facilitar e incentivar a sensibilização e participação do público, disponibilizando amplamente as informações. O acesso efetivo aos processos judiciais e administrativos, incluindo os de recuperação e de reparação, deve ser garantido.

Uma série de abordagens poderia tomar forma no presente momento da pesquisa como: justiça ambiental, sistema extrativista, e até mesmo os modelos predatórios do meio ambiente. Contudo, em obediência ao recorte metodológico da presente pesquisa, ou seja, aquele de estudo da sustentabilidade pautada no aspecto social-participativo, essas temáticas, embora extremamente relevantes para a academia, poderão ser abordadas em futuras pesquisas e trabalhos.

O princípio da participação possui direta relação com o princípio da informação, o qual o autor da presente pesquisa entende como o direito constitucional à informação, ou seja, as temáticas que envolvam o meio ambiente e a mineração possui interesse público pois os recursos naturais são bem de uso comum e a transparência é um direito e não somente uma norma principiológica. Tanto a informação quanto a participação são fundamento da sustentabilidade, a qual será abordada em capítulo próprio.

Os atos públicos devem ser transparentes para que possa, inclusive, aproximar a sociedade com o fim de participar dos processos decisórios. A participação estruturada numa ação comunicativa habermasiana, sendo exteriorizada de diversas formas.

Cumpre destacar que a participação popular não se resume aos atos da Administração Pública, podendo ser localizada nas medidas legislativas, medidas administrativas e medidas processuais.

Nas medidas legislativas identifica-se no plebiscito, referendo e iniciativa popular, todos com previsão no artigo 14 da Constituição da República de 1988, ou seja, medidas legislativas são levadas até a sociedade para discussão – no caso do plebiscito e referendo – diferenciando apenas quanto ao momento, se prévio ou posterior à edição normativa. Por fim, a iniciativa popular é instrumento que possibilita à sociedade a iniciativa de projetos de lei. Como se vê, em toda a construção normativa é possível a identificação, seja na democracia indireta, quando há a escolha de representantes legais para atender aos anseios sociais, seja de maneira direta, por meio destes três mecanismos.

Por sua vez, as medidas administrativas podem ser dividias em: a) direito à informação; b) direito de petição e, c) participação social no licenciamento ambiental.

O direito de informação, muitas vezes compreendido como princípio autônomo do direito ambiental e minerário apresenta consolidação conceitual que todos os dados dessa natureza (ambiental e mineira) devem ser amplamente divulgados, com informações compreensíveis pela sociedade comum a fim de viabilizar o acesso e participação e possui previsão constitucional no artigo 5º XXXIII somado à Lei 10650/2013, a qual dispõe sobre o acesso público aos dados e informações existentes nos órgãos e entidades integrantes do Sistema Nacional do Meio Ambiente – SISNAMA, conforme artigo 2º:

> Art. 2º Os órgãos e entidades da Administração Pública, direta, indireta e fundacional, integrantes do Sisnama, ficam obrigados a permitir o acesso público aos documentos, expedientes e processos administrativos que tratem de matéria ambiental e a fornecer todas as informações ambientais que estejam sob sua guarda, em meio escrito, visual, sonoro ou eletrônico, especialmente as relativas a:
>
> I – Qualidade do meio ambiente;
>
> II – Políticas, planos e programas potencialmente causadores de impacto ambiental;
>
> III – resultados de monitoramento e auditoria nos sistemas de controle de poluição e de atividades potencialmente poluidoras, bem como de planos e ações de recuperação de áreas degradadas;
>
> IV – Acidentes, situações de risco ou de emergência ambientais;
>
> V – Emissões de efluentes líquidos e gasosos, e produção de resíduos sólidos;
>
> VI – Substâncias tóxicas e perigosas;
>
> VII – diversidade biológica;
>
> VIII – organismos geneticamente modificados.

Destaca-se a necessidade de fornecimento de informação independentemente de demonstração de interesse específico, fato que reforça a possibilidade de participação popular.

O direito de petição tem previsão no artigo 5º, XXXIV, alínea a da Constituição da República de 1988 que assegura, independentemente de custas "o direito de petição aos Poderes Públicos em defesa de direitos ou contra ilegalidade ou abuso de poder". Logo, um forte mecanismo para que a sociedade efetue o controle dos atos administrativos, assim como dos abusos de poder. Tal regra é aplicável a todas as pessoas, naturais ou jurídicas.

Ao final, a participação popular em sede de medidas administrativas também pode ser compreendida quando da realização de procedimento de licenciamento ambiental. Como será abordado em linhas subsequentes, neste mesmo capítulo, a participação da sociedade diretamente envolvida com o empreendimento que ocasionará modificação/impacto ambiental deve ser ouvida sob pena de nulidade do feito.

Na ótica processual, a participação popular é identificável na Ação Popular, a qual localiza-se no artigo 5º LXXIII da Constituição da República e na Lei 4717/65, sendo instrumento judicial de exercício do direito da soberania, com caráter cívico, que viabiliza ao cidadão o controle da legalidade dos atos públicos. Válido ressaltar que, apesar de ser instrumento de participação popular, este limita-se aos cidadãos, somente.

Um dos objetivos desta obra é justamente analisar a participação popular nos Compromissos de Ajustamento de Conduta para que, assim, ocorra uma aproximação e melhor delineamento de anseios, principalmente em TAC's provenientes de acidentes minerários por rompimento de barragens, em específico aos dois últimos eventos desta natureza em Minas Gerais – Bento Rodrigues e Brumadinho.

3.4 A REVOLUÇÃO DO MINÉRIO DE FERRO PARA MINERAÇÃO NACIONAL

A mineração, como apresentada no primeiro capítulo, possuiu o nascedouro diferente do direito ambiental. Mesmo assim, válido destacar que a atividade mineira é demasiadamente extensa, complexa com todos os seus elementos minerais, assim como pela variabilidade de mecanismos de prospecção (garimpo, mina a céu aberto, mina subterrânea, faturamento hidráulico, dentre várias outras). Por conta disto, a presente obra terá o recorte metodológico na atividade minerária do ferro, principalmente naquelas ocorridas no estado de Minas Gerais.

Ao remontar a história nacional verificar-se-á que a exploração do minério de ferro não era tão consistente quando comparada com outros minerais como o ouro. A ideia de siderurgia no período do Brasil Colônia não era consolidada, conforme concepções de Castro *et al.* (2011, p. 38):

> As forjas (fornalhas) para a produção do ferro, proibidas. Tanto que, em 1785, o governo português declarou como ilegal a fabricação de ferro na colônia e determinou a destruição de todos os fornos existentes. Dez anos depois, mudanças políticas em Portugal culminaram no incentivo à extração e manufatura do ferro, dando início à construção de diversas fábricas, como as do Morro do Pilar, em Ipanema e Congonhas do Campo.

Uma das primeiras fábricas de fundição de ferro que se tem notícia fora construída no município de Sorocaba/SP, por volta de 1589 (Nascimento e Silva, 2018). A referida siderúrgica encontrou inúmeros obstáculos no que se refere ao beneficiamento do minério para conversão em aço, motivo estes determinantes para o avanço das pesquisas nessa área, sendo válido mencionar que o engenheiro de minas Wilhelm Ludwig, por meio de técnicas hidráulicas, conseguiu alavancar a produção de ferro, em torno do ano de 1812, sendo um dos nomes responsáveis pela criação da primeira companhia mineradora de capital privado do país.

Com o decurso dos anos, constatou-se que faltava mão de obra especializada no país e, por conta disso, a pedido de Dom Pedro II, foi criada a Escola de Minas Brasileira, em 1876 no município mineiro de Ouro Preto. O escopo central era a formação de profissionais na área mineira que, futuramente, viriam a revolucionar o mercado do minério de ferro no Brasil.

Castro *et al.* (2000), somente no ano de 1886 houve o reconhecimento que o futuro da mineração nacional era pautado na lavra de minério de ferro e não do ouro. Por conta disso, em 1908 foram identificadas imensas jazidas de ferro no município minério de Itabira, fator que proporcionou a criação da Itabira Iron Ore. Contudo, a fase de exploração foi demasiadamente longa e, somente em 1930 fora extraído o primeiro minério da referida região. Com o advento da Segunda Guerra Mundial (1939/1945) houve a necessidade de fornecimento do minério de ferro aos aliados e, conforme o referido autor, houve a necessidade de nacionalização da IIO – Itabira Iron Ore e na encampação desta com a Companhia Brasileiras de Mineração e Siderurgia S/A na Companhia Vale do Rio Doce S/A por meio do Decreto-lei 4352/1942 pelo Presidente à época, Getúlio Vargas.

Com o decurso dos anos a Companhia Vale do Rio Doce S/A se desenvolveu, com aquisição de equipamentos e instrumentos para beneficiamento mineral, além da descoberta das reservas de Carajás. Já em 1997, após muitos debates a referida companhia foi privatizada, e expandiu mercado para todo o mundo, com ações negociadas nas bolsas de valores de Nova Iorque e Hong Kong e recebeu a atual nomenclatura da mineradora Vale S/A. A história desta mineradora acaba por se confundir com a própria história da mineração de ferro no Brasil.

Nos dias de hoje a Vale S/A é a maior produtora mundial de minério de ferro e, conforme se analisará no próximo capítulo, também esteve presente nas maiores tragédias da mineração que se têm notícia no Brasil - Bento Rodrigues e Brumadinho (Castro *et al.*, 2000).

3.4.1 Etapas do empreendimento minerário

O empreendimento minerário, por ser híbrido do ponto de vista de órgãos estatais, por vezes, gera confusão no aplicador do direito. Há concomitantemente envolvimento com o Departamento Nacional de Produção Natural e órgão ambiental competente. O primeiro atua nos atos administrativos e autorizativos e o último aos regramentos ambientais a serem cumpridos. Isso é reflexo da presença constitucional dúplice - mineração e meio ambiente.

Contudo, antes de adentrar ao passo a passo da mineração, válido analisar os pontos conceituais legais, levando-se em conta principalmente a atualização do Regulamento do Código de Mineração, ocorrida pelo Decreto 9406 de 2018, diploma legal este que destaca os fundamentos para o desenvolvimento da mineração são pautados sempre no interesse nacional e na utilidade pública, conforme artigo 1º do Regulamento do Código de Mineração.

O procedimento é iniciado pela pesquisa mineral, a qual compreende uma gama de atividades como: a) levantamentos geológicos pormenorizados; b) estudos dos afloramentos; c) levantamentos geoquímicos e geofísicos; d) abertura de escavações e sondagens; e) coleta de amostras; f) estudos sobre beneficiamento mineral.

No Código de Mineração, há previsão cinco modalidades de regimes de aproveitamento mineral, quais sejam: licenciamento, permissão, monopolização, autorização e concessão.

O regime de licenciamento segue diploma próprio - a Lei 6567/1978, assim como nas Resoluções da Agência Nacional de Mineração, tendo os minerais sido delimitados no artigo 1º da presente lei:

> I - Areias, cascalhos e saibros para utilização imediata na construção civil, no preparo de agregados e argamassas, desde que não sejam submetidos a processo industrial de beneficiamento, nem se destinem como matéria-prima à indústria de transformação;

> II – Rochas e outras substâncias minerais, quando aparelhadas para paralelepípedos, guias, sarjetas, moirões e afins;
>
> III – argilas para indústrias diversas;
>
> IV – Rochas, quando britadas para uso imediato na construção civil e os calcários empregados como corretivo de solo na agricultura.
>
> V – Rochas ornamentais e de revestimento;
>
> VI – Carbonatos de cálcio e de magnésio empregados em indústrias diversas
>
> Parágrafo único. O aproveitamento das substâncias minerais referidas neste artigo fica adstrito à área máxima de cinquenta hectares.

Alguns minerais presentes no rol acima foram incluídos pela novíssima Lei 13975 do ano de 2020.

O licenciamento é procedimento voltado exclusivamente ao proprietário do solo ou a quem tiver sido autorizado por ele, ou seja, é instituto completamente diverso do clássico, em que um terceiro que primeiro efetuar registro no DNPM poderá efetuar pesquisa e lavra. Além disso, o interessado deverá obter licença específica, a qual deve ser emitida pela autoridade local e registrada no DNPM e do Ministério das Minas e Energia. Veja-se que o regime de licenciamento não se confunde com a licença ambiental, procedimento administrativo diverso. Enquanto o primeiro é regulamentação da futura atividade de prospecção, este último possui destinação de condicionar o avanço do empreendimento. Condicionar no sentido de estruturar metas de proteção e invasão do meio ambiente natural.

A permissão é regime de extração vinculada à lavra garimpeira, que é prospecção mineral de aproveitamento imediato, que possui como característica principal o pequeno volume e distribuição irregular dos bens, muitas vezes, com funcionamento na incerteza de sucesso o que, de fato, não justifica investimento em pesquisa. De acordo com o DNPM (s.d) são considerados minerais garimpáveis: o ouro, diamante, cassiterita, columbita, tantalita, volframita, nas formas aluvionar, eluvional e coluvial, scheelita, demais gemas, rutilo, quartzo, berilo, moscovita, espodumênio, lepidolita, feldspato, mica e outros tipos de ocorrência que vierem a ser indicados a critério da ANM.

Por fim, válido destacar que a garimpagem deve ser preferencialmente celebrada por meio de cooperativas ou associações de garimpeiros, concedida pela Agência Nacional de Mineração e não pode ser superior a 50 hectares. A outorga de lavra garimpeira ainda ficará condicionada à apresentação de licença ambiental.

O trâmite simplificado desta modalidade é: 1) preenchimento do formulário eletrônico de pré-requerimento; 2) imprimir e protocolizar junto ao escritório regional da ANM; 3) pagamento dos emolumentos e apresentação dos documentos essenciais (documento de identificação, de área pretendida, de mineral de objeto, assinados por profissional responsável); 4) início de processo administrativo; 5) declaração de título minerário. Feito todo esse caminho, o interessado ainda ficará condicionado à apresentação de licença ambiental (prazo de 60 dias).

Por sua vez, o regime de monopolização é aquele que, em decorrência de lei específica, depende da execução direta ou indireta pelo próprio Estado, ou seja, do Governo Federal. Recai sobre petróleo, gás e minerais radioativos, justamente por serem estratégico ou de potencial risco de manejo.

O regime de autorização de pesquisa e concessão de lavra, entenda-se como regra geral. Sob constatação pode-se verificar que se excluem da regra geral o regime de licenciamento (substancias pré-determinadas em legislação própria), assim como a permissão de lavra garimpeira e também os minerais que atividade do Governo Federal. Isso porque são elementos extremamente específicos. Já a autorização e a concessão é regra geral no sentido de que são mais usuais, de maior frequência. Na pesquisa em tela, como se aborda o minério de ferro, não há que se falar em regimes além da autorização e concessão.

A autorização de pesquisa pode ser manejada por qualquer brasileiro (individual ou sociedade empresária), com sede no país e terá como resultado final o alvará, nos termos do artigo 20 do Regulamento do Código de Mineração. O próprio órgão (DNPM, n.d) dita o trâmite dessa modalidade

> A autorização de pesquisa é um regime de aproveitamento mineral em que são executados os trabalhos voltados à definição da jazida, sua avaliação e a determinação da exequibilidade de seu aproveitamento econômico.
>
> De acordo com o Código de Mineração, a pesquisa mineral compreende, entre outros, os seguintes trabalhos de campo e de laboratório: levantamentos geológicos pormenorizados da

área a pesquisar, em escala conveniente, estudos dos afloramentos e suas correlações, levantamentos geofísicos e geoquímicos; abertura de escavações visitáveis e execução de sondagens no corpo mineral; amostragens sistemáticas; análises físicas e químicas das amostras e dos testemunhos de sondagens; e ensaios de beneficiamento dos minérios ou das substâncias minerais úteis, para obtenção de concentrados de acordo com as especificações do mercado ou aproveitamento industrial.

O título autorizativo é o Alvará de Pesquisa, outorgado pelo Diretor Geral da ANMe publicado no DOU – Diário Oficial da União. O prazo para efetuar a pesquisa será de 02 ou 03 anos, dependendo das características especiais de localização da área e a natureza da substância mineral.

As áreas máximas concedidas variam de 50 a 2.000 hectares, dependendo da substância mineral e seu uso, onde se incluem todas as substâncias. Somente na Amazônia legal, cuja área é considerada de difícil acesso, que a área máxima é de 10.000 hectares. As substâncias classificadas como monopólio (petróleo, gás e elementos radioativos, como urânio) não podem ser requeridas na ANM.

Neste regime não há necessidade de ser proprietário do imóvel para requerer, bastando a autorização para adentrar na propriedade e elaborar a pesquisa. O requerimento feito eletronicamente deve ser protocolizado no escritório regional do DNPM, mediante pagamento de emolumentos., designação do mineral a ser explorado, com a devida extensão territorial (em hectares), memorial descritivo e plano de trabalho.

Ao concluir o trabalho de pesquisa, o empresário deverá disponibilizar relatório final dos trabalhos de pesquisa. Toma-se como lapso temporal o alvará. Caso não seja apresentado tal relatório, a área será colocada em disponibilidade, podendo ser pleiteada por outra pessoa.

Por fim, o regime de concessão pode ser entendido como uma etapa posterior à autorização de pesquisa, considerando que, apresentado o relatório final, o titular terá um ano para requerer a concessão de lavra, para assim explotar o mineral, nos termos do artigo 28 do Regulamento do Código de Mineração.

Válido diferenciar que a concessão de lavra não outorga a propriedade da jazida ao interessado e sim o direito de aproveitamento, ou seja, não envolve a propriedade, mas o direito de exploração. A concessão não possui um prazo de duração, podendo ser executada até a exaustão da jazida, com base no PAE – Plano de Aproveitamento Econômico e no Relatório de Pesquisa.

As obrigações legais encontram-se esculpidas no Código de Mineração e no Regulamento Geral, artigo 34:

> I – Iniciar os trabalhos previstos no plano de aproveitamento econômico no prazo de seis meses, contado da data de publicação da concessão de lavra no Diário Oficial da União, exceto por motivo de força maior, a juízo da ANM;
>
> II – Lavrar a jazida de acordo com o plano de aproveitamento econômico aprovado pela ANM;
>
> III – extrair somente as substâncias minerais indicadas na concessão de lavra;
>
> IV – Comunicar à ANM o descobrimento de qualquer outra substância mineral não incluída na concessão de lavra;
>
> V – Executar os trabalhos de mineração com observância às normas regulamentares;
>
> VI – Confiar, obrigatoriamente, a responsabilidade dos trabalhos de lavra a técnico legalmente habilitado ao exercício da profissão;
>
> VII – não dificultar ou impossibilitar, por lavra ambiciosa, o aproveitamento posterior da jazida;
>
> VIII – responder pelos danos e pelos prejuízos a terceiros que resultarem, direta ou indiretamente, da lavra;
>
> IX – Promover a segurança e a salubridade das habitações existentes no local;
>
> X – Evitar o extravio das águas e drenar aquelas que possam ocasionar danos e prejuízos aos vizinhos;
>
> XI – evitar poluição do ar ou da água que possa resultar dos trabalhos de mineração;
>
> XII – proteger e conservar as fontes e utilizar as águas de acordo com os preceitos técnicos, quando se tratar de lavra de águas minerais;
>
> XIII – tomar as providências indicadas pela fiscalização da ANM e de outros órgãos e entidades da administração pública;
>
> XIV – não suspender os trabalhos de lavra sem comunicação prévia à ANM;
>
> XV – Não interromper os trabalhos de lavra já iniciados, por mais de seis meses consecutivos, exceto por motivo de força maior comprovado;

XVI – manter a mina em bom estado, na hipótese de suspensão temporária dos trabalhos de lavra, de modo a permitir a retomada das operações;

XVII – apresentar à ANM, até o dia 15 de março de cada ano, relatório anual das atividades realizadas no ano anterior, de forma a consolidar as informações prestadas periodicamente, conforme o disposto em Resolução da ANM;

XVIII – executar e concluir adequadamente, após o término das operações e antes da extinção do título, o plano de fechamento de mina; e

XIX – observar o disposto na Política Nacional de Segurança de Barragens, estabelecida pela Lei nº 12.334, de 20 de setembro de 2010.

Mesmo sem um prazo na concessão da lavra, ímpar ressaltar que a empresa minerária deve apresentar à Agência Nacional de Mineração, anualmente, o relatório de lavra, demonstrando todas as atividades realizadas no ano anterior.

O licenciamento ambiental é regulado pelo Decreto 99274/90, Resolução 237 do Conselho Nacional do Meio Ambiente e pela Lei Complementar 140/11, sendo procedimento administrativo com o escopo de licenciar atividades ou empreendimentos que utilizem recursos ambientais, efetiva ou potencialmente poluidores que possam causar degradação ambiental, ou seja, perda ou redução da qualidade ambiental. Não se confunde com impacto ambiental, considerando que o impacto, por si, é somente constatação de alteração no ambiente, podendo ser positivo ou negativo.

3.4.2 Licenciamento ambiental

Existem três tipos básicos de licença ambiental: a) licença prévia; b) licença de instalação; c) licença de operação.

A licença prévia, como o próprio nome já diz, é concedida na fase preliminar do empreendimento, atestando a viabilidade do empreendimento e é nela que se alocam as condicionantes para as próximas etapas de licenciamento. Todo o empreendimento deve estar teoricamente na análise para licença prévia, impactos a serem causados, dimensão, medidas de mitigação. Não se emitirá licença caso ocorra alguma divergência ou deficiência. Quando a abordagem se refere à mineração, uma harmonia obrigatória entre o Plano de Aproveitamento Econômico apresentado no DNPM deve ocorrer com o empreendimento em licenciamento. Isso porque, como já delineado em linhas anteriores, a atividade minerária deve ser abarcada tanto pelos órgãos de regulação minerária, quanto pelos de resguardo e fiscalização ambiental.

A licença de instalação autoriza o início das obras do empreendimento, ou seja, o projeto não pode ser colocado em prática antes da obtenção da licença de instalação, nem mesmo um canteiro de obras ou estradas vicinais de acesso. São etapas subsequentes, uma vez que observadas todas as condicionantes da licença prévia, passa-se à licença de instalação, a qual possibilita o início do empreendimento. Não se fala ainda em explotação ou prospecção mineral. Há somente a preparação das atividades.

A Licença de Operação, uma vez analisadas todas as condicionantes e cumprimento delas, liberará o empreendimento, sob a ótica ambiental para funcionamento. A Resolução 237/97 do Conselho Nacional do Meio Ambiente apresenta o rol de prazos de todas as licenças:

> Art. 18. O órgão ambiental competente estabelecerá os prazos de validade de cada tipo de licença, especificando-os no respectivo documento, levando em consideração os seguintes aspectos:
>
> I – O prazo de validade da Licença Prévia (LP) deverá ser, no mínimo, o estabelecido pelo cronograma de elaboração dos planos, programas e projetos relativos ao empreendimento ou atividade, não podendo ser superior a 5 (cinco) anos.
>
> II – O prazo de validade da Licença de Instalação (LI) deverá ser, no mínimo, o estabelecido pelo cronograma de instalação do empreendimento ou atividade, não podendo ser superior a 6 (seis) anos.
>
> III – O prazo de validade da Licença de Operação (LO) deverá considerar os planos de controle ambiental e será de, no mínimo, 4 (quatro) anos e, no máximo, 10 (dez) anos.

Dentro do procedimento licenciatório há a necessidade de manifestação popular, como elemento obrigatório do feito, nos termos da Resolução 09/87 do Conselho Nacional do Meio Ambiente e da Lei Complementar 140/11, e possui a finalidade expor aos interessados o conteúdo do produto constante do Relatório de Impacto Ambiental – RIMA. Uma breve diferenciação se faz necessária entre Estudo de

Impacto Ambiental e Relatório de Impacto Ambiental. Conforme ensinamentos de Sirvinskas (2019, p. 170):

> Assim, o procedimento de licenciamento ambiental deverá ser precedido do EPIA e do seu respectivo Relatório de Impacto Ambiental (RIMA). Exigir-se-á o EPIA quando a atividade for potencialmente causadora de significativa degradação ambiental. Entende-se por significativa degradação ambiental toda modificação ou alteração substancial e negativa do meio ambiente, causando prejuízos extensos à flora, fauna, às águas, ao ar e à saúde humana.
>
> Em outras palavras, o EPIA nada mais é do que a avaliação, por meio de estudos realizados por uma equipe técnica multidisciplinar, da área onde o postulante pretende instalar a indústria ou exercer a atividade causadora de significativa degradação ambiental, procurando ressaltar os aspectos negativos e/ou positivos dessa intervenção humana.

Enquanto o primeiro abarca condições extremamente técnicas e densas sobre o empreendimento, o RIMA apresenta um linguajar mais simplificado e reduzido para que a sociedade civil possa participar do pleito. O artigo 2º da Resolução 09/87 do CONAMA preza:

> Artigo 2º Sempre que julgar necessário, ou quando for solicitado por entidade civil, pelo Ministério Público, ou por 50 (cinquenta) ou mais cidadãos, o Órgão do Meio Ambiente, promoverá a realização de audiência pública.
>
> § 1º o órgão do meio ambiente, a partir da data de recebimento do RIMA, fixará em edital e anunciará pela imprensa local a abertura do prazo que será no mínimo de 45 dias para solicitação de audiência pública.
>
> § 2º No caso de haver solicitação de audiência pública e na hipótese do Órgão Estadual não a realizar, a licença concedida não terá validade;
>
> § 3º Após este prazo, a convocação será feita pelo Órgão Licenciador, através de correspondência registrada aos solicitantes e da divulgação em órgãos da imprensa local.
>
> § 4º A audiência pública deverá ocorrer em local acessivo aos interessados
>
> § 5º Em função da localização geográfica dos solicitantes, e da complexidade do tema, poderá haver mais de uma audiência pública sobre o mesmo projeto respectivo Relatório de Impacto Ambiental – RIMA.

Esta audiência pública será dirigida pelo próprio órgão competente pelo licenciamento que, após exposição sobre o tema, abrirá para discussões com os interessados presentes. Já no estado de Minas Gerais, centro desta pesquisa, as audiências públicas estão normatizadas na Deliberação COPAM 12/1994, a qual fora revogada pela Deliberação Normativa COPAM 225/2018, que, em seu artigo 1º:

> Art. 1º A Audiência Pública é a reunião pública, aberta e acessível destinada a esclarecer dúvidas e recolher críticas ou sugestões acerca do processo de licenciamento ambiental, expondo aos interessados informações sobre a atividade ou o empreendimento objeto do requerimento de licença e oferecendo-lhes possibilidades concretas de participação na construção das decisões administrativas correspondentes.
>
> § 1º São obrigatórias respostas especificadas a todos os requerimentos, perguntas e sugestões apresentados durante a Audiência Pública, referente ao processo em apreço, devendo o órgão estadual competente manifestar-se de modo fundamentado em caso de discordância ou não atendimento.
>
> § 2º Os requerimentos, perguntas, sugestões, discussões e respostas referentes aos impactos socioambientais e socioeconômicos, que poderão compor o parecer único, serão considerados na construção das decisões administrativas correspondentes ao processo de licenciamento em tramitação.

A norma do estado de Minas Gerais é extremamente mais detalhada do que a própria norma de cunho nacional, considerando que traz elementos como a obrigatoriedade de respostas de todos os requerimentos, perguntas e até mesmo sugestões.

3.4.3 Procedimento minerário de autorização de pesquisa e concessão de lavra

Por fim, buscando trazer uma visão de todo o procedimento do empreendimento minerário, apresenta-se então um cronograma de todas as etapas que envolvam a pesquisa, implantação, operação e desativação.

No primeiro momento a pesquisa é o alvo do procedimento. O empreendedor faz a prospecção, elabora e protocola requerimento de pesquisa mineral junto ao DNPM que, com os elementos preenchidos, concede alvará de pesquisa. Duas possibilidades se iniciam: a) realização da pesquisa mineral não interventiva com elaboração de relatório final de pesquisa mineral a ser enviado ao DNPM. B) realiza estudos e envia para o órgão ambiental o pedido de licença de operação mineral (caso de necessidade de atividade mais invasiva); por conseguinte, independente do caminho utilizado, elabora-se relatório final e envia-se ao DNPM para análise do relatório. O empreendedor, então, elabora o Plano de Aproveitamento Econômico e envia, mais uma etapa, para o DNPM; Com a aprovação do PAE, o empreendedor elabora EIA/RIMA e solicita ao órgão ambiental a Licença Prévia; com essa licença em mãos, o interessado efetua o Plano de Controle Ambiental (condicionantes) e já solicita ao órgão ambiental a Licença de Instalação e, ao final dessa etapa de pesquisa, envia ao DNPM para outorga de concessão de lavra.

A segunda etapa, conhecida como implantação, é mais sucinta. Em poder da outorga de concessão de lavra o empreendedor coloca em prática as condicionantes da Licença de Instalação e cumpre os requisitos do PCA – Plano de Controle Ambiental e sofre fiscalização dúplice (DNPM e órgão ambiental) e finalizada esta etapa já solicita a Licença de Operação ao órgão ambiental e, uma vez preenchidos os requisitos e cumpridas as condicionantes do PCA e da LI, expede-se licença de operação.

Na fase de operação o empreendedor inicia as atividades com a elaboração dos relatórios anuais de lavra – RAL para envio ao DNPM e elabora o RADA – Relatório de Avaliação de Desempenho Ambiental para ser analisado junto ao órgão ambiental. Se necessário renovar a licença de operação, o RADA será encaminhado tanto ao DNPM quanto ao órgão ambiental.

Na última etapa (fechamento de mina), o empreendedor minerário irá comunicar ao DNPM e ao órgão ambiental, os quais irão analisar o PAFEM – Plano de Fechamento da Mina. Uma vez preenchidos todos os requisitos, encerra-se efetivamente a prática minerária naquele lugar pré-determinado.

Com a compreensão da dimensão total do procedimento, válido mencionar que o fechamento de mina merece atenção extra, considerando justamente que é nesse momento em que a mineradora deve efetuar a reconstituição socioambiental.

3.4.4 Fechamento de mina no ordenamento jurídico brasileiro

Para ilustrar os motivos determinantes do fechamento de uma mina é necessário ter em mente que o fato pode ser ocasionado, na maior parte dos casos, por alguma problemática envolvendo os trâmites de licenciamento (fechamento forçado) ou acidente ambiental (interrupção), ou nos casos de exaustão do recurso mineral.

Um ponto que merece destaque o conflito de entendimentos sobre o exaurimento do bem mineral. Parte da doutrina sustenta que o minério é bem esgotável, ou seja, não renovável. Por seu turno, outra vertente possui pensadores que indicam que o bem mineral apenas toma forma diversa através do beneficiamento.

Quando da realização do estudo de viabilidade, é possível delimitar os marcos temporais de vida útil da mina. Assim sendo, as práticas da sustentabilidade podem ser paulatinamente inseridas no sistema de regeneração. Com o fechamento de mina, a conexão existente entre a sociedade e a mineradora passa a se distanciar até a finalização dos laços. Por isso, as empresas devem investir e demonstrar suas ações de recuperação ambiental e social e inserir os indivíduos no processo decisório.

Carvalho Dias (2013, ps. 105/106), apresenta pesquisa de campo em dissertação de mestrado em Engenharia de Minas da Universidade Federal de Ouro Preto/MG sobre inúmeros dados inerentes ao trâmite de encerramento de minas com base na arrecadação da Compensação Financeira pela Exploração de Recursos Minerais (CFEM), tendo por base aqueles municípios que arrecadaram acima de 10 milhões de reais no exercício de 2011. Analisou-se os processos de fechamento de mina e conformidades com a NRM 20 – Norma Regulamentadora de Mineração, norma que regula o fechamento do empreendimento minerário.

O autor sustenta que 89,47% dos empreendimentos com planejamento de fechamento presentes no DNPM não possuem planta da mina na qual constem as áreas lavradas recuperadas, impactadas recuperadas e aquelas por recuperar (CARVALHO DIAS, p. 100).

Além disso, 84,21% dos processos analisados não apresentam cronograma físico e financeiro para as atividades de fechamento, ou seja, um planejamento estratégico-financeiro de encerramento, dificilmente uma mineradora conseguiria aplicar destinação à sociedade dependente dos empreendimentos, assim como recuperar a área (2013, p. 102).

Por fim, cabe salientar que dentre as empresas que apresentaram o plano de fechamento de mina, muitas delas são titulares de vários processos e protocolaram o mesmo plano de fechamento de mina. Impossível de ser aplicado considerando a diversidade e variabilidade de ecossistema regional, zona social de recuperação, impacto ambiental para reversão. Cada processo deve ser único considerando a diversidade socioambiental do procedimento.

O fechamento de mina, abordado sob a ótica de esgotamento mineral, é uma das fases finais do empreendimento minerário, devendo tomar atenção quanto à recomposição ambiental e reestruturação social, de acordo com NRM (Norma Regulamentadora de Mineração) 20 do DNPM – Departamento Nacional de Propriedade Mineral, Resoluções do CONAMA – Conselho Nacional de Meio Ambiente e legislação federal.

Na prática, os processos de licenciamento e até mesmo de fechamento de mina não possuem uma fiscalização plena, com revalidação de condicionantes, exigência de plano de fechamento de mina com margem econômica aplicada ao caixa da empresa, dentre outras ramificações.

Quando da instalação de uma mineradora em determinada sociedade, inicialmente há o desenvolvimento local, com empregos diretos e indiretos, movimentação tributária, fluxo de renda regionalizada, dentre outras benesses. Ocorre que, a comunidade passa a se envolver com a atividade, a qual pode perdurar por décadas, e se desliga das atividades da região, passando a viver exclusivamente por conta da mineradora. Contudo, com o término do minério, as atividades passam pelo procedimento de encerramento e desligamento social, causando enorme desequilíbrio. A sociedade não é capaz de, a curto prazo, se reconstruir após anos de destinação de mão de obra numa determinada seara; Além do meio ambiente devastado, a comunidade interligada ao empreendimento passa a ser absolutamente dependente e fica à mercê de oportunidades para se reerguer.

3.4.5 Avaliação judicial de rendas e danos para pesquisa e lavra

Como já apresentado no segundo capítulo quando se abordou a questão histórica da mineração, verifica-se que o proprietário ou possuidor do imóvel não é o proprietário do minério, pertencente à União.

Contudo, enquanto permanência de situação de recurso mineral, muitas vezes nem o Estado se pronuncia acerca do interesse. Diferente de quando há exploração e conversão na figura jurídica do minério, ou seja, potencial econômico diagnosticado pronto para prospecção.

A mineração é atividade de preponderância do interesse público sobre o particular e possui escora no Decreto-Lei 3365/41. Entretanto, isso não significa que o proprietário ou possuidor estará à mercê da atividade mineira.

William Freire (2017, p. 44) destaca quais são os interesses em que o Brasil possui com relação à mineração:

a) Descobrir novas jazidas e manter os níveis dos estoques nas reservas minerais;
b) Gerar empregos;
c) Descobrir e manter reservas de minerais estratégicos dos quais tem abundância como política de economia mineral;
d) Descobrir reservas dos minerais estratégicos em relação aos quais tenha grande dependência externa;
e) Desenvolver a cadeia produtiva;
f) Desenvolver a base econômica em geral por maio de diversificação do parque industrial;
g) Melhorar a balança comercial;
h) Criar polos de desenvolvimento regional em razão da rigidez locacional da mineração. Além do desenvolvimento regional evita o êxodo para as capitais;
i) Aumentar o produto interno bruto.
j) Obter a sustentabilidade social de longo prazo das comunidades das cidades mineradoras, que só pode ser obtida com a renovação dos estoques das reservas;
k) Acordos comerciais de longo prazo para garantir suprimento para os minerais estratégicos dos quais tenha dependência externa.

Como se vê, muitas das características estão relacionadas com o próprio desenvolvimento nacional do país. O tratamento de expansão das reservas minerais estratégicos, por exemplo. Eles são importantes para dar suporte na indústria bélica, e nas transações econômicas que envolvam economia e infraestrutura. Por conta dessa essencialidade e da ligação com os objetivos da República Federativa do Brasil é que são tão relevantes. Castro e Rossi Junior (2000, p. 12) explica a centralização internacional do minério de ferro:

> O mercado de minério de ferro, caracterizado por poucos produtores e poucos consumidores, tem a maior parte das transações internacionais feita através de contratos de longo prazo. Do lado da demanda, a Europa e o Japão dominam o mercado, com as compras feitas através de organizações das indústrias. Os contratos de longo prazo são, em geral, de um ou mais anos, com renegociação de preços semestrais. Os preços dos contratos negociados pelo Brasil e pela Austrália - os dois maiores produtores - servem de referência para os demais mercados. Muitas siderúrgicas na Europa e nos Estados Unidos estão ligadas ao desenvolvimento das minas, tanto através da integração vertical quanto de propriedade ou assistência técnica.

As *commodities*[13] (figura típica descrita por Castro e Rossi Junior) são bens tidos como matéria prima, que podem ser produzidos e estocados em larga escala sem perda de qualidade. Por conta disso, usualmente o preço é fixado em escala mundial. Como exemplo é possível identificar a soja, minério de ferro, café, petróleo, dentre outros.

Por conta de serem produtos primários, com grande importância e fluxo comercial mundial, as *commodities* ganham força década a década. Para o minério de ferro, caso abordado indiretamente na presente pesquisa, a sua caracterização enquanto mercadoria internacional é complexa, considerando a possível variabilidade de composição de condições geoquímicas.

Como é possível visualizar, vários dos objetivos delineados por Freire (2017) apontam para um grande interesse do Estado na mineração, justamente pelo fato que quanto maiores investimentos, mais jazidas serão exploradas, com consequente aumento de lucros e, por fim, com Compensação Financeira pela Exploração Mineral - CFEM serão gerados.

Na prática, pode ocorrer a necessidade de se obter servidão mineral junto ao Departamento Nacional de Produção Mineral, caso aplicável somente aos imóveis fora do polígono do direito minerário. O artigo 59 do Código de Mineração expressa:

---

13 Do inglês: mercadoria.

> Art. 59. Ficam sujeitas a servidões de solo e subsolo, para os fins de pesquisa ou lavra, não só a propriedade onde se localiza a jazida, como as limítrofes.
>
> Parágrafo único. Instituem-se Servidões para:
>
> a) construção de oficinas, instalações, obras acessórias e moradias;
>
> b) abertura de vias de transporte e linhas de comunicações;
>
> c) captação e adução de água necessária aos serviços de mineração e ao pessoal;
>
> d) transmissão de energia elétrica;
>
> e) escoamento das águas da mina e do engenho de beneficiamento;
>
> f) abertura de passagem de pessoal e material, de conduto de ventilação e de energia elétrica;
>
> g) utilização das aguadas sem prejuízo das atividades pré-existentes; e,
>
> h) bota-fora do material desmontado e dos refugos do engenho.

Ao mesmo tempo em que o legislador concede ao minerador mecanismos necessários para a prática minerária e, consequentemente, o desenvolvimento nacional, ele também não desamparou o particular que terá o seu imóvel, muitas vezes, ocupado por conta de um interesse maior, ou seja, o interesse público. O artigo 60 do Código de Mineração prevê indenização prévia:

> Art. 60 Instituem-se as Servidões mediante indenização prévia do valor do terreno ocupado e dos prejuízos resultantes dessa ocupação.
>
> § 1º Não havendo acordo entre as partes, o pagamento será feito mediante depósito judicial da importância fixada para indenização, através de vistoria ou perícia com arbitramento, inclusive da renda pela ocupação, seguindo-se o competente mandado de imissão de posse na área, se necessário.
>
> § 2º O cálculo da indenização e dos danos a serem pagos pelo titular da autorização de pesquisas ou concessão de lavra, ao proprietário do solo ou ao dono das benfeitorias, obedecerá às prescrições contidas no Artigo 27 deste Código, e seguirá o rito estabelecido em Decreto do Governo Federal.

William Freire (2010, p. 56) acrescenta que:

> Essa orientação do legislador é correta, principalmente em razão da rigidez locacional da jazida, que abriga o minerador a lavrá-la onde a natureza a colocou. Não há opção. Como o minerador não escolhe o imóvel onde se localiza a jazida nem seus confrontantes, merece proteção especial do regramento jurídico, sob pena de ver sua atividade prejudicada ou restringida por ação ou resistência injustificável do proprietário do imóvel, de vizinhos ou da comunidade.

Quando não há concordância entre o proprietário do imóvel com o empreendedor minerário sobre as rendas e danos para pesquisa e lavra, o Judiciário poderá ser acionado para solução da lide, podendo ser iniciado tanto pelo Departamento Nacional de Produção Mineral quanto por iniciativa do minerador.

Como o objetivo central é justamente tornar pecuniária a prestação pelo uso e danos em imóvel de terceiros, quando iniciado pelo empresário, necessário se faz o preenchimento dos requisitos formais do artigo 319 do novo Código de Processo Civil Brasileiro.

A prática minerária, como interesse público, faz com que a engrenagem do Judiciário se mova, mesmo que fatores mínimos, como identificação do proprietário em zona não urbana ou ausência de escritura não sejam preenchidos inicialmente, podendo-se utilizar de citação por edital e até depósito judicial para futuro levantamento.

Por sua vez, é possível também se iniciar o processo judicial de avaliação de rendas por iniciativa do DNPM, o qual oficiará o Judiciário para intimação do minerador para apresentar relação dos envolvidos. Tal posicionamento busca analisar o *quantum* efetivamente pago e análise de justiça. Os valores serão fixados por meio do artigo 27 do Código da Mineração a títulos materiais, não se aplicando, por ausência de previsão legal, valores correspondentes à danos morais:

> Art. 27. O titular de autorização de pesquisa poderá realizar os trabalhos respectivos, e também as obras e serviços auxiliares necessários, em terrenos de domínio público ou particular, abrangidos pelas áreas a pesquisar, desde que pague aos respectivos proprietários ou posseiros uma renda pela ocupação dos terrenos e uma indenização pelos danos e prejuízos que possam ser causados pelos trabalhos de pesquisa, observadas as seguintes regras:

> I – A renda não poderá exceder ao montante do rendimento líquido máximo da propriedade na extensão da área a ser realmente ocupada;
>
> II – A indenização por danos causados não poderá exceder o valor venal da propriedade na extensão da área efetivamente ocupada pelos trabalhos de pesquisa, salvo no caso previsto no inciso seguinte;
>
> III – Quando os danos forem de molde a inutilizar para fins agrícolas e pastoris toda a propriedade em que estiver encravada a área necessária aos trabalhos de pesquisa, a indenização correspondente a tais danos poderá atingir o valor venal máximo de toda a propriedade;
>
> IV – Os valores venais a que se referem os incisos II e III serão obtidos por comparação com valores venais de propriedade da mesma espécie, na mesma região;

Mesmo com a possibilidade de ação, verifica-se a necessidade de julgamento rápido, considerando que a atividade minerária é cíclica e o empreendedor possui rígidos prazos exíguos para cumprimento, como é o caso da Autorização de Pesquisa (03 anos) e início da lavra (06 meses após a publicação do Decreto de Concessão).

Por fim, válido mencionar a diferença entre participação do proprietário no resultado da lavra e pagamento pelas rendas e danos. Na PPRL – Participação do Proprietário no Resultado da Lavra somente será devida caso identificada mina e ocorra lavra efetiva e venda do produto. Por seu turno o pagamento pelas rendas e danos ocorre em momentos iniciais da prática minerária ligados à prejuízos causados na propriedade de terceiros. Por possuírem natureza jurídica distinta, não há que se confundir os institutos.

3.5 PLANO NACIONAL DE MINERAÇÃO 2030

O Plano Nacional de Mineração 2030 (PNM -2030) encontra-se estruturado em cinco grandes capítulos. No Capítulo 1, denominado "Contexto no setor mineral" apresenta-se um panorama da economia, geologia e mineração, ou seja, abordam-se os bens e produtos de base mineral. No Capítulo 2, "Desafios para a geologia, mineração e transformação mineral", temas transversais como mineração na Amazônia, mudanças climáticas, produção sustentável e reciclagem e fechamento de mina, são tratados de maneira técnica e didática. Por seu turno, o

Capítulo 3, "Cenários Prováveis e visão de futuro" a evolução do setor mineral é analisada a partir da identificação das oportunidades e dos condicionantes do futuro. "Previsão de demanda, investimentos e recursos humanos" é a temática abordada no Capítulo 4, que trata de previsões de demanda de produtos de mineração e da transformação mineral, metas e investimentos requeridos para a ampliação do conhecimento geológico no País, investimentos e demanda estimada de recursos humanos. Por fim, o Capítulo 5 – "Objetivos Estratégicos e Ações" define e prioriza os objetivos estratégicos e as ações para o alcance da visão de futuro almejada.

Os capítulos acima são estruturados com foco na governança pública eficaz para promover o uso dos bens minerais, na agregação de valor e adensamento de conhecimento por todas as etapas do setor mineral e, por fim, na sustentabilidade como premissa, pelo incentivo a uma atividade mineral que propicie ganho líquido à geração presente, pela criação de oportunidades, e por um legado positivo às gerações futuras, pela manutenção da qualidade ambiental do território.

Por sua vez, o Projeto de Lei 5807/2013, proveniente da Câmara dos Deputados, conhecido como Novo Código da Mineração, busca atender os anseios sociais e desenvolver esta faceta do meio ambiente que tanto tem a oferecer, seja em relação ao suporte financeiro ou material.

O referido Projeto de Lei é estruturado em nove capítulos, a seguir expostos: a) Das diretrizes e Definições; b) Do aproveitamento mineral; c) Da concessão e da autorização; d) Do Conselho Nacional de Política Mineral; e) Do poder concedente; f) Da Agência Nacional de Mineração – ANM; g) Dos encargos financeiros do titular do direito minerário; h) Das sanções administrativas; i) Disposições finais e transitórias.

3.5.1 Principais Ideias do Plano Nacional de Mineração 2030 – PNM 2030

O Ministério de Minas e Energia foi criado inicialmente em 1960, por meio da Lei 3.782/60, tendo sido extinto em 1990 e restabelecido em 1992 e sua competência está estabelecida pela Lei 10.683/03.

O objetivo central do Plano Nacional de Mineração 2030 é orientar a formulação de políticas de médio e longo prazo que possam contribuir para que o setor minerário seja a base para a sustentabilidade, devendo ser pautada em três pilares: governança pública, agregação de valor e adensamento de conhecimento e sustentabilidade como premissa.

A evolução do número de concessões de lavra, principalmente a partir dos anos 2000, acompanha a tendência expansiva verificada na pesquisa mineral, o que gera também a expectativa de que a produção mineral brasileira alcance um patamar mais elevado no futuro.

O Brasil tem boas condições de responder competitivamente à demanda de minerais, tanto interna quanto externamente. Contudo, isso só será possível se o país conseguir superar alguns obstáculos, tais como: o fornecimento de energia em quantidade e qualidade, com preço competitivo; melhoria da infraestrutura de transporte, logística e portuária; melhoria do conhecimento geológico, com o escopo de identificar novos depósitos minerais e jazidas, dentre outros.

No Brasil, importante salientar que a cooperação (a nível local) pode ocorrer através de consórcios públicos, os quais estão previstos na legislação brasileira na Lei 11.107/05, em resposta ao comando constitucional previsto no artigo 241 da Magna Carta. Destaque-se que os consórcios são possíveis em todas as áreas da administração pública.

Por fim, é válido ressaltar que o Plano implementa a ideia de desenvolver tanto a exploração quanto a explotação da maneira menos agressiva possível, proporcionando uma produção limpa com redução dos passivos ambientais, os quais são objeto de preocupação das principais mineradoras e Municípios envolvidos. Toda está política busca a sustentabilidade do setor mineral.

3.6 DIMENSÕES DA ATIVIDADE MINERÁRIA

A atividade minerária possui várias vertentes que a incorporam, como a análise da sustentabilidade, do desenvolvimento econômico e da governança. Maria Amélia Enriquez (2008, p. 94) apresenta os fatores que contribuem para que a mineração seja encarada como uma maldição: alta variação de preços dos produtos minerais, provocada pela instabilidade da demanda; o controle do mercado mineral por multinacionais; um mercado de trabalho monopsônico, ou seja, aquele de um só comprador, de centralização absoluta de aquisições; antigas regiões produtoras degeneraram-se a ponto de um ultra subdesenvolvimento devido à exaustão das minas. Por seu turno, a mesma autora (2008, p. 368) reforça a ideia que a mineração também pode ser reconhecida como dádiva, a depender da forma de atuação estatal:

> Assim, concluímos este estudo afirmando que a atividade mineral gera oportunidades (dádivas), porém o aproveitamento delas não ocorre de forma automática. Ela é mediada pela ação pública, por intermédio da regulação da atividade e do uso sustentado das rendas minerais, como bem advertem diversos autores do desenvolvimento, revisados neste estudo.
>
> Adotando uma terminologia de Perroux, por alguns considerada ultrapassada, porém muito inspiradora para discussão do desenvolvimento regional, os investimentos em extração mineral de larga escala podem exercer o papel da indústria motriz e promover a criação de um polo de crescimento, mas, para que este se transforme num polo de desenvolvimento, é necessária a promoção de transformações significativas na estrutura regional. Ele requer adoção de outras medidas complementares, caso contrário pode degenerar para um polo de subdesenvolvimento (uma maldição). Ou o que afirma Amartya Sen sobre os impactos do crescimento econômico, a maldição ou a dádiva dependerá de como seus frutos foram aproveitados.

Na mineração, um dos fatores que são tidos como negativos é a presença da doença holandesa. Bresser-Pereira (2010, p. 123) a define como:

> Sobre apreciação crônica da taxa de câmbio de um país causada por este para explorar recursos abundantes e baratos, cuja produção comercial é compatível com uma taxa de câmbio claramente menor do que a taxa de câmbio média que viabiliza setores econômicos de bens comercializáveis que utilizam tecnologia no estado da arte.

O termo foi utilizado pela primeira vez no *The Economist,* na década de 70 e condiz na retração do mercado industrializado/em industrialização por conta da valorização da moeda para *commodities.* A doença holandesa seria explicada, na visão de Bresser-Pereira (2010) como uma falha de mercado que, por causar apreciação cambial, gera externalidades negativas aos outros setores da economia, que agora não mais conseguem se desenvolver e competir internacionalmente.

Por isso Enriquez (2008) menciona que a mineração pode ser uma dádiva ou maldição, a depender da forma em que é feita a governança e participação estatal no equilíbrio das relações econômicas.

Prosseguindo na análise dos setores que a mineração pode envolver, válido destacar a sustentabilidade ou vertente ambiental. É inegável que a atuação minerária atingirá o centro do meio ambiente, considerando que ali estão consolidados e localizados os minerais. O que se discute é a forma em que a mineração invadirá o meio ambiente natural. Faz-se um parêntese sobre a classificação do meio ambiente que poderá ser: a) natural, conhecido como meio ambiente verde, ou seja, sem atuação antrópica. O bem naturalmente exposto- recursos hídricos virgens, atmosfera, solo, fauna e flora são exemplos típicos; b) artificial pode ser compreendido aquele bem natural que teve intervenção humana, modificação de estado. O desenvolvimento econômico, muitas vezes, com ideais de progresso está ligado à construção civil, regulação do direito das cidades e até mesmo o saneamento podem se enquadrar nesta hipótese; c) cultural é aquele meio ambiente artificial dotado/gravado de característica própria de proteção histórica ou cultural; d) por fim, meio ambiente do trabalho é aquele artificial com especificação de relações laborativas. Na presente pesquisa, no capítulo 5, será abordada a mineração sustentável, momento em que esta vertente será abordada em maior amplitude.

Do ponto de vista social, a mineração é pilar de aproximação e cuidado social. Isso porque os empreendimentos minerários de grande porte acabam por desenvolver economicamente e temporariamente determinada região, com fluxo de emprego e, caso administrada de maneira correta na fase de fechamento e pós fechamento de mina, da independência social pós mineração. Além disso, a sociedade civil é sujeita ativa no processo de licenciamento ambiental nos termos da Lei Complementar 140/2011 e, saindo da esfera positivista, o dever de cuidado minerário, ou seja, se a atividade irá causar danos no meio ambiente, o empreendedor tem o dever que cuidado de toda a comunidade de entorno, com medidas de segurança e não extinção de recursos naturais essenciais para a vida, como a água.

No dia 23 de maio de 2014, foi publicado o Decreto 8243, que instituiu o Plano Nacional de Participação Social e o Sistema Nacional de Participação Social com o objetivo de fortalecer e articular mecanismos e as instâncias democráticas e do diálogo, com uma aproximação do Estado e da sociedade civil. Contudo, no governo da era Bolsonaro, por meio do Decreto 9759/2019 revogou-se essa importantíssima legislação.

Como pode-se ver, a mineração pode ser aplicada em cenários plurais, com resultados diversificados, a depender da maneira como é planejada e executada. Partindo da premissa que a sociedade deva participar de todas as etapas da mineração em determinada área, essa participação não deve ser somente uma etapa a ser cumprida pelo empreendedor, e nem mesmo um entrave sem fundamentação para o empreendimento. Toda a sociedade recebedora do empreendimento minerário é parte ativa desse processo, criando uma real governança sobre os bens minerais. Essa análise pode ser feita quando tomamos como parâmetro que os recursos minerais são propriedade da União, a qual é sustentada com verbas de cunho público, aliadas à concessão ao setor privado para uso de tecnologia e beneficiamento. Não há como cindir, mineradora, Estado e sociedade. Todos deverão encontrar ponto de equilíbrio e caminhar na mesma direção.

A análise das variantes positivas da mineração deve ser destacada sempre, considerando o próprio desenvolvimento de setores estratégicos e da própria economia nacional, todavia, o dever de cuidado em empreendimentos da mineração de grande porte deve ser potencializado. Na presente pesquisa, dois cenários de tragédias envolvendo rompimento de barragens de rejeitos de minério de ferro no estado de Minas Gerais serão palco para análise da segurança minerária e da aproximação mineradora-sociedade-Estado num olhar voltado à proteção, seja das famílias, do meio ambiente e até mesmo da economia, conforme será abordado no próximo capítulo.

CAPÍTULO 4

BARRAGENS DE REJEITOS: SEGURANÇA OU CAOS?

Todo empreendimento minerário possui um caminho a ser percorrido desde as pesquisas iniciais até o esgotamento, também denominado descomissionamento, ou seja, a vida útil de uma mina vai variar de acordo com a quantidade de matéria a ser extraída e levando-se em consideração a metodologia de prospecção.

Com o intuito de efetuar um dimensionamento da visão do leitor, a mineração, como um todo, possui quatro grandes etapas, desde o seu estudo inicial até o encerramento natural completo, conforme apresentado na tabela abaixo:

Tabela 3 – Etapas da atividade mineira.

ETAPAS	FASES
Prospecção mineral	— Estudos preliminares — Reconhecimento e identificação geológica
Pesquisa mineral	— Explóração — Delineamento e construção dos relatórios iniciais — Avaliação econômica de prospecção
Lavra	— Projeto de desenvolvimento — Explotação efetiva
Descomissionamento	— Desativação — Fechamento — Etapas de pós fechamento e controle social

Fonte: elaborada pelo autor.

Todo empreendimento minerário precisa passar por todas estas fases, considerando que, inicialmente, a fase de prospecção é que dirá se há pertinência investigativa e elaboração de estudos sobre o minério pleiteado ao Departamento Nacional de Propriedade Mineral. É preciso reconhecer a conformação das rochas e solos para averiguar qual técnica seria adequada na fase de explotação. Por conseguinte, a pesquisa mineral é o estudo aprofundado sobre a dimensão da jazida e dos terrenos arredores, assim como a construção necessária para logística de beneficiamento mineral e principalmente constatar o caráter econômico, ou seja, se é viável a lavra. Em caso positivo, a fase de lavra é justamente a retirada do recurso mineral e seu beneficiamento – que será visto no item subsequente desse capítulo. Por fim, uma das fases mais importantes é o descomissionamento, ou seja, encerrar a lavra, seguir as condicionantes de fechamento para restituição da área em condições o mais recuperadas possível.

Válido lembrar que a tabela mencionada em linhas anteriores possui viés explicativo da prática minerária e não aborda questões de técnica ambiental. É cediço que várias exigências ambientais decorrem da lei, como o Estudo de Impacto Ambiental, realizado por equipe multidisciplinar habilitada para sopesar os impactos que a atividade minerária irá atingir, com base na Resoluções 1 e 237 do CONAMA cumuladas com a Lei Complementar 140/2011.

Tal reflexão se faz necessária porque o trâmite minerário deverá obedecer às condicionantes para o licenciamento ambiental, inclusive com a confecção de Estudo de Impacto Ambiental e Relatório de Impacto Ambiental, conforme abordado em item próprio da presente obra.

Como noção inicial também se faz necessário compreender que existem tipos de mineração, de modalidades/técnica de extrair o minério. Há métodos de lavra que são variáveis a depender dos métodos de extração. Mas isso não impede que em uma mesma mina sejam empregados mais de um método de prospecção.

Os dois principais métodos são: a) lavra a céu aberto: na qual se extrai minérios que estão depositados próximos à superfície. Aqui consegue-se exaurir a prospecção mineral. b) lavra subterrânea: extração de minérios dispostos longe da superfície, em grande profundidade, por meio de sonda.

E, antes de efetuar uma abordagem acerca das barragens e suas modalidades, assim como dos impactos ambientais de Bento Rodrigues e Brumadinho, no estado de Minas Gerais, importante apresentar o beneficiamento mineral, ou seja, o tratamento dado ao bem mineral para melhorias e inserção na cadeia econômica. Desde a lavra até o produto final, há uma variabilidade de procedimentos de tratamento e o que resta de tudo isso, são os chamados rejeitos da mineração.

4.1 BENEFICIAMENTO MINERAL

Partindo da análise positivista a Norma Regulamentadora da Mineração n.º 18, conceitua beneficiamento em seu tópico 18.1.1 "tratamento visando preparar granulometricamente, concentrar ou purificar minérios por métodos físicos ou químicos sem alteração da constituição química dos minerais". Além disso, acrescenta que todo projeto de beneficiamento mineral deve otimizar o processo de aproveitamento do recurso, observando as variantes de economicidade, assim como desenvolver a atividade de acordo com segurança, proteção do meio ambiente e bem-estar (saúde ocupacional).

Esses dois eixos presentes na NRM-18 são de aplicação concomitante. Contudo, como se observa na presente pesquisa, nem sempre os aspectos de economia conseguem abranger a segurança plena do empreendimento. Exemplo disso são as modalidades de barragens aplicáveis em nosso país (em sua maioria), principalmente naquelas da prospecção de minério de ferro no estado de Minas Gerais. No presente capítulo, em itens subsequentes ainda serão apresentados, a título ilustrativo, as modalidades de barragens. A análise será agrupada com o estudo do sistema de gestão de barragens no referido estado, sempre com o olhar de Enriquez (2008) sobre a maldição ou dádiva da mineração.

Característica que deve ser destacada é que a prospecção mineral pode ocorrer por técnicas à úmido, ou à seco (*dry*). A primeira análise deve ser no sentido do teor mineral, ou seja, da concentração. Esse é o principal fator que levará à "escolha" da técnica. Naqueles em que a concentração mineral seja alta, somente o processo de britagem é suficiente para beneficiar o minério. Por seu turno, se ocorrer menor teor que o exigido pelo mercado, será necessário concentrar o minério por procedimento químicos, o que, leva obrigatoriamente o uso de água. No panorama nacional temos dois grandes locais de prospecção de minério de ferro. Carajás, no estado do Pará, usa a técnica à seco, justamente pela alta concentração de ferro, não gerando assim, rejeitos para serem dispostos em barragens. Minas Gerais, por sua vez, possui, em sua grande maioria, jazidas densas, contudo, com menor concentração que o mercado exige. Logo, utiliza a técnica à úmido, com criação de piscinas de rejeitos dispostas na forma de barragens. Na indústria mineral é usual a classificação dos minerais em três grandes grupos: a) metálicos; b) não metálicos; c) energéticos.

Luz e Lins (2004) apresentam descrição e classificação dos minerais. A classe dos minerais metálicos ainda pode ser subdividida em ferrosos, não ferrosos e preciosos. Os ferrosos: ferro, cobre, manganês, cromo, níquel, cobalto, molibdênio, nióbio, vanádio, wolfrâmio; já os não ferrosos: cobre, zinco, chumbo, estanho, alumínio, magnésio, titânio e berílio. Por sua vez, os preciosos: ouro, prata, platina, ósmio, irídio, paládio, rutênio e ródio; e, por fim, os raros: escândio, índio, germânio, gálio.

Já os não metálicos podem ser subdivididos em rochas e minerais industriais, gemas e águas minerais. Essas modalidades são aplicadas e utilizadas na forma em que se encontram na natureza ou sob pequeno tratamento.

As rochas e minerais industriais são aqueles estruturais para construção civil: (agregados – brita e areia, minerais para cimento – calcário, areia, argila e gipsita-, rochas ornamentais – granito, gnaisse, quartzito, mármore, ardósia-, argila vermelha, artefatos para construção civil – amianto, gipsita, vermiculita-. Indústria química: enxofre, barita, bauxita, fluorita, cromita e pirita; Cerâmicos: argilas, caulins, feldspatos, areia de quartzo, talco, zirconita; Refratários: Magnesita, bauxita, cromita, grafita e cianita; Isolantes: amianto, vermiculita expandida, moscovita; Fundentes: fluorita, calcário e criolita; Abrasivos: diamante, granada, quartzito, coríndon; Minerais de carga: talco, gipsita, barita, caulinita, calcita; Pigmentos: barita, ocre, minerais de titânio – rutilo e ilmenita. Há também os Agrominerais (minerais e rochas para a agricultura): minerais de fosfato da série da apatita (fluorapatita, hidroapatita, cloroapatita), calcário, sais de potássio (silvinita, silvita, carnalita), enxofre, fonolito, verdete, sienito, flogopita, gipsita, zeólita etc.Minerais "ambientais" (ou minerais "verdes"): bentonita, palygorsquita (atapulgita), zeólitas, vermiculita etc., utilizados (na forma natural ou modificados) no tratamento de efluentes, na adsorção de metais pesados e espécies orgânicas, ou como dessulfurantes de gases (calcário).

As gemas são as pedras preciosas: diamante, esmeralda, safira, turmalina, opala, topázio, águas marinhas, ametista etc. (Segundo especialistas, a terminologia "semipreciosas" não deve ser mais usada). As águas classificam-se em: Minerais e subterrâneas. E, por fim, os Minerais Energéticos podem ser classificados como: a) Radioativos: urânio e tório; b) Combustíveis fósseis: petróleo, turfa, linhito, carvão (hulha) e antracito.

Toda essa estrutura é importante para compreender que a mineração é um mundo à parte, não há como generalizar, inclusive, pela variabilidade de beneficiamento, que é o aprimoramento ou purificação do mineral com destinação de colocá-lo na cadeia econômica e comercial. Luz e Lins (2010, p. 3), numa visão mais prática, conceituam o tratamento ou beneficiamento mineral em:

> Operações – aplicáveis aos bens minerais – visando modificar a granulometria, a concentração relativa das espécies minerais presentes ou a forma, sem, contudo, modificar a identidade química ou física dos minerais. Há autores que defendem um conceito mais amplo para o tratamento de minérios, como sendo um processamento no qual os minerais podem sofrer até alterações de ordem química, resultantes de simples decomposição térmica ou mesmo de reações típicas geradas pela presença do calor. A aglomeração de finos de minérios (briquetagem, sinterização ou pelotização), a ustulação e a calcinação são consideradas, dentro desse conceito mais abrangente, como tratamento de minérios. Os termos beneficiamento e tratamento serão usados, neste livro, indistintamente.

O beneficiamento é extremamente necessário porque o bem mineral não é utilizado, em sua maior parte, da forma como é lavrado, ou seja, retirado da natureza. Abaixo, segue cronograma elaborado por Luz e Lins (2004, p. 4) sobre o tratamento do minério de ferro.

Figura 1 – Processo de beneficiamento do minério de ferro.

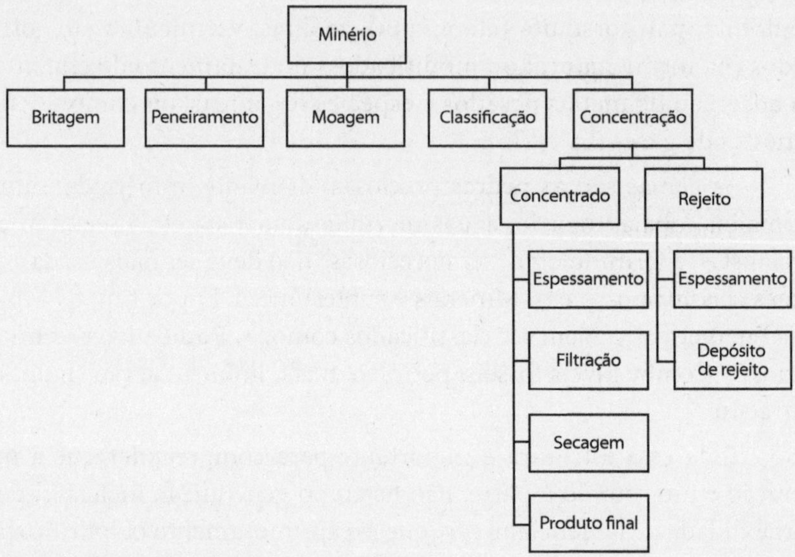

Fonte: LUZ e LINS, 2014.

Ainda de acordo com os autores, normalmente o beneficiamento do mineral abrange algumas operações, dentre elas: a) cominuição (britagem e moagem); b) peneiramento (separação por tamanhos) e classificação (ciclonagem, classificador espiral); c) concentração: gravítica, eletromagnética, eletrostática, por flotação; d) desaguamento (deslamagem): hidrociclonagem, espessamento, filtragem; e) secagem: secador rotativo, *spray dryer*, secador de leito fluidizado; f) disposição de rejeito.

Na lavra de minério de ferro, o processo é realizado com equipamento específico de escavação (escavadeiras) que carregam o produto em grandes caminhões para se iniciar o processo de beneficiamento. Dantas (2015, p. 20) explica o *modus operandi:*

> O minério proveniente da mina (*run of mine*) é alimentado em uma moenga, de onde segue para uma peneira, que separa as partículas maiores e envia para a britagem. A britagem é feita em dois ou três estágios, com britadores de mandíbulas (primários); cônicos (secundários ou terciários) ou de impacto (terciários). Estes britadores operam em círculo fechado com peneiras, resultando em um produto menor que 32mm.

A análise do beneficiamento do minério de ferro, averiguados os elementos procedimentais de britagem, é válido mencionar que há variação estrutural a depender da dimensão do recurso mineral pós britagem. O referido autor (2014, p. 21) explica as categorias para classificação da britagem:

> O produto então é classificado em frações de diferentes tamanhos: o produto menor que 32mm e maior que 6,3mm é denominado *lump*, e pode ser carregado diretamente nos fornos de redução para produção de ferro metálico; o produto menor que 6,3mm e maior que 1,0mm é denominado sínter feed, antes de ser carregado nos fornos de redução. Se for um produto impuro, é submetido a uma concentração (magnética ou gravimétrica), recuperando-se apenas as frações magnéticas ou pesadas. As frações não magnéticas ou leves são descartadas como rejeito.
>
> O produto menor que 1,0mm e maior que 0,15mm pode ter dois destinos. Pode fazer parte do *sínter feed* após concentrado por meios semelhantes aos do produto anterior ou pode ser moído para produção do quarto produto, o *pellet feed*. O *pellet feed* é o material menor que 0,15mm e geralmente maior que 0,01mm, já que uma fração finíssima, menor que 0,01mm constitui as lamas, que são separadas constituindo-se em rejeito. Esse *pellet feed* é concentrado por flutuação, processo que tira proveito das propriedades de hidrofobicidade de alguns reagentes que aderem à superfície do quartzo, fazendo que este acompanhe bolhas de ar que são geradas em um equipamento denominado célula de flotação. Nesse equipamento as partículas de hematita (óxido de ferro) afundam, constituindo-se em concentrado.

O ideal no processo de beneficiamento mineral é que ocorra o aproveitamento mineral em sua integralidade, com divisão de partículas a ponto de se dar finalidade a todo o minério bruto que entre no processo. Contudo, conforme figura 1, verifica-se que não é possível, por ausência de tecnologia ou investimento específico de potencialização do beneficiamento. Ocorre que, o depósito de rejeito é composto por matéria sem destinação à cadeia econômica e que não possui valor agregado para tal fim.

O Instituto Brasileiro de Mineração elaborou um estudo (2018, p. 24) sobre a interação da água nos processos de mineração, sendo perfeitamente adequado ao caso em análise na presente pesquisa acadêmica:

Tabela 4 – Interação da água no processo de explotação de minério de ferro.

Processo	Utilização da água
Lavra	– Desmonte hidráulico – Aspersão de pistas e praças para controle de emissão de poeira – Lavagem dos equipamentos – Transporte de materiais
Barragens	– As barragens de contenção de sedimentos: estruturas construídas com o objetivo de conter sedimentos carreados em períodos de chuva, garantindo a qualidade do efluente final. – As barragens de rejeitos: bacia de acumulação dos rejeitos gerados nas instalações de beneficiamento de minério e a acumulação da água a ser reutilizada no processo industrial.
Pilhas de estéril	– Pilhas de estéril podem causar interferência do escoamento superficial, que pode vir a gerar, dependendo do tamanho e da forma, pequenos desvios de água.
Rebaixamento do nível de água subterrânea	– Exploração das águas subterrâneas para a viabilização da lavra a céu aberto ou subterrânea.
Processamento mineral	– Processo de flotação: processo físico-químico de superfície, usado na separação dos minerais, que dá origem à formação de um agregado, partícula mineral e bolha de ar, o qual, em meio aquoso, flutua sob forma de espuma. A composição química da água constitui um parâmetro de controle de flotação. – Processos de lavagem: etapas do tratamento de minérios que demandam utilização de elevados volumes de água para limpeza do minério. – Concentração gravítica: processo de separação que utiliza a proporção sólido/água para análise detalhada do balanço de água, bem como da densidade ótima de polpa para cada operação. – Processos hidrometalúrgicos: processos onde há reações de dissolução do metal de interesse em meio ácido ou a dissolução em meio alcalino.
Água como meio de transporte	– A água é o meio de transporte mais utilizado no processamento mineral. Assim, é usado de forma intensa como meio de transporte nas mais variadas operações, tais como: na lavra como desmonte hidráulico; na lavagem de minérios e nos processos de concentração a úmido.

Fonte: IBRAM, 2018, p. 24.

Nos dias de hoje, há muitos estudos sobre o aproveitamento dos rejeitos em outras áreas não antes utilizadas, como pavimentação asfáltica (DANTAS, 2015) e até mesmo para construção civil (SILVEIRA, 2015).

No capítulo específico da presente obra, serão confrontadas informações como participação popular e aprimoramento do uso de rejeitos em busca da mineração sustentável, conceito desafiador numa era de grandes catástrofes na prática mineira.

4.2 NORMATIZAÇÃO INTERNACIONAL E PORTARIAS DO DEPARTAMENTO NACIONAL DE PRODUÇÃO MINERAL SOBRE BARRAGENS

Sob o panorama internacional, levando-se em conta o aumento dos números dos acidentes com barragens de rejeitos da mineração, vários encontros globais ocorrem à partir da década de 70. Toledo *et al.* (2016, p. 19) corroboram:

> Além dos instrumentos produzidos na esteira da Conferência das Nações Unidas sobre o Meio Ambiente Humano de 1972, que tratavam dos padrões normativos internacionais ambientais mais amplos, outros foram criados a fim de dar uma resposta internacional específica ao desafio da segurança das barragens de rejeitos da mineração. A título de exemplo das conferências internacionais realizadas sobre o tema, destacam-se o *International Tailing Symposium*, realizado em Tucson, Estados Unidos, em 1972; o *International Mine Drainage Symposium*, organizado em Denver, Estados Unidos, em 1979; e o *First International Mine Water Congress*, ocorrido em Budapeste, Hungria, em 1982.

Além disso, o Programa das Nações Unidas para o Meio Ambiente – PNUMA (1987) adotou algumas diretrizes inerentes à eliminação e transporte internacional de rejeitos tóxicos e perigosos, intitulado Linhas Diretivas e Princípios do Cairo. No Direito Internacional as normas não possuem como característica base a coerção, ou seja, não se consegue firmar penas pelo descumprimento, as normas possuem mais força ética e moral. Mesmo assim, há um crescente respeito em relação às normas alienígenas por representar a evolução do pensamento global.

Outros inúmeros dispositivos internacionais fazem relação com barragens e seus rejeitos como: *London Guidelines for Exchange of Information on Chemicals in International Trade;* Convenção da Basiléia (1989) sobre controle dos movimentos transfronteiriços de resíduos perigosos; Protocolo da Basiléia (1999) sobre responsabilidade e compensação de danos resultantes do movimento transfronteiriços e eliminação de rejeitos; Convenção de Londres (1972) sobre prevenção da poluição marinha; Conferência Geral da Agência Internacional de Energia Atômica - AIEA, que criou o Código de boas práticas sobre movimento transfronteiriços de produtos perigosos e seus resíduos; Convenção da Bamaco sobre controle e liberação de rejeitos no mar territorial; Regras de Helsinque (1966) sobre governança ambiental aquática; dentre várias outras. Como a presente pesquisa terá o enfoque principal nos acidentes ambientais de Bento Rodrigues/MG e Brumadinho/MG, mesmo que tenham causado danos na entrada oceânica, objetivar-se-á a análise da participação da sociedade nos processos decisórios provenientes de Compromissos de Ajustamento de Conduta como base de uma mineração sustentável. Por conta disso, tais diplomas internacionais não serão abordados com profundidade, apesar de sua relevância para o mundo jurídico.

A normatização do direito minerário sempre foi densa, contudo, após o acidente ocorrido na região de Bento Rodrigues/MG (Barragem do Fundão - Samarco) o Departamento Nacional de Produção Mineral, autarquia vinculada ao Ministério de Minas e Energia efetuou consulta pública para substituir ou atualizar as Portarias 416/2012 e 526/2013.

As Portarias 416/2012 e 526/2013 foram revogadas pela Portaria 70389/2017 do DNPM que criou o Cadastro Nacional de Barragens de Mineração, o Sistema Integrado de Gestão em Segurança de Barragens de Mineração e estabelece a periodicidade de execução ou atualização, a qualificação dos responsáveis técnicos, o conteúdo mínimo e o nível de detalhamento do Plano de Segurança da Barragem, das Inspeções de Segurança Regular e Especial, da Revisão Periódica de Segurança de Barragem e do Plano de Ação de Emergência para Barragens de Mineração, conforme art. 8°, 9°, 10, 11 e 12 da Lei n° 12.334 de 20 de setembro de 2010, que estabelece a Política Nacional de Segurança de Barragens - PNSB.

Imperioso destacar alguns traços conceituais que serão frequentemente utilizados no presente capítulo, os quais foram extraídos do artigo 2º da Lei 12334/2010:

> Art. 2º Para os efeitos desta Lei, são estabelecidas as seguintes definições:
>
> I - Barragem: qualquer estrutura em um curso permanente ou temporário de água para fins de contenção ou acumulação

> de substâncias líquidas ou de misturas de líquidos e sólidos, compreendendo o barramento e as estruturas associadas;
>
> II – Reservatório: acumulação não natural de água, de substâncias líquidas ou de mistura de líquidos e sólidos;
>
> III – segurança de barragem: condição que vise a manter a sua integridade estrutural e operacional e a preservação da vida, da saúde, da propriedade e do meio ambiente;
>
> IV – Empreendedor: agente privado ou governamental com direito real sobre as terras onde se localizam a barragem e o reservatório ou que explore a barragem para benefício próprio ou da coletividade;
>
> V – órgão fiscalizador: autoridade do poder público responsável pelas ações de fiscalização da segurança da barragem de sua competência;
>
> VI – Gestão de risco: ações de caráter normativo, bem como aplicação de medidas para prevenção, controle e mitigação de riscos;
>
> VII – dano potencial associado à barragem: dano que pode ocorrer devido a rompimento, vazamento, infiltração no solo ou mau funcionamento de uma barragem.

De acordo com a nova regulamentação, o empreendedor será o responsável por cadastrar todas as barragens (ativas, em construção e desativadas) em sistema próprio, com todos os documentos de análise de risco, conforme artigo 3º da Portaria 70389/2017:

> Art. 3º As barragens de mineração serão cadastradas pelo empreendedor, diretamente no Sistema Integrado de Gestão de Segurança de Barragens de Mineração – SIGBM, integrando o Cadastro Nacional de Barragens de Mineração.
>
> § 1º O empreendedor é obrigado a cadastrar todas as barragens de mineração em construção, em operação e desativadas sob sua responsabilidade, em consonância com o parágrafo único do art. 13 da Lei nº 12.334/2010 de acordo com a periodicidade expressa no art. 4º desta Portaria.
>
> § 2º Para o caso de descadastramento por fechamento ou descaracterização de uma barragem de mineração, o empreendedor deverá apresentar ao DNPM por meio do SIGBM, documento atestando o fechamento ou a descaracterização da citada estrutura elaborado por profissional legalmente habilitado acompanhado da respectiva anotação de responsabilidade técnica de acordo com o art. 44, ou de cópia de

documento expedido pelo órgão ambiental específico comprovando o que trata este parágrafo.

§ 3º Quando houver mais de uma estrutura de barramento, seja com função de fechamento de sela topográfica ou para compartimentação interna em um mesmo reservatório, os critérios considerados no segmento de barragem de maior pontuação devem ser estendidos às demais estruturas, não devendo ser cadastrada como uma barragem de mineração independente.

§ 4º Os estudos e planos a serem executados para o barramento principal devem abranger as situações peculiares de cada estrutura auxiliar de contenção do reservatório, os mapas de inundação e as análises de risco.

A Lei 12334/2010 estabelece a Política Nacional de Segurança de Barragens destinadas à acumulação de água para quaisquer usos, disposição final ou temporária de rejeitos, tendo como objetivos: a) garantir a observância de padrões de segurança de barragens de maneira a reduzir a possibilidade de acidente e suas consequências; b) regulamentar as ações de segurança a serem adotadas nas fases de planejamento, projeto, construção, primeiro enchimento e primeiro vertimento, operação, desativação e de usos futuros de barragens em todo o território nacional; c) promover o monitoramento e o acompanhamento das ações de segurança empregadas pelos responsáveis por barragens; d) criar condições para que se amplie o universo de controle de barragens pelo poder público, com base na fiscalização, orientação e correção das ações de segurança; e) coligir informações que subsidiem o gerenciamento da segurança de barragens pelos governos; f) estabelecer conformidades de natureza técnica que permitam a avaliação da adequação aos parâmetros estabelecidos pelo poder público; g) fomentar a cultura de segurança de barragens e gestão de riscos.

Com o fim de instrumentalizar, ou seja, colocar em prática a Política Nacional de Segurança de Barragens, a Lei 12334/2010 se valerá do sistema de classificação de barragens (sistematizadas de acordo com risco e potencial dano), pelo Plano de Segurança de Barragem, assim como pelo Sistema Nacional de Informações Sobre Barragens e pelos Cadastros Técnicos (Defesa Ambiental e de Atividades Potencialmente Poluidoras). Todos estes mecanismos encontram-se expressos no artigo 6º da referida legislação. Acrescenta-se a necessidade dos dados inerentes às barragens serem lançados no Sistema Nacional de Informação sobre o Meio Ambiente - SINIMA.

Como já apresentado em linhas anteriores, regramento de mineração e meio ambiente sempre se cruzam, e é o caminho que o presente estudo direciona, para uma mineração sustentável e participativa. Fato fortalecido com a inclusão do SINIMA - Sistema Nacional de Informação sobre o Meio Ambiente como instrumento da Política Nacional sobre Barragens. De acordo com o Ministério do Meio Ambiente (MMA, n.d):

> O Sistema Nacional de Informação sobre Meio Ambiente (SINIMA) é um dos instrumentos da Política Nacional do Meio Ambiente, previsto no inciso VII do artigo 9º da Lei nº 6.938/81. O referido sistema é considerado pela Política de Informação do MMA como a plataforma conceitual baseada na integração e compartilhamento de informações entre os diversos sistemas existentes ou a construir no âmbito do SISNAMA (Lei n. 6.938/81), conforme Portaria nº 160 de 19 de maio de 2009. O SINIMA, portanto, é o instrumento responsável pela organização, integração, compartilhamento e disponibilização das informações ambientais, de modo a disponibilizar informações ambientais no âmbito do Sistema Nacional do Meio Ambiente (Sisnama).
>
> Nessa perspectiva, o Ministério do Meio Ambiente e suas Entidades Vinculadas estão realizando esforços na implementação e promoção de abertura de dados, permitindo com isso maior transparência das informações e a reutilização dos dados públicos pela sociedade, atendendo dessa forma também as legislações vigentes sobre transparência e abertura de dados, assim como vem buscando desenvolver ferramentas tecnológicas que possibilitem a integração de dados e sistemas de informações que facilite a sistematização, o acesso e a distribuição da informação ambiental, de modo a auxiliar os gestores e dirigentes no monitoramento dos resultados e na tomada de decisões. Além disso têm trabalhado na construção de indicadores ambientais nacionais, no intuito de oferecer mais uma ferramenta de acesso à informação.

Válido destacar que a lei sobre barragens de rejeitos será sempre aplicada se obedecer a um dos itens de maneira não cumulativa: a) a altura do maciço, contada do ponto mais baixo da fundação até a crista seja igual ou maior que quinze metros; b) capacidade total igual ou maior que três milhões de metros cúbicos de rejeito; c) reservatórios que contenham resíduos perigosos; d) categoria de dano potencial médio ou alto.

O dano potencial pode ser entendido de acordo com parâmetros econômicos, sociais, ambientais ou de perda de vidas humanas. Mesmo a vida sendo um direito fundamental no ordenamento jurídico pátrio, de aplicabilidade imediata e incondicionada, o legislador teve o cuidado e interesse em destacar o vetor humano como um dos mais relevantes. Ainda sobre a classificação das barragens, o artigo 7º da Lei 12344/2010, assim dispõe:

> Art. 7º As barragens serão classificadas pelos agentes fiscalizadores, por categoria de risco, por dano potencial associado e pelo seu volume, com base em critérios gerais estabelecidos pelo Conselho Nacional de Recursos Hídricos (CNRH).
>
> § 1º A classificação por categoria de risco em alto, médio ou baixo será feita em função das características técnicas, do estado de conservação do empreendimento e do atendimento ao Plano de Segurança da Barragem.
>
> § 2º A classificação por categoria de dano potencial associado à barragem em alto, médio ou baixo será feita em função do potencial de perdas de vidas humanas e dos impactos econômicos, sociais e ambientais decorrentes da ruptura da barragem.

Além da classificação existem várias formas de construção de barragens, as quais, poderão ser mais ou menos seguras a depender da modalidade aplicada ao empreendimento. Trata-se aqui de análise econômica, ou seja, qual é mais barata e que possa ser mais adequada ao investimento sob ponto de vista da economicidade, conforme será abordado no item subsequente.

4.3 MODALIDADES DE BARRAGENS

No procedimento da prospecção mineral há o beneficiamento que, conforme traçado em linhas anteriores, é o tratamento do minério para que o mesmo obtenha o padrão exigido pelos consumidores nacionais ou internacionais. Para que isso ocorra, utiliza-se processos mecânicos e químicos a fim de separar o produto que será inserido no mercado e as impurezas, ou seja, os rejeitos, os quais são compostos em sua maioria por resíduos da mineração e água (no caso da prospecção de ferro dos casos analisados – Bento Rodrigues/MG e Brumadinho/MG). Tudo isso com o objetivo de não serem inseridos diretamente no meio ambiente.

As barragens podem ser civis ou de mineração. Um dos pontos diferenciadores é que as barragens de rejeitos são feitas de maneira escalonada, obedecendo o ritmo da lavra enquanto a barragem civil é obra de construção total imediata. Cardoso *et al.* (2016, p. 79) *apud* Duarte (2008) destacam essa diferenciação:

> São muitos fatores que diferenciam as barragens de rejeitos oriundas da mineração de barragens para obras civis em geral. Duarte (2008) salienta que barragens civis ou convencionais tem qualquer fim menos a contenção de rejeitos. Outro ponto que diferencia as barragens de rejeito é a sua construção em etapas, as quais, acompanham o ritmo de lavra, desta forma à medida que são gerados rejeitos, os alteamentos são executados. Estas, também, são reconhecidas por gerarem um impacto ambiental significante, eventuais falhas resultam em grandes volumes de rejeitos descarregados no meio ambiente (Duarte, 2008).
>
> Diferente de barragens convencionais, que normalmente barram água, barragens de rejeito armazenam rejeitos dos processos minerais que podem variar de materiais arenosos não plásticos (rejeitos granulares) até solos de granulometria fina e alta plasticidade (lamas) (Araújo, 2006). Kossoff *et al.* (2014), define os rejeitos destinados a barragens como mistura de rocha cominuída e os fluidos do processo de beneficiamento; então apresentam como característica física: granulometria fina e forma angular; e composição química dependente da composição da rocha de origem e dos reagentes utilizados no processamento mineral.
>
> Este material por ter passado por processos de beneficiamento, no qual normalmente envolve reações químicas, apresentam composições iônicas variadas. As quais além de por vezes serem nocivas ao homem e meio ambiente são de um ponto de vista construtivo negativas pela possibilidade de interação e reação química com os materiais construtivos do aterro, assim alterando a permeabilidade. Davies, Lighthall, Rice e Martin (2002), em um amplo trabalho de revisão sobre barragens de rejeito, salienta a necessidade de consideração da relação geoquímica dos rejeitos.

Por seu turno, as barragens na mineração são as estruturas utilizadas para conter e depositar os rejeitos, podendo ser de pequeno, médio e grande porte e existem basicamente três metodologias mais aplicáveis na construção dessas barragens, quais sejam: a) método da jusante; b) método de montante; e, c) método de linha de centro, conforme composição textual e gráfica abaixo delineadas.

Os termos jusante e montante são locais de referência de um curso hídrico partindo do ponto de apoio do observador, ou seja, à jusante significa o fluxo normal das águas, do ponto mais alto para o mais baixo. Por seu turno, à montante é inversamente proporcional, ou seja, a direção de um ponto mais baixo para o mais alto. Para melhor compreensão tome-se como exemplo um curso completo de águas, da nascente à foz. A jusante é o lado para onde a água está correndo e à montante onde há nascente. A foz de um rio é o ponto mais à jusante enquanto a nascente é o ponto mais à montante. Uma vez que as definições foram devidamente apresentadas, demonstrar-se-á as modalidades de barragens de rejeitos da mineração.

4.3.1 Método da jusante

O método da jusante para construção de barragens na mineração é constituído por uma fundação, dique de partida, os alteamentos e rejeitos propriamente ditos. Inicialmente, após a fundação, ou seja, a construção estrutural da barragem, cria-se o dique de partida que é a primeira barreira da barragem. Com o preenchimento do rejeito (que é composto por água e produto não aproveitável no beneficiamento mineral), segue-se com a construção dos alteamentos (degraus) para suportarem mais uma remessa de rejeitos e assim sucessivamente. Por meio da decantação, o rejeito se deposita ao fundo e há a água superficial que muitas vezes é reaproveitada no processo de beneficiamento. Por fim, válido destacar a necessidade de sistema de drenagem, justamente para evitar plasticidade do composto da barragem.

Nessa modalidade, há a construção e alteamentos sempre à jusante. Na figura 2 abaixo relacionada expõe-se graficamente essa estrutura. Chammas (1989 como citado em Passos, 2009, p. 21) comenta que as vantagens do método de jusante estão na resistência a carregamentos dinâmicos.

Figura 2 – Alteamento da jusante.

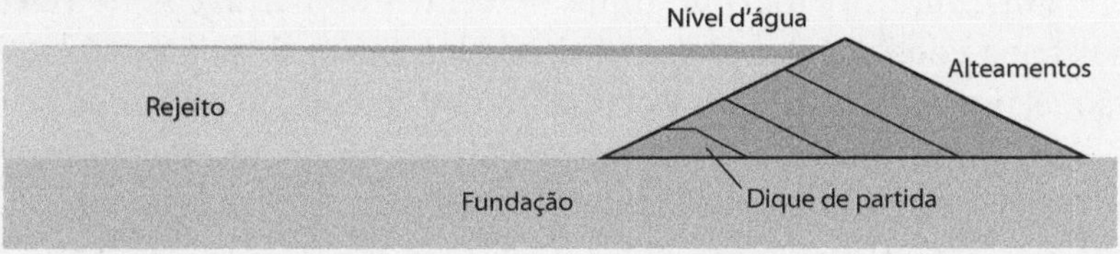

Fonte: STATUM, 2019.

4.3.2 Método de montante

O método de montante, por sua vez, também possui fundação e dique de partida, assim como no modelo à jusante. A principal diferença entre eles é a forma dos alteamentos, os quais são colocados sempre à montante. Nessa modalidade, muito mais frágil que no modelo à jusante, é melhor apenas sob o enfoque econômico do empreendedor, que terá um investimento muito mais baixo. Consiste em construção e alteamento do barramento sempre à montante sobre o rejeito já compactado. Na Figura 3 será apresentado a estrutura completa do modelo de montante.

Embora este seja o mais utilizado pela maioria das mineradoras, o método de montante apresenta um baixo controle construtivo tornando-se crítico principalmente em relação à segurança (Araújo, 2006). Tal modalidade foi a utilizada nas barragens do Fundão e do Córrego do Feijão, em Bento Rodrigues/MG e Brumadinho/MG, respectivamente.

Após as referidas tragédias, o Estado foi pressionado a legislar, normatizar e fiscalizar com maior energia a segurança das barragens, afinal, entre a colisão do direito de desenvolvimento nacional com o direito fundamental à vida, este, sem sombras de dúvidas, é mais relevante. Os dados inerentes às tragédias serão abordados em linhas subsequentes ainda nesse capítulo.

Figura 3 – Alteamento de montante.

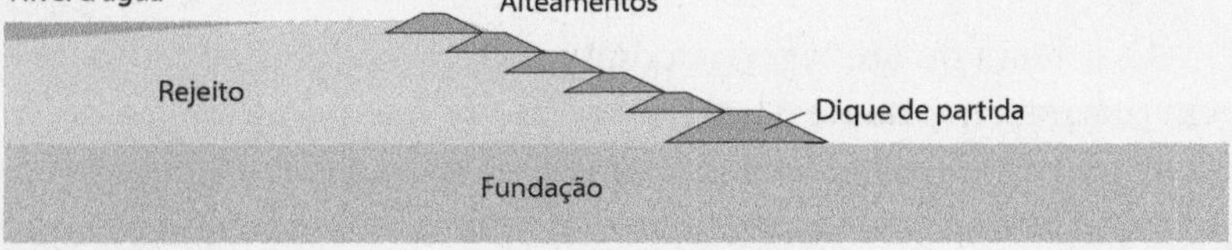

Fonte: STATUM, 2019.

4.3.3 Método de linha de centro

Por fim, o método de linha de centro de barragens de rejeitos consiste na construção e alteamentos da barragem de rejeitos da mineração, à montante e à jusante concomitantemente, acompanhada por um eixo vertical ou linha de centro. É o caminho intermediário entre as duas outras modalidades abordadas.

Thomé e Passini (2018, p. 60) explicam essa técnica de alteamento por linha de centro como:

> Uma técnica intermediária, que concatena a segurança do método para jusante com o custo e velocidade do alteamento para montante. Nele, as construções subsequentes são executadas em parte sobre a praia formada pela deposição de rejeitos, em parte sobre o talude de jusante do alteamento anterior. Mantém-se, dessa forma, o alinhamento do eixo em relação ao dique inicial.
>
> O método da linha de centro caracteriza-se pela facilidade construtiva, com a inconveniência de apresentar uma área a montante passível de escorregamento, de não permitir adequação da superfície de talude a jusante com cobertura vegetal e drenagem superficial, além de necessariamente utilizar hidrociclones. (Passos, 2009).

Na Figura 4 há a representação gráfica do alteamento por linha de centro, o qual inicia-se com a fundação e dique de partida, com sobreposição de alteamentos de maneira gradativa.

Figura 4 – Alteamento de linha de centro.

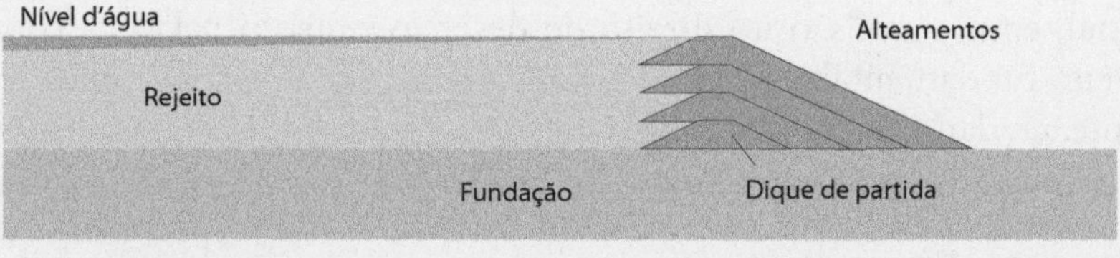

Fonte: STATUM, 2019.

O sistema de drenagem é comum a todas as modalidades de barragem (jusante, montante e linha de centro) e é responsável por prevenir excesso de poro pressão ocasionado pelo fluxo de água da barragem. A poro pressão ocorre quando produto é relativamente poroso e sofre pressão direta por meio de substância líquida, ou seja, na mineração é a pressão ocasionada pela piscina de rejeitos na barragem propriamente dita. Os drenos, então, são utilizados para minimizar esse efeito. Cardozo *et al.* (2016, p. 81) explicam a eficiência do sistema de drenagem:

> As forças de poro pressão são forças favoráveis ao movimento. Caso não haja eficiência no sistema de drenagem em direcionar o fluxo na barragem, podemos ter a ocorrência do fenômeno chamado piping, definido como a erosão interna que provoca a remoção de partículas do interior do solo, formando "tubos" vazios que provocam colapsos e escorregamentos laterais do terreno. Este fenômeno é descrito por Marques Filho e Geraldo (2002), ocorrendo em solos pouco coesos onde o gradiente hidráulico é maior que a coesão do solo.

Os autores (2016, p. 20) prosseguem com a elaboração de tabela comparativa entre os três modelos de barragem, em apresentação no 48º Congresso Brasileiro de Geologia, ocorrido no ano de 2016 em Porto Alegre/RS, conforme configurado a seguir:

Tabela 5 – Comparativo de barragens.

	Montante	**Jusante**	**Linha de Centro**
Tipo de rejeito	Baixa densidade para segregação	Qualquer tipo	Areias de lamas de baixa plasticidade
Descarga de rejeitos	Periférica	Independe	Periférica
Armazenamento de água	Não recomendável para grandes volumes	Bom	Aceitável
Resistência a abalos sísmicos	Baixa	Boa	Aceitável
Alteamentos	Ideal menos de 10m/ano	Nenhuma restrição	Pouca restrição
Vantagens	Menor custo utilizado onde há restrição de área	Maior segurança	Flexibilidade construtiva
Desvantagens	Baixa segurança e suscetibilidade a liquefação e a piping	Grande quantidade de material requerido na proteção do talude a jusante apenas na configuração final	Necessidade de eficiente sistema de drenagem

Fonte: CARDOSO *et al.*, 2016.

Como pode-se ver na tabela apresentada, cada sistema de barragem possui vantagens e desvantagens. Aqui é necessário analisar qual o parâmetro de análise: o empreendedor ou da própria sociedade. Muito se questiona hodiernamente sobre a obrigação de inserção de sistema de barragens a jusante, considerando que o método e dinâmica empregada é o que proporciona maior segurança contra rompimentos, levando em consideração alguns fatores como: controle das propriedades dos materiais, ritmo de disposição de rejeitos, maior estrutura de fundação. Peixoto (2012, p. 7) apresenta o método de alteamento para montante como o mais propício à intercorrências:

> As barragens de rejeitos baseadas na técnica de aterro têm proporcionado uma crescente reação dos órgãos ambientais e das comunidades afetadas, em função dos elevados riscos ambientais inerentes ao processo e às catastróficas consequências de uma ruptura. Particularmente as barragens alteadas para montante tendem a ser potencialmente críticas e a liberação descontrolada das massas retidas, em eventual ruptura, implica graves consequências não apenas nas vizinhanças do empreendimento, mas também em áreas distantes a montante. No contexto dos casos históricos de rupturas de barragens de contenção de rejeitos construídas pela técnica de aterro hidráulico, a liquefação estática tem sido um fator determinante.

De acordo com Araújo (2006), o que também agrava a periculosidade do uso de barragem de rejeitos de montante, além da dificuldade de drenagem é que os alteamentos são feitos sobre materiais previamente depositados e não completamente compactados, o que, por si só, já apresenta baixa resistência e possibilidade de liquefação e rompimento.

Cardozo *et al.* apud Rico *et al.* (2018, p. 82) mencionam o estudo sobre falha de barragens que já em 2008 o método de montante já reunia 76% dos casos e também acrescentam dados técnicos acerca da estabilidade de barragens:

> Como respaldo ao supracitado temos o estudo de Rico, Benito, Salgueiro, Díez-Herrero e Pereira (2008), onde este apresenta a relação de falhas em barragens em relação ao método construtivo. Onde o método de montante corresponde a 76% das falhas em barragem, sendo o restante (24%) proveniente dos demais métodos construtivos (jusante, linha de centro e outros).

> Quanto a análise de estabilidade da barragem, temos uma relação nítida da execução dela com a geometria e disposição dos materiais e suas propriedades. Ou seja, quanto mais simples a geometria da barragem e mais homogênea for a distribuição dos materiais envolvidos, mais facilitado será o processo de análise da estabilidade, seja por métodos numéricos ou analíticos (Cardozo, Cordova, Zingano, Galli e Peña, 2016).
>
> O método de jusante apresenta um procedimento de análise mais simples frente aos demais, sobretudo ao método de montante. O método de montante apresenta uma geometria e disposição de materiais em camadas alternadas que dificulta sua análise analítica e computacional, fazendo-se necessário, por exemplo para uma análise numérica um modelo refinado com camadas de geometria e propriedades alternadas.

Sempre dúvidas pairam sobre o processo fiscalizatório das barragens como um todo. Para maior esclarecimento: a) quando a fonte for de geração hidrelétrica como uso preponderante, será responsável a ANEEL - Agência Nacional de Energia Elétrica; b) quando há disposição de rejeitos da mineração será competente a ANM - Agência Nacional de Mineração; c) quando ocorrer disposição de resíduos industriais, será responsável a instituição licenciadora (instalação e operação); d) se estiver em rio federal, a atribuição será da ANA - Agência Nacional de Águas; e) como competência residual, os órgãos estaduais de gestão de recursos hídricos.

4.4 GESTÃO DE BARRAGENS

Uma vez apresentadas as modalidades de barragens de rejeito da mineração, válido destacar que o conjunto normativo de gestão delas é importante para a análise dos critérios legais de segurança. Assim, a análise normativa terá um recorte com a aproximação dos acidentes minerários por rompimento de barragens no Estado de Minas Gerais e seus respectivos reflexos na legislação.

Iniciando pela diferenciação entre acidente e incidente, considerando que tais termos não são sinônimos no direito minerário. Coube à Resolução 144 de 2012 do Conselho Nacional de Recursos Hídricos dispor sobre a matéria em seu artigo 2º:

> Art. 2º Para efeito desta Resolução consideram-se:
>
> I – Acidente: comprometimento da integridade estrutural com liberação incontrolável do conteúdo de um reservatório ocasionado pelo colapso parcial ou total da barragem ou estrutura anexa; e
>
> II – Incidente – qualquer ocorrência que afete o comportamento da barragem ou estrutura anexa que, se não for controlada, pode causar um acidente.

Além disso, o artigo 3º desta mesma Resolução (2012) apresenta como diretrizes gerais para implementação da Política Nacional de Segurança de Barragens: a) integração da Política Nacional com as respectivas políticas regionais e setoriais; b) integração da gestão da segurança das barragens à segurança do empreendimento em todas as etapas formadoras; c) adequação da gestão da segurança das barragens às condições físicas, econômicas, sociais e ambientais das diversas regiões do país, às características técnicas dos empreendimentos e ao potencial dano das barragens; d) divulgação de informações relacionadas à segurança das barragens, assim como a promoção de ações para esclarecimento da população.

A legislação do estado de Minas Gerais sobre mineração e sistema de barragens de rejeitos foi evoluindo gradativamente. Como visto anteriormente, a atividade minerária é empreendimento de risco que pode ocasionar danos ambientais, como escorada pelo princípio da prevenção, há previsibilidade que se ocorra alguma forma de impacto ambiental. Contudo, assim como nas normas federais, muitas delas são atualizadas após grandes eventos ou catástrofes. E não foi diferente em Minas Gerais. Aqui serão apresentadas as normas criadas pós-eventos exemplificativos.

4.4.1 Mineração Rio Verde – Nova Lima/MG – 2001

Inicialmente, cumpre destacar que o primeiro acidente com barragens que se tem notícia em Minas Gerais ocorreu em 1986 na mina de Fernandinho, que era explotada (à época) pela Itaminas Comércio de Minério S/A. Informação extremamente relevante é trazida por Silva (2018, p. 27) ao expor que não há registro nos órgãos ambientais estaduais sobre tal acidente:

> A barragem se rompeu e atingiu outras três estruturas menores, ocasionando o vazamento de volume estimado de 350 mil

metros cúbicos de rejeitos provenientes do beneficiamento do minério de ferro.

Embora esse acidente tenha causado graves danos ambientais e a morte de sete operários, o que levou a uma grande cobertura da imprensa nacional sobre o tema, não se tem notícia de registros a respeito dele nos órgãos ambientais estaduais. Essa ausência de dados é justificada porque à época não existiam os referidos órgãos, e o controle ambiental era feito por uma superintendência, vinculada à Secretaria de Estado e Tecnologia. A criação do Sistema Estadual do Meio Ambiente tal como funciona atualmente, com especialidades, se deu no ano de 1995 com a criação da Secretaria Estadual do Meio Ambiente (Semad) através da Lei 11903/19995 (MINAS GERAIS, 1995).

Já no ano de 2001 ocorreu o acidente na mina da Mineração Rio Verde, no distrito de São Sebastião das Águas Claras, município de Nova Lima, em Minas Gerais. De acordo com Bertachini (2001), no Boletim Informativo da Associação Brasileira de Águas Subterrâneas, apresenta o caso em comento com riqueza de detalhes técnicos:

> Morreram cinco trabalhadores da Mineração Rio Verde e até agora foram resgatados apenas dois corpos. Os bombeiros ainda não encontraram os demais desaparecidos e é pouco provável que obtenham sucesso nas buscas.
>
> O desastre ambiental foi de grande abrangência, a lama correu por vários quilômetros, ocasionando a destruição da fauna e flora que ocupavam os talvegues à jusante da barragem, que foram encobertos com 10 a 30 metros de lama. Entre outros danos, a lama rompeu uma adutora de água da COPASA e a tragédia poderia ter sido maior caso o rompimento ocorresse no fim de semana, pois esta é uma importante área de lazer da população de Belo Horizonte.
>
> Por se tratar de uma barragem de rejeitos de lavagem de minério de ferro, não existe risco de contaminação com substâncias tóxicas, pois a lama era formada basicamente de finos de hematita e argilas. No entanto, são necessárias providências urgentes de contenção dessa lama, antes do início do período chuvoso, pois poderá afetar a principal captação de água de Belo Horizonte localizada à jusante no Rio das Velhas.
>
> A barragem estava situada ao lado da estrada que liga a BR-040 à São Sebastião das Águas Claras. A disposição de rejeitos

> teve início ocupando uma antiga cava da mineração, que após totalmente preenchida foi alteada por mais 20 metros. Ao que tudo indica, o que era uma ótima condição de recuperação de uma cava de mina acabou se transformando em uma tragédia, devido ao alteamento.
>
> Acidentes desta natureza fazem emergir a reflexão sobre o ocorrido, principalmente quando a imprensa veicula informações que já sabemos, entre outras, "O DNPM possui apenas quatro geólogos e quatro engenheiros de minas para fiscalizar todo o Estado de Minas Gerais". A tragédia "humana" não tem como recuperar, restando-nos apenas a dura lição, já o desastre ambiental, com mais ou menos tempo poderá ser mitigado.
>
> O Brasil é um dos principais países do mundo com alta capacitação na área de mecânica de solos e geotecnia. Minas Gerais também possui excelentes profissionais com ampla experiência acumulada na disposição de rejeitos de mineração e não precisávamos passar por esta.

O vazamento de aproximadamente 600 mil metros cúbicos de rejeitos devastou aproximadamente 80 hectares de mata atlântica, com perda expressiva de fauna, além de interromper fluxo de água temporariamente, por atingir dois córregos e um reservatório. Como forma de acompanhar o desastre, a Secretaria Estadual do Meio Ambiente criou um grupo de trabalho interdisciplinar – participação de representantes do Instituto Mineiro de Águas (IGAM), do DNPM, da Companhia de Saneamento de Minas Gerais (COPASA), da Companhia Energética de Minas Gerais (CEMIG), do Conselho Regional de Engenharia (CREA/MG), do Ministério Público do Estado de Minas Gerais (MPMG), da Prefeitura de Nova Lima e do Comitê de Bacia Hidrográfica Rio das Velhas, por meio das Resoluções 77 e 78 do ano de 2001 da Fundação Estadual do Meio Ambiente.

Por conta de ser, à época, o maior desastre da mineração no estado de Minas Gerais, a Secretaria Estadual do Meio Ambiente – SEMAD publicou a Resolução 99/2002 exigindo que os empreendimentos minerários e industriais que possuíssem barragens de rejeito e água, deveriam, no prazo de 90 dias, encaminhar à FEAM – Fundação Estadual do Meio Ambiente, um documento denominado cadastro de barragens de rejeito, e reservatórios de água.

A título ilustrativo, as consequências do caso foram: a) Criminal: condenação das pessoas físicas e jurídica por crimes contra a flora e fauna (terrestre e aquática), penalizados em oito anos e oito meses de prisão; b) Cível: realização de diversos acordos extrajudiciais para indenização das famílias atingidas; c) Administrativo: multa de R$105.866,39 (cento e cinco mil, oitocentos e sessenta e seis reais e trinta e nove centavos), além de condicionantes de recuperação ambiental (FEAM, 2008).

Inúmeros debates e discussões surgiram com o evento, inclusive, para Toledo *et al.* (2016) esse formulário pode ser considerado o embrião do sistema fiscalizatório existente nos dias de hoje. Acrescenta-se a criação da Deliberação Normativa 62/2002, norma criada para conhecimento do sistema de barragens utilizado no estado de Minas Gerais, assim como suas respectivas classificações, conforme artigo 2º:

> Art. 2º Os parâmetros para classificação de uma barragem são:
>
> a) Altura do maciço (H), em metros.
>
> b) Volume do reservatório (Vr), em metros cúbicos.
>
> c) Ocupação humana a jusante da barragem, à época do cadastro, em três níveis:
>
> i – Inexistente: não existem habitações na área a jusante da barragem;
>
> ii – Eventual: significa que não existem habitações na área a jusante da barragem, mas existe passagem ou locais de permanência eventual de pessoas;
>
> iii – Grande: significa que existem habitações na área a jusante da barragem e, portanto, vidas humanas serão atingidas ou que a barragem armazena rejeitos ou resíduos sólidos classificados como Classe I – Perigosos ou Classe II – Não Inertes, segundo a norma NBR 10.004 da ABNT, ou outra equivalente que vier sucedê-la.
>
> a) Interesse ambiental da área a jusante da barragem, em três níveis:
>
> i – Pouco significativo: quando a área a jusante da barragem não representa área de interesse ambiental relevante ou encontra-se totalmente descaracterizada de suas condições naturais;
>
> ii – Significativo: quando a área a jusante da barragem apresenta interesse ambiental relevante.
>
> iii – Elevado: quando a área a jusante da barragem apresenta interesse ambiental relevante e a barragem armazena rejeitos ou resíduos sólidosclassificados como Classe I – Perigosos

ou Classe II – Não Inertes, segundo a norma NBR 10.004 da ABNT, ou outra equivalente que vier sucedê-la.

b) Instalações na área a jusante da barragem, em três níveis:

i – Inexistente: quando não existem quaisquer instalações na área a jusante da barragem;

ii – Baixa concentração: quando existe pequena concentração de instalações residenciais, agrícolas, industriais ou de infraestrutura de relevância socioeconômico-cultural na área a jusante da barragem;

iii – Alta concentração: quando existe grande concentração de instalações residenciais, agrícolas, industriais ou de infraestrutura de grande relevância socioeconômico-cultural na área a jusante da barragem.

Não há como analisar os parâmetros de classificação sem apresentar as três categorias de barragens de rejeitos, incluídos pela mesma legislação em seu artigo 3º (MINAS GERAIS, 2002). Para classificá-las, considera-se o somatório dos valores (V) de cada um dos parâmetros de classificação previstos no artigo 2º, ou seja: a) Classe I quando o somatório dos valores for menor ou igual a dois ($V \leq 2$); b) Classe II: quando o somatório dos valores for maior que dois e menor ou igual a quatro ($2 < V \leq 4$); c) Classe III: quando o somatório dos valores for maior que quatro ($V > 4$). Considerando a concepção técnica dos presentes cálculos, a própria DN 62/2002 trouxe tabela de análise e adequação no anexo I:

Tabela 6 – Classificação de barragens.

Altura do maciço (H em m)	**Volume do reservatório ($Vr \times 10^6 \times m^3$)**	**Ocupação humana a jusante da barragem**	**Interesse ambiental a jusante da barragem**	**Instalações a jusante da barragem**
Pequena (H < 15 m) V = 0	Pequeno (Vr < 0,50) V = 0	Inexistente V = 0	Pouco significativo V = 0	Inexistente V = 0
Média (15 m < H < 30 m) V = 1	Médio (0,50 < Vr < 5,0) V = 1	Eventual V = 2	Significativo V = 1	Baixa Concentração V = 1
Alta (H > 30 m) V = 2	Grande (Vr > 5,0) V = 2	Grande V = 3	Elevado V = 3	Alta Concentração V = 2

Fonte: MINAS GERAIS, 2002.

4.4.2 Florestal Cataguases – Cataguases/MG – 2003

Apesar do foco da presente obra versar sobre os acidentes minerários de Bento Rodrigues/MG e Brumadinho/MG e a participação popular, além das catástrofes com rompimento de barragens da mineração de ferro, de suma importância ilustrar o ocorrido em Cataguases/MG no ano de 2003, considerando que foi um dos motivos de alteração normativa com a criação da DN 87/2005.

A Fazenda Bom Destino era localizada no município de Cataguases/MG e, em 29 de março de 2003, ocorreu o rompimento da barragem B da empresa Florestal Cataguases, de foco em celulose e papel e que os resíduos dessa produção eram chamados de lixívia negra.

Com base nas informações obtidas no órgão ambiental mineiro (FEAM, 2008) a referida barragem não estava em plena atividade, relevando a necessidade de fiscalização constante tanto em empreendimentos em atividade e naqueles de barragens desativadas. A Fundação Estadual de Meio Ambiente (2008, p. 14) apresentou os principais danos causados do referido empreendimento:

> O acidente ambiental causado pelo rompimento da Barragem B foi de grande extensão, tendo como principal impacto a degradação da qualidade das águas do ribeiro do Cágado, devido a disposição de material (lixívia negra) nas margens e no leito, além do carreamento do resíduo pelas águas do Rio Pomba e do rio Paraíba do Sul, até sua foz no oceano Atlântico, na cidade fluminense de Campos de Goitacazes. Isso ocasionou a mortandade de peixes, a interrupção do abastecimento público de água em vários municípios do Estado do Rio de Janeiro, afetando centenas de pessoas, além de prejuízos em pequenas propriedades rurais situadas nas margens no ribeirão Cágado, em uma extensão de aproximadamente 106 hectares.

Silva (2017, p. 35) menciona as consequências jurídicas do referido acidente:

> Apesar de toda a dificuldade dos órgãos ambientais em estabelecer as causas desse acidente, foi aplicada penalidade administrativa de suspensão das atividades à empresa Florestal Cataguases Ltda, que herdou o passivo ambiental. Posteriormente, foi firmado Termo de Ajustamento de Conduta (TAC) com o Ministério Público Federal (MPF) que estabeleceu não só a recomposição e a recuperação das áreas degradadas pelo

> acidente, como também estabeleceu o tratamento dos resíduos remanescentes nas barragens da empresa.
>
> [...]
>
> Com esse acidente, pode-se dizer que o GT de Barragens criado por meio da resolução 53/2003 ganhou força. Como principal resultado dos trabalhos desse grupo, em complementação à DN COPAM 62/2002, foi elaborada a minuta da Deliberação Normativa do Conselho de Política Ambiental 87/2005 que define alguns conceitos técnicos e alerta os critérios de classificação de barragens.

Uma das principais modificações da DN COPAM 87/2005 foi a criação dos critérios para elaboração dos relatórios de auditoria técnica, as quais, nos termos do artigo 7º, § 3º deveriam vir acompanhadas de: a) laudo técnico sobre a segurança da barragem; b) recomendações de aprimoramento da segurança, se necessário; c) nome completo dos auditores e respectiva ART;

4.4.3 Mineração Rio Pomba Cataguases – Miraí/MG – 2006

Em Miraí/MG um fator curioso ocorreu: uma sequência de dois acidentes minerários por rompimento de barragem. O primeiro ocorrido em março de 2006 colocou 130 milhões de metros cúbicos de rejeito de bauxita. Conforme dados apresentados por Silva (2017, p. 36):

> Em março de 2006, houve um vazamento de 130 milhões de metros cúbicos de rejeito de bauxita na barragem de São Francisco de responsabilidade da empresa Mineração Rio Pomba Cataguases Ltda. O empreendimento era localizado na zona rural do município de Miraí, situado na Zona da Mata do Estado de Minas Gerais, causou graves consequências não só às cidades mineiras, a exemplo de Muriaé, como também ao estado vizinho do Rio de Janeiro, que teve atingidas as municipalidades de Laje do Muriaé e Itaperuna, causando crise no abastecimento de água da região.
>
> Houve ainda prejuízos para a fauna aquática, com o aumento da turbidez das águas do Córrego Bom Jardim, do Ribeirão Fubá e do Rio Muriaé. Ocasionou também o comprometimento de áreas destinadas à agricultura.

No caso em epígrafe, a empresa celebrou Compromisso de Ajustamento de Conduta com a FEAM, com várias condicionantes que foram cumpridas. Entre os elementos reparadores, a empresa construiu novo dique à jusante. Após todos os ajustes, a FEAM solicitou vistoria nas correções da barragem, sendo solicitado novo vertedouro de segurança (FEAM, 2008).

Mesmo com todas as providências, no dia 10 de janeiro do ano de 2007, após um período intenso de chuvas, a barragem São Francisco se rompeu novamente e espalhou pela cidade e região mais de dois milhões de metros cúbicos de rejeitos oriundos do beneficiamento de bauxita (SCHEMBRI, s/d).

Já em relação à amplitude do impacto ambiental, o evento de iniciado em Miraí também atingiu Muriaé, Patrocínio de Muriaé, Laje de Muriaé e Itaperuna. Com o rompimento da barragem gerou-se um fluxo de água e lama com grande potencial destrutivo, alterando o ecossistema de onde percorria, inundando casas, escolas, comércios, inutilizando plantações. Em virtude de toda essa problemática, inúmeros municípios tiveram o abastecimento hídrico interrompido (Schembri, 2002)

No caso da Mineradora Rio Pomba Cataguases, localizada em Miraí/MG, SCHEMBRI (2002, p. 16) sustenta que o rompimento da barragem fora ocasionado pelo uso inadequado do vertedor de fuga, considerando as evidências de utilização além dos padrões suportáveis para a capacidade:

> Perante os fatos apurados, a equipe técnica do DNPM atesta a tese do rompimento ter sido ocasionado pelo uso inadequado do vertedor de fuga, uma vez que existem evidências de que ele fora utilizado por carga muito além de sua capacidade. Foi relatado pela Diretoria de Emergências Ambientais de Minas Gerais (DEAME), que no final de 2006 e início de 2007 houve grande quantidade de precipitação na região, ocasionando o galgamento da barragem, podendo ser uma das causas do rompimento. Esta tragédia é comparada com acidente na cidade de Mariana, devido à proporção de danos causados pelo seu rompimento.

A própria Fundação Estadual do Meio Ambiente de Minas Gerais – FEAM divulgou laudo informando a responsabilidade ter sido da mineradora no caso de Miraí (2007).

Como consequências jurídicas do caso mencionado, a empresa assinou novos TACs – Termo de Ajustamento de Conduta com o

Ministério Público Federal e Ministério Público dos estados de Minas Gerais e Espírito Santo, com inúmeras condicionantes, as quais foram seguidas pelo empreendedor. De acordo com o próprio FEAM (2008), diversas indenizações por danos materiais e morais foram concretizadas.

Assim como os demais acidentes por rompimento de barragens na mineração, houve edição de novo diploma normativo, a DN COPAM 124/2008, que alterou a DN COPAM 87/2005 para informar a data de entrega do Relatório de Auditoria Técnica de Segurança, conforme artigo 1º, § 6º:

> Art. 1º O artigo 7º da DN COPAM No 87 de 06 de setembro de 2005 passa a vigorar acrescido dos seguintes parágrafos:
>
> § 6º O Relatório de Auditoria Técnica de Segurança deverá estar disponível no empreendimento para consulta durante as fiscalizações ambientais a partir do dia 1º de setembro do ano de sua elaboração e atualizado em conformidade com a periodicidade definida no Artigo 7º, de acordo com o Potencial de Dano Ambiental de cada estrutura.

Fazendo uma análise da simples leitura do artigo poder-se-ia criar uma concepção de desnecessidade da medida, todavia, com a mudança de data para setembro, há o deslocamento para um período de poucas chuvas, o que facilita a análise geotécnica para construção de relatórios precisos.

A Portaria do Departamento Nacional de Produção Mineral n.º 70389/2017 apresenta a matriz de classificação quanto à categoria de risco (resíduos e rejeitos):

Tabela 7 – Matriz de classificação.

Confiabilidade das estruturas extravasoras	Percolação	Deformações e recalques	Deterioração de taludes
Estruturas civis bem mantidas e em operação normal/ barragem sem necessidade de estruturas extravasoras	Percolação totalmente controlada pelo sistema de drenagem.	Não existem deformações e recalques com potencial de comprometimento da segurança da estrutura.	Não existe deterioração de taludes e paramentos.

Estruturas com problemas identificados e medidas corretivas em implantação	Umidade ou surgência nas áreas de jusante, paramentos, taludes ou ombreiras estáveis e monitorados.	Existência de trincas e abatimentos com medidas corretivas em implantação.	Falhas na proteção dos taludes e paramentos, presença de vegetação arbustiva.
Estruturas com problemas identificados e sem implantação das medidas corretivas necessárias	Umidade ou surgência nas áreas de jusante, paramentos, taludes ou ombreiras sem implantação das medidas corretivas necessárias.	Existência de trincas e abatimentos sem implantação das medidas corretivas necessárias.	Erosões superficiais, ferragem exposta, presença de vegetação arbórea, sem implantação das medidas corretivas necessárias.
Estruturas com problemas identificados, com redução de capacidade vertente e sem medidas corretivas	Surgência nas áreas de jusante com carreamento de material ou com vazão crescente ou infiltração do material contido, com potencial de comprometimento da segurança da estrutura.	Existência de trincas, abatimentos ou escorregamentos, com potencial de comprometimento da segurança da estrutura.	Depressões acentuadas nos taludes, escorregamentos, sulcos profundos de erosão, com potencial de comprometimento da segurança da estrutura.

Fonte: DNPM, 2017.

4.5 BENTO RODRIGUES E BRUMADINHO: DO LUCRO AO CAOS

Uma reflexão merece ser trazida à análise quanto ao centro de discussão da presente obra, os acidentes por rompimento de barragens em Bento Rodrigues/MG e Brumadinho/MG. O antropólogo francês Marc Augé, em sua obra "Não lugares: introdução a uma antropologia da supermodernidade" (2016, p. 29) apresenta a velocidade em que os fatos se desenvolvem hodiernamente, culminando com uma aceleração da história:

> A aceleração da história corresponde de fato a uma multiplicação de acontecimentos na maioria das vezes não previstos pelos economistas, historiadores ou sociólogos. A superabundância factual é que constitui problema, e não tanto os horrores do século XX (inéditos por sua amplitude, mas

> possibilitados pela tecnologia), nem a mudança dos esquemas intelectuais ou as agitações políticas, dos quais a história nos oferece muitos outros exemplos. Essa superabundância, que só pode ser plenamente apreciada levando-se em conta, por um lado, a superabundância da nossa informação, e, por outro, as interdependências inéditas do que alguns chamam hoje de "sistema-mundo", traz incontestavelmente um problema para os historiadores, principalmente os contemporâneos – denominação da qual a densidade factual das últimas décadas ameaça suprimir todo e qualquer significado. Mas esse problema é precisamente de natureza antropológica.

Migrando a discussão para os acidentes minerários, o conceito de aceleração da história pode ser adequado justamente por ser um complexo de acontecimentos que, num lapso temporal menor que quatro anos, afetou aspectos sociológicos, ambientais, jurídicos, culturais de toda uma comunidade. A concatenação de atos em extrema velocidade dificultou a construção de uma base de dados histórica, visto que os olhares se dividiam entre os acidentes. Bento Rodrigues/MG com sua dimensão de exaustão ambiental e Brumadinho/MG com os impactos na vida de diversas pessoas e famílias.

Se faz necessário analisar a teoria dos holofotes de Karl Popper (1975, p. 318), denominada por ele como observações que são secundárias às hipóteses e que são com estas que "aprendemos que tipos de observações devemos fazer: para onde devemos dirigir nossa atenção; onde ter um interesse". Por essa teoria há destinação dos olhares para ambientes em que se quer e busca-se atenção e análise.

Mesmo não sendo uma pesquisa etnográfica, percebe-se que os conceitos de não lugar propostos por Augé (2016) são feitos justamente para caracterizar no espaço uma relação entre as pessoas, mesmo que indiretamente, ou seja, os laços que proporcionaram que, no dia dos acidentes, elas estivessem unidas entre si, apesar de separadas. Unidas no sentido de compartilharem a mesma dimensão espacial no tempo e separadas por não estarem vinculadas diretamente por laços afetivos ou de aproximação laboral. No caso de Bento Rodrigues/MG como será abordado em linhas subsequentes, a comunidade perdeu sua essência e identidade. A construção da imagem de lar foi devastada. Por sua vez, Brumadinho/MG destruiu vidas e famílias em instantes. Como aproximar uma sociedade pós tragédia e trazer voz àqueles subitamente amordaçados?

O próprio antropólogo francês (2016) fundamenta a ideia de diálogos silenciosos, ou seja, mesmo sem sequer utilizar a forma oral de comunicação, a simbologia e os métodos sociais são possíveis. Apesar de utilizar como exemplo a pessoa que vai até uma loja ou mercado, sozinha, analisa os preços estampados em etiquetas, se desloca ao caixa, apresenta o cartão e efetua a compra, sem dizer nenhuma palavra ser dita, é possível trazer a discussão para a presente obra justamente na necessidade de voz ativa da sociedade por seus anseios. O Estado possui o conhecimento do que é necessário, contudo, a burocracia recursal do sistema judiciário brasileiro se torna, a cada dia, um obstáculo à concretização de direitos. Propõe-se um diálogo aberto e efetivo. Mesmo reconhecendo a possibilidade trazida por Augé, sustenta o autor da presente pesquisa, pela objetividade e participação efetiva nos ideais de democracia participativa delineados pela Constituição da República de 1988.

Augé (2016, p. 73) ainda acrescenta as relações entre lugar por meio de identidades, relações e historicidade:

> Se um lugar pode se definir como identitário, relacional e histórico, um espaço que não pode se definir nem como identitário, nem como relacional, nem como histórico definirá um não lugar. A hipótese aqui defendida é a de que a supermodernidade é produtora de não lugares, isto é, de espaços que não são em si lugares antropológicos e que, contrariamente à modernidade baudelairiana, não integram os lugares antigos: estes, repertoriados, classificados e promovidos a "lugares de memória", ocupam ai um lugar circunscrito e específico.

O termo espaço, então, pode ser considerado mais abstrato que o termo lugar. A configuração do não lugar na visão de Augé (2016) é perfeitamente adequada ao caso da pesquisa, visto que a construção do espaço em que ocorreu as tragédias possuem interligações na era da supermodernidade, com a criação de um universo significativo. Conclui-se que os não lugares possibilitam duas realidades complementares: os espaços construídos na atividade finalista (transporte, trabalho, comércio) e a relação que os indivíduos mantêm nesses espaços, a maneira como interagem diretamente.

Como grande contribuição, Gilvan Hansen (2000, p. 65) apresenta reflexões acerca do tempo e do espaço na modernidade, elementos permeados pela razão:

> Uma primeira questão é de que, em que pese estarmos sob a égide da globalização e da sociedade da comunicação, onde os avanços tecnológico-científicos nos fazem sentir a fluidez e a relatividade de espaço e tempo, devemos lutar para não perder um referencial quanto ao significado de ambos. Espaço e tempo são elementos a partir dos quais a razão humana organiza o que há; e embora haja uma "naturalidade" de espaço e tempo em nossa razão, é essa razão quem, em última instância, define o significado do tempo e do espaço não apenas em termos cognitivos, mas principalmente em sua dimensão prática (ética, política, jurídica, estética, educacional).
>
> Mas, se somos "senhores do tempo e do espaço", qual tem sido nossa atitude frente ao momento em que vivemos e ao lugar onde nos encontramos? Quais os critérios que a instância de razão que existe em nós vem sendo utilizado para construir o presente e projetar o futuro, seja de nosso lugar seja de outros lugares? Continuamos a acreditar numa racionalidade instrumental e a definir espaço e tempo apenas como elementos quantitativos no cálculo da eficiência de uma cadeia produtiva; ou procuramos nos situar numa outra perspectiva de racionalidade, acreditando no potencial de tempo e espaço como instâncias nas quais os anseios de uma sociedade mais justa e de um mundo melhor podem ser convertidos em realidade?

Destaca-se a utilização de duas obras de cunho jornalístico na presente obra. Serra (2018) e Ragazzi e Rocha (2019), justamente por replicar vários documentos oficiais e trazerem relatos da sociedade envolvida com as tragédias de Bento Rodrigues/MG e Brumadinho/MG. Obras estas baseadas também nas investigações da Polícia Federal. O complexo existente nas referidas obras valida o discurso nelas presentes. Passar-se-á à análise das referidas tragédias sob a ótica cronológica.

4.5.1 Bento Rodrigues/MG

Não há outra forma para iniciar esse tópico da pesquisa sem antes mencionar os nomes das vítimas do acidente pelo rompimento da barragem localizada em Bento Rodrigues/MG, considerando que não são números, são pessoas que encerram suas vidas abruptamente e deixaram, além de saudades, uma incerteza acerca do futuro de cada família que perdeu tudo.

Muitas pessoas fazem menção à tragédia apenas de Brumadinho/MG como avassaladora de mortes. Realmente é intensamente maior. Porém, Bento Rodrigues/MG também ceifou vidas.

Os dezenove mortos na tragédia de Bento Rodrigues/MG são: Ailton Martins, dos Santos, 55 anos, motorista da Integral Engenharia; Antônio Prisco de Souza, 74 anos, morador de Bento Rodrigues; Claudemir Elias dos Santos, 41 anos, motorista da Integral Engenharia; Cláudio Fiuza da Silva, 41 anos, servente da Integral Engenharia; Daniel Altamiro de Carvalho, 53 anos, operador de máquinas da Integral Engenharia; Edinaldo José Pessoa, 40 anos, operador de escavadeira da Integral Engenharia; Edmirson José Pessoa, 48 anos, técnico de serviço administrativo da Samarco; Emanuelle Vitória Fernandes Izabel, 05 anos, moradora de Bento Rodrigues; Marcos Aurélio Pereira Moura, 34 anos, químico e gerente da Petroquímica; Marcos Roberto Xavier, 32 anos, motorista de caminhão da Vix Logística; Maria das Graças Celestino, 64 anos, moradora de Bento Rodrigues; Maria Eliza Lucas, 60 anos, moradora de Contagem; Mateus Márcio Fernandes, 29 anos, mecânico de manutenção da Manserv; Pedro Paulino Lopes, 56 anos, mecânico de manutenção da Manserv; Samuel Vieira Albino, 34 anos, sondador da Geocontrole; Sileno Narkievicius de Lima, 46 anos, motorista da Integral Engenharia; Thiago Damasceno Santos, 07 anos, morador de Bento Rodrigues/MG; Vando Maurílio dos Santos, 37 anos, motorista da Integral Engenharia; e, por fim, Waldemir Aparecido Leandro, 48 anos, auxiliar de sondagem da Geocontrole.

Conforme dados apresentados na Nota Técnica 1/2016 de assinatura entre vários órgãos ambientais brasileiros (2016), apresentou-se os dados que a barragem do Fundão, de propriedade da Empresa Samarco Mineração S/A, continha aproximadamente 50 milhões de m3 de rejeitos de mineração de ferro, sendo que 34 milhões de m3 de lama vazaram com o rompimento. A onda de água e lama atingiu a localidade de Bento Rodrigues causando mortes e destruição do povoado. A gigantesca onda de água e rejeitos percorreu os Rios Gualaxo do Norte e Carmo entrando no curso do Rio Doce, onde percorreu cerca de 600 km até sua foz em Linhares-ES. A onda de rejeitos destruiu comunidades, estruturas urbanas, áreas de preservação permanente, alterou de forma drástica a qualidade da água, levando ao extermínio da biodiversidade aquática, incluindo espécies ameaçadas, incluindo a ictiofauna e também indivíduos da fauna silvestre. Os níveis de turbidez da água e dos sedimentos levaram à interrupção do abastecimento de água dos municípios e das atividades econômicas com captações nos rios atingidos (ARRUDA JUNIOR, 2017).

Além das vítimas fatais e dos feridos, ao longo do trecho afetado, foram constatados danos ambientais, econômicos e sociais diretos, tais como a destruição de moradias e de estruturas urbanas, destruição de áreas de preservação permanente, isolamento de comunidades, mortandade de animais de produção, impacto em plantações nas áreas rurais, restrições à pesca, danos à saúde, mortandade da fauna silvestre e doméstica, interrupção da geração de energia elétrica pelas hidrelétricas atingidas, suspensão do abastecimento de água e danos àsáreas ambientalmente sensíveis. (Nota Técnica 1/2016).

Documentalmente falando, não há dado mais preciso que a própria denúncia oferecida pelo Ministério Público Federal (2016, n.p) no dia 20 de outubro do ano de 2016, pouco menos de um ano da tragédia. Por maior que seja a citação, todos os elementos descritos nos fatos da denúncia são extremamente relevantes para a presente pesquisa, por conta disso, segue, *in totum:*

> No dia 05 de novembro de 2015, aproximadamente às 15:30 horas, ocorreu o rompimento da barragem de Fundão, situada no Complexo Industrial de Germano, no Município de Mariana/MG, sob a gestão da pessoa jurídica SAMARCO MINERAÇÃO S/A.
>
> O empreendimento estava localizado na Bacia do rio Gualaxo do Norte, afluente do rio do Carmo, que é afluente do rio Doce.
>
> O colapso da estrutura ocasionou o extravasamento imediato de aproximadamente 40 milhões de metros cúbicos de rejeitos de minério de ferro e sílica, entre outros particulados, e outros 16 milhões de metros cúbicos continuam escoando lentamente. O material liberado logo após o rompimento da barragem de Fundão formou uma grande onda de rejeitos, atingindo a barragem de Santarém, localizada a jusante, erodindo parcialmente a região superior do maciço da referida estrutura e galgando o seu dique, após incorporar volumes de água e rejeitos não estimados que ali se encontravam acumulados.

Em sua rota de destruição, à semelhança de uma avalanche de grandes proporções, com alta velocidade e energia, a onda de rejeitos, formada pelo rompimento da barragem de Fundão, atingiu o Córrego de Fundão e o Córrego Santarém, destruindo suas calhas e seus cursos naturais. Em seguida, soterrou grande parte do Subdistrito de Bento Rodrigues, localizado a aproximadamente 6 km da barragem de Santarém, dizimando vidas e desalojando pessoas. Já na calha do rio Gualaxo do Norte, a avalanche de rejeitos percorreu 55 km até desaguar no rio do Carmo, atingindo diretamente várias localidades rurais, como as comunidades de Paracatu de Baixo, Camargos, Águas Claras, Pedras, Ponte do Gama, Gesteira, além dos Municípios de Barra Longa/MG, Rio Doce/MG e Santa Cruz do Escalvado/MG.

No trecho entre a barragem de Fundão e a Usina Hidrelétrica Risoleta Neves (também conhecida como UHE Candonga), a passagem da onda de rejeitos ocorreu de forma mais violenta, acarretando o transbordamento de um grande volume de rejeitos para as faixas marginais do rio Gualaxo do Norte e rio do Carmo, em enorme desproporção à capacidade normal de drenagem da calha desses corpos hídricos, ocasionando a destruição da cobertura vegetal de vastas áreas ribeirinhas, por meio do arrancamento da vegetação por arraste, inclusive com a remoção da camada superficial do solo. Observou-se, também, nessa área a deposição de rejeitos sobre o leito dos rios e vastas áreas marginais, soterrando a vegetação aquática e terrestre, destruindo habitats e matando animais.

Após percorrer aproximadamente 22 km no rio do Carmo, a onda de rejeitos alcançou o rio Doce, deslocando-se pelo seu leito até desaguar no Oceano Atlântico, no dia 21/11/2015, no distrito de Regência, no Município de Linhares/ES.

No trecho entre a UHE Risoleta Neves, no Município de Rio Doce/MG, e a foz do rio Doce, em Linhares/ES (incluindo o ambiente estuarino, costeiro e marinho), o material seguiu preferencialmente pela calha do rio Doce, provocando uma onda de cheia especialmente em seu trecho médio (desde a confluência do rio Matipó até a divisa MG/ES), decorrente do aumento do fluxo hídrico gerado pelo rompimento da barragem de Fundão. Esse fenômeno alagou temporariamente áreas mais planas das margens, deixando nelas, após a normalização do fluxo, os sedimentos contendo rejeitos de minério.

> À medida que a onda de rejeitos avançava pela calha do rio Doce, sua força inicial foi dissipando, gerando, nesse trajeto, danos associados à poluição hídrica, mortandade de animais e à interrupção do abastecimento e distribuição de água em vários municípios, como Governador Valadares/MG, Baixo Guandu/ES e Colatina/ES.
>
> Na tarde do dia 21/11/2015, a pluma de rejeitos atingiu a foz do rio Doce, no Município de Linhares e, após impactar diretamente os Municípios de Mariana, Barra Longa, Rio Doce, Santa Cruz do Escalvado, Sem-Peixe, Rio Casca, São Pedro dos Ferros, São Domingos do Prata, São José do Goiabal, Raul Soares, Dionísio, Córrego Novo, Pingo d'Água, Marliéria, Bom Jesus do Galho, Timóteo, Caratinga, Ipatinga, Santana do Paraíso, Ipaba, Belo Oriente, Bugre, Iapu, Naque, Periquito, Sobrália, Fernandes Tourinho, Alpercata, Governador Valadares, Tumiritinga, Galileia, Conselheiro Pena, Resplendor, Itueta, Aimorés, Baixo Guandu, Colatina, Marilândia e Linhares, avançou sobre o oceano principalmente na direção norte. Nos dias e semanas subsequentes, a pluma prosseguiu dispersando sobre o ambiente marinho, em distâncias e direções variadas, influenciada pelas marés, ventos e correntes marítimas.
>
> Em 27/01/2016, sobreveio novo deslizamento de rejeitos de mineração decorrente de grande erosão no Dique Sela, estrutura que liga a barragem Germano a Fundão. Nesse novo evento, estimou-se que 960.000 metros cúbicos de rejeitos de minério de ferro vazaram pelo vale, agravando o cenário de destruição e poluição na área da Bacia Hidrográfica do rio Doce e no mar territorial.

De acordo com o Ministério Público Federal (2016, n. P.), 21 pessoas foram denunciadas para responsabilização da morte de dezenove pessoas e danos ambientais praticamente imensuráveis. Entre os denunciados estão o presidente afastado da Samarco, Ricardo Vescovi de Aragão; o diretor de Operações e Infraestrutura, Kleber Luiz de Mendonça Terra; três gerentes operacionais da empresa; 11 integrantes do Conselho de Administração da Samarco; e cinco representantes das empresas Vale e BHP Billiton na Governança da Samarco.

O rompimento da barragem de Fundão, em Bento Rodrigues/MG, distrito de Mariana/MG, ocorrido em 5 de novembro de 2015 provocou destruição de boa parte da bacia hidrográfica do Rio Doce, desembocando no Oceano Atlântico em Linhares/ES.

Diversas comunidades residentes aos arredores da Bacia Hidrográfica do Rio Doce foram afetadas direta ou indiretamente e, até os dias de hoje, ainda coloca em xeque a continuidade do modo de vida dos povoados e comunidades tradicionais, além dos diversos problemas de saúde. Vários setores, assim, foram atingidos com tal catástrofe: economia regional, agricultura, pecuária, comércio, serviços e atividade pesqueira em toda a bacia hidrográfica, além da infraestrutura pública e privada nas cidades afetadas.

Os municípios tiveram redução de arrecadação tributária e de fluxo turístico. Esta última característica talvez assole Mariana/MG por diversas décadas (MPF, 2016). As pessoas não mais buscam a bela cidade histórica para conhecimento e apreciação dos casarões centenários. Dificilmente o vínculo de Mariana/MG com o acidente de Bento Rodrigues/MG será rompido. Com isso, o fluxo turístico tende a cair drasticamente, afetando, a economia regional.

Ainda no levantamento dos dados, o MPF (2016, n. d.) relaciona rol de alguns dos números do desastre provocado pelo rompimento da Barragem do Fundão, distrito de Bento Rodrigues/MG:

> Alguns números do desastre:
>
> – 19 pessoas mortas
>
> – 29.300 carcaças de peixes coletadas ao longo dos rios Carmo e Doce, correspondendo a 14 toneladas de peixes mortos
>
> – A degradação atingiu não menos que 240,88 ha de Mata Atlântica e 45 ha de Mata Atlântica com eucalipto
>
> – Das 195 propriedades rurais atingidas em MG, 25 foram completamente devastadas
>
> – 5.187.610m^3 foi o volume de rejeitos encaminhados pela Vale para a Barragem de Fundão entre 2008 e 2015, o que corresponde a 27% de toda a lama depositada no local nesse período
>
> – Vazaram do reservatório de Fundão para os terrenos e corpos hídricos de jusante mais de 40 milhões de m^3 de rejeitos
>
> – Em 2013, a Samarco teve um aumento de 3,2% no lucro e maior faturamento da história, enquanto se permanecia incrementando riscos proibidos na operação da barragem de Fundão, com redução dos gastos com segurança

O Ministério Público Federal criou, com base na transparência institucional e constitucional, página contendo todo o cronograma das medidas jurídicas do caso Bento Rodrigues/MG, justamente para dar uma resposta aos anseios sociais. A plataforma contém inúmeras informações oficiais relevantes. Mesmo a presente obra não ter o objeto central de pesquisa a responsabilidade civil, imperioso mencionar que há uma linha do tempo criada pelo MPF contendo inúmeras menções sobre a participação popular. Alguns dados merecem ser trazidos à análise (2016, n.d):

> 05/11/2005 Rompimento da barragem do Fundão, localizada no subdistrito de Bento Rodrigues, a 35 km do centro de Mariana (MG), no que é considerado o maior desastre ambiental da história brasileira e o maior do mundo envolvendo barragem de rejeitos. Com o rompimento da barragem da empresa Samarco Mineração S/A, mais de 40 milhões de metros cúbicos de rejeitos de minério foram despejados no ambiente. Dezenove pessoas morreram no desastre. A lama tóxica chegou ao Rio Doce, atingindo 41 municípios dos estados de Minas Gerais e do Espírito Santo.
>
> 09/11/2015 Liminar obriga Samarco Mineração S/A e poder público a preservar provas para reparar os danos pelo desastre. A decisão judicial aconteceu em medida cautelar proposta pelo MPF e pelo MP/ES.
>
> 16/11/2015 No Espírito Santo, os Ministérios Públicos Federal, do Trabalho e Estadual assinam Termo de Compromisso Socioambiental (TCSA) preliminar e emergencial com a empresa Samarco Mineração S/A. O acordo objetiva proteger o direito das populações e de trabalhadores e trabalhadoras afetados/as pelo desastre envolvendo a barragem de Fundão pertencente à empresa em Minas Gerais; garantir que as provas do ocorrido sejam preservadas para futura reparação dos danos; e a adoção de medidas emergenciais para que o impacto socioambiental causado seja o menor possível.
>
> Em Minas, o MPF e o MP Estadual firmam Termo de Compromisso Preliminar com a empresa Samarco Mineração S/A, estabelecendo caução socioambiental de R$ 1 bilhão para garantir custeio de medidas preventivas emergenciais, mitigatórias, reparadoras ou compensatórias mínimas decorrentes do rompimento das barragens de rejeitos em Mariana, região Central de Minas.

21/11/2015 MPF/MG recomenda que Samarco identifique e dê assistência a atingidos na região de Valadares. Empresa deve criar fundo para custear as medidas de recuperação de prejuízos.

04/12/2015 MPF recomenda que Ibama e DNPM intensifiquem a fiscalização em barragens de mineração em Minas Gerais.

Assinado o primeiro aditivo ao Termo de Compromisso Socioambiental (TCSA), prevendo que a Samarco garanta renda mínima a pessoas afetadas pela lama no Rio Doce. O aditivo prevê a elaboração de plano de identificação, manutenção de renda e amparo de todas as pessoas que exerciam atividades laborativas vinculadas ao Rio Doce, seus afluentes e respectivas margens, bem como lagos, lagoas e águas marinhas atingidas pelo impacto do rompimento da barragem da mineradora.

17/12/2015 Decisão da Justiça Federal no Espírito Santo obriga a Samarco Mineração S/A a continuar o fornecimento de água potável para a moradores da cidade de Colativa (ES). A empresa estava obrigada a fornecer água por apenas sete dias em virtude de decisão judicial, em percentual mínimo de 54 litros por dia, por habitante, além de dois litros de água potável por dia, por habitante, para consumo humano. Depois de embargos propostos pelo MPF, pelo MPF e pelo MP Estadual, a Justiça entendeu que a empresa deveria continuar fornecendo água, para evitar danos à população.

Audiência pública realizada em Colatina (ES) registra a insatisfação da população com a conduta da empresa e com a omissão do poder público depois do desastre de Mariana.

18/12/2015 Justiça Federal em Brasília decide que ação civil pública da União e dos estados de Minas Gerais e do Espírito Santo contra a Samarco deve ser julgada em Belo Horizonte (MG).

ANO DE 2016

20/01/2016 MPF questiona na Justiça proposta de acordo judicial da União e dos estados de Minas Gerais e do Espírito Santo com a Samarco, Vale e BHP, empresas responsáveis pelo desastre de Mariana. Para o MPF, acordos do tipo devem atender ao interesse da sociedade e promover a efetiva reparação ambiental

25/01/2016 Ministério Público entra com nova ação na Justiça para garantir distribuição de água mineral para a população de Colatina (ES). Decisão judicial prévia determinava que a Samarco fornecesse dois litros de água potável, por dia e por habitante, desde 18/11/2015, quando foi suspensa a captação de água no Rio Doce para Colatina.

27/01/2016 Vistoria do MPF flagra novo deslizamento de lama na Barragem do Fundão.

03/02/2016 MPF entra com ação para interditar a foz do Rio Doce para pesca. A ação civil pública, com pedido de liminar, pede a proibição imediata da pesca de qualquer natureza, salvo a destinada à pesquisa científica, na região da Foz do Rio Doce, no litoral do Espírito Santo. A medida visa preservar a saúde da população que consume os pescados da região e a sobrevivência das espécies já impactadas pelos rejeitos.

19/02/2016 Liminar em ação do MPF proíbe, por tempo indeterminado, a pesca na Foz do Rio Doce.

18/03/2016 MPF recomenda que DNMP só aprove plano de mineração com destinação ecológica de resíduos.

02/05/2016 MPF entra com ação para total reparação dos danos causados pelo rompimento da barragem de Fundão da mineradora Samarco. Força-Tarefa estima o valor dos danos sociais, ambientais e econômicos causados pelo desastre em R$ 155 bilhões.

31/05/2016 STJ decide que ações criminais relacionadas ao rompimento da barragem de Mariana devem ser processadas e julgadas pela Justiça Federal.

13/07/2016 MPF instaura procedimento investigatório criminal para apurar eventual conduta ilícita de Roberto Lúcio Nunes de Carvalho, diretor-presidente da Samarco. De acordo com a força-tarefa do MPF, passados oito meses do rompimento da barragem, a Samarco não cumpriu plenamente nenhuma das ações emergenciais de precaução ambiental exigidas pelo Ibama.

10/10/2016 Decisão judicial obrigada a Samarco a pagar perícia da água que abastece o município de Colatina (ES). Onze meses após o desastre, ainda há dúvidas acerca da qualidade da água destinada à população.

20/10/2016 MPF denuncia 26 por tragédia em Mariana. 21 são acusados por homicídio doloso e outros três tipos previstos no Código Penal, além dos mesmos crimes ambientais atribuídos às empresas Samarco, Vale e BHP Billiton; já VOGBR e engenheiro da empresa são acusados de emissão de laudo ambiental enganoso.

18/11/2016 Justiça Federal recebe denúncia do MPF e instaura ação penal contra 26 acusados pelo desastre de Mariana. Quatro pessoas jurídicas e 22 pessoas físicas passam a responder criminalmente por atos que causaram o maior desastre socioambiental do país.

15/12/2016 A pedido do MPF, a Justiça determina que perícia no Rio Doce realizada pela Fundação Oswaldo Cruz e pelo Instituto Federal do Espírito Santo seja custeada pela Samarco. Objetivo do estudo é analisar a qualidade da água para a população de Colatina (ES).

ANO DE 2017

18/01/2017 MPF firma Termo de Acordo Preliminar com as empresas Samarco Mineração S/A, Vale S/A e BHP Billiton do Brasil Ltda. tendo como principal objetivo a obrigação das compromissárias de contratar corpo técnico pericial para subsidiar MPF no diagnóstico dos danos socioambientais e socioeconômicos acarretados pelo rompimento da barragem de Fundão, bem como para realizar análise das medidas já empreendidas pelas empresas, por meio dos Programas de Reparação. O acordo ainda prevê a obrigação de garantir R$ 2.2 bilhões para reparação dos danos.

ANO DE 2018

26/10/2018 Rio Doce: acordo garante que direito de reparação às vítimas não prescreva. Um termo de compromisso assinado nesta sexta-feira (26) entre os Ministérios Públicos, Defensorias Públicas e as empresas Samarco Mineração, Vale, BHP Billiton do Brasil e a Fundação Renova, estabelece que não haverá prescrição de diretos e pretensões das vítimas da tragédia do Rio Doce na data de 5 de novembro de 2018.

A citação acima foi retirada do site do próprio Ministério Público Federal, contudo, de maneira reduzida para adequação à pesquisa. Ainda há no cronograma apresentado outros elementos como grupos de trabalhos e reuniões de instituições. Buscou-se a apresentação dos dados jurídicos do caso, como forma de sustentar o discurso acerca da participação popular.

No caso Samarco, como popularmente se tornou conhecido, houve grande enfoque midiático justamente por ser o maior, até o momento, acidente envolvendo rompimento de barragens da mineração. Logo, é comum que a transparência institucional esteja reforçada, além da observância de nortes balizadores presentes na Constituição da República de 1988.

A participação popular vai muito além da oitiva pós tragédia. A voz social deve ser formalizada em todos os trâmites e procedimentos que efetivamente atinjam a comunidade diretamente impactada. Afirmar-se que a participação popular no caso Samarco está sendo respeitada, remonta a ideia de Popper (1975) sobre a Teoria dos Holofotes.

Os trâmites legais como licenciamento ambiental e monitoramento de barragens foram devidamente analisados quando do início do empreendimento ou somente após o acidente?

Sobre o licenciamento ambiental, é de conhecimento da classe jurídica que o meio ambiente possui guarida na Magna Carta, no artigo 225, local onde expressa-se a obrigatoriedade de proteção do mesmo tanto pelo Estado como pela própria sociedade. E a maneira pela qual o Estado efetiva essa proteção é através da gestão ambiental que, por si, possui a licença ambiental como um de seus instrumentos de concretização.

A licença ambiental é o procedimento administrativo destinado a licenciar empreendimentos que utilizem direta ou indiretamente recursos naturais, com previsão na Lei 6938/81, na Lei Complementar 140/11 e na Resolução 237/97 CONAMA – Conselho Nacional do Meio Ambiente.

Em um artigo de autoria do presente pesquisador (2014, p. 14), apresentou-se as modalidades de licenças ambientais existentes no ordenamento jurídico brasileiro:

> O procedimento para emissão da licença ambiental é concluído depois de sucedido três etapas, congêneres, mas distintas e estão estipuladas no art. 8 da Resolução Conama 237/97. Salienta-se que entre uma fase de licença e outra pode-se fazer necessário o EIA/RIMA (Estudo de Impacto Ambiental/Relatório de Impacto do Meio Ambiente), incluindo a realização de audiência pública. O órgão ambiental responsável tem o prazo de seis meses para estudar cada licença. Os tipos de licença são: Licença Prévia, Licença de Instalação, Licença de Operação e a "Licença" de Operação Corretiva, a saber;
>
> a) Licença Prévia (LP): Trata-se da licença deferida em fase preliminar, certificando a viabilidade do negócio e sua localização adequada e correta. Seu prazo máximo é de cinco anos.

> b) Licença de Instalação (LI): Nessa modalidade de licença, verifica-se para sua concessão, as especificações, os planos e os programas que vão dar materialidade e edificar o projeto. Tem prazo de seis anos no máximo.
>
> c) Licença de Operação (LO): Cumprida as condicionantes das licenças anteriores, com as medidas de controle ambiental, é emitida a licença de operação, necessária para o funcionamento, e para a efetivação de determinado empreendimento. Possui prazo mínimo de quatro anos e máximo de 10 anos, podendo ser solicitada renovação da LO, até 120 dias antes do seu vencimento.
>
> d) "Licença" de Operação Corretiva (LOC): Conhecida também como Licença Retificadora, está prevista no art. 34 do Decreto 4.430/2002, que regulamenta os artigos da Lei 9.985/2000. Visa normalizar a atividade de empreendimentos já em exercício, ou aqueles que antecederam o dever legal da realização do EPIA/RIMA.

Cristina Serra (2018, p. 117/118), em uma obra jornalística, quase um trabalho de etnografia, apresenta detalhes de todos os trâmites pré e pós tragédia em Bento Rodrigues/MG. Um fator que merece destaque é a presença de erros na fase de licenciamento ambiental.

> Com a licença de instalação em mãos, faltava a última etapa: a licença de operação. Novamente, a Samarco não cumpriu todas as condicionantes para que recebesse a LO. Uma delas era a apresentação do "Plano de Contingência", com informação às comunidades. O que se entregou tratava apenas da segurança dos trabalhadores, e nada informava sobre o alerta às populações próximas em caso de emergência. Outra condicionante decisiva era o relatório técnico de construção, conhecido pela expressão em inglês *as built*, ou, numa tradução literal, "como construído". Esse documento é uma espécie de check list do projeto executivo, um diário de construção, que, como diz o nome, só pode ser preparado com a obra concluída. A empresa, porém, apresentou o *as built* de Fundão antes do término da barragem. O relatório definitivo nunca foi entregue.

Uma das teorias mais faladas à época do acidente foi a de tremores de terra como causadores de abalos na estrutura da barragem do Fundão em Bento Rodrigues/MG. Serra (2019, p. 20) sustenta que "a investigação contrariou a versão que a Samarco tentara difundir desde as primeiras horas após o rompimento poderia ter sido consequência de tremores de terra ocorridos na área da barragem".

Um evento pouco divulgado na mídia foi a importante participação da moradora Paula Geralda Alves, a qual, em sua motocicleta, percorreu o distrito de Bento Rodrigues/MG anunciando sobre a chegada da lama. Atitude que evitou que a catástrofe humana não fosse ainda maior. Tempos após, Paula foi condecorada com a Ordem do Mérito Imperador Dom Pedro II, honraria mais importante concedida pelo Corpo de Bombeiros.

Diante dos dados do acidente de Bento Rodrigues/MG válido refletir sobre o sentimento de pertencimento da comunidade local. Tavares (2014, p. 197) relaciona que alguns elementos como afetividade e sentimento de pertencimento, antes não avaliados, devem ser tidos como necessários para concretização dos direitos básicos:

> Tais concepções, quando associadas à responsabilização do Estado, impõem um trabalho articulado de diversos setores e órgãos estatais, diversos saberes e composições profissionais, para a efetiva satisfação da necessidade elementar e universal de pertencimento social. Nessa perspectiva, componentes antes não considerados no campo dos direitos sociais, como, por exemplo, o sentimento dos sujeitos, a sua afetividade, a ética e a reflexão, são ressaltados como fundamentais nas necessidades de todos os indivíduos, cujo provimento é dever do Estado, se considerarmos a Constituição Federal brasileira. São concepções que referendam a atuação da psicologia social nas políticas públicas para além do histórico fazer da psicologia – que tem como referência a atenção curativa, o atendimento em situações traumáticas, o psicólogo como reforçador de processos individualizados de adaptação – imputando a este profissional a inclusão de componentes extra-materiais, como valores, ética, sentimentos, afeto, cognição e oportunidade de reflexão no trabalho com as comunidades. As políticas de direitos sociais já reconhecem a inserção da psicologia nesse campo, mas a atuação ainda é tímida, haja vista o processo histórico da psicologia individualizada, elitista e a serviço de mapeamentos e padronizações de comportamentos.

A história do povoado de Bento Rodrigues/MG nunca será a mesma. Por mais que tenha ocorrido a realocação de todos os indivíduos para um mesmo local, diferente daquele devastado pela onda de rejeitos, a história deverá ser reconstruída.

Não se pretende aqui avaliar, como já expressado anteriormente, a responsabilidade – administrativa, civil e penal – das empresas envolvidas no acidente minerário. Mas fator que merece também destaque é que o grupo empresarial também sofrerá impactos econômicos jamais vivenciados. Uma explotação em franco crescimento, com exportação sólida e sustentadora de economia micro e macro, sem dúvidas, também terá o ônus de recuperação.

Remonta-se a ideia de Maria Amélia Enriquez (2008) de que a mineração pode ser considerada uma maldição ou dádiva. Apesar da autora não se referir a acidentes minerários e sim à relação de dependência contínua ao empreendimento, válido lembrar que boa parte da comunidade também era beneficiada com a mineração, direta ou indiretamente, ou seja, com empregos e oportunidades de renda ou fortalecimento econômico.

Verificou-se também que o Estado, aqui representado pelo estado de Minas Gerais não trabalhou rigidamente com seu poder de polícia, efetuando fiscalizações intensas. Talvez pelo baixo número de servidores da área ou até mesmo por não serem os acidentes recorrentes na mineração. Em dados gerais, este é o acidente de Bento Rodrigues/MG. Passar-se-á ao estudo do caso mais recente, Brumadinho/MG.

4.5.2 Brumadinho/MG

No dia 25 de janeiro do ano de 2019, no município de Brumadinho/MG, o local tornara-se mundialmente conhecido por um gigantesco acidente na mineração. A barragem Mina Córrego do Feijão se rompeu e uma onda de rejeitos matou 254 pessoas e deixou mais 16 desaparecidas. Assim como no caso de Bento Rodrigues/MG, por mais que seja extensa, o autor optou por trazer a lista nominal de cada uma das pessoas que tiveram suas vidas abruptamente interrompidas.

De acordo com matéria disponibilizada no G1 (2019, n. P.) são elas: Adail dos Santos Junior; Adair Custodio Rodrigues; Ademário Bispo; Adilson Saturnino de Souza; Adnilson da Silva do Nascimento; Adriano Aguiar Lamounier; Adriano Caldeira do Amaral; Adriano Gonçalves dos Anjos; Adriano Junio Braga; Adriano Ribeiro da Silva;

Adriano Wagner da Cruz de Oliveira; Alaércio Lucio Ferreira; Alano Reis Teixeira; Alex Mário Moraes Bispo; Alex Rafael Piedade; Alexis Adriano da Silva; Alexis Cesar Jesus Costa; Alisson Martins de Souza; Alisson Pessoa Damasceno; Amanda de Araújo Silva; Amarina de Lourdes Ferreira; Amauri Geraldo da Cruz; Anailde Souza Pereira; Anderson Luiz da Silva; André Luiz Almeida Santos; Andrea Ferreira Lima; Angélica Aparecida Ávila; Angelo Gabriel da Silva Lemos; Anízio Coelho dos Santos; Antonio Fernandes Ribas; Armando da Silva Roggi Grissi; Aroldo Ferreira de Oliveira; Bruna Lelis de Campos; Bruno Eduardo Gomes; Bruno Rocha Rodrigues; Camila Aparecida da Fonseca Silva; Camila Santos de Faria; Camila Taliberti Ribeiro da Silva; Camilo de Lelis do Amaral; Carla Borges Pereira; Carlos Augusto dos Santos Pereira; Carlos Eduardo de Souza; Carlos Eduardo Faria; Carlos Henrique de Faria; Carlos Roberto da Silva; Carlos Roberto da Silveira; Carlos Roberto Deusdedit; Carlos Roberto Pereira; Cassia Regina Santos Souza; Cassio Cruz Silva Pereira; Cláudio José Dias Resende; Claudio Leandro Rodrigues Martins; Claudio Marcio dos Santos; Claudio Pereira Silva; Cleidson Aparecido Moreira; Cleiton Luiz Moreira Silva; Cleosane Coelho Mascarenhas; Cristiano Braz Dias; Cristiano Jorge Dias; Cristiano Serafim Ferreira; Cristiano Vinicius Oliveira de Almeida; Cristina Paula da Cruz Araújo; Daiana Caroline Silva Santos; Daniel Guimaraes Almeida Abdalla; Daniel Muniz Veloso; David Marlon Gomes Santana; Davyson Christhian Neves; Denilson Rodrigues; Dennis Augusto da Silva; Diego Antonio de Oliveira; Diomar Custódia dos Santos Silva; Dirce Dias Barbosa; Djener Paulo Las-Casas Melo; Duane Moreira de Souza; Edeni do Nascimento; Edgar Carvalho Santos; Edimar da Conceição de Melo Sales; Edionio José dos Reis; Edirley Antonio Campos; Ednilson dos Santos Cruz; Edson Rodrigues dos Santos; Edymayra Samara Rodrigues Coelho; Egilson Pereira de Almeida; Eliandro Batista de Passos; Eliane de Oliveira Melo; Eliane Nunes Passos; Eliveltom Mendes Santos; Elizabete de Oliveira Espindola Reis; Elizeu Caranjo de Freitas; Elis Marina da Costa; Emerson Jose da Silva Augusto; Eridio Dias; Eudes José de Souza Cardoso; Eva Maria de Matos; Evandro Luiz dos Santos; Everton Guilherme Ferreira Gomes; Everton Lopes Ferreira; Fabricio Henriques da Silva; Fabricio Lucio Faria; Fauller Douglas da Silva Miranda; Felipe José de Oliveira Almeida; Fernanda Batista do Nascimento;

Fernanda Cristhiane da Silva; Fernanda Damian de Almeida; Flaviano Fialho; Francis Erick Soares; Francis Marques da Silva; George Conceição de Oliveira; Geraldo de Medeiro Filho; Gilmar José da Silva; Giovani Paulo da Costa; Gisele Moreira da Cunha; Gislene Conceição Amaral; Glayson Leandro da Silva; Gustavo Andrie Xavier; Gustavo Sousa Júnior; Heitor Prates Máximo da Cunha; Helbert Vilhena Santos; Hermínio Ribeiro Lima Filho; Hernane Junior Morais Elias; Hugo Maxs Barbosa; Icaro Douglas Alves; Izabela Barroso Camara Pinto; Janice Helena do Nascimento; Jhobert Donanne Gonçalves Mendes; João Marcos Ferreira da Silva; João Paulo Altino; João Paulo de Almeida Borges; João Paulo Ferreira Amorim Valadão; João Paulo Pizzani Valadares Mattar; Joiciane de Fátima dos Santos; Jonatas Lima Nascimento; Jonis André Nunes; Jorge Luiz Ferreira; José Carlos Domeneguete; Josiane de Souza Santos; Josué Oliveira da Silva; Juliana Esteves da Cruz Aguiar; Juliana Parreiras Lopes; Julio Cesar Teixeira Santiago; Jussara Ferreira dos Passos Silva; Kátia Aparecida da Silva; Kátia Gisele Mendes; Lays Gabrielle de Souza Soares; Leandro Antônio Silva; Leandro Rodrigues da Conceição; Lenilda Cavalcante Andrade; Lenilda Martins Cardoso Diniz; Leonardo Alves Diniz; Leonardo da Silva Godoy; Leonardo Pires de Souza; Letícia Mara Anízio de Almeida; Letícia Rosa Ferreira Arrudas; Levi Gonçalves da Silva; Lourival Dias da Rocha; Luciana Ferreira Alves; Luciano de Almeida Rocha; Lucio Rodrigues Mendanha; Luis Paulo Caetano; Luiz Cordeiro Pereira; Luiz de Oliveira Silva; Luiz Taliberti Ribeiro da Silva; Manoel Messias Sousa Araújo; Marcelle Porto Cangussu; Marcelo Alves de Oliveira; Marciano de Araujo Severino; Marciel de Oliveira Arantes; Marciléia da Silva Prado; Márcio Coelho Barbosa Mascarenhas; Márcio de Freitas Grilo; Márcio Flávio da Silva; Márcio Flávio da Silveira Filho; Marcio Paulo Barbosa Pena Mascarenhas; Marco Aurélio Santos Barcelos; Marcus Tadeu Ventura do Carmo; Marlon Rodrigues Gonçalves; Martinho Ribas; Maurício Lauro de Lemos; Max Elias de Medeiros; Milton Xisto de Jesus; Miraceibel Rosa; Miramar Antonio Sobrinho; Moisés Moreira de Sales; Natalia Fernanda da Silva Andrade; Nilson Dilermando Pinto; Ninrode de Brito Nascimento; Noé Sanção Rodrigues; Olavo Henrique Coelho; Pâmela Prates da Cunha; Paulo Geovane dos Santos; Paulo Natanael de Oliveira; Pedro Bernardino de Sena; Peterson Firmino Nunes Ribeiro; Priscila Elen Silva; Rafael Mateus de Oliveira;

Ramon Junior Pinto; Rangel do Carmo Januário; Reginaldo da Silva; Reinaldo Fernandes Guimarães; Reinaldo Gonçalves; Reinaldo Simão de Oliveira; Renato Rodrigues da Silva; Renato Rodrigues Maia; Renato Vieira Caldeira; Renildo Aparecido do Nascimento; Ricardo Eduardo da Silva; Ricardo Henrique Veppo Lara; Robert Ruan Teodoro; Robson Máximo Gonçalves; Rodney Sander Paulino de Oliveira; Rodrigo Henrique de Oliveira; Rodrigo Miranda dos Santos; Rodrigo Monteiro Costa; Rogerio Antonio dos Santos; Roliston Teds Pereira; Ronnie Von Olair da Costa; Rosaria Dias da Cunha; Roselia Alves Rodrigues Silva; Rosiane Sales Souza Ferreira; Rosilene Ozorio Pizzani Mattar; Ruberlan Antonio Sobrinho; Samara Cristina dos Santos Souza; Samuel da Silva Barbosa; Sandro Andrade Goncalves; Sebastião Divino Santana; Sérgio Carlos Rodrigues; Sirlei de Brito Ribeiro; Sueli de Fátima Marcos; Thiago Leandro Valentim; Thiago Mateus Costa; Tiago Augusto Favarini; Tiago Barbosa da Silva; Tiago Coutinho do Carmo; Vagner Nascimento da Silva; Valdeci de Sousa Medeiros; Vinicius Henrique Leite Ferreira; Wagner Valmir Miranda; Walaci Junhior Candido da Silva; Walisson Eduardo da Paixão; Wanderson Carlos Pereira; Wanderson de Oliveira Valeriano; Wanderson Paulo da Silva; Wanderson Soares Mota; Warley Gomes Marques; Warley Lopes Moreira; Weberth Ferreira Sabino; Wellington Alvarenga Benigno; Wellington Campos Rodrigues; Wenderson Ferreira Passos; Weslei Antonio Belo; Wesley Antonio das Chagas; Wesley Eduardo de Assis; Willian Jorge Felizardo Alves; Wilson José da Silva; Wiryslan Vinicius Andrade de Souza; Zilber Lage de Oliveira.

Assim como no caso de Bento Rodrigues/MG, o Ministério Público Federal (2020, n. P) publicou linha do tempo sobre o acidente com o rompimento da barragem Córrego do Feijão em Brumadinho/MG, ocorrido no ano de 2019:

> 26/01/19 – MPF vai a Brumadinho/MG verificar a situação causada pelo rompimento de barragem de rejeitos
>
> 26/01/19 – Raquel Dodge determina a criação de Força-tarefa para investigar tragédia de Brumadinho/MG
>
> 28/01/19 – Raquel Dodge destina peritos para atuar na apuração da tragédia de Brumadinho.
>
> 29/01/19 – MPF, MPMG e PF fazem operação para apurar o rompimento da barragem em Brumadinho/MG

14/02/19 – Em audiência, instituições apresentam avanços nas negociações com a Vale sobre medidas reparadoras.

20/02/19 – Acordo prevê pagamento de um salario mínimo a cada morador de Brumadinho/MG pelo prazo de um ano.

08/03/19 – Acordo em audiência prevê pagamento de cestas básicas às famílias atingidas de Córrego do Feijão e Parque da Cachoeira.

04/04/19 – Pagamento mensal emergencial não poderá ser descontado da indenização individual dos atingidos.

05/04/19 – Fechado acordo preliminar emergencial à comunidade Pataxó.

10/04/19 – MPF vai à justiça para obrigar Agência Nacional de Mineração a fiscalizar barragens inseguras em todo o país.

10/05/19 – Vale construirá novo sistema de captação de água para região metropolitana de Belo Horizonte/MG

22/05/19 – Aprovada proposta da UFMG de criação de comitê técnico-científico.

09/07/19 – Justiça condena mineradora a reparar todos os danos que causou no desastre na mina do Córrego do Feijão.

07/08/19 – Testemunhas falam sobre os danos sofridos.

21/08/19 – Justiça libera recursos para UFMG atuar como perita

10/10/19 – União firma acordo com MPF para ANM fiscalizar barragens de mineração no país.

25/10/19 – Justiça abre possibilidade de extensão do prazo do pagamento emergencial

29/10/19 – instituições enviam recomendação conjunta sobre renda de moradores de Brumadinho/MG

28/11/19 – Acordo prevê critérios de prorrogação do pagamento mensal emergencial

14/01/20 – pagamento mensal emergencial à comunidade Pataxó é prorrogado por 10 meses

Por conta da dimensão do impacto ambiental negativo causado, vários voluntários se uniram ao Corpo de Bombeiros Militar do estado de Minas Gerais, o qual atua com auxílio das corporações São Paulo, Rio de Janeiro, Sergipe, Paraná, Santa Catarina, Rio Grande do Norte, Bahia e Amazonas, Polícia Militar de Minas Gerais, Polícia Federal e Exército de Israel. O trabalho de escave é delicado e qualquer movimento brusco poderia destruir um corpo. Por conta disso, Porsani *et al.* (2019, p. 13) explicam a necessidade do uso do radar de penetração de solo:

> O trabalho de resgate é manual e consiste na remoção de lama por máquinas de escavação e a localização visual dos corpos (ou segmentos corporais) pelos bombeiros com a ajuda de cães farejadores. Voluntários juntamente com a equipe de pesquisa do IAG/USP, também têm apoiado as equipes de resgate.
>
> O radar de penetração no solo (GPR) é um método recomendado para o mapeamento de estruturas, características geológicas e alvos subterrâneos, pois é capaz de localizar objetos enterrados sob condições naturais (e desastres artificiais). O GPR é muito útil na exploração de recursos naturais, na localização de tubos subterrâneos e estudos arqueológicos, mas também podem ter aplicações humanitárias.
>
> A ideia de aplicar o GPR em Brumadinho ocorreu logo após o desastre, com o objetivo de indicar locais de interesse para escavação que poderiam otimizar as operações de resgate. (tradução livre)[14]

Como é de conhecimento notório, em ambos os acidentes – Bento Rodrigues e Brumadinho – a empresa Vale S/A era uma das responsáveis pela prospecção do minério de ferro. Após o primeiro acidente minerário, algumas características puderam ser identificadas: a) uma tentativa de aproximação e envolvimento entre a empresa e a sociedade; b) demonstração de preocupação acerca do rompimento da barragem e tentativa de transparência. Tais características eram exteriorizadas por meio de boletins, nos quais a Vale S/A colocava em circulação nos

[14] The rescue work is manual and consists of the removal of mud by excavating machines and the visual location of bodies (or body segments) by firefighters with the help of sniffer dogs. Civilian volunteer services, as the IAG/USP research team, have also been supporting the rescue workers. Ground-penetrating radar (GPR) is a recommended method for mappingstructures, shallow geological features, and subsurface targets, as it is able to locate buried objects under natural (and artificial) disasters [7,8]. GPR is very useful in the exploration of natural resources, the location of underground pipes, and archaeological studies but may also have humanitarian applications. The idea of applying GPR in Brumadinho occurred shortly after the disaster, aiming to indicate places of interest for excavation which could optimize the rescue operations.

municípios pertencentes à área atingida, principalmente aqueles do Vale do Paraopeba. Oliveira e Oliveira (2019, p. 15) descrevem o processo comunicacional pretendido pela empresa e destacam as premissas relacionadas por Anthony Giddens:

> Analisando esses boletins, observamos que o processo de comunicação pretendido pela empresa esteve muito mais baseado em um modelo informacional do que comunicacional e fortemente centrado no emissor.
>
> Nesse modelo disponibilizam-se as informações que este julga ser relevante para o público sem se preocupar com a questão da mediação ou com aquilo que Eliseo Verón chama de semiose infinita, na qual o conteúdo e os processos de interação entre os interlocutores são contínua e dialeticamente alterados gerando novos signos e símbolos. Ao contrário disso, o emissor julga que a simples disponibilidade informacional encerra o processo comunicacional estabelecido entre a empresa e os potenciais públicos a quem se dirige.

Oliveira e Oliveira (2019, p. 15) sustentam que essas comunicações não tinham um viés propriamente informativo, mas sim de autopromoção empresarial, com destaques de pontos positivos como mecanismo estratégico de aproximação:

> Ademais, observamos também que as informações funcionam muito mais como uma espécie de peças promocionais voltadas para a construção de uma imagem positiva da empresa com a finalidade de aumentar o seu coeficiente de credibilidade junto aos seus potenciais públicos que residem nesses municípios.
>
> Essas estratégias comunicacionais estão relacionadas com as premissas desenvolvidas pelo sociólogo Anthony Giddens segundo as quais o padrão da vida moderna exige que tenhamos uma expectativa compartilhada baseada em modelos de confiança abstrata (fora das lealdades do quadro familiar) em que devemos depositar nossa confiança. Sem essa confiança a vida e a cooperação social se tornariam impossíveis de acontecer. A resposta sistêmica a esta questão é o que ele chamou de sistemas peritos que seriam conformados por profissionais que, amparados em conhecimentos técnicos, incrementam a lógica de funcionamento da sociedade moderna. Por exemplo, se não sabemos dirigir um avião, depositamos

> nossa confiança no piloto e sua equipe, certos de que eles corresponderão às nossas expectativas de nos levar com segurança de um lugar para outro; quando nos sentimentos mal, procuramos um médico; quando vamos construir ou reformar um prédio contrata-se uma equipe de engenheiros e, se queremos construir ou atestar a segurança de uma barragem, procuramos peritos credenciados para este mister já que como leigos pouco sabemos a respeito desses assuntos.
>
> Sem um grau mínimo de confiança nesses sistemas peritos e seus respectivos profissionais, o mundo moderno ficaria paralisado. O problema, tal qual vivenciamos hoje no nosso sistema político, é quando essa confiança é rompida; é quando testemunhamos constantemente quedas de avião, desabamentos de pontes e prédios, mortes frequentes em hospitais, ou, neste caso, rompimento de barragens.
>
> A junção desses acontecimentos nos leva a desconfiar dos sistemas peritos e, simultaneamente, das empresas ou instituições que, depois de situações como as que aconteceram em Mariana e Brumadinho, por eles se responsabilizam e/ou os abrigam.

Logo, com a observação dos acidentes ocorridos somados ao fato dessas "comunicações panfletárias" verifica-se a dificuldade de construção de um senso de segurança, ou seja, trazendo as ideias de sistemas peritos, os quais, em tese, formula-se preceitos de aceitação baseados na técnica cotidiana. Tudo isso leva ao descrédito social frente à empresa exploradora de recursos minerários.

É possível refletir sobre o reconhecimento sobre a tolerância dos riscos e uma admissão, mesmo que indireta do grau de periculosidade da atividade minerária. Contudo, como o presente estudo não busca estritamente a análise da responsabilidade (civil, administrativa e penal) da empresa nos casos em epígrafe, redireciona-se a pesquisa para a relevância da participação popular pós acidentes. A discussão sobre a responsabilidade, apesar de necessária no mundo jurídico, não será palco da pesquisa.

A sociedade precisa se envolver a fim de que as corporações e instituições sejam devidamente fiscalizadas, seja com envolvimento de iniciativas sociais, políticas, jurídicas ou econômicas. A presente pesquisa sustenta a participação social na formulação dos Compromissos de Ajustamento de Conduta promovidos pelo Ministério Público pós tragédias minerárias, ou seja, um viés participativo-reparatório, mas não se pode esquecer dos inúmeros mecanismos relacionados acima de ativismo social frente às próprias demandas. O Estado, por si, nem sempre possui o interesse de poder de polícia por conta do retorno de desenvolvimento econômico. Por conta disso, fortalecer a voz social é caminho para maior equilíbrio entre as relações envolvendo Estado, empreendimentos minerários e comunidade.

Hansen *et al.* (2012, p. 112) abordam a questão da democracia enquanto regime, formado por pessoas legitimadas, e a necessidade de se discutir o espaço para realização de discussões e aproximação social para o processo decisório:

> Tomando como exemplo a estrutura estatal brasileira, percebemos que as decisões são tomadas em sedes de poderes onde estão a administração, o legislativo e o judiciário, que através da distorcida visão de soberania do povo e do princípio da publicidade decide e dá ciência aos concernidos das decisões impostas como um bom tutor. Esta forma de agir estratégica do Estado reforça a ideia de que não somos hábeis, somos incapazes para qualquer tomada de decisões na visão crítica Kantiana. Diante de tal enredo, de como se dão as decisões públicas no sentido político, vale a pena trazermos o entendimento habermasiano de esfera pública.

Os autores (2012, p. 112) ainda acrescentam a fundamentação da teoria crítica Habermasiana, denominada comunicativa e estruturam a formação da esfera pública ao afirmarem que:

> Habermas tem como fundamento de sua teoria crítica social a linguagem, esta é o principal instrumento que através da discussão, funda-se uma ética discursiva com base no diálogo e no consenso entre os sujeitos. Defende o referido filósofo, que o que se busca nesse diálogo é a razão, que uma vez reconhecida pelos participantes sirva de fundamentação para sua ação moral.
>
> Essa razão, a qual Habermas denomina de comunicativa, não está pronta ou acabada, mas que se constrói a partir de uma argumentação que leva os envolvidos ao entendimento. Esta razão é interpessoal e não subjetiva; é processual, inacabada e não definitiva.
>
> De acordo com essa ideia, a esfera pública é um espaço onde

> as partes envolvidas discutirão, sem coação ou utilização da força, sendo capazes de se reconhecer reciprocamente como geradoras de razões para seu agir, capazes de argumentar sobre seus interesses, desejos, necessidades e expectativas. E diante disso, haverá a possibilidade do aperfeiçoamento da democracia, libertando-nos da sujeição tutorial do Estado.

Com o objeto de estudo do presente trabalho, há necessidade de aprofundar na análise justamente dessa validação do processo decisório com a participação popular como instrumento de aperfeiçoamento da democracia. Os mecanismos, a efetividade e a validade do diálogo. Para tanto, nos próximos capítulos serão trazidas as concepções de Jürgen Habermas sobre a democracia deliberativa como forma de validade do direito através da participação social.

Assim, tanto o caso de Bento Rodrigues/MG, quanto o de Brumadinho/MG possuem algumas questões em comum: a) prospecção de minério de ferro; b) metodologia com uso de água; c) barragem de rejeitos à montante; d) procedimentos licenciados; e) não utilizaram mecanismos de evasão social imediata; f) grandes ações judiciais pendentes de recursos; g) recuperação ambiental e social em andamento. Quais as lições são retiradas das duas maiores tragédias envolvendo rompimento de barragens no país?

Com a modificação legislativa pós acidentes minerários, há uma tendência em catalogar as barragens e seus respectivos níveis. O cenário das barragens no Brasil tem ficado mais transparente. O Estado possui tanta cautela com a mineração porque é atividade que alavanca a economia, sendo, inclusive, o empreendimento mais rentável do estado de Minas Gerais.

4.6 CENÁRIO ATUAL DAS BARRAGENS E DADOS ECONÔMICOS DA MINERAÇÃO

O IBRAM – Instituto Brasileiro de Mineração apresenta anualmente um relatório com as estatísticas e dados inerentes à prospecção mineral. A última edição foi a de 2018/2019 (IBRAM, 2019). Este órgão é responsável pelo acompanhamento, análise e estudo dos aspectos econômicos (produção, relações internacionais, investimentos) no contexto minerário no Brasil. O objetivo dos relatórios é justamente apresentar as informações para a sociedade sobre as contribuições na economia nacional. Para se ter ideia, o Brasil exportou em 2018 cerca de 409 milhões de toneladas de bens naturais, o que representou mais de 12% das exportações do Brasil (2019, p. 41).

Conforme dados do Ministério da Economia (2019, n. P) "a indústria da mineração empregou até janeiro de 2019 cerca de 195 mil trabalhadores diretamente". Mas ao analisar-se toda a cadeira de beneficiamento mineral, o setor emprega mais de setecentos mil pessoas diretamente. E, por fim, se agregar-se os empregos diretos e indiretos esse número passa de dois milhões. Como se vê, a mineração tem as suas atividades de risco, porém, também agrega muito à economia e à sociedade.

Sob o ponto de vista legislativo, após a introdução da Lei 12234/2010 que trata da Política Nacional de Segurança de Barragens, importante destacar os diplomas: a) Resolução CNRH 143/2012 – apresenta o sistema de classificação por categoria de risco, dano potencial associado e volumetria de barragens; b) Resolução CNRH 144/2012 – estabeleceu diretrizes para implementação da Política Nacional de Segurança de Barragens, concretização dos instrumentos ali dispostos e atuação do Sistema Nacional de Informações sobre segurança de barragens; c) Portaria DNPM 416/2012 – criou o cadastro de barragens de mineração; d) Portaria DNPM 526/2013 – disciplina o Plano de Ações Emergenciais para Barragens de Mineração (PAEBM); e) Decreto de Minas Gerais n.º 46885/2015 – finalidade diagnosticar, analisar e propor alterações nas normas estaduais relativas à disposição de rejeitos de mineração; f) Decreto de Minas Gerais n.º 46993/2016 – exigência para barragens de contenção de rejeito de mineração com alteamento a montante, a realização de Auditoria Extraordinária até 1º de setembro de 2016. Além disso, o referido decreto ainda exige para empreendimentos com esse tipo de barragens a elaboração de Plano de Ação, o qual deve prever as medidas emergenciais a serem tomadas pelas empresas em caso de problemas estruturais de barragens.

De acordo com o SNISB – Sistema Nacional de Informação sobre Barragens (2018, p. 28), foi informada a existência de 17.604 barragens cadastradas pelos órgãos fiscalizadores, cerca de 42% possuem algum tipo de interatividade autorizativa com o Estado: outorga, concessão, autorização ou licença:

> Os dados e análises sobre a implementação dos instrumentos da PNSB têm como referência o total de barragens enquadradas nos requisitos estabelecidos nos incisos do parágrafo

único, do artigo 1º da Lei 12334/2010, pois esse é o conjunto de empreendimentos mais relevante para o RSB. Assim, na figura a seguir, é mostrado o uso principal das barragens submetidas à PNSB constante em cadastro, sendo os maiores usos ligados à irrigação (36%), abastecimento humano (20%), hidrelétrica (14%) e contenção de rejeitos da mineração (10%). A tendência é de que os números de barragens destinadas à irrigação e ao abastecimento humano cresçam na medida que os órgãos fiscalizadores de barragens de acumulação de água classifiquem suas barragens com finalidade hidrelétrica e de mineração fiquem estáveis, já que a ANEEL e a ANM já sabem se suas barragens se enquadram ou não à PNSB.

Figura 5 – Evolução do cadastro de barragens.

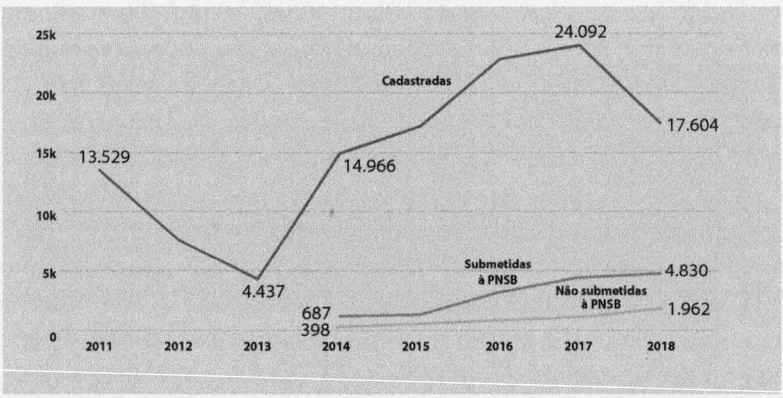

Fonte: NISB, 2018.

O cenário atual das barragens é preocupante. O SNISB – Sistema Nacional de Informação sobre Barragens, no relatório anual (2018, p. 45) trouxe dados atuais de grande impacto: dezoito estados membros fiscalizadores reportaram a este órgão que sessenta e oito barragens localizadas em dezessete estados da federação. De todas essas, 60% pertencem à entidades públicas.

De acordo com o IBRAM (2016, n. P.), os setores dinamizadores da economia do estado de Minas Gerais são liderados justamente pela indústria da extração do minério de ferro, conforme tabela apresentada por este órgão:

Tabela 8 – Setores dinamizadores da economia.

Setor	Emprego	ICMS	Exportação	Total
Extração do minério de ferro	47,81	27,89	100	74,90
Siderurgia	41,75	15,87	12,77	63,17
Peças e acessórios para veículos	72,79	13,55	4,23	58,00
Automóveis	25,62	10,48	8,15	51,68
Combustíveis	2,18	100	0,18	46,31
Refino de açúcar	35,24	1,09	7,65	40,36
Vestuário	100	1,99	0,03	39,68
Produtos alimentícios	59,37	5,47	0,37	38,70
Laticínios	39,27	5,20	0,13	36,54
Produtos feitos com carne	47,19	2,32	4,31	34,92

Fonte: IBRAM, 2016.

Como se depreende da análise dos dados apresentados pelo Instituto Brasileiro de Mineração, coletados em 2016, apesar da extração de minério de ferro não liderar os índices de emprego, possui maior força na cadeia de exportação. Válido lembrar que os referidos cálculos são feitos por meio de pontuação e não quantitativo em reais. Incrementa-se, conforme traçado em linhas anteriores, que os dados de emprego apresentados na tabela são apenas os diretos. De qualquer forma, a atividade mineira, principalmente de prospecção de ferro, em Minas Gerais, é a ponta da economia. Costa e Pinto (2019, p. 21) apresentaram o resultado econômico-empresarial pós tragédias:

> Considerando Brumadinho, observa-se que a receita não sofreu alteração após o evento, pois como já destacado, a variação positiva dos preços do minério de ferro amenizou os efeitos causados pela queda do volume de venda. Já no custo operacional, nota-se uma expressiva diferença em 2019, variando 1.717% a mais que 2017. Isso se deve ao evento de Brumadinho. Diante desses fatos, constata-se que o lucro operacional caiu 97% em dois anos, o que é menor se comparado ao aumento de 68% sem Brumadinho. Dessa forma, destaca-se o enorme impacto no lucro líquido, que passou de um aumento em 2019 de 134% sem Brumadinho para 185% negativo, acarretando numa perda de R$25.616mi.
>
> As despesas decorrentes do acidente também afetaram o retorno sobre os investimentos de forma geral, quando a empresa apresentou um baixo resultado, visto que seus

indicadores de rentabilidade se tornaram negativos, sem gerar nenhum retorno sobre os ativos da empresa, nenhum retorno sobre o Patrimônio Líquido e nenhum retorno para seus investidores. Diante dos fatos apresentados, conclui-se que o evento de Brumadinho causou um expressivo impacto nos indicadores econômico-financeiros da empresa, somado aos efeitos do rompimento da barragem de rejeitos de Fundão, em Mariana (MG), operada pela Samarco Mineração S.A.

Sem o evento de Brumadinho, a empresa vinha apresentando um resultado econômico-financeiro positivo e crescente, e como as notícias sobre o risco da empresa vem mostrando (GÓES, 2019), ainda há estudos para análise de investimento na empresa a serem apresentados.

A cadeia produtiva do minério de ferro é uma maneira de melhor se visualizar a relevância da prospecção mineral para o estado de Minas Gerais, onde é possível, graficamente, acompanhar a destinação para consumo, tanto intermediário quanto final. O IBRAM – Instituto Brasileiro da Mineração na obra Gestão e manejo de rejeitos da mineração (2016, p. 48) apresentou precisamente os referidos dados:

Figura 6 – Cadeia produtiva da extração mineral.

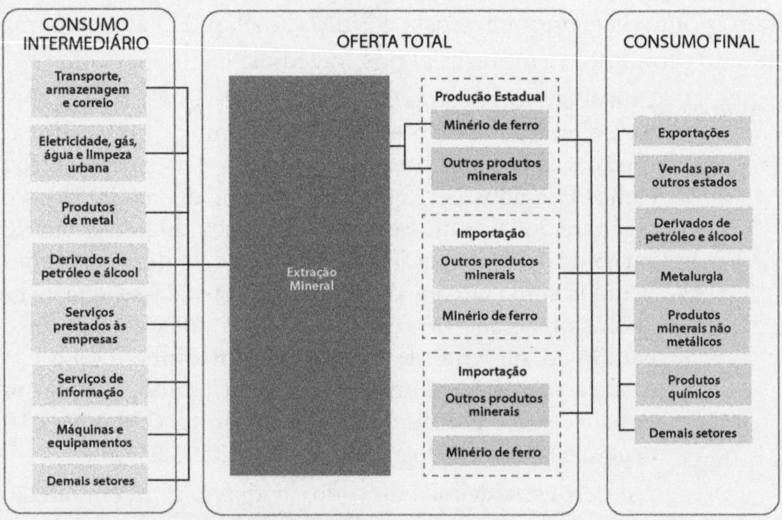

Fonte: IBRAM, 2016.

Há diversos mecanismos de sopesar esses dados econômicos, como a CFEM, por exemplo. Contudo, não faz parte da análise da presente obra.

Oliveira e Oliveira (2019, p. 36) destacam o desprezo com a sociedade civil nos processos decisórios no Brasil quando colocada em xeque a macroeconomia:

> No Brasil, infelizmente, a sociedade civil é bastante fragilizada diante do Estado e dos interesses econômicos e, mesmo quando se manifesta criticamente diante da indústria da mineração, como é o caso em Brumadinho, seja durante as fases de licenciamento ambiental, seja, durante o seu funcionamento, não consegue transformar seus queixumes em práticas de boa governança, favorecendo o interesse público.
>
> Ademais, tragédias como as de Mariana e Brumadinho têm como vítimas diretas a população que vive no entorno ou nas proximidades desses empreendimentos; ainda que nem todas as pessoas tenham ligação direta com as atividades mineradoras, são diuturnamente afetadas por elas, assim como ocorre com os biossistemas naturais extremamente afetados quando acontecem essas tragédias. No caso de Mariana, toda a população da Bacia do Rio Doce até o litoral do Espírito Santo pagou um alto custo quando se viu impedida de exercer a pesca ou de consumir a água do rio, o que acarretou incalculáveis perdas econômicas, ambientais e humanas nos municípios que, direta ou indiretamente, foram afetados pela tragédia.

Toda a estruturação sobre participação popular e análise da comunicação e interatividade da sociedade será abordada nos dois últimos capítulos. Inicialmente abordando o discurso e processo de validação da participação popular com o estudo do instituto do Compromisso de Ajustamento de Conduta e, posteriormente, propor uma análise de uma mineração sustentável com base no aprendizado das tragédias mais recentes da atividade minerária.

Uma vez apresentado o panorama das barragens, evolução histórica e funcionalidades, além de mencionar os acidentes por rompimento de barragens de rejeito, com ênfase, principalmente nos dois maiores desastres: Bento Rodrigues/MG (dimensão ambiental) e Brumadinho/MG (dimensão de perda de vidas humanas) passar-se-á à análise da participação popular diante do Compromisso de Ajustamento de Conduta. O instituto será estrategicamente delineado como pilar de uma mineração sustentável e é necessário avaliar o envolvimento social nos TACs provenientes de acidentes na mineração por rompimento de barragem de rejeitos, como fundamento de concretização da cidadania, base do Estado Democrático de Direito.

CAPÍTULO 5

COMPROMISSO DE AJUSTAMENTO DE CONDUTA

O compromisso de ajustamento de conduta surgiu no ordenamento jurídico brasileiro na década de 90, quando da edição do Estatuto da Criança e do Adolescente e com o Código de Defesa do Consumidor. Apesar de ser utilizado, em sua grande parte, na ação civil pública, imperioso destacar que as origens do instituto não são diretamente relacionadas à Lei 7347/85.

O instituto também é conhecido como termo de ajustamento de conduta por reduzir a termo o compromisso firmado entre as partes e caracteriza-se como forte elemento na solução das demandas não judicialiformes.

Um dos objetivos será analisar a participação social efetiva como o resgate de uma cidadania ativa no processo decisório nos compromissos de ajustamento de conduta.

O trâmite homologatório do instituto em comento não será abordado visto que o enfoque será trazer a participação social para a formulação das condicionantes do TAC para a concretização do direito e reforçar o ideal de cidadania.

É oportuna a discussão acerca do compromisso de ajustamento de conduta, criado exatamente como meio alternativo para viabilizar e concretizar direitos coletivos. Apesar de outras instituições serem legitimadas a elaborar o compromisso de ajustamento de conduta, verificar-se-á na prática uma maior atuação do Ministério Público. Inicialmente, o compromisso de ajustamento de conduta será apresentado em seus traços conceituais, históricos e legislativos como forma de trazer uma compreensão multilateral do instituto em análise.

Num segundo momento, a relação do Ministério Público em defesa do meio ambiente se faz necessária para compreensão da atuação judicial e extrajudicial dessa instituição, forma de transição do pensamento utilitarista para protecionista do meio ambiente.

Por fim, a participação social na formulação de condicionantes que serão aplicadas ao termo de ajustamento de conduta será abordada como instrumento de concretização da cidadania no Estado Democrático de Direito e trará uma reflexão sobre trazer a voz social alinhada ao conhecimento técnico-jurídico com o escopo de reparar os danos ambientais eventualmente causados.

5.1 ASPECTOS CONCEITUAIS E SURGIMENTO NA LEGISLAÇÃO NACIONAL

A criação de um Estado está ligada diretamente à positivação do direito, o qual, por sua vez, possui como objetivo precípuo a busca constante da justiça nas relações sociais. Com o desenvolvimento dos povos, a figura do ente estatal se fez presente com a necessidade de harmonizar os laços, sejam horizontais, quando apenas indivíduos da mesma classe se interligavam, sejam verticais, quando o Estado se dispunha como ente, trazendo a reflexão de pacto social proposta por Rousseau (2003).

Quando houver relação entre Administração Pública e administrado vislumbrar-se-á a justiça administrativa, que foi definida por Gualazzi (1986, p. 25):

> Complexo de órgãos do próprio Judiciário [sistema de jurisdição una] ou autônomos, distintos, independentes desse Poder [sistema duplo de jurisdição], destinados, mediante provocação, a dirimir, em matéria administrativa, os conflitos entre Administração e administrado. Há, pois, justiça administrativa: (i) em sentido formal, que é a estrutura destinada à resolução dessas controvérsias, cuja conformação varia ao sabor da cultura jurídica de cada país e (ii) em sentido material, isto é, os litígios em si, de direito administrativo e não direito privado.

Com o advento da Constituição da República de 1988, conhecida como Constituição Cidadã, um complexo arcabouço de garantias entrara em vigor no país, dentre eles a norma consuetudinária do devido processo legal, com previsão no artigo 5º, inciso LIV e LV do diploma em análise.

Numa percepção mais atenta, o devido processo legal trouxe a garantia do contraditório e da ampla defesa nos processos judiciais e administrativos. Contudo, Perlingeiro (2014, p. 79) apresenta a problemática enfrentada pelo direito administrativo brasileiro:

> A importância dessa regra constitucional talvez não tenha sido suficientemente mensurada pelo direito administrativo brasileiro. Em rota de colisão com a cultura europeia-continental dos procedimentos administrativos, enraizados em sistemas judiciais de dupla jurisdição, a Constituição brasileira impôs um processo na seara administrativa, isto é, abriu caminho para uma jurisdição na esfera administrativa (não judicial), que, nos EUA, convive com um *judicial review* limitado e com um sistema judicial de jurisdição única, este último, aliás, herdado pelo direito brasileiro no início da República, em 1891.

No Brasil, a justiça administrativa, desde a República, está regida sob um sistema de unicidade de jurisdição. Barreto de Jesus (2017, p. 48) sustenta a atenção especial nos meios alternativos de solução de conflitos como possibilidade de concretização do princípio da razoável duração do processo e menciona a inclusão da autocomposição na órbita da administração pública:

> Dentro desse contexto, os meios alternativos de solução de conflitos ou equivalentes jurisdicionais têm recebido especial relevo e passam a figurar como real possibilidade de concretização do princípio da razoável duração do processo, seja ao se visualizar a hipótese de forma individualizada (a lide per si) ou coletiva, visto que, na medida em que casos mais simples são resolvidos, espera-se que haja mais qualidade no conhecimento das causas de maior complexidade.
>
> Tal raciocínio encontra-se materializado no art. 3º da Lei 13.105/2015, em que o legislador determinou a promoção da solução consensual dos conflitos e estabeleceu o dever dos operadores do direito de estimular métodos de solução alternativos de conflitos, tais como a mediação e a conciliação, além, é claro, de ratificar a importância do exercício da arbitragem.
>
> E, em 26 de junho de 2015, o Estado demonstrou, mais uma vez, que a exclusividade da solução de demandas por um juiz de direito deve ser superada. Aprovou-se a Lei Federal n. 13.140, que dispõe sobre a mediação como meio de solução de controvérsias entre particulares e sobre a autocomposição de conflitos no âmbito da administração pública.

Logo, é oportuna a discussão acerca do compromisso de ajustamento de conduta, criado exatamente como meio alternativo para viabilizar e concretizar direitos coletivos. Apesar de outras instituições serem legitimadas a elaborar o compromisso de ajustamento de conduta, verifica-se na prática a maior atuação do Ministério Público.

A nomenclatura do instrumento em análise também pode se dar como termo de ajustamento de conduta, considerando que o acordo sempre é reduzido a termo, o que justifica a variabilidade de nomes. Dentro da área de direitos da coletividade, os TACs podem ser utilizados nas mais variadas áreas, como idoso, consumidor, meio ambiente, dentre outros.

O Estatuto da Criança e do Adolescente prevê no artigo 211 que "os órgãos públicos legitimados poderão tomar dos interessados compromisso de ajustamento de sua conduta às exigências legais, o qual terá eficácia de título executivo extrajudicial" (BRASIL, 1990).

Por seu turno, o Código de Defesa do Consumidor, em suas disposições finais, no artigo 113, acrescenta aplicação do Compromisso de Ajustamento de Conduta, pelos legitimados legais, à Lei de Ação Civil Pública, acrescentando o parágrafo sexto ao artigo 5º: "Os órgãos públicos legitimados poderão tomar dos interessados compromisso de ajustamento de sua conduta às exigências legais, mediante cominações, que terá eficácia de título executivo extrajudicial". (BRASIL, 1990).

Os legitimados para propor ação civil pública encontram-se discriminados no artigo 5º da Lei 7347/85 (BRASIL, 1985), sendo eles: a) Ministério Público; b) Defensoria Pública; c) União, Estados, Distrito Federal e Municípios; d) autarquia, empresa pública, fundação ou sociedade de economia mista; e) associação que esteja constituída há, pelo menos, um ano e que possua, entre suas finalidades institucionais, a proteção ao patrimônio público e social, ao meio ambiente, ao consumidor, à ordem econômica, à livre concorrência, aos direitos de grupos raciais, étnicos ou religiosos ou ao patrimônio artístico, estético, histórico, turístico e paisagístico.

Entretanto, embora extenso rol de legitimados, imperioso destacar que tais entidades e instituições são credenciadas a propor ação civil pública e não necessariamente realizar o compromisso de ajustamento de conduta, sendo válido mencionar o entendimento de Mazzilli (2006, p. 2):

> Esse compromisso não pode ser tomado por qualquer legitimado à ação civil pública ou coletiva, e, sim, apenas pelos órgãos públicos legitimados (como o Ministério Público, a União, Estados, Municípios e o Distrito Federal); desta forma, associações civis, sindicatos ou fundações privadas não podem tomá-lo, ainda que também sejam co-legitimados para propor as ações civis públicas ou coletivas (Lei n. 7.347/85, art. 5º; CDC, art. 82).

A presente obra, como já abordado, possui como delimitação temática a atuação do representante do Ministério Público na celebração do compromisso de ajustamento de conduta, com ênfase nas questões ambientais, como centro redutor de demandas coletivas. Entretanto, se faz relevante apresentar alguns traços desta instituição.

O Ministério Público é instituição permanente, essencial à função jurisdicional do Estado e possui como atribuições a defesa da ordem jurídica, do regime democrático e dos interesses sociais e individuais indisponíveis, nos termos do artigo 127 da Magna Carta (BRASIL, 1988).

Embora muito tenha debatido a doutrina a fim de apontar a exata natureza jurídica do Ministério Público, defendendo alguns se tratar de um quarto poder, junto ao Executivo, o Legislativo e ao Judiciário, outros levantarem a bandeira de sua estreita ligação ao Executivo, hodiernamente é pacífico que se trata de um órgão autônomo do Estado, dotado de garantias especiais para desempenhar funções ativas ou interventivas, em juízo ou fora dele, indispensável para assegurar a inércia do Poder Judiciário, em defesa dos interesses de maior relevância para a sociedade.

Dentre todas as funções institucionais do Ministério Público, pode-se destacar como as de maior relevância: a) combater a criminalidade, provocando a prestação jurisdicional do Estado em face dos autores de infrações penais de ação penal pública; b) zelar para que os Poderes Públicos e os serviços de relevância pública obedeçam aos direitos assegurados na Constituição Federal; c) defender o regime democrático; d) defender o interesse público, os interesses sociais, os interesses transindividuais e os interesses individuais indisponíveis.

Para a defesa de todos os interesses acima expostos, vale-se o Ministério Público de alguns instrumentos de efetivação, quais sejam: a ação penal pública, a ação civil pública, o inquérito civil, as requisições e notificações e as diversas hipóteses de intervenção processual.

Ao se abordar a questão do compromisso de ajustamento de conduta, principalmente quando a discussão possui relação direta com o meio ambiente, o artigo 79-A da Lei 9605/98 é destaque pela previsão de termo de compromisso com pessoas físicas ou jurídicas com o escopo de concretizar os ideais do referido diploma normativo:

> Art. 79-A. Para o cumprimento do disposto nesta Lei, os órgãos ambientais integrantes do SISNAMA, responsáveis pela execução de programas e projetos e pelo controle e fiscalização dos estabelecimentos e das atividades suscetíveis de degradarem a qualidade ambiental, ficam autorizados a celebrar, com força de título executivo extrajudicial, termo de compromisso com pessoas físicas ou jurídicas responsáveis pela construção, instalação, ampliação e funcionamento de estabelecimentos e atividades utilizadores de recursos ambientais, considerados efetiva ou potencialmente poluidores.
>
> § 1º O termo de compromisso a que se refere este artigo destinar-se-á, exclusivamente, a permitir que as pessoas físicas e jurídicas mencionadas no *caput* possam promover as necessárias correções de suas atividades, para o atendimento das exigências impostas pelas autoridades ambientais competentes, sendo obrigatório que o respectivo instrumento disponha sobre:
>
> I – o nome, a qualificação e o endereço das partes compromissadas e dos respectivos representantes legais;
>
> II – O prazo de vigência do compromisso, que, em função da complexidade das obrigações nele fixadas, poderá variar entre o mínimo de noventa dias e o máximo de três anos, com possibilidade de prorrogação por igual período;
>
> III – a descrição detalhada de seu objeto, o valor do investimento previsto e o cronograma físico de execução e de implantação das obras e serviços exigidos, com metas trimestrais a serem atingidas;
>
> IV – As multas que podem ser aplicadas à pessoa física ou jurídica compromissada e os casos de rescisão, em decorrência do não-cumprimento das obrigações nele pactuadas;
>
> V – O valor da multa de que trata o inciso IV não poderá ser superior ao valor do investimento previsto;
>
> VI – O foro competente para dirimir litígios entre as partes.
>
> § 2º No tocante aos empreendimentos em curso até o dia 30 de março de 1998, envolvendo construção, instalação, ampliação

e funcionamento de estabelecimentos e atividades utilizadores de recursos ambientais, considerados efetiva ou potencialmente poluidores, a assinatura do termo de compromisso deverá ser requerida pelas pessoas físicas e jurídicas interessadas, até o dia 31 de dezembro de 1998, mediante requerimento escrito protocolizado junto aos órgãos competentes do SISNAMA, devendo ser firmado pelo dirigente máximo do estabelecimento.

§ 3º Da data da protocolização do requerimento previsto no § 2º e enquanto perdurar a vigência do correspondente termo de compromisso, ficarão suspensas, em relação aos fatos que deram causa à celebração do instrumento, a aplicação de sanções administrativas contra a pessoa física ou jurídica que o houver firmado.

§ 4º A celebração do termo de compromisso de que trata este artigo não impede a execução de eventuais multas aplicadas antes da protocolização do requerimento.

§ 5º Considera-se rescindido de pleno direito o termo de compromisso, quando descumprida qualquer de suas cláusulas, ressalvado o caso fortuito ou de força maior.

§ 6º O termo de compromisso deverá ser firmado em até noventa dias, contados da protocolização do requerimento.

§ 7º O requerimento de celebração do termo de compromisso deverá conter as informações necessárias à verificação da sua viabilidade técnica e jurídica, sob pena de indeferimento do plano.

§ 8º Sob pena de ineficácia, os termos de compromisso deverão ser publicados no órgão oficial competente, mediante extrato.

Como se depreende da análise do dispositivo legal constata-se que o instrumento jurídico não se confunde com o compromisso de ajustamento de conduta da Lei 7347/86 (Lei de Ação Civil Pública).

A Lei de Crimes Ambientais, ao prever a possibilidade de acordo com natureza de título extrajudicial conferiu aos entes componentes do Sistema Nacional do Meio Ambiente, exclusivamente, com o objetivo de trato corretivo na atividade do empreendedor, ou seja, a vinculação aqui é muito mais forte na seara de responsabilização administrativa. Os órgãos executores do SISNAMA, quais sejam: IBAMA e ICMBio são destinados, por meio do poder de polícia, a fiscalizar todos os aspectos ambientais em consonância com a legislação nacional.

Já a Lei de Ação Civil Pública, apesar do compromisso de ajustamento de conduta ser uma medida administrativa de procedimento não judicialiforme, poderá ser consolidada numa ação civil. O uso do termo consolidado é mais adequado que substituído ou transformado, afinal, esse compromisso é uma oportunidade dada ao empreendedor a fim de reduzir demandas e procedimentos judiciais.

Outro ponto diferenciador são os legitimados a propor. Enquanto no acordo *sui generis* (Lei de Crimes Ambientais) são pessoas que compõe o Sistema Nacional do Meio Ambiente, na Lei de Ação Civil Pública o rol é taxativo.

A redução de demanda judicial coletiva pela implementação do compromisso de ajustamento de conduta feito pelo órgão ministerial e a discussão das fragilidades do instituto na área ambiental são elementos que merecem melhor análise.

5.2 TUTELA DO MEIO AMBIENTE PELO MINISTÉRIO PÚBLICO

A visão protecionista, embora mitigada, que o Brasil possui hoje é fruto do amadurecimento nas áreas que envolvem a sustentabilidade e o foco antropocêntrico reduzido, sendo que esse amadurecimento ultrapassou décadas de debates internos e internacionais até o alcance dos atuais níveis de compreensão da essencialidade do meio.

A sustentabilidade, que hoje se faz presente nos mais variados eventos acadêmicos, discursos e conferências de cunho ambiental, nem sempre foi tão discutida. No desenvolver do pensamento humano sobre o meio ambiente, o ideal conceito de sustentável era concebido centralmente enquanto seu uso econômico, trazendo à baila, assim, preceitos utilitaristas em nível de que o meio ambiente estaria à disposição do homem para ser explorado e serviria também de composição econômica.

Décadas após, ascenderam compreensões de que era impossível dissociar o homem do meio ambiente, visto que ambos se inserem no mesmo sistema. Isso trouxe à tona uma visão protecionista. Esta visão protecionista pautava o amparo dos seres vivos como um todo, considerando serem todos inseridos na mesma plataforma de convivência.

Todavia, o pensamento evolutivo moldou a corrente utilitarista numa forma mitigada, inclinando-a a uma concepção que possibilitou entendê-la como corrente em defesa da proteção do meio ambiente e dos seres vivos, por meio do avanço de modos de exploração econômica por meio de recursos de recomposição ambientais.

Remonta-se aqui o cenário desenvolvimentista, da ideia de sustentabilidade e o papel do Clube de Roma, conhecido como "Zeristas", institucionalizado na década de 1960, abordado nos primeiros capítulos da presente obra.

Mais tarde, a Convenção de Estocolmo no ano de 1972 concretizou o primeiro encontro internacional de Estados, que colocou o meio ambiente em pauta de urgência (MMA, 1972). Certamente, numa leitura crítica, muitos Estados que estiveram presentes neste encontro apenas participaram para estreitar laços diplomáticos, e intrinsecamente a proteção ambiental não estava, em fato, no escopo de seus interesses. Independente de tal crítica, o que se identifica foi a internalização dos anseios discutidos em Estocolmo refletidos em legislações internas. No Brasil, um grande exemplo foi a Lei sobre a Política Nacional do Meio Ambiente (BRASIL, 1981), e posteriormente, a Constituição da República (BRASIL, 1988).

Levando-se em conta os traços históricos de mudança no paradigma ambiental, conclui-se que o meio ambiente se modificou de elemento econômico para elemento de proteção mitigada (com traços econômicos). Não obstante, segundo Veiga (2010) expressa, a modernidade está modificando o conceito de desenvolvimento sustentável, o qual é desvirtuado de seu real sentido.

> A noção de desenvolvimento sustentável, de tanta importância nos últimos anos, procura vincular estreitamente a temática do crescimento econômico com a do meio ambiente. Para compreender tal vinculação, são necessários alguns conhecimentos fundamentais que permitem relacionar pelo menos três âmbitos: a) o dos comportamentos humanos, econômicos e sociais, que são objeto da teoria econômica e das demais ciências sociais; b) o da evolução da natureza, que é objeto das ciências biológicas, físicas e químicas; c) o da configura social do território, que é objeto de geografia humana, das ciências regionais e da organização do espaço [...] (VEIGA, 2010, p. 188).

A Política Nacional de Meio Ambiente datada de 1981 foi um dos referenciais para que a Constituição da República de 1988 se pautasse nas questões de proteção ambiental, tanto o é que vários conceitos mantidos pela Magna Carta são provenientes das interpretações do referido diploma infraconstitucional.

Logo, o compromisso de ajustamento de conduta surgiu em anos posteriores à Constituição, sendo forma de solução administrativa de demandas. É importante destacar que o instituto está embrionariamente ligado ao inquérito civil e à ação civil pública.

A ação civil pública é instrumento de atuação do Ministério Público para cumprimento das próprias atribuições institucionais, principalmente no que se refere à defesa dos interesses difusos, coletivos e individuais homogêneos.

O direito coletivo *lato sensu* é gênero, o qual pertence às espécies: direitos difusos e direitos coletivos, por sua vez, *stricto sensu*. Basicamente a diferença entre eles está no grupo de pessoas que o direito abraça. No direito coletivo, a proteção alcança uma classe de pessoas indeterminadas, mas que facilmente pode ser delimitado. Ao passo que o direito difuso se manifesta num direito transindividual, para o qual um grupo de pessoas protegidas ao mesmo tempo em que é indeterminado e indeterminável, ou seja, refere-se a uma divisão muito mais abrangente e ampla, tendo ainda um objeto comum indivisível. Consoante ao entendimento supramencionado, assevera Mazzili (2011, p. 57):

> Difusos, pois são interesses indivisíveis, de grupos menos determinados, entre as quais inexiste vínculo jurídico ou fático muito preciso. O código do Consumidor considerou difusos os interesses ou direito transindividuais, de natureza indivisível, de que sejam titulares pessoas indeterminadas e ligadas por circunstância de fato... Para conceituar interesses coletivos, o art. 81 do CDC considerou sua indivisibilidade entre o grupo reunido por uma relação jurídica básica comum. Embora identificando a característica de indivisibilidade tanto nos interesses difusos como nos coletivos, o Código passou a distingui-los pela origem do interesse, ou seja, os interesses difusos supõem titulares indeterminados, ligados por circunstâncias de fato, enquanto os interesses coletivos dizem respeito a grupo, categoria ou classe de pessoas ligadas pela mesma relação jurídica básica.

Apesar de existirem outros legitimados (Defensoria Pública, União, Estados, Distrito Federal, Municípios, autarquias, dentre outros) para propor a ação civil pública, a atuação do órgão ministerial tem sido muito mais presente no cotidiano social. Todavia, é imprescindível a compreensão da atuação judicial e extrajudicial.

Inicialmente, na atuação judicial do Ministério Público em defesa do meio ambiente, válido salientar que a ação civil pública possui o escopo central a busca da responsabilidade pelos danos causados à sociedade e reestruturação do bem ambiental afetado. Contudo, em muitos casos, a reestruturação do meio ambiente não é plenamente possível, o que dá à referida ação pública o caráter pecuniário centralizador.

Por seu turno, a atuação na esfera extrajudicial, há de se mencionar o termo de ajustamento de conduta que constitui prática de solução de conflitos por meio de um "acordo" entre o Ministério Público e o causador do dano, pondo fim a uma demanda judicializável por ser título executivo extrajudicial. Em muitos casos, após a notícia do fato gerador do TAC, o Promotor de Justiça instaura inquérito civil público para averiguar e investigar situações que envolvam as atribuições ministeriais. No decurso da presente investigação é possível a solução da lide com a realização do acordo. Uma forma rápida de solução administrativa dos conflitos. Borges e Pereira *apud* Cappelli (2015, p. 255) mencionam a relevância da solução extrajudicial dos conflitos como mecanismo de concretização da justiça:

> Cappelli (2003) elenca os motivos para que se dê preferência à solução extrajudicial dos conflitos, o que vem se constituindo em uma saudável evolução interna capaz de enfrentar: a) morosidade no julgamento das demandas; b) a ainda preponderante visão privatista da propriedade em detrimento das questões ambientais em arestos que apreciam a matéria; c) maior abrangência do compromisso de ajustamento do que da decisão judicial em face dos reflexos administrativos e criminais; d) menor curso e e) maior reflexo social da solução extrajudicial, ao permitir o trato de problemas sob diversas óticas (por ecossistemas, por assuntos, etc.).

Os referidos autores (2015, p. 256) ainda confirmam a visão em que o Ministério Público possui como finalização do inquérito civil a realização de Termo de Ajustamento de Conduta ou, caso não haja acordo, o ingresso com a ação civil pública, demonstrando assim, a característica primordial pela solução extrajudicial das demandas.

> Após a reunião de provas, dados e elementos, próprios do inquérito civil público, caberá ao Ministério Público, por meio do promotor de justiça: Celebrar um acordo com o investigado para reparação do dano causado, formalizando mediante a celebração de um Termo de Ajustamento de Conduta - TAC (art. 5º, § 6º da Lei da Ação Civil Pública). Não sendo possível o acordo, deve-se proceder ao ajuizamento da Ação Civil Pública.
>
> Nesse contexto, prima a legislação pela solução extrajudicial dos conflitos, conforme exposto alhures, optando-se pelo modelo resolutivo em detrimento do demandista.
>
> A opção legislativa primordial, portanto, é a solução extrajudicial. Nesse contexto, o termo de ajustamento de conduta exsurge como elemento de elevada importância.

Interessante destacar que o Ministério Público se desenvolveu e conquistou credibilidade social ao longo das décadas de trabalho, sendo muitas vezes reconhecido como senso de justiça. Contudo, a participação popular no processo decisório é afirmativa de um Estado Democrático de Direito, sendo valor de exercício da cidadania. Por conta da relevância de se trazer a voz social nas tomadas de decisão - principalmente naquelas de interesse geral - analisar-se-á o instituto na ótica do compromisso de ajustamento de conduta.

5.3 ASPECTOS CONTROVERTIDOS ACERCA DO COMPROMISSO DE AJUSTAMENTO DE CONDUTA

O compromisso de ajustamento de conduta, também conhecido como Termo de Ajustamento de Conduta é instrumento eficiente para efetivar direitos difusos e coletivos, contudo, sua natureza jurídica, em sua essência é complexa. Não poderia o referido instrumento ter natureza de contrato, ou seja, negócio jurídico, levando-se em conta que os órgãos públicos não possuem o poder de disposição sobre o direito material em análise.

Lado outro, sustenta Mazzilli (2006) a característica de ato administrativo negocial, que possui declaração de vontade do órgão público que o toma coincidente com o da pessoa envolvida em ajustar um padrão de conduta às exigências legais. Tal corrente acredita-se que é a mais adequada para a compreensão do objeto de pesquisa

Por fim, Zanelatto (2008) sustenta a característica de *tertium genus*, com características próprias do tratamento coletivo dos interesses difusos, coletivos, individuais homogêneos, que se aproxima mais do negócio jurídico, em que as partes autorregulam seus interesses, não só padronizado em suas vontades (conforme ocorre nos negócios jurídicos entre particulares) mas de modo vinculado à lei, que retira de uma das partes, o órgão público tomador do TAC, a possibilidade de disposição de direitos..

Ultrapassada a compreensão de marco histórico e natureza jurídica do compromisso de ajustamento de conduta e da proteção ambiental pelo Ministério Público, constata-se que a participação social é forma de cidadania e que se expande nos casos de lides de cunho ambiental, visto ser a parte diretamente envolvida no impacto ambiental negativo, vez que é ela quem suporta todo o prejuízo direto.

Vários instrumentos juridicamente reconhecidos devem ser utilizados quando da celebração dos TACs como audiências públicas, reunião com representantes de sociedades civis, organizações não governamentais.

O Estado Democrático Brasileiro tem seus fundamentos determinados no artigo 1º da Constituição da República de 1988 e em seu parágrafo único estabelece que o poder emana do povo. Ainda assim, a garantia constitucional do indivíduo se expressar e os esforços empreendidos pelo governo no sentido de aumentar as vias de comunicação com a sociedade, parecem não ser completamente satisfatórias e suficientes para diminuir o impacto do homem no meio ambiente e os riscos ambientais que essa relação causa.

A sociedade precisa estar munida de instrumentos para envolver-se ativamente nos processos de tomada de decisão e o Estado deve agir dentro de uma total transparência para assumir a responsabilidade multifacetária, social e jurídica. Um cenário precisa restar claro. Aos olhos do autor da presente obra, a participação popular em questões ambientais deve ser ampla, onde toda a sociedade poderá intervir, criar diálogos e direcionamento de senso comum e efetivamente deliberar no processo de decisão, conforme preceitos Habermasianos de democracia deliberativa. Contudo, quando da ocorrência de acidentes minerários de grande porte, esta participação deve ser reduzida e redirecionada ao público atingido. Tal posicionamento se dá por questões de prática: primeiramente solucionando as lides daquelas pessoas que tiveram o curso da vida alterados pela tragédia. Assim, a participação popular pode ser verificada em duas amplitudes diversas: 1) completamente aberta quando da abordagem de procedimentos de licenciamento, audiências públicas e consultas públicas e; 2) restrita aos atingidos quando da ocorrência de impactos ambientais de grande porte. Assim, conseguir-se-á canalizar forçar e redução de demandas quando da formulação dos TACs.

Logo, não basta a realização de compromissos de ajustamento de conduta como forma de reduzir as demandas coletivas. É preciso um envolvimento direto da sociedade afetada a fim de que demonstre os reais anseios reparatórios. Muitas vezes o Ministério Público estipula condicionantes para que o "acordo" seja firmado e, não raras vezes, tais critérios são de complexidade avançada, que exigem conhecimentos muito específicos que fogem à compreensão do direito, tais como engenharia de minas, impactos ambientais diretos e indiretos, flexão social, reconstrução econômica de área afetada, dentre outras.

É preciso destacar que essa "terceirização" de conhecimento pode trazer uma fragilidade muito grande ao interesse social. Estaria passando para um perito, mesmo que seja público, o poder decisório das condicionantes ministeriais. Entretanto, nas lides de cunho ambiental, por ser ramo do direito interdisciplinar, exige uma compreensão conjunta do impacto, o qual muitas vezes, é inevitável, ou seja, ultrapassa o senso de ação-resultado. Anthony Giddens (1990, p. 43) discorda de Luhmann quando este sustenta que a abstenção da ação não gera risco. Para o autor:

> Em outras palavras, nada aventurado, nada (potencialmente) perdido. A inação é frequentemente arriscada, e há certos riscos que todos nós temos que enfrentar quer gostemos ou não, tais como os riscos de catástrofe ecológica ou guerra nuclear. Além disso, há conexão intrínseca entre crença e perigo, mesmo como Luhmann os define. O perigo existe em circunstâncias de risco e é na verdade relevante para a definição do que é risco – os riscos que envolvem atravessar o Atlântico num pequeno bote, por exemplo, são consideravelmente maiores do que se a viagem for feita num grande transatlântico devido à variação contida no elemento perigo.

A relevância da participação popular nos casos de compromisso de ajustamento de conduta de lides ambientais é medida razoável para focalize quais as reais necessidades da sociedade envolvida para que, assim, as condicionantes do compromisso de ajustamento de conduta sejam alinhadas com os critérios do *expert* de recomposição do ecossistema e atingir o objetivo de reestruturação socioambiental.

Por mais que o Ministério Público atue na seara extrajudicial e haja possibilidade de redução de demandas em virtude da celebração do compromisso de ajustamento de conduta, necessário se faz refletir acerca da participação popular efetiva como mecanismo de cidadania no Estado Democrático de Direito. Tal participação deve ser levada em conta, seja por meio de audiências públicas, de oitiva de representante da sociedade envolvida, destacando que o conhecimento jurídico do Ministério Público está vinculado ao senso de justiça e confiabilidade social. Mas os discursos devem ser alinhados – Ministério Público e sociedade – a fim de uma completa aplicação do direito reparatório.

Com o surgimento de lides que envolvam o meio ambiente, destacou-se o Ministério Público como representante expressivo na solução das controvérsias na seara administrativa com a formulação do termo de ajustamento de conduta. Contudo, por ser a área em análise interdisciplinar, constata-se na prática uma delegação desse poder de "negociação" a um terceiro (perito) para estruturar as condicionantes do acordo. Além disso, a sociedade envolvida nem sempre é trazida para discutir os verdadeiros anseios de recuperação, visto ser quem suporta diretamente o impacto ambiental. A participação popular é medida essencial para concretizar a cidadania e buscar a efetividade das normas constitucionais.

Apesar das dificuldades interdisciplinares que envolvem o acordo com o Ministério Público é válido esclarecer que é mecanismo energicamente eficiente em relação à redução de demandas judiciais, sendo instrumento de solução administrativa das lides. O Direito sempre exige uma evolução para se adequar aos moldes sociais, motivo que traz uma reflexão acerca da necessidade de aplicação efetiva da cidadania nos processos decisórios.

Nos eventos analisados na presente obra, Bento Rodrigues e Brumadinho, verificar-se-á que, com a evolução da tecnologia da informação, muitas vezes a proporção midiática torna o processo de identificação das informações se tornam complexas, ou seja, é necessário refletir sobre o trabalho da mídia e segurança da informação, tão latentes no caso das tragédias analisadas no presente estudo acadêmico.

5.4 MÍDIA E SEGURANÇA DA INFORMAÇÃO

Com o avanço da tecnologia, a informação ganhou novos contornos, mais rápidos, de vias múltiplas, porém, nem sempre confiáveis. Isso se deu pelo fato do crescimento das redes sociais e meios de comunicação. O que antes somente tinha percepção por meio das rádios (profissionais e comunitárias) hoje há telejornais, sites, redes sociais com transmissão ao vivo, ampliadas pela telefonia móvel, a qual substitui nessas atribuições os antigos computadores de escritório. A notícia acontece em tempo real.

Sem menosprezar o avanço tecnológico, importante tecer algumas reflexões sobre a segurança da informação. Estariam as notícias cumprindo seu papel essencial informativo ou a tecnologia também promove a disseminação de ódio por meio de conteúdos falsos? É de conhecimento público e notório que a existência de profissionais respaldados em credibilidade e honestidade estão em todas as áreas profissionais, assim como aqueles com ideais negativistas, com escopo de prejudicar terceiros.

Nas mídias sociais, ambiente em quem tem mais público tem mais audiência, é visível que alguns canais surgem com notícias odiosas ou falsas somente com o objetivo de ampliar o segmento e se tornar referência na informação. Mas onde, especificamente, a segurança da mídia se alinha com o objeto central de análise da presente obra? Antes de responder tal questionamento, uma análise sobre a credibilidade jornalística merece contornos teóricos.

Entre as principais alterações na área do jornalismo, é clarividente a ampliação da produção de conteúdo amador, elaborada pelos *smartphones* que registram e editam imagens, hodiernamente, com qualidade profissional, somado ao fato da internet móvel. Logo, com um celular de acesso à internet móvel, possibilita-se a veiculação de conteúdo amador de maneira instantânea.

A questão do amadorismo na construção da mídia jornalística não é fato exclusivo da era tecnológica, mas é preciso ressaltar que esses conteúdos rápidos, sem nenhuma espécie de filtro ou edição geral do conteúdo, por mais que sejam postados em redes sociais privadas (perfis pessoais) torna o conteúdo público, de fácil compartilhamento e amplitude nunca antes imaginada. Cezar (2014, p. 102) apresenta em sua tese de doutorado a relação entre as mídias sociais e o jornalismo formal como partes de uma engrenagem, como narrativa paralela:

> A proposição sobre o jornalismo nas redes sociais é a de iluminar o que chamamos de narrativa paralela, a coexistência do jornalismo e das notícias com o discurso informacional social comum; neste caso, o discurso comum da narrativa paralela é aquele que não tem o status de notícia, não é produzido sob o pretexto de noticiar, nem é produzido por meios de comunicação ou jornalistas. Mas, paralelo não é secundário, nem caracteriza medida de peso em comparações. A perspectiva de convivência do jornalismo e a narrativa paralela englobam a circulação tautocrônica, quando o tempo gasto para uma informação chegar a um ponto é o mesmo tempo, independente de seu ponto de partida. (...). O jornalismo hoje deixou de ser a única porta da casa das informações, essas passam por janelas e outras arestas bem menores e não imaginadas em outro contexto.

Logo, com o aumento da audiência promovida pelas redes sociais, a informação formal (aquela que passa por processo de edição e filtragem profissional) torna-se cada vez mais forte. A mídia (formal e informal) possui o poder informativo e de convencimento social. Em alguns casos, nem tão escassos, pode promover alterações comportamentais, ou seja, um comportamento de massa.

Aguiar e Roxo (2019, p. 170) expressam que o fenótipo da informação também sofreu uma nova roupagem, com a conjugação da instantaneidade das redes sociais com o conteúdo informacional:

> A estética informacional também mudou. Diante da instantaneidade e da sensação de proximidade que os conteúdos amadores produzem na audiência, há uma expectativa de que as notícias reproduzam os acontecimentos de forma mais realística possível; as notícias envelhecem com muita rapidez e a audiência não quer mais saber da informação do dia anterior, mas, sim, da "de agora".
>
> Para atender a essa expectativa da audiência, os veículos de comunicação passaram a se apropriar das produções amadoras para complementar seus conteúdos jornalísticos. Esta prática, além de atender aos anseios da audiência, amplia a potencialidade da proximidade geográfica das notícias e minimiza os impactos da crise de negócio das empresas jornalísticas com quadros

reduzidos de profissionais e da sobrecarga de trabalho das equipes que precisam realizar produções para multiplataformas com formatos, dinâmicas e prazos de publicações diferentes.

Nos acidentes minerários em estudo – Bento Rodrigues/MG e Brumadinho/MG – houve e ainda há um turbilhão de informações, por parte da mídia, pronunciamentos oficiais das instituições envolvidas, assim como pela própria empresa responsável pela gestão das barragens que, no acidente, foram rompidas e causaram os mais variados impactos negativos, conforme explorado no capítulo anterior da presente pesquisa.

Como a sociedade vai efetuar a gestão de tantas informações? Há clara influência de massa quando se verifica que surgiram inúmeras pessoas pleiteando benefícios contra a empresa, alegando serem moradoras da região em necessariamente o ser. Um turbilhão de comportamentos, muitas vezes aproveitadores da tragédia. A real sociedade atingida recebeu as informações de maneira clara e real ou somente por ouvir dizer? A voz social das comunidades atingidas está amordaçada com tal confusão, que não há como atribuir somente a mídia, mas talvez pela manipulação dos meios de comunicação.

Hodiernamente a audiência tem sido auferida por meio de métricas de redes sociais, como comentários, curtidas, compartilhamentos, envios, salvamentos de postagens, o que, por si, pode trazer uma incorreta compreensão das informações, com a máxima "notícia ruim é que se vende", ou seja, nem sempre os posts com maior interatividade são aqueles de maior ênfase informativa, a exemplo claro os sites de fofocas e as fake News.

Aguiar e Roxo (2019, p. 184) concluem que muitos profissionais do jornalismo digital se pautam pelas métricas de audiência, mas que não são garantia de credibilidade jornalística:

> A cultura da desinformação já tem provocado inúmeros impactos na sociedade, do âmbito mais pessoal ao mais globalizado, influenciando até mesmo em definições de disputas eleitorais, no Brasil e no mundo. Distorcer fatos ou criar "notícias" em busca de visibilidade nas redes e apoio popular virou uma estratégia de marketing político. Entretanto, pesquisadores alertam que o cenário que se vislumbra é ainda mais sombrio. A desinformação associada a avanços tecnológicos

> poderá nos levar a um estágio de "infocalipse" onde não saberemos mais distinguir o que é verdadeiro do que é falso, o que trará danos irreparáveis à democracia. Diante deste prognóstico, muitas iniciativas vêm sendo tomadas por parte de instituições governamentais e civis por todo mundo a fim de reverter este quadro.
>
> Destacamos que muitos profissionais de jornalismo digital têm norteado suas produções visando o atingimento de métricas de audiência que, graças à evolução tecnológica, podem ser monitoradas com precisão e rapidez. Entretanto, vimos que o direcionamento do jornalismo para a satisfação do interesse do público, monitorada através de ferramentas a cada dia mais eficientes, não é a garantia da reputação e da confiança jornalística, atributos imprescindíveis para que o pacto de credibilidade entre o jornalismo e a sociedade sobreviva à cultura da desinformação. Ou seja, confundir indicadores de audiência com atributos de qualidade, confiança e credibilidade é um grande erro que pode estimular ainda mais a narrativa de desqualificação do jornalismo profissional. A audiência é imprescindível para o jornalismo, mas, sem a existência da credibilidade percebida, ela tenderá a desqualificar a importância da prática jornalística profissional trazendo consequências mais graves em longo prazo.
>
> Destacamos também que todas as iniciativas em busca da valorização do pacto de credibilidade entre o jornalismo profissional e a sociedade são salutares e, inclusive, parece estar surtindo efeito.

O estudo sobre riscos na sociedade contemporânea não é uma construção teórica de Giddens (1990), considerando que já era abordada na sociologia clássica por Jürgen Habermas, por exemplo. Contudo, os conceitos de reflexividade e risco na sociedade atual têm sido apresentados por aquele. Por conta disso, imperioso destacar que não há como observar a temática segurança da informação sem traçar os entendimentos de Giddens (1991) sobre sistemas peritos.

Giddens (1990, p. 25) inicialmente distingue duas espécies de mecanismos de desencaixe ao desenvolvimento das instituições modernas: fichas simbólicas e os sistemas peritos:

> Por fichas simbólicas quero significar meios de intercâmbio que podem ser "circulados" sem ter em vista as características específicas dos indivíduos ou grupos que lidam com eles

> em qualquer conjuntura particular. Vários tipos de fichas simbólicas podem ser distinguidos, tais como os meios de legitimação política; devo me concentrar aqui na ficha do dinheiro.

Por sua vez, o autor (1990, p. 31) sustenta que os sistemas peritos, estão presentes nas mais variadas vertentes da vida em sociedade:

> Sistemas peritos são mecanismos de desencaixe porque, em comum com as fichas simbólicas, eles removem as relações sociais das imediações do contexto. Ambos os tipos de mecanismo de desencaixe pressupõem, embora também promovam, a separação entre tempo e espaço como condição do distanciamento tempo-espaço que eles realizam. Um sistema perito desencaixa da mesma forma que uma ficha simbólica, fornecendo "garantias" de expectativas através de tempo-espaço distanciados. Este "alongamento" de sistemas sociais é conseguido por meio da natureza impessoal de testes aplicados para avaliar o conhecimento técnico e pela crítica pública (sobre a qual se baseia a produção do conhecimento técnico), usados para controlar sua forma.

Os sistemas peritos, assim, se referem a "sistemas de excelência técnica ou competência profissional que organizam grandes áreas dos ambientes material e social em que vivemos hoje" (GIDDENS, 1990, p. 35).

Em prosseguimento da análise de sistemas peritos, na ótica jornalística, Miguel (1999, p. 198) acrescente duas peculiaridades do referido sistema:

> Tais sistemas possuem dois traços característicos principais. O primeiro é o elevado grau de autonomia em relação àqueles que lhes estão submetidos. O cliente ou consumidor do sistema perito, sendo por definição desprovido de excelência técnica e competência profissional específicas daquele sistema, possui uma capacidade muito reduzida de influenciá-lo – a rigor, sua influência se dá apenas através dos mecanismos de mercado. Ele pode deixar de adquirir certos produtos ou de contratar certos profissionais, iniciativa que, uma vez agregada a decisões similares de outros consumidores, seguramente provocará uma reação. Mas é só.
>
> A segunda e talvez mais significativa característica dos sistemas peritos é que eles implicam, da parte dos clientes ou consumidores, uma crença em sua competência especializada. Assim, quando um indivíduo vai ao médico, geralmente

> não tem condições de avaliar a correção ou incorreção do tratamento que lhe é recomendado. Apenas confia no conhecimento especializado de que o médico é portador. Isso vale para quem contrata um engenheiro, um psicólogo, um eletricista, etc. Também para aqueles sistemas peritos que se encontram objetivados em máquinas: o passageiro comum que embarca num avião acredita no conhecimento especializado materializado naquele aparelho, conhecimentos cuja precisão é incapaz de avaliar. Computadores, viadutos, automóveis, medicamentos, televisores, pipoca para micro-ondas: mais uma vez, a listagem é interminável.

No processo de concepção do jornalismo enquanto sistema perito proposto por Giddens, Miguel (1999) destaca que a aceitação social e reconhecimento se dá em três grandes momentos: a) confiança em relação à veracidade das informações trazidas pela mídia; b) confiança em relação ao alinhamento de escolha de notícias e seus elementos estruturais; c) confiança em relação ao recorte temático diante de um grupo de dados.

Todas as três etapas são necessárias para que a sociedade associe a mídia a um sistema de ampla credibilidade informativa. Por conta disso, Miguel (1999, p. 201) faz importante análise ao expressar o *modus operandi* da seleção de notícias para serem inseridas na pauta, com a criação de um capital simbólico, ou seja, de credibilidade abstrata perante a sociedade, assim como de intermediação da mídia na formação de capital político, destacando o papel do jornalismo:

> Os jornais e os noticiários de rádio e TV elegem temas, apresentam os fatos relevantes para a compreensão de tais temas e ainda, num processo mais complexo e mais a longo prazo, ajudam a estabelecer os *valores* que presidirão a apreciação desta realidade construída. Se o tema "desempenho da economia", por exemplo, é colocado em destaque na agenda pública, torna-se necessário identificar quais são os indicadores relevantes (taxa de inflação, crescimento do PIB, nível de emprego etc.) e hierarquizá-los; este processo revela, ele próprio, qual *valor* se julga dever perseguir prioritariamente no campo econômico – estabilidade, desenvolvimento ou redistribuição.
>
> Da mesma forma, a imprensa – sempre entendida em sentido amplo, e com predominância sensível da televisão – desempenha

> um papel nada negligenciável na produção de capital simbólico, isto é, do *crédito social* que permite a certos indivíduos ocuparem posições de autoridade em determinados campos (cf. Bourdieu, 1980, p. 203-204). De forma mais específica, a formação do capital político passa, cada vez mais, pela intermediação do jornalismo. É uma realidade que os agentes políticos já percebem, intuitivamente, há bastante tempo, como demonstra o fato de que as ações políticas são, cada vez mais, pensadas como artifícios para a geração de notícias (e não o contrário, isto é, jornalista correndo atrás de "fatos" que têm existência independente, como o consumidor de informação tende a acreditar).
>
> É evidente que o jornalismo e mesmo a mídia como um todos não possuem um controle absoluto sobre a construção da agenda, da realidade e dos valores – conforme mostra a ocorrência de mobilizações políticas de grande envergadura feitas *contra* os meios de comunicação mais importantes. Mas é inegável que, por sua posição estrutural de agregador/difusor de informação, o jornalismo está habilitado a cumprir um papel chave nesse processo.

O referido autor ainda conclui que não existem soluções fáceis ao se encarar a criação de uma imprensa centralizada e padronizada em sistemas amplamente democráticos, contudo, destaca que o controle de informação não pode permanecer fora das discussões daquelas pessoas que ainda clamam por um mundo mais igual e participativo.

Diante de toda caracterização do instituto de Giddens (1990), verifica-se ser possível entender que o sistema de informação, mais especificamente o sistema jornalístico se enquadraria como um sistema perito, considerando que a sociedade, em sua maior parte, confia na veracidade das informações cotidianamente compartilhadas.

Retomando o questionado feito anteriormente sobre onde a segurança da mídia se alinha com o objeto central da presente obra, necessário se faz compreender o quantitativo de dados disponíveis na internet sobre os acidentes de Bento Rodrigues/MG e Brumadinho/MG:

Ao se levantar dados sobre as expressões: tragédia, barragem, rompimento de barragem, indenização de vítimas, participação popular, TAC e fraude no acidente de mineração, aplicáveis especificamente aos casos de pesquisa da presente obra, os números de conteúdos publicados são exorbitantes:

Tabela 9 – Dados de prospecção de danos sobre acidentes na mineração.

Termos	**Bento Rodrigues/MG**	**Brumadinho/MG**
Tragédia	890.000	2.250.000
Barragem	538.000	1.190.000
Rompimento de barragem	226.000	810.000
Indenização das vítimas	233.00	147.000
Participação popular	643.000	97.400
TAC	269.000	48.900
Fraude no acidente mineração	111.000	50.100

Fonte: elaborada pelo autor.

Imperioso informar que o levantamento de dados exclui todas as publicações de cunho científico, se restringindo a busca aos dados jornalísticos. Diante das métricas de audiência, cabe à sociedade efetuar o filtro de quais conteúdos são "consumíveis" e quantos outros merecem descarte, considerando a falta de segurança do conteúdo ou fontes extremamente sensacionalistas.

A sociedade precisa efetuar essa separação do conteúdo. Todavia, diante de cenários catastróficos como os casos de Bento Rodrigues e Brumadinho, a comunidade precisa ir além, ou seja, deve se autoafirmar enquanto indivíduo afetado diretamente pelo dano socioambiental.

Inclua-se também o viés empresarial constantemente na mídia. Nos casos analisados, mesmo com a determinação proveniente de compromisso de ajustamento de conduta sobre a necessidade de transparência, há inúmeras inserções de autopromoção. Gilvan Hansen (2019a, fl. 48), num discurso de alta exatidão afirma:

> Os noticiários recentes são ricos em exemplos de casos de deterioração ambiental provocados por instituições e corporações sem que haja a devida sanção ou rigor por parte dos governos e dos órgãos político-governamentais supraestatais. Isso por si só já se constitui em problema grave.
>
> Entretanto, o mais assombroso é que muitas destas corporações e instituições estatais ou privadas, governamentais ou não governamentais, adotam um discurso de propaganda de suas ações como se estas fossem promotoras da melhoria das condições ambientais.

> A contradição performativa está presente e precisa ser desmascarada, a fim de que a hipocrisia destas atitudes seja revelada e que estas instituições e corporações sejam cobradas pelas pessoas, através de iniciativas sociais, políticas, jurídicas, econômicas e governamentais.

Um trabalho hercúleo de sustentação social e de voz ativa da comunidade. Um dos maiores problemas do sistema jurídico nacional é o amordaçamento da sociedade em pleno estado democrático de direito, em que os ideais de cidadania são sustentáculo estatal.

5.5 A EXTINTA LEI DE POLÍTICA NACIONAL DE PARTICIPAÇÃO POPULAR E O EFEITO *CLIQUET* DOS DIREITOS HUMANOS

Os indivíduos atingidos por acidentes de mineração, em específico aqueles oriundos daqueles provenientes do rompimento de barragens, possui considerável escora jurídica. Válido mencionar que, na presente obra, na análise da proteção jurídica desta faceta social, a legislação não faz diferenciação quanto ao modelo de barragem, tratando o assunto de maneira generalista.

Antes de adentrar a análise dos institutos legais, imperioso mencionar a existência do MAB – Movimento dos Atingidos por Barragens, o qual é (ESA, 2013):

> um movimento nacional de caráter popular composto por famílias atingidas direta ou indiretamente por barragens. Um dos objetivos do movimento é organizar as pessoas na luta pelos seus direitos, entendendo a água e a energia como bens essenciais ao ser humano e, por isso, devem ser bens públicos.
>
> O MAB surgiu na década de 1970, período em que o Estado brasileiros investiu intensivamente no setor de geração de energia elétrica, com a construção de usinas hidrelétricas. Foi a construção de barragens que mobilizou milhares de famílias expulsas de suas casas a reagirem na busca de direitos, em especial por uma política de indenização apropriada. Hoje, o Movimento dos Atingidos por Barragens tem representação em 16 estados do Brasil, promove encontros regionais e nacionais que contam com a participação de milhares de pessoas.

O referido movimento, de nascedouro na década de 70, apresentava a relação entre o Estado de maneira linear e direta com a sociedade.

Passo contínuo, com o desenrolar da história da mineração brasileira, já na década de 90, com as privatizações das barragens, esta mesma relação transmutou-se do Estado para o empreendedor, ou seja, o liame identificado de relacionamento seria entre o responsável pela barragem (empreendedor) e os atingidos (comunidade).

Já sob a análise jurídico-protetiva constata-se a Política Nacional de Defesa Civil (Lei 12608/12) e a Política Nacional de Segurança de Barragens, as quais devem ser analisadas conjuntamente para compreensão do complexo de proteção da sociedade.

A Política Nacional de Segurança de Barragens, Lei 12334/2010 (BRASIL, 2010), apresenta em seu artigo 3º os objetivos delineados: I – garantir a observância de padrões de segurança de barragens de maneira a reduzir a possibilidade de acidente e suas consequências; II – regulamentar as ações de segurança a serem adotadas nas fases de planejamento, projeto, construção, primeiro enchimento e primeiro vertimento, operação, desativação e de usos futuros de barragens em todo o território nacional; III – promover o monitoramento e o acompanhamento das ações de segurança empregadas pelos responsáveis por barragens; IV – criar condições para que se amplie o universo de controle de barragens pelo poder público, com base na fiscalização, orientação e correção das ações de segurança; V – coligir informações que subsidiem o gerenciamento da segurança de barragens pelos governos; VI – estabelecer conformidades de natureza técnica que permitam a avaliação da adequação aos parâmetros estabelecidos pelo poder público; VII – fomentar a cultura de segurança de barragens e gestão de riscos.

Entre todos os incisos relacionados no parágrafo anterior, merece maior atenção o último deles, o qual destaca como objetivo da Política Nacional de Segurança de Barragens "fomentar a cultura de segurança de barragens e gestão de riscos" (BRASIL, 2010), ou seja, a organização da segurança das barragens encontra como pilar na legislação apresentada, estando harmoniosa com o artigo 4º, inciso IV, da mesma lei:

> Art. 4º São fundamentos da Política Nacional de Segurança de Barragens (PNSB):
>
> I – A segurança de uma barragem deve ser considerada nas suas fases de planejamento, projeto, construção, primeiro enchimento e primeiro vertimento, operação, desativação e de usos futuros;

> II – A população deve ser informada e estimulada a participar, direta ou indiretamente, das ações preventivas e emergenciais;
>
> III – o empreendedor é o responsável legal pela segurança da barragem, cabendo-lhe o desenvolvimento de ações para garanti-la;
>
> IV – A promoção de mecanismos de participação e controle social;
>
> V – A segurança de uma barragem influi diretamente na sua sustentabilidade e no alcance de seus potenciais efeitos sociais e ambientais. (Original sem grifos)

A participação social é fundamento da Política Nacional de Segurança de Barragens, justamente por ser o procedimento adequado para envolver a comunidade no processo minerário, assim como de efetivação da cidadania. É o caminho de trazer a sociedade para o processo decisório.

Tanto o é que a própria referida legislação determina a criação de programas de educação e comunicação sobre segurança de barragens, com o escopo primordial de conscientizar a comunidade diretamente envolvida com o empreendimento com as medidas estruturadas no artigo 15 da Lei de Política Nacional de Segurança de Barragens:

> Art. 15. A PNSB deverá estabelecer programa de educação e de comunicação sobre segurança de barragem, com o objetivo de conscientizar a sociedade da importância da segurança de barragens, o qual contemplará as seguintes medidas:
>
> I – Apoio e promoção de ações descentralizadas para conscientização e desenvolvimento de conhecimento sobre segurança de barragens;
>
> II – Elaboração de material didático;
>
> III – manutenção de sistema de divulgação sobre a segurança das barragens sob sua jurisdição;
>
> IV – Promoção de parcerias com instituições de ensino, pesquisa e associações técnicas relacionadas à engenharia de barragens e áreas afins;
>
> V – Disponibilização anual do Relatório de Segurança de Barragens.

Portanto, toda uma pedagogia deve ser implementada para que a sociedade efetivamente participe e compreenda todo o empreendimento. Entende-se que pode ser equiparado à relação entre EIA – Estudo de

Impacto Ambiental e RIMA – Relatório de Impacto Ambiental. Neste último é uma "tradução" de termos técnicos para que ocorra o entendimento e apropriação da informação transmitida, afinal, informação transmitida e não absorvida, não se atinge o viés comunicacional.

Por seu turno, a Política Nacional de Defesa Civil abrange questões de prevenção, redução, preparação e recuperação com ênfase na defesa civil, atuando mediante políticas de desenvolvimento urbano, saúde, meio ambiente, recursos hídricos com escopo central do desenvolvimento sustentável.

A referida legislação trabalha no artigo 4º a atuação articulada entre os entes federativos com busca a redução de desastres, assim como de recuperação. Válido mencionar que o mesmo artigo, no inciso VI traz a participação da sociedade civil como marco diretivo e apresenta, por seu turno, no artigo 5º da Lei 12608/2012 os principais objetivos (BRASIL, 2012):

> Art. 5º São objetivos da PNPDEC:
>
> I – Reduzir os riscos de desastres;
>
> II – Prestar socorro e assistência às populações atingidas por desastres;
>
> III – recuperar as áreas afetadas por desastres;
>
> IV – Incorporar a redução do risco de desastre e as ações de proteção e defesa civil entre os elementos da gestão territorial e do planejamento das políticas setoriais;
>
> V – Promover a continuidade das ações de proteção e defesa civil;
>
> VI – Estimular o desenvolvimento de cidades resilientes e os processos sustentáveis de urbanização;
>
> VII – promover a identificação e avaliação das ameaças, suscetibilidades e vulnerabilidades a desastres, de modo a evitar ou reduzir sua ocorrência;
>
> VIII – monitorar os eventos meteorológicos, hidrológicos, geológicos, biológicos, nucleares, químicos e outros potencialmente causadores de desastres;
>
> IX – Produzir alertas antecipados sobre a possibilidade de ocorrência de desastres naturais;
>
> X – Estimular o ordenamento da ocupação do solo urbano e rural, tendo em vista sua conservação e a proteção da vegetação nativa, dos recursos hídricos e da vida humana;

XI – combater a ocupação de áreas ambientalmente vulneráveis e de risco e promover a realocação da população residente nessas áreas;

XII – estimular iniciativas que resultem na destinação de moradia em local seguro;

XIII – desenvolver consciência nacional acerca dos riscos de desastre;

XIV – orientar as comunidades a adotar comportamentos adequados de prevenção e de resposta em situação de desastre e promover a autoproteção; e

XV – Integrar informações em sistema capaz de subsidiar os órgãos do SINPDEC na previsão e no controle dos efeitos negativos de eventos adversos sobre a população, os bens e serviços e o meio ambiente.

A utilização das duas políticas Nacionais, de Proteção de Barragens e Defesa Civil, devem ter uma atuação integrada quando da ocorrência de acidentes minerários de rompimento de barragens, sendo que a primeira delas apresenta a responsabilidade do empreendedor pela atividade antrópica e a última é direcionada pela responsabilidade entre os entes federativos, em caso de emergência.

Concluindo esta análise, a Política Nacional de Segurança de Barragens tem uma abordagem fiscalizatória para o empreendedor, visto que é ele, em tese, quem alterou o espaço antes acobertado por um meio ambiente naturalmente livre de intervenções. Enquanto, por outro lado, a Política Nacional de Defesa Civil indica a responsabilidade conjunta da União, Estados, Distrito Federal e Municípios para amenizar e recuperar os espaços derivados de catástrofes, inclusive ambientais.

Uma linha tênue deve ser lembrada: a atividade antropocêntrica descontrolada. A responsabilidade civil do empreendedor, apesar de não ser centro de discussão da presente obra, que ultrapassou os limites de estudos técnicos ambientais ou então não executou todas as condicionantes de proteção deverá ser responsabilizado pela catástrofe, uma vez que extrapolou inclusive os limites impostos na legislação e nos compromissos de ajustamento de conduta. Contudo, em toda a legislação ambiental brasileira, somada à evolução da mineração, há a presença da participação popular no processo decisório como forma de cidadania determinada pela Constituição da República de 1988. Busca-se a retirada do plano teórico com a concretização efetiva dos ditames constitucionais. Por conta dessa relevância da Magna Carta, válido mencionar que o Estado Democrático de Direito brasileiro tem em seus fundamentos determinados no artigo 1º da Constituição da República de 1988 e, em seu parágrafo único, estabelece que o poder emana do povo.

A garantia constitucional do indivíduo se expressar e os esforços compreendidos pelo governo no sentido de aumentar as vias de comunicação com a sociedade, não são completamente satisfatórias nem mesmo suficientes, em contraponto com o aval em destruir um bem ambiental, de titularidade social.

No dia 23 de maio de 2014 foi publicado o Decreto Presidencial 8243, que instituiu o Plano Nacional de Participação Social (PNPS) e o Sistema Nacional de Participação Social (SNPS) e, conforme artigo 1º, o objetivo é "fortalecer e articular os mecanismos e as instancias democráticas de diálogo e atuação conjunta entre a administração pública federal e a sociedade civil". Para os fins do presente decreto a sociedade civil é constituída por cidadãos, coletivos, movimentos sociais institucionalizados ou não, bem como por suas redes e organizações, ou seja, o conceito extremamente aberto e inclusivo.

Por seu turno, o PNPS possui como diretrizes gerais: o reconhecimento da participação social como direito do cidadão e expressão de sua autonomia; a complementaridade, transversalidade e integração entre os mecanismos e instâncias de democracia representativa, participativa e direta; a solidariedade, cooperação e respeito à diversidade para a construção de valores de cidadania e de inclusão social; o direito à informação, à transparência e ao controle social nas ações públicas; a valorização da educação para a cidadania ativa; a autonomia, o livre funcionamento e a independência das organizações da sociedade civil; e a ampliação dos mecanismos de controle social.

As diretrizes gerais que, como se viu, são extremamente alinhadas com os preceitos constitucionais, principalmente no que se refere à democracia, aqui podendo ser entendida numa visão macro em que se enquadram vários outros direitos como participação popular, educação e conscientização para uma cidadania, dentre outros. Soma-se à compressão e harmonia positivada os objetivos constantes no já revogado artigo 4º do Decreto 8243 (BRASIL, 2014): consolidar a participação social como método de governo; promover a articulação de instâncias e dos mecanismos de participação social; aprimorar a relação do governo federal com a sociedade civil; promover e consolidar mecanismos de participação social nas políticas e programas governamentais; desenvolver mecanismos de participação social nas etapas do ciclo de planejamento e orçamento; incentivar o uso e o desenvolvimento de metodologias que incorporem múltiplas formas de expressão e linguagens de participação social; desenvolver instrumentos de participação acessíveis aos grupos sociais historicamente excluídos e aos vulneráveis; incentivar e promover ações e programas de apoio institucional, formação e qualificação em participação social nos entes federados.

O decreto prevê ainda que os órgãos e entidades da administração pública federal, direta e indireta, devem considerar, para formular, executar, monitorar e avaliar os programas e políticas públicas, vários mecanismos de participação social.

Mesmo com a criação de inúmeros mecanismos de participação, os debates propostos são a médio prazo. Nos conflitos envolvendo o meio ambiente exige-se uma efetiva resposta do Estado, sob pena de amordaçar os direitos e calar sociedades.

A proteção jurídica dos envolvidos em acidentes na mineração ocasionados por rompimento de barragens de rejeitos é robusta e reafirmam a necessidade de participação popular durante todo e qualquer processo decisório, visando trazer a comunidade para referendar as decisões que irão, de forma positiva ou negativa, lhe envolver. Contudo, uma reflexão sobre a efetividade legislativa surge ao caso quando se confronta o forte poder econômico com a proteção ambiental, valores presentes na Constituição da República de 1988. O papel social em qualquer decisão se torna, assim, medida imperativa para os ideais de justiça.

Todo esse detalhamento normativo foi necessário, considerando que o Decreto 9759/2019 revogou o do Decreto 8243/2014, trazendo nítido retrocesso no cenário protetivo da coletividade quando o assunto é participação popular. É reconhecível que a grande maioria dos direitos presentes na norma extinta possui escora constitucional, ou seja, continuará em vigor. Contudo, alguns institutos de instrumentalização de direitos, ou melhor dizendo, estruturas que o Estado reconhecia como relevante, simplesmente deixa de existir. Por conta disso, é indissociável a análise quanto ao retrocesso.

O Estado foi criado precipuamente para benefício do homem e não para seu receio. Por conta disso que, apesar da soberania e autonomia, existem limitações de atuação. Caso contrário, estaria frente ao absolutismo, com a retirada e massacre de direitos dos indivíduos. Sarlet (2002, p. 47) acrescenta que:

> É justamente neste sentido que assume particular relevância a constatação de que a dignidade da pessoa humana é simultaneamente limite e tarefa os poderes estatais e, no nosso sentir, da comunidade em geral, de todos e de cada um, condição dúplice esta que também aponta para uma paralela e conexa dimensão defensiva e prestacional da dignidade.

A própria ideia de democracia no século XXI proporciona abertura para que o indivíduo concretize seus direitos fundamentais. Segundo Eduardo Ramalho Rabenhorst (2001, p. 48).

> Se existe algum fundamento único para a democracia, ele não pode ser outra coisa senão o próprio reconhecimento da dignidade humana. Mas tal dignidade é, ela própria, destituída de qualquer alicerce religioso ou metafísico. Trata-se apenas de um princípio prudencial, sem qualquer conteúdo pré-fixado, ou seja, uma cláusula aberta que assegura a todos os indivíduos o direito à mesma consideração e respeito, mas que depende, para a sua concretização, dos próprios julgamentos que esses indivíduos fazem acerca da admissibilidade ou inadmissibilidade das diversas formas de manifestação da autonomia humana.

Quando se analisa o Decreto em estudo, é possível visualizar tamanho retrocesso. Não em relação ao direito ambiental ou minerário, mas diretamente aos direitos conquistados à duras penas no decurso histórico brasileiro. A simples retirada do ordenamento jurídico de norma jurídica sem nenhuma preparação social ou até mesmo atualização ou avanço legislativo é inconcebível. Nítido está o retrocesso dos direitos da sociedade que, agora, conta com laço participativo fora da proposta governamental.

Como se sabe, a participação popular também pode ser utilizada como vetor de fiscalização do Estado. A retirada da Política Nacional de Participação Social não traz o silêncio dessa sociedade, mas enfraquece os instrumentos de envolvimento social. O Estado como gestor das verbas públicas foi e deve ser sempre fiscalizado, seja institucionalmente pelo Ministério Público e Tribunais de Conta, seja pela própria sociedade, atividade típica de democracia direta, amparada, inclusive no seio constitucional.

Ao aprofundar o estudo acerca do estudo dos direitos *sui generis*, indissociável a distinção entre direitos de defesa e os direitos de prestação – ou prestacionais. No caso dos primeiros são aqueles que se caracterizam por ser obstáculo à ingerência do Estado, um dever de não interferência na autodeterminação do indivíduo, ou seja, são limites à intromissão excessiva do órgão estatal em direitos constitucionalmente garantidos, como a liberdade, propriedade, segurança, dentre outros. Percebe-se a presença em quase todos os direitos constantes no extenso artigo 5º da Magna Carta. Em resumo, é um escudo para a pessoa humana vinculada a determinado povo sobre a atuação excessiva do Estado, uma proteção legítima.

Por seu turno, os direitos prestacionais, no outro extremo, são aqueles que exigem uma atividade proativa do Estado, ou seja, uma atuação positiva com o escopo de promover a igualdade entre todos os membros de uma determinada sociedade a ele vinculada.

Ao se defrontar as duas modalidades, percebe-se que os direitos de defesa exigem uma atuação negativa do Estado, de não interferência na vida privada, enquanto os direitos prestacionais são aqueles que se caracterizam pelo agir do Estado, de atuação positiva. Paulo Gonet Branco (2018, p. 423) afirma que:

> A circunstância de os direitos a prestação traduzirem-se numa ação positiva do Estado confere-lhes peculiaridades estruturais, em termos de densidade normativa, que os distinguem dos direitos de defesa, não somente quanto à finalidade, mas igualmente, quanto ao seu modo de exercício e à eficácia.

Centralizando o objeto de estudo, os direitos prestacionais ainda podem ser subdivididos em: a) prestação normativa – concepção jurídica; b) prestação material – concepção fática.

Os direitos prestacionais normativos são aqueles direitos fundamentais que o escopo central se finda com a satisfação da prestação jurídica pelo Estado, independente se tais normas são de cunho protecionista ou procedimentais.

Por seu turno, os direitos de prestação material são aqueles direitos sociais por excelência, ou seja, os direitos fundamentais de natureza social, os quais são criados com os objetivos de minimizar desigualdades construídas no decurso histórico-nacional.

Para Alexy (1999, p. 33) os direitos prestacionais não se limitam aos direitos às prestações materiais, mas abarcam, inclusive, os direitos de participação na organização e procedimento, ou seja, são divididos em direitos a prestações em sentido amplo e direitos prestacionais em sentido estrito.

Os direitos prestacionais em sentido amplo estão relacionados ao estado de Direito, ou seja, criados com escopo de garantir a liberdade e a igualdade dos indivíduos dentro das respectivas vidas privadas (ótica negativista de atuação). Por seu turno, os direitos prestacionais em sentido estrito vinculam-se à função prioritária do Estado, ou seja, garantidor de direitos (ótica positivista de atuação).

Independentemente da compreensão acerca das formas de atuação o que se constata é o enfraquecimento das políticas públicas de participação popular. Ao trazer esse cenário para as discussões acerca da evolução dos direitos, poder-se-ia adequar o efeito *cliquet* inerente aos direitos humanos no caso em comento. Tal possibilidade se funda principalmente numa análise macro evolutiva dos direitos de participação e formalização de grupos sociais terem sofrido corte pelo governo Bolsonaro.

Válido mencionar que os grupos e movimentos sociais aqui abordados se referem a associações de pessoas, formalmente constituídas, para finalidade pacífica de concretização de direitos. Retira-se da análise qualquer tipo de movimento social que empregue violência ou ameaça no seu *modus operandi*.

Assim sendo, quando analisamos o efeito *cliquet*, ou como também é conhecido pelos teóricos do Direito, princípio da vedação do retrocesso, é possível assimilar diretamente a dignidade da pessoa humana com tal norma consuetudinária. Francini Ibrahin (2012, p. 7548) apresenta traços conceituais acerca dessa correlação:

> Os direitos humanos formam um conjunto de direitos e garantias de um ser humano com finalidade de assegurar a dignidade da pessoa humana, estabelecendo-se condições mínimas de vida, ensejando a proteção contra abuso e arbítrio estatal.
>
> A dignidade da pessoa humana representa tudo o que alguém necessita para uma existência digna. Os discursos existentes quanto à dignidade da pessoa humana têm forte e intenso apelo emotivo, mas a sua percepção sentimental não basta, torna-se necessária a existência de bases sólidas para sua efetiva aplicação.

Não se pode esquecer que a doutrina clássica ainda prevê a distinção entre direito do homem, direitos humanos e direitos fundamentais. Inicialmente, direitos do homem são aqueles sem cunho normativo formal, ou seja, direitos naturais não positivados, sem previsão na Constituição de um Estado. Essa modalidade está relacionada principalmente à sociologia e intrínsecos à natureza humana, bastando a condição de ser humano para incorporá-los. Com a evolução dos direitos, essa classificação é praticamente inócua, justamente pelo fato que praticamente todo grupamento de direito possui algum resquício legal ou constitucional. Por seu turno, os direitos fundamentais possuem relação à previsão constitucional dentro de determinado Estado, e possuem a finalidade precípua de salvaguardar os indivíduos, conforme preceitua o artigo 16 da Declaração dos Direitos do Homem de 1789 ao determinar que "qualquer sociedade em que não seja assegurada a garantia de direitos, nem estabelecida a separação dos poderes não tem Constituição". E, por fim, os direitos humanos são aqueles direitos localizados em tratados ou costumes internacionais que asseguram esses direitos a qualquer pessoa, sem nenhuma forma de discriminação (sexo, religião, etnia, nacionalidade, dentre outras). Sarlet (2007, p. 35) acrescenta sobre a temática que:

> pese sejam ambos os termos ('direitos humanos' e 'direitos fundamentais') comumente utilizados como sinônimos, a explicação corriqueira e, diga-se de passagem, procedente para a distinção é de que o termo 'direitos fundamentais' se aplica para aqueles direitos do ser humano reconhecidos e positivados na esfera do direito constitucional positivo de determinado Estado, ao passo que a expressão 'direitos humanos' guardaria relação com os documentos de direito internacional, por referir-se àquelas posições jurídicas que se reconhecem ao ser humano como tal, independentemente de sua vinculação com determinada ordem constitucional, e que, portanto, aspiram à validade universal, para todos os povos e tempos, de tal sorte que revelam um inequívoco caráter supranacional (internacional).

No caso brasileiro, os tratados, independentemente de sua natureza (direitos humanos ou tradicionais) é necessário o crivo do Congresso Nacional, sendo a localização hierárquica-positiva variável a depender do quórum de aprovação do diploma alienígena. O que é inegável pelos aplicadores, é que os direitos humanos são uma grande evolução, principalmente na ótica internacionalista.

Toda essa variação se faz necessária para analisar o princípio da vedação ao retrocesso apresentado como forma de impossibilidade de redução, principalmente pelo Decreto 8243/2014, da participação popular no Estado Democrático de Direito. A relação dos direitos humanos com o direito ambiental é forte, como destaca Ibrahim (2012, p. 7549):

> O direito ambiental e os direitos humanos se fortalecem mutuamente e, em última análise, não pode um existir sem o outro. Os dois, com efeito, se retroalimentam, não havendo como abordar a temática do meio ambiente sem um sólido estudo dos direitos humanos. Os direitos humanos são a alma e o direito ao meio ambiente o corpo, necessitando caminhar juntos para que se tenha vida.

O direito a um meio ambiente ecologicamente equilibrado, com proteção inclusive constitucional, é uma nítida extensão do direito à vida. Afinal, o ambiente é composto por elementos básicos à subsistência: recursos hídricos, ar, flora, fauna, dentre outros. O tema é tão relevante que no ano de 1994 vários juristas se reuniram a fim de criarem uma Declaração de Princípios de Direitos Humanos e Meio Ambiente em Genebra, demonstrando nitidamente a relação entre os eixos. Além disso a própria ONU adotou na década de 90 a Resolução 45 que reconhece tal elo entre as áreas acima relacionadas. No mesmo sentido os tribunais do país reconhecem o meio ambiente enquanto direito humano.

Araújo (2018, p. 159) sustenta uma visão antropocêntrica de consciência ambiental, ao afirmar que:

> A concepção jurídica que conhecemos e aplicamos é a de que apenas o ser humano pode ser titular de direitos na ordem jurídica. Essa é a nossa realidade jurídica, e dela não pretendo me afastar. Por isso, particularmente, rejeito a visão não seria egocêntrica? do Direito Ambiental, e adoto a visão antropocêntrica do Direito Ambiental. Com efeito, o ser humano está no centro da questão ambiental. Isso é o que defendo: o ser humano no centro das atenções, mas com consciência ambiental; e um antropocentrismo mitigado que não favoreça a visão retrógrada de que o Homem pode, a seu bel prazer, explorar ilimitadamente os recursos naturais. É como, aliás, pensa Séguin: "Esposo a tese de que o Direito Ambiental é antropocêntrico, mas estou falando de um homem com consciência ecológica, com uma postura ética coerente com o racionalismo que é atribuído à espécie humana."

> Portanto, as normas ambientais que compõem um Estado Ambiental de Direito têm destinatário certo: o ser humano, como titular do direito de viver num ambiente sadio e ecologicamente equilibrado. A tutela do meio ambiente está a nosso serviço, ou seja, a tutela do meio ambiente objetiva claramente que o ser humano tenha acesso a recursos naturais disponíveis para o desenvolvimento sustentado. Mais do que isso, a tutela do meio ambiente se propõe a garantir ao ser humano uma sadia qualidade de vida. Temos, portanto, a qualidade de vida reconhecida como valor jurídico, passível inclusive de proteção judicial. In veritas, a Constituição de 1988 reza, no *caput* do art. 225: "Todos têm direito ao meio ambiente ecologicamente equilibrado, bem de uso comum do povo e essencial à sadia qualidade de vida, impondo-se ao Poder Público e à coletividade o dever de defendê-lo e preservá-lo para as presentes e futuras gerações".
>
> O direito subjetivo ao ambiente, diga-se, foi reconhecido inicialmente no plano das discussões internacionais. A "Declaração sobre o Ambiente Humano" de Estocolmo, em 1972, no princípio primeiro já afirmava: "O homem tem o direito fundamental à liberdade, à igualdade e ao desfrute de condições de vida adequada em um meio cuja qualidade lhe permite levar uma vida digna e gozar de bem-estar".

Válido mencionar que a estrutura do meio ambiente ecologicamente equilibrado enquanto direito humano fundamental presente no ordenamento jurídico brasileiro possui matriz densa e sustentada tanto na legislação interna quanto nas normas jurídicas internacionais.

Na ótica internacional, em diversos instrumentos legislativos, há a presença do meio ambiente enquanto norma fundamental dos Estados: a) Conferência das Nações Unidas sobre o meio ambiente humano (1972): b) Convenção relativa à proteção do patrimônio mundial, cultural e natural (1972); c) Declaração de Haia sobre o Meio Ambiente (1989); d) Convenção de Espoo sobre avaliação de impacto ambiental no contexto transfronteiriços (1991); d) Convenção sobre a diversidade biológica (1992); e) Convenção sobre o acesso à informação, participação pública e acesso à justiça em questões ambientais de Aarhus (1998); f) Declaração de Dublin sobre águas e desenvolvimento sustentável (2002); g) Declaração do milênio (2002); h) Carta da Terra (2000); dentre vários outros diplomas internacionais.

Por conta de todo esse avanço na proteção dos direitos humanos, é constante a norma da vedação ao retrocesso e obrigatoriedade de aplicação, isto porque a questão vai além do direito fundamental ao meio ambiente ecologicamente equilibrado. O fato envolvendo sociedades atingidas por rompimento de barragens liga-se à ideia central ao meio ambiente e, por conseguinte, ao direito fundamental e humano ao ambiente ecologicamente equilibrado.

Aqui é preciso fazer uma pequena distinção. Como se sabe, o meio ambiente está ligado à praticamente todas as vertentes ecológicas e antrópicas, ao interpretar o conceito de meio ambiente, natural, artificial, cultural e do trabalho. Por essa ótica, poder-se-ia, inclusive dizer erroneamente que todos os direitos são humanos e fundamentais.

O autor entende que, quando houver uma relação entre a norma ambiental com a concretização com outros direitos fundamentais, poder-se-ia compreendê-los como normas de direitos humanos também. Como exemplo a participação popular vinculada ao acesso à justiça nos Compromissos de Ajustamento de Conduta oriundos de acidentes por rompimento de barragens de rejeitos da mineração como fator de exercício da cidadania no Estado Democrático de Direito.

Logo, ao retirar o Decreto da Política Nacional de Participação Popular estaria o Presidente da República incorrendo da violação da norma consuetudinária da vedação do retrocesso dos direitos humanos, que, inclusive, é inerente tanto dos direitos humanos quanto do direito ambiental. Sobre as características de tal princípio, Ibrahim (2012, p. 7576) menciona que:

> A característica da vedação do retrocesso impõe a obrigação de que uma vez estabelecido no sistema jurídico positivado um determinado direito fundamental e tendo o Estado implementado medidas concretas no sentido de tornar efetivo o direito consagrado, não se pode admitir qualquer restrição ou extinção de tal direito, mediante alterações legislativas ou interpretações realizadas.
>
> A indivisibilidade dos direitos humanos consiste na impossibilidade de dividí-los em partes, apontando para a necessidade do ser humano ser detentor de todos os direitos humanos e de todos os direitos fundamentais. Assegura que o meio ambiente, tal qual como qualquer outro direito fundamental, a exemplo do direito à vida, à educação ou à saúde, não

> importando sua geração ou dimensão, seja atribuído e imposto a todo ser humano, juntamente com um todo, um conjunto de direitos essenciais para uma vida digna.
>
> Logo a característica dos direitos humanos da vedação do retrocesso, que para nós também é um princípio, possibilita que uma vez reconhecido no sistema jurídico o direito ao meio ambiente sadio e equilibrado, deverá ser impedido que a atividade do legislador ou intérprete venha a suprimir ou reduzir tal direito fundamental, ocasionando um retrocesso a que se refere a sua tutela positiva.
>
> É a vedação do retrocesso, também considerado como característica de direitos humanos ou verdadeiro princípio, que impede a retirada ou diminuição de um direito já assegurado e implementado.

A doutrina apresenta ainda outras nomenclaturas para a vedação ao retrocesso como cláusula de intangibilidade ou irreversibilidade. Os direitos são conquistas da sociedade e proporcionam segurança jurídica, considerando que são nítidos escudos contra arbitrariedades e ilegalidades do Estado, tendo presença expressa em alguns diplomas internacionais que o Brasil aderiu: Convenção Americana sobre direitos humanos (1969); Protocolo de San Salvador; Pacto internacional de direitos civis e políticos; Pacto internacional de direitos econômicos, sociais e culturais, dentre outros.

Já na ótica interna, a Constituição da República de 1988 prevê o estabelecimento de cláusulas pétreas, com base no artigo 60, § 4º, I, sendo possível alteração apenas com intuito de ampliação. Não há uma previsão específica na Magna Carta sobre cláusula impeditiva de direitos humanos, assim como há em Constituições como da Argentina e Guatemala.

Ibrahim (2012, p. 7589) prossegue ao confrontar as concepções de Haberle e Alexy:

> Nesta esteira, importa dizer a lição de Haberle (1998) ao afirmar que na planificação dos modelos de Estado de Direito, existe "uma garantia cultural do *status quo*", que leva a irrenunciabilidade do Estado Constitucional a determinados conteúdos, ou seja, as conquistas da humanidade transformam-se em um patrimônio jurídico fundamental que não pode ser submetido a um retrocesso, a ponto de fragilizar ou aniquilar a própria dignidade da pessoa humana.

> Os princípios devem ser aplicados na interpretação constitucional, não mais sendo suficiente a simples subsunção da regra ao fato. A constituição é um documento dialético, que por vezes traduz conflitos entre valores e interesses, necessitando do intérprete, um caminho muito maior que a tradicional interpretação gramatical, histórica, sistemática e teleológica.
>
> Para Alexy (2008), partindo das ideias de Dworkin, toda norma é regra ou princípio. Trata os princípios como normas que ordenam que algo seja realizado na maior medida possível, dentro das possibilidades jurídicas e fáticas. As regras seriam mandados de definição, com natureza biunívoca, que admitiram duas espécies de situação, ou seja, ou são válidas e se aplicam ou não se aplicam por inválidas. Não havendo distinção de grau entre normas e princípios.

Muitos direitos previstos expressamente na Constituição da República de 1988 dependem de legislação infraconstitucional para concretização. A proteção da vedação ao retrocesso deve irradiar até as normas jurídicas basilares, formando típico bloco de direitos resguardados como cláusula pétrea.

Por conta da necessidade de implementação de direitos, passar-se-á à análise da Defensoria Pública enquanto defensora dos vulneráveis, visto que é instituição constitucionalmente subsidiada e vinculada a um dos objetivos específicos desta obra.

5.6 DEFENSORIA PÚBLICA E A FIGURA DO *CUSTUS VULNERABILIS*

A Constituição da República de 1988 assegura o acesso à justiça com base no princípio da inafastabilidade da jurisdição em seu artigo 5º, inciso XXXV. Para a concretização desse importantíssimo direito é extremamente relevante nos tempos atuais, considerando uma sociedade completamente fragmentada, frágil, de pouco amparo efetivo do Estado, formadora de tantos grupos minoritários que passam por inúmeras dificuldades de pertencimento. Válido destacar que a solução dos conflitos ao longo do tempo foi se adequando. Leonardo e Gardinal (2020, p. 145), destacam a solução dos conflitos civis nos últimos séculos, a saber:

> Nota-se que, nos séculos XVIII e XIX, a solução dos conflitos civis refletia a individualização do Direito, partindo-se da compreensão que não cabia ao Estado sua intervenção ou

preservação, destacando sua posição passiva na solução dos litígios – é dizer: o Estado não estava preocupado com a incapacidade de muitos em utilizar-se da justiça e de suas instituições simplesmente por não terem condições de arcar com seus custos (Capelletti; Garth, 1988, p. 4).

O denominado Estado Liberal tinha um forte assento individual e não intervencionista, uma vez que se baseava na premissa de que todos os seres humanos nascem iguais, devendo desenvolver suas potencialidades cujo aproveitamento, basicamente, posicionava-o na sociedade (Barbosa, 2006, p. 1).

Já, no século XX, com a evolução e o crescimento das sociedades, em especial a partir da Primeira Guerra Mundial, tal modelo foi perdendo espaço nos países mais desenvolvidos, de forma que a visão individualista dos direitos foi ficando para trás. Entretanto, referindo-se ao princípio do século, passado tanto na Áustria quanto na Alemanha, Boaventura Santos (1986, p. 185) faz referências às frequentes "denúncias das discrepâncias entre a procura e a oferta de justiça".

Os traços conceituais de acesso à justiça são extremamente amplos, não se limitando à busca pelo Judiciário para solução de lides. Aqui o conceito deve ser compreendido tanto pelo exercício do direito da inafastabilidade de jurisdição, ou seja, da intervenção do Poder Judiciário na solução de conflitos sociais, assim como deve ser compreendido (numa interpretação expansiva) para que se abarque o conjunto de direitos concretizados na via extrajudicial.

No Brasil, a justiça administrativa, desde a República, está regida sob um sistema de unicidade de jurisdição. Logo, é oportuna a discussão acerca do compromisso de ajustamento de conduta, criado exatamente como meio alternativo para viabilizar e concretizar direitos coletivos. Apesar de outras instituições serem legitimadas a elaborar o compromisso de ajustamento de conduta, verifica-se na prática a maior atuação do Ministério Público.

A Defensoria Pública, apesar de legitimada a propor Compromisso de Ajustamento de conduta, conforme visto em linhas anteriores, não é o enfoque desta obra, considerando principalmente a atuação enquanto defensora dos vulneráveis. A linha é tênue, porém, necessária. Apesar desta instituição constar do rol de legitimados a propor TAC, a Defensoria Pública agrega a atividade de acesso à Justiça dos vulneráveis. Logo, o recorte temático deste livro será o TAC proposto pelo

Ministério Público e a atuação da Defensoria enquanto *custus vulnerabilis*, pois, somente nesse viés, seria possível identificar a real participação social (amparado pela Defensoria Pública) nos TAC ministeriais. Em outras palavras, seria uma tríade: Ministério Público, Defensoria Pública e Empreendedor.

Já em outra ótica, há a possibilidade do próprio Ministério Público prosseguir com esses acordos, contudo, com maior atividade social.

Retomando a discussão, Leonardo e Cardinal (2020, p. 148) ainda acrescentam pontos de vistas de Garth (1988) e Watanabe (1988) sobre a problemática de acesso à justiça:

> No entanto, conforme Mauro Capelletti e Bryan Garth (1988), para que possa ser efetivo o acesso à justiça, diversos são os obstáculos a serem transpostos, como: as custas judiciais, as possibilidades das partes e os problemas relacionados aos interesses difusos. Assim, os autores contextualizam o acesso à justiça a partir da necessidade de três ondas renovatórias, sendo a primeira onda relacionada à assistência judiciaria prestada aos economicamente desfavorecidos, a segunda referente à representação jurídica para os interesses difusos e, por fim, traz um novo enfoque de acesso à justiça, vinculada à simplificação dos procedimentos e a desjudicialização.
>
> Nos ensinamentos do professor Kazuo Watanabe (1988, p. 128), a problemática do acesso à justiça não se trata apenas de possibilitar o acesso à justiça enquanto instituição estatal, mas sim de viabilizar o "acesso à ordem jurídica justa". Mais recentemente, referido autor destacou que o acesso à justiça deve se atentar aos seguintes critérios: 1) direito às informações, ao conhecimento do direito substancial e à organização de pesquisa permanente para aferição constante da adequação entre a ordem jurídica e a realidade socioeconômica do país; 2) direito de acesso à justiça adequadamente organizada e formada por juízes inseridos na realidade social e comprometidos com a realização da ordem jurídica justa; 3) direito à preordenação dos instrumentos processuais capazes de promover a efetiva tutela de direitos; 4) direito à remoção dos obstáculos ao acesso efetivo à justiça.

A Defensoria Pública encontra-se esculpida no artigo 134 da Constituição da República de 1988:

> Art. 134. A Defensoria Pública é instituição permanente, essencial à função jurisdicional do Estado, incumbindo-lhe,

> como expressão e instrumento do regime democrático, fundamentalmente, a orientação jurídica, a promoção dos direitos humanos e a defesa, em todos os graus, judicial e extrajudicial, dos direitos individuais e coletivos, de forma integral e gratuita, aos necessitados, na forma do inciso LXXIV do art. 5º desta Constituição Federal.
>
> § 1º Lei complementar organizará a Defensoria Pública da União e do Distrito Federal e dos Territórios e prescreverá normas gerais para sua organização nos Estados, em cargos de carreira, providos, na classe inicial, mediante concurso público de provas e títulos, assegurada a seus integrantes a garantia da inamovibilidade e vedado o exercício da advocacia fora das atribuições institucionais.
>
> § 2º Às Defensorias Públicas Estaduais são asseguradas autonomia funcional e administrativa e a iniciativa de sua proposta orçamentária dentro dos limites estabelecidos na lei de diretrizes orçamentárias e subordinação ao disposto no art. 99, § 2º.
>
> § 3º Aplica-se o disposto no § 2º às Defensorias Públicas da União e do Distrito Federal.
>
> § 4º São princípios institucionais da Defensoria Pública a unidade, a indivisibilidade e a independência funcional, aplicando-se também, no que couber, o disposto no art. 93 e no inciso II do art. 96 desta Constituição Federal.

Considerando o delineamento constitucional da Defensoria Pública é possível compreender que a assistência jurídica integral presente no *caput* do artigo 134 deve abranger questões em procedimentos judicialiformes e naqueles de natureza administrativa, ou seja, a Defensoria Pública é responsável por fornecer todo o suporte social na solução das lides. No caso em pesquisa, a participação na formulação dos TACs e de toda forma de solução extrajudiciais dos atingidos por rompimento de barragens da mineração. De importância extrema validar os movimentos sociais formalizados como o MAB – Movimento dos Atingidos por Barragens. O papel da Defensoria Pública não é suprir os movimentos, mas sim, agregar esforços em prol do bem comum.

Ainda na ótica do artigo 134 da Magna Carta, é disposto que Lei Complementar irá reger a Defensoria Pública da União e Distrito Federal, a qual é formalizada pela LC 80/1994 – Lei Orgânica da Defensoria Pública e apresenta no artigo 3ºA os objetivos principais da instituição:

I – a primazia da dignidade da pessoa humana e a redução das desigualdades sociais; II – a afirmação do Estado Democrático de Direito; III – a prevalência e efetividade dos direitos humanos; IV – a garantia dos princípios constitucionais da ampla defesa e do contraditório.

Para um aprofundamento das atividades da Defensoria Pública enquanto suporte social dos vulneráveis, válido destacar o extenso rol de funções desta instituição, previsto no artigo 4º da Lei Orgânica da Defensoria Pública, *in verbis:*

> Art. 4º São funções institucionais da Defensoria Pública, dentre outras:
>
> I – Prestar orientação jurídica e exercer a defesa dos necessitados, em todos os graus;
>
> II – Promover, prioritariamente, a solução extrajudicial dos litígios, visando à composição entre as pessoas em conflito de interesses, por meio de mediação, conciliação, arbitragem e demais técnicas de composição e administração de conflitos;
>
> [...]
>
> VII – promover ação civil pública e todas as espécies de ações capazes de propiciar a adequada tutela dos direitos difusos, coletivos ou individuais homogêneos quando o resultado da demanda puder beneficiar grupo de pessoas hipossuficientes;
>
> VIII – exercer a defesa dos direitos e interesses individuais, difusos, coletivos e individuais homogêneos e dos direitos do consumidor, na forma do inciso LXXIV do art. 5º da Constituição Federal;
>
> IX – Impetrar *habeas corpus*, mandado de injunção, *habeas data* e mandado de segurança ou qualquer outra ação em defesa das funções institucionais e prerrogativas de seus órgãos de execução;
>
> X – Promover a mais ampla defesa dos direitos fundamentais dos necessitados, abrangendo seus direitos individuais, coletivos, sociais, econômicos, culturais e ambientais, sendo admissíveis todas as espécies de ações capazes de propiciar sua adequada e efetiva tutela;
>
> XI – exercer a defesa dos interesses individuais e coletivos da criança e do adolescente, do idoso, da pessoa portadora de necessidades especiais, da mulher vítima de violência doméstica e familiar e de outros grupos sociais vulneráveis que mereçam proteção especial do Estado

> [...]
>
> XXII – convocar audiências públicas para discutir matérias relacionadas às suas funções institucionais.
>
> [...]
>
> § 4º O instrumento de transação, mediação ou conciliação referendado pelo Defensor Público valerá como título executivo extrajudicial, inclusive quando celebrado com a pessoa jurídica de direito público;
>
> § 5º A assistência jurídica integral e gratuita custeada ou fornecida pelo Estado será exercida pela Defensoria Pública.
>
> [...]

Como apresentado na presente Lei Orgânica da Defensoria Pública, verifica-se a adequação da figura do Defensor Público enquanto meio de acesso à justiça das sociedades marginalizadas, ou seja, as quais possuam um afastamento com o Estado e a dificuldade na concretização dos direitos, caso este que se adequa perfeitamente ao objeto de estudo: vítimas por acidentes de barragens.

A Constituição da República de 1988 prega em seu artigo 1º, parágrafo único que "todo poder emana do povo, que o exerce por meio de representantes eleitos ou diretamente" (BRASIL, 1988). Trata-se da conceituação clássica de democracia, a qual abarca aquela direta ou participativa, além daquela indireta ou representativa. Trata-se de compreensão aplicável aos Estados regidos pela democracia, que resguardam os direitos humanos e fundamentais.

Ao se direcionar a compreensão de democracia representativa pelo Poder Judiciário, poder-se-ia entender que toda forma de colaboração é caminho de concretização da representatividade, seja por vias diretas, quando o Ministério Público ou até a Defensoria Pública ajuízam ações em detrimento de interesse de terceiros, assim como de maneira indireta, ou seja, não sendo o legitimado ativo da demanda ainda intervém no procedimento a fim de dar maior voz a determinado grupo.

Leonardo e Cardinal (2020, p. 156) explicam o cuidado na diferenciação das terminologias para distinguir o Ministério Público da Defensoria Pública, sendo válido destacar:

> Primeiramente, cumpre informar que a utilização do termo *custos vulnerabilis* é uma expressão que pode ser traduzida como "protetor dos vulneráveis", ou "guardião dos direitos

> dos vulneráveis". Essa expressão tem sido utilizada para designar as intervenções institucionais da Defensoria Pública e, também, para diferenciar sua missão institucional da atuação do Ministério Público.
>
> Equivale-se a dizer que em todo o processo em que haja discussão acerca dos interesses dos vulneráveis será possível a intervenção da Defensoria Pública, independentemente de haver ou não advogado particular constituído. Isso porque, quando a Defensoria Pública atua como *custos vulnerabilis*, a sua participação processual ocorre não como representante da parte em juízo, mas sim como protetor dos interesses dos necessitados em geral. Tanto que essa intervenção pode ocorrer mesmo nos casos em que não haja vulnerabilidade econômica, mas sim vulnerabilidade social, técnica, informacional, jurídica, como é o caso por exemplo, dos consumidores, das crianças e dos adolescentes, dos idosos, dos indígenas, entre outros.

Como bem destacam os autores a atuação da Defensoria Pública não se enquadraria como legitimado, ou seja, não figuraria nos polos das demandas. A atividade da referida instituição ultrapassaria as questões formais do processo participando em figura jurídica aproximada do *amicus curiae*. Inclusive os primeiros julgados dos Tribunais brasileiros foram no sentido de aceitar a participação das Defensorias Públicas em lides como *amicus curiae* e não *custos vulnerabilis.*

Para uma melhor compreensão da atuação dúplice da Defensoria Pública, importante apresentar a atividade do *amicus curiae*. Mattos (2009, p. 117) ilustra esta figura no ordenamento jurídico brasileiro:

> A expressão *amicus curiae* foi utilizada no Brasil no processo de controle de constitucionalidade, pela primeira vez, com fundamento no § 2º do art. 7º da Lei 9868, de 10 de novembro de 1999, que dispõe sobe o processo e julgamento da ADIn e da ADC perante o STF, ocasião em que se admitiu a efetiva participação de um terceiro na lide, desde que atendidos os requisitos necessários, previstos em lei. Mais recentemente, a Lei 10259, de 12 de julho de 2001, que dispõe sobre a instituição e a competência dos juizados especiais civis e criminais, no âmbito da Justiça Federal, também o admite. Mas, para os fins desse projeto, limitaremos nossa referência à admissão do instituto do *amicus curiae* nos procedimentos de Jurisdição Constitucional concentrada.

> *Amicus Curiae* é uma expressão que vem do latim e significa, literalmente, "amigo da corte". O vocábulo latino *curiae* possui diversos sentidos, dentre os quais "sala de sessões de qualquer assembleia" e, nesse sentido, é que se faz razoável empregá-lo, contextualizando-o com a modernidade, como corte ou tribunal.

Como apresentado acima, percebe-se que a figura do amigo da corte tem raízes ligadas diretamente ao controle de constitucionalidade no Brasil e, após o advento da Emenda Constitucional 03/1993 ampliou o núcleo de atividade deste instituto jurídico, completando: ação direta de inconstitucionalidade, ação declaratória de constitucionalidade, ação direta de inconstitucionalidade por omissão e arguição por descumprimento de preceito fundamental.

Todo o raciocínio sobre a figura do *amicus curiae* se tornou necessário para compreender que a figura do *custus vulnerabilis* é distinta. Enquanto no primeiro há relação às ações de controle de constitucionalidade, na última não há uma relação com a natureza da ação, mas aos legitimados/prejudicados. Além disso, não há obstáculo legal para que a Defensoria Pública atue de maneira plural.

A figura do defensor dos vulneráveis é muito mais amplo que a do amigo da corte, considerando que é peça fundamental para propulsão do processo.

No Habeas Corpus 143641/SP diversas Defensorias Públicas solicitaram a participação como *custos vulnerabilis* no habeas corpus coletivo em favor de inúmeras mulheres presas. O Ministro Relator do caso, Ricardo Lewandowski autorizou o ingresso, porém, como amicus curiae, sem enfrentar a natureza jurídica dessa participação, como se vê no voto:

> Já a Defensoria Pública do Estado de Mato Grosso requereu sua admissão no processo como *custos vulnerabilis* ou, subsidiariamente, como assistente (documento eletrônico 44). Pleiteou, ainda, o acolhimento dos pedidos iniciais.
>
> Na sequência, por analogia ao art. 80 do Código de Processo Penal, determinei o desmembramento do feito quanto aos Estados do Amapá, Ceará, Espírito Santo, Goiás, Maranhão, Pará, Paraíba, Pernambuco, Piauí, Rio Grande do Norte, Rondônia, Roraima, Rio Grande do Sul, Sergipe, São Paulo e Tocantins, tendo em conta que estes ainda não haviam

prestado as informações requisitadas (documento eletrônico 53). O desmembramento deu origem ao Habeas Corpus 149.521/2017. Na mesma oportunidade, acolhi a argumentação das Defensorias Públicas Estaduais para atribuir-lhes a condição de *amici curiae* nestes autos.

Uma informação relevante ao se apresentar a temática é relembrar que o Ministério Público possui dupla atividade reconhecida pelo Judiciário: órgão acusatório e *custos legis* (fiscal da lei) e suas atribuições institucionais são garantidas tanto na norma jurídica quanto na doutrina clássica. A Defensoria Pública, com poucos precedentes ainda, busca o reconhecimento pelo Judiciário dessa pluralidade (órgão de demandas e de protetor dos direitos dos vulneráveis). O Tribunal de Justiça do Amazonas é pioneiro do reconhecimento do *custos vulnerabilis* na Apelação Cível 0002061-84.2016.8.04.0000.

Além do importante julgado, o mesmo Tribunal, na Revisão Criminal 4001836-59.2017.8.04.000, na pessoa do Desembargador Ernesto Anselmo já se pronunciou que:

> Esta corte já autorizou e acolheu manifestação institucional da Defensoria Pública como *custos vulnerabilis* no Processo Cível (TJ/AM, Apelação Cível 0002061-84.2016.8.04.0000, Rel. Des. Ari Jorge Moutinho da Costa), além de ter acolhido manifestação institucional da Defensoria Pública no Processo Penal (Apelação Criminal n.º 0010769-94.2014.8.04.0000, p. 824, Rel. Des. Jorge Manoel Lopes Lins, p. 824), inclusive em Revisão Criminal (n.º 4002158-79.2017.8.04.0000 e n.º 4002077-67.2016.8.04.0000, ambas de minha relatoria).

Lima *et al.* (2018, s/p), Defensores Públicos, explicam a forma de atividade enquanto protetores dos direitos dos vulneráveis, fornecendo ponto de vista da instituição:

> Desta forma, o legislador processual determina a intervenção da Defensoria Pública, nos chamados litígios coletivos possessórios, na defesa dos interesses de pessoas em situação de vulnerabilidade, nos mesmos moldes da intervenção do Ministério Público (este como fiscal da lei), porém com atuação voltada à guarda dos interesses e direitos fundamentais daquela população, missão constitucional de nossa instituição. Essa figura processo tem sido chamada pela doutrina como *custos vulnerabilis*. Nesse ponto, há que se ressaltar que a intervenção da Defensoria Pública, prevista no art. 554, § 1º, do CPC, é obrigatória, sob

pena de nulidade absoluta, inclusive em ações civis públicas promovidas pelo Ministério Público com potencial de remover pessoas em situação de vulnerabilidade urbana, como já decidiu o egrégio Tribunal de Justiça do Estado de São Paulo (Agravo de Instrumento n.º 2086146-83.2018.8.26.0000,Relator Des. Rubens Rihl).

A atividade da Defensoria Pública no estado de Minas Gerais é regida por inúmeros diplomas legais: Constituição Estadual; Lei Complementar nº 65 de 16 de janeiro de 2003; Lei Complementar nº 141/2016, de 13 de dezembro de 2016, altera dispositivos da LC 65/2013; Lei Estadual nº 18.685, de 29 de dezembro de 2009; Lei Estadual nº 15.424, de 30 de dezembro de 2004 (artigo 20); Lei Estadual nº 14.939, de 29 de dezembro de 2003 (artigo 10, inciso VII) e Lei Estadual nº 12.460, de 15 de janeiro de 1997.

A figura do *custos vulnerabilis* é extremamente nova no ordenamento jurídico brasileiro, e não há participação da Defensoria Pública de Minas Gerais nessa condição nos Compromissos de Ajustamento de Conduta realizados nas tragédias de Bento Rodrigues e Brumadinho, ambos municípios mineiros.

O conhecimento da Constituição do estado de Minas Gerais se faz necessária para alinhar os propósitos da presente temática, ou seja, a participação da Defensoria Pública como *custos vulnerabilis* nos casos de vítimas não fatais oriundas de acidentes por rompimento de barragens de rejeitos na prospecção do minério de ferro no estado. O artigo 129 do texto estadual destaca a instituição:

> Art. 129. A Defensoria Pública é instituição essencial à função jurisdicional do Estado, a que incumbe a orientação jurídica, a representação judicial e a defesa gratuitas, em todos os graus, dos necessitados.
>
> § 1º À Defensoria Pública é assegurada autonomia funcional e administrativa.
>
> § 2º Compete à Defensoria Pública, observados os prazos e os limites estabelecidos na lei de diretrizes orçamentárias, a elaboração de sua proposta orçamentária.
>
> § 3º No caso de a Defensoria Pública não encaminhar sua proposta orçamentária dentro do prazo a que se refere o § 2º, o Poder Executivo considerará, para fins de consolidação da proposta orçamentária anual, os valores constantes na lei orçamentária vigente.

> § 4º Ocorrendo a hipótese prevista no § 3º ou desacordo entre a proposta orçamentária a que se refere este artigo e os limites estipulados na lei de diretrizes orçamentárias, o Poder Executivo procederá aos ajustes necessários, para fins de consolidação da proposta orçamentária anual.

Leonardo e Gardinal (2020, p. 158) acrescentam que a defesa dos vulneráveis por parte das Defensorias Públicas não possui escopo de monopólio e sim de agregar forças na busca por justiça:

> Derradeiramente, necessário frisar que, ao se desvincular a Defensoria Pública aos segmentos sociais vulneráveis, não se busca firmar qualquer monopólio defensorial sobre a tutela desses grupos. Pelo contrário, a intenção é demonstrar que se trata de uma instituição constitucionalmente vocacionada para a defesa de grupos vulneráveis.
>
> Daí a importância de se estabelecerem condições à Defensoria Pública para dialogar com os segmentos sociais minoritários, excluídos e alijados de representação, sobretudo quando estão em hipossuficiência argumentativa diante de processos em curso, a fim de estabelecer o papel de Defensor Hermes, como meio para efetivação democrática dos direitos fundamentais (Gerhard; Maia, 2017, p. 47-56). Dessa feita, a Defensoria é a porta de entrada para a superação dos obstáculos impostos às populações vulneráveis para garantia de seus direitos (Gonzáles, 2017, p. 73-74). Afinal, a quem se coloca como missão constitucional a defesa do hipossuficiente, se mostra imprescindível estar próximo das demandas e levar conhecimento jurídico, em atividade de educação em direitos para conscientização e autonomia dos grupos vulneráveis, seja em atuação extrajudicial, seja em demandas individuais ou, ainda, em demandas coletivas para tratar de direitos e interesses transindividuais.

Interessante questão envolve a ADI 3943 em que a Associação Nacional dos membros do Ministério Público, em 2007, ajuizou tal ação com o objetivo de analisar o artigo 5º da Lei 7347/1985 que incluiu a Defensoria Pública no rol de legitimados a propor ação civil pública. Leonardo e Gardinal (2020, p. 158):

> Os argumentos suscitados pela parte autora refletem a questão da legitimidade ativa, na defesa dos direitos difusos e coletivos, alegando que a norma impugnada contraria o art. 5º, inciso LXXIV, e o art. 134, ambos da Constituição

Federal, na medida em que defendem que a Defensoria Pública não tem legitimidade para a defesa dos interesses da coletividade, mas, sim, apenas teria titularidade para atuar na defesa dos necessitados, hipossuficientes de recursos financeiros. Por consequência, a Defensoria Pública não poderia defender, por ação civil pública, direitos difusos, porque sua atuação estaria condicionada à identificação dos que comprovarem a insuficiência de recursos. Ou seja, em síntese, aduz que a Defensoria Pública teria sido criada para atender, gratuitamente, aos necessitados econômicos, àqueles que possuem recursos financeiros insuficientes para se defender judicialmente ou àqueles que necessitam de orientação jurídica, devendo estas pessoas, ao menos, identificáveis ou individualizáveis.

Ao se analisar a própria legislação brasileira sobre a exclusividade ou não do Ministério Público em propor ação civil pública, válido destacar algumas características.

Inicialmente, a Constituição da República de 1988 prevê em seu artigo 129 que:

> Art. 129. São funções institucionais do Ministério Público:
>
> I – Promover, privativamente, a ação penal pública, na forma da lei;
>
> II – Zelar pelo efetivo respeito dos Poderes Públicos e dos serviços de relevância pública aos direitos assegurados nesta Constituição, promovendo as medidas necessárias a sua garantia;
>
> III – promover o inquérito civil e a ação civil pública, para a proteção do patrimônio público e social, do meio ambiente e de outros interesses difusos e coletivos;
>
> IV – Promover a ação de inconstitucionalidade ou representação para fins de intervenção da União e dos Estados, nos casos previstos nesta Constituição;
>
> V – Defender judicialmente os direitos e interesses das populações indígenas;
>
> VI – Expedir notificações nos procedimentos administrativos de sua competência, requisitando informações e documentos para instruí-los, na forma da lei complementar respectiva;
>
> VII – exercer o controle externo da atividade policial, na forma da lei complementar mencionada no artigo anterior;

> VIII – requisitar diligências investigatórias e a instauração de inquérito policial, indicados os fundamentos jurídicos de suas manifestações processuais;
>
> IX – Exercer outras funções que lhe forem conferidas, desde que compatíveis com sua finalidade, sendo-lhe vedada a representação judicial e a consultoria jurídica de entidades públicas.
>
> § 1º A legitimação do Ministério Público para as ações civis previstas neste artigo não impede a de terceiros, nas mesmas hipóteses, segundo o disposto nesta Constituição e na lei.
>
> § 2º As funções do Ministério Público só podem ser exercidas por integrantes da carreira, que deverão residir na comarca da respectiva lotação, salvo autorização do chefe da instituição.
>
> § 3º O ingresso na carreira do Ministério Público far-se-á mediante concurso público de provas e títulos, assegurada a participação da Ordem dos Advogados do Brasil em sua realização, exigindo-se do bacharel em direito, no mínimo, três anos de atividade jurídica e observando-se, nas nomeações, a ordem de classificação.
>
> § 4º Aplica-se ao Ministério Público, no que couber, o disposto no art. 93.
>
> § 5º A distribuição de processos no Ministério Público será imediata.

Ao analisar o *caput* do artigo 129 constata-se que as atribuições são conferidas privativamente ao representante do Ministério Público e não há nenhum elemento que direcione a compreensão acerca da exclusividade da ação civil pública, ou seja, é clarividente que a norma constitucional objetiva trazer a mensagem que a atribuição é concorrente. Soma-se o parágrafo primeiro da norma retromencionada em determinar que nas ações civis não impede a de terceiros, nos termos da legislação nacional, entendimento compartilhado pelo próprio STF no Recurso Extraordinário 163.321/SP (DJ 29.6.2001).

Num Estado taxado por grandes e graves desníveis sociais por concentração de renda, um dos principais obstáculos para garantir a concretização da cidadania é o acesso à justiça. E nesse cenário a Defensoria Pública destaca-se com base no artigo 5º, inciso LXXIV da Constituição de 1988 ao pregar que o Estado possui o dever de fornecer assistência jurídica integral e gratuita aos que comprovem o estado de insuficiência de recursos para tal. A eficiência deste órgão na prestação de serviços jurisdicionais em busca do acesso à justiça e garantia dos direitos constitucionalmente presentes é função de extremo valor social.

A defesa de direitos coletivos por parte da Defensoria Pública não é recente e há previsão em alguns dispositivos legais como nos artigos 81 e 82 do Código de Defesa do Consumidor ao pregar que:

> Art. 81. A defesa dos interesses e direitos dos consumidores e das vítimas poderá ser exercida em juízo individualmente, ou a título coletivo.
>
> Parágrafo único. A defesa coletiva será exercida quando se tratar de:
>
> I – Interesses ou direitos difusos, assim entendidos, para efeitos deste código, os transindividuais, de natureza indivisível, de que sejam titulares pessoas indeterminadas e ligadas por circunstâncias de fato;
>
> II – Interesses ou direitos coletivos, assim entendidos, para efeitos deste código, os transindividuais, de natureza indivisível de que seja titular grupo, categoria ou classe de pessoas ligadas entre si ou com a parte contrária por uma relação jurídica base;
>
> III – interesses ou direitos individuais homogêneos, assim entendidos os decorrentes de origem comum.
>
> Art. 82. Para os fins do art. 81, parágrafo único, são legitimados concorrentemente:
>
> I – o Ministério Público,
>
> II – a União, os Estados, os Municípios e o Distrito Federal;
>
> III – as entidades e órgãos da Administração Pública, direta ou indireta, ainda que sem personalidade jurídica, especificamente destinados à defesa dos interesses e direitos protegidos por este código;
>
> IV – as associações legalmente constituídas há pelo menos um ano e que incluam entre seus fins institucionais a defesa dos interesses e direitos protegidos por este código, dispensada a autorização assemblear.
>
> § 1º O requisito da pré-constituição pode ser dispensado pelo juiz, nas ações previstas nos arts. 91 e seguintes, quando haja manifesto interesse social evidenciado pela dimensão ou característica do dano, ou pela relevância do bem jurídico a ser protegido.

Ao se analisar o artigo 82, inciso III do Código de Defesa do Consumidor com o artigo 21 da Lei 7347/85 que prega "aplicam-se à defesa dos direitos e interesses difusos, coletivos e individuais, no que for cabível, os dispositivos do Título III da lei que instituiu o Código de Defesa do Consumidor".

A discussão sobre o estado de pobreza não é centro de discussão e, apesar de relevante caráter de estudo, poderia abrir inúmeros outros debates com o afastamento do núcleo de pesquisa da presente obra.

No voto da ADI 3943/DF a Relatora, Ministra Carmen Lúcia, ainda acrescenta que:

> A quem aproveitaria a inação da Defensoria Pública, negando-se-lhe a legitimidade para o ajuizamento de ação civil pública?
>
> A quem interessaria restringir ou limitar, aos parcos instrumentos da processualística civil, a tutela dos hipossuficientes (tônica dos direitos difusos e individuais homogêneos do consumidor, portadores de necessidades especiais e dos idosos)? A quem interessaria limitar os instrumentos e as vias assecuratórias de direitos reconhecidos na própria Constituição em favor dos desassistidos que padecem tantas limitações?
>
> Por que apenas a Defensoria Pública deveria ser excluída do rol do art. 5º da Lei n. 7.347/1985?
>
> A ninguém comprometido com a construção e densificação das normas que compõem o sistema constitucional de Estado Democrático de Direito.

Não há que se confundir as atribuições delineadas pela própria Constituição da República de 1988, sendo que as duas instituições, Ministério Público e Defensoria Pública, hodiernamente, vêm atuando harmonicamente e conjuntamente em inúmeros feitos. O que merece ser destacado é que ambas as instituições são assecuratórias de direitos e garantias previstos na Carta Magna.

Nas demandas envolvendo o meio ambiente, aqui definidas como litígios minerários de grande porte, oriundos de rompimento de barragens de rejeitos de ferro, a atuação da Defensoria Pública enquanto *custus vulnerabilis* é de relevância singular, visto que pode aproximar socialmente do grupo vulnerável (vítimas diretas e indiretas) para conhecimento específico dos anseios emergenciais e de médio-longo prazo. Enquanto isso, o Ministério Público, em uma atuação completamente proativa na aproximação ao causador do impacto ambiental negativo para, em nome da sociedade, buscar a responsabilização.

É claro que, apesar da possibilidade de compromisso de ajustamento de conduta por qualquer destas instituições, nos casos pesquisados, o Ministério Público tem atuado com maior ênfase no acordo. A dinâmica tem que ser harmônica para que a sociedade marginalizada pelas tragédias não seja ainda mais penalizada, por falta de acesso à justiça ou até mesmo pela morosidade do Poder Judiciário brasileiro, o qual em seu seio, possui complexo sistema recursal que adia a contraprestação social.

Válido destacar novamente, que o diálogo entre a sociedade e Estado merece ocorrer de maneira direta, como característica de uma ação comunicativa habermasiana. Contudo, nos acidentes de Bento Rodrigues e Brumadinho, considerando os incontáveis casos de atingidos, para uma solução mais democrática dever-se-ia trazer a sociedade para o diálogo, sendo mecanismo do *Custos Vulnerabilis* um desses acessos, mesmo de que maneira indireta (representando a sociedade).

Além disso, infelizmente, as duas instituições ainda precisam conviver com aquelas pessoas que tentam tirar proveito da tragédia, se afirmando enquanto vítima (e não o ser), o que, por seu próprio fato, deixa turva a dinâmica de solução dos conflitos.

A participação social precisa ser enérgica, a parte envolvida diretamente no litígio precisa ser destaque nos compromissos de ajustamento de conduta, sob pena do órgão ministerial fixar condicionantes nem sempre condizentes com os reais anseios do público-alvo direto (vez que indiretamente todos as pessoas são atingidas por conta da titularidade do bem ambiental e do princípio da proteção intergeracional). Por conta disso, nas linhas finais do presente capítulo, esclarecer-se-á a participação popular como mecanismo de concretização da cidadania por meio do acesso à justiça numa mineração sustentável.

5.7 PARTICIPAÇÃO POPULAR NO COMPROMISSO DE AJUSTAMENTO DE CONDUTA

Estruturalmente, o presente capítulo organizou-se inicialmente com uma abordagem acerca do instituto jurídico do Compromisso de Ajustamento de Conduta e sua respectiva natureza jurídica e permeou-se na análise do termo de acordo da Lei de Crimes Ambientais; posteriormente, uma discussão sobre segurança da informação nos casos de Bento Rodrigues/MG e Brumadinho/MG e a dificuldade de legitimação do discurso midiático na era moderna; o extinto Plano Nacional de Participação Popular na ótica dos direitos humanos e o nítido retrocesso legislativo, assim como a atuação da Defensoria Pública enquanto *custus vulnerabilis* foram temáticas apresentadas.

Por fim, a análise da participação popular como elemento de concretização da cidadania é elemento chave para o estudo e aprofundamento da mineração sustentável, nomenclatura tão criticada por aplicadores do Direito.

O Brasil desde o fim da ditadura militar apresenta posicionamento de destaque sobre a participação popular como elemento de concretização de um Estado Democrático de Direito justamente por trazer a sociedade para se envolver no processo decisório. Contudo, a democracia direta prevista no artigo 1º, parágrafo único da Constituição da República de 1988 não é de fácil efetivação. O que se vê na prática é o afastamento social das instituições, com o mero cumprimento legal de participação, muitas vezes de maneira praticamente coercitiva.

Viégas *et al.* (2014, p. 10) apresentam a problemática da participação popular não ser eficiente na formulação do TAC:

> Seguindo uma mentalidade eminentemente "representativista" e "tecnicista", o TAC tende a envolver somente os órgãos políticos, os órgãos técnicos e os órgãos do sistema de justiça que acreditam ser habilitados e suficientemente balizados para representar e versar sobre questões que são do interesse da sociedade civil (principalmente dos grupos sociais atingidos). Por parte do Ministério Público, por exemplo, a tendência à representação pode vir em função da concepção, por parte de promotores e procuradores, de que a sociedade civil seria frágil e desorganizada, o que tenderia a restringir a participação popular nos acordos ao acolhimento das denúncias de agressões ao meio ambiente e à saúde da população endereçadas ao MP por representantes de organizações da sociedade. Já por parte de órgãos ambientais, a tendência à representação nos TACs pode vir em função do entendimento de que a busca pela garantia e defesa dos interesses e direitos transindividuais mediante a celebração dos TACs envolve o tratamento de assuntos técnicos, que cabe somente aos órgãos ambientais, na condição de especialistas, discutirem. Por esse critério, excluir-se-ia não só a sociedade civil, como também todos os demais órgãos que se enquadrarem na categoria de "leigos", como é o caso dos órgãos do sistema de justiça.

> Nesse tocante, vale lembrar que os TACs celebrados por iniciativa do INEA nos casos REDUC e TKCSA não contam nem com a participação do Ministério Público como interveniente.
>
> Assim, ao se excluir grande parcela da população do processo de tomada de decisão sobre as formas de tratamento e sobre as possíveis "soluções" para os problemas e conflitos, contribui-se, no sentido atribuído por Dagnino (2004), para uma "despolitização da participação", na medida em que essas definições dispensam os espaços públicos onde o debate dos próprios objetivos da participação pode ter lugar, o que faz com que o significado político e o potencial democratizante do processo de tomada de decisão sejam substituídos por formas estritamente particularizadas de tratar as questões ambientais.

A participação popular antes de ser enfrentada na sua essência no compromisso de ajustamento ambiental precisa ser desconstruída. Para uma melhor compreensão é válido abrir o leque de análise até o termo participação social, a qual, de maneira generalista, pode ser definida como o conjunto de múltiplas ações provenientes dos mais variados grupos sociais que coordenam, executam e fiscalizam as políticas públicas e serviços básicos de dever do Estado em fornecer. Contudo, muitas vezes, a "participação" da sociedade cinge-se em audiências públicas formalmente constituídas apenas proforma, dando a sensação de envolvimento com a sociedade. Mas esse sentimento muitas vezes empregado não tem nenhuma eficiência. A sociedade não é colocada enquanto sujeito de direitos e todas negatórias provenientes dos grupos sociais são contornadas com o linguajar técnico de empreendedores.

Participar definitivamente não é isso. É conhecer e decidir conscientemente e o Estado acatar o ponto de vista de grupos sociais. É dar voz ao povo que estrutura o Estado Democrático de Direito. Auad *et al.* (2004, p. 298) expressam exatamente esse descrédito ao afirmar:

> Estando a democracia representativa tão desacreditada e não podendo a sociedade como um todo fazer o uso do poder que lhe é conferido pela Constituição, como suprir a lacuna que o sistema representativo deixa? A flagrante insatisfação dos representados nos leva a analisar a possibilidade de, concomitantemente ao sistema representativo, existirem mecanismos de participação popular direta nas decisões políticas do País. A pergunta que surge neste momento nos leva a refletir se é possível corrigir a crise do sistema de democracia representativa.
>
> Seria ingênuo acreditar, diante do atual estágio de organização

> social, que seria viável, de uma hora para outra, como num passe de mágica, substituir o sistema de democracia representativa por outro completamente novo, o qual fosse capaz de resolver todos os problemas decorrentes da representatividade. A democracia é um processo lento e contínuo de adaptação dos anseios sociais aos modelos institucionais vigentes, mas tais modelos respondem ao desejo popular de forma limitada, ou seja, de acordo com sua capacidade de resposta. Como diz Norberto Bobbio, não existem estruturas perfeitas e a atitude do bom democrata é a de não se iludir sobre o melhor sistema político e a de não se conformar com o pior.

Fundamental ser grifado que não se objetiva com tal raciocínio a sobreposição do sistema participativo ao de democracia representativa. Ambos possuem escora constitucional e legal e devem ser complementares, como base de um Estado Democrático de Direito. O que se percebe é um enfraquecimento pelo afastamento do Estado da sociedade diretamente envolvida e interessada na política decisória direta.

No Brasil há três procedimentos de participação popular, conforme artigo 14, I a III da Constituição da República Federativa do Brasil de 1988: "A soberania popular será exercida pelo sufrágio universal e pelo voto direto e secreto, com igual valor a todos, e, nos termos da lei, mediante: I – plebiscito; II – referendo; III – iniciativa popular".

A legislação infraconstitucional restou estabelecer e instrumentalizar os institutos de democracia participativa, mas somente no ano de 1998 foi promulgada a Lei 9709, que regulou no artigo 2º e 13, respectivamente, o plebiscito, referendo e iniciativa popular:

> Art. 2º Plebiscito e referendo são consultas formuladas ao povo para que delibere sobre matéria de acentuada relevância, de natureza constitucional, legislativa ou administrativa.
>
> § 1º O plebiscito é convocado com anterioridade a ato legislativo ou administrativo, cabendo ao povo, pelo voto, aprovar ou denegar o que lhe tenha sido submetido.
>
> § 2º O referendo é convocado com posterioridade a ato legislativo ou administrativo, cumprindo ao povo a respectiva ratificação ou rejeição.
>
> [...]
>
> Art. 13. A iniciativa popular consiste na apresentação de projeto de lei à Câmara dos Deputados, subscrito por, no mínimo, um por cento do eleitorado nacional, distribuído pelo

> menos por cinco Estados, com não menos de três décimos por cento dos eleitores de cada um deles.
>
> § 1º O projeto de lei de iniciativa popular deverá circunscrever-se a um só assunto.
>
> § 2º O projeto de lei de iniciativa popular não poderá ser rejeitado por vício de forma, cabendo à Câmara dos Deputados, por seu órgão competente, providenciar a correção de eventuais impropriedades de técnica legislativa ou de redação.

Inicialmente, o plebiscito, como próprio comando constitucional é uma consulta prévia à população sobre determinada questão de interesse coletivo. Não é centro de a pesquisa trazer referenciais históricos das formas de democracia direta, mas é válido mencionar que o plebiscito, no Brasil, surgiu com a Constituição de 1937, sendo que o primeiro momento de concretização do mesmo se deu no ano de 1963 com a consulta para manifestação popular acerca do sistema de governo (presidencialista ou parlamentarista). Já na Carta Magna de 1988 é possível identificar o instituto em cinco artigos, quais sejam: artigo 14, I (soberania popular por meio de plebiscito); artigo 18 (incorporação, subdivisão e desmembramento de Estados entre si); artigo 18, § 4º (criação, incorporação, fusão e desmembramento de municípios); artigo 49, XV (competência exclusiva do Congresso Nacional para convocação de plebiscitos); artigo 2º do ADCT (realização de plebiscito para a escolha da forma e do sistema de governo).

Por seu turno, o Referendo é instrumento de consulta popular para confirmação ou rejeição de norma jurídica, projeto de lei ou emenda constitucional. No caso do presente instituto, diferente do plebiscito, surgiu com a Constituição da República de 1988 e se instrumentalizou com a Lei 9709/98. A principal diferença entre plebiscito e referendo se dá com o momento de consulta, sendo o primeiro feito anterior à edição do ato normativo e, no último, após a confecção da norma. NO Brasil, em 2005, sobre a liberação das compras de armas.

Por fim, a iniciativa popular, como já apresentado do ponto de vista legal, é o exercício da soberania popular, ao permitir que grupos de cidadãos apresentem diretamente à Câmara dos Deputados projeto de lei subscrito, no mínimo, um por cento do eleitorado nacional, dividido, pelo menos por cinco estados, com não menos de três décimos por cento de eleitores de cada um deles. A soma dos requisitos, com o elevado número de assinaturas com pulverização em vários estados da federação dificultam a concretização da iniciativa popular.

De acordo com dados de 2020, o Tribunal Superior Eleitoral apresenta o eleitorado brasileiro, dividido por estado:

Tabela 10 – Tabela do eleitorado brasileiro.

Mês/Ano	Abrangência	Quantidade	%
Maio/2020	AC	560.973	0,373
	AL	2.218.441	1,474
	AM	2.504.944	1,664
	AP	517.189	0,344
	BA	10.888.214	7,234
	CE	6.574.744	4,368
	DF	2.090.187	1,389
	ES	2.811.920	1,868
	GO	4.606.925	3,061
	MA	4.676.866	3,107
	MG	15.902.274	10,566
	MS	1.933.561	1,285
	MT	2.318.045	1,54
	PA	5.759.132	3,826
	PB	2.960.129	1,967
	PE	6.742.080	4,479
	PI	2.447.911	1,626
	PR	8.156.874	5,419
	RJ	12.474.472	8,288
	RN	2.445.626	1,625
	RO	1.190.865	0,791
	RR	343.035	0,228
	RS	8.427.920	5,6
	SC	5.211.820	3,463
	SE	1.608.830	1,069
	SP	33.597.311	22,322
	TO	1.034.597	0,687
Total Geral		150.509.804	

Fonte: TSE, 2020.

O que se percebe é que o Brasil não é referência nem possui tradição na utilização de mecanismos de participação popular (Valla, 1998, p. 17):

> Na atual conjuntura, entre as várias propostas de participação popular, duas tendências parecem despontar, e ambas tendem a rejeitar a definição clássica de participação popular: uma mobilização de cidadãos que procuram obrigar os governantes a sentar na mesma para negociar reinvindicações populares. Uma tendência seria a de insistir no trabalho popular segundo a ideia de mutirão, de apoio mútuo, de solidariedade. Muitas vezes desenvolvida em tornos de igrejas, ONGs e associações de moradores, essa tendência representa a pouca esperança de que os políticos brasileiros venham a levar em conta as necessidades das populações pobres.
>
> A outra tendência, que tem no Movimento dos Trabalhadores Rurais sem Terra (MST) a liderança, abre uma nova perspectiva de canal de negociação. Tanto o MST, como o movimento dos trabalhadores sem teto, trabalha com a concepção de que somente acontecimentos consumados – ocupações de terras particulares ou públicas, mas em desuso para fins de agricultura, ou na ocupação para fins de moradia de prédios públicos desativados- representam uma negociação de fato.
>
> Num certo sentido, as duas tendências representam propostas de mutirão, tendo a segunda um projeto político explícito. Mas as iniciativas populares das duas tendências indicam, como afirma Starn (1991), que não há apatia na parte das classes populares, mesmo em tempos de calma.

Após toda a expansão teórica, como relatado no início do presente capítulo, remonta-se agora a participação popular no Compromisso de Ajustamento de Conduta e suas fragilidades. Como apresentado, o Brasil segue uma tendência de redução da democracia participativa, a exemplo da Lei de Política Nacional de Participação. Contudo, ao mesmo tempo do desprestígio pelo atual governo, válido mencionar que a participação popular tem se pulverizado, com lentidão em outros dispositivos legais, de maneira tangenciada, ou seja, sem ser o objeto central da lei, como é o caso das audiências públicas em procedimentos de licenciamento ambiental.

A Teoria da Ação Comunicativa proposta por Habermas propõe uma participação efetiva dos atores sociais na esfera pública no cenário de discussões de interesses da coletividade. Maia *apud* Habermas (2017, p. 154) afirma que:

> Outro aspecto de que Habermas se ocupa é a repercussão dessas deliberações no âmbito do sistema, ou seja, em que extensão essas decisões serão acolhidas pelo subsistema administrativo para se tornarem realidade com carga de responsividade (identidade entre o que a sociedade civil almeja e o que lhe realmente é ofertado no contexto de políticas de bem-estar social). Nesse ponto, Habermas especula que as deliberações da esfera pública podem no máximo exercer forte influência sobre o sistema, não chegando necessariamente a um caráter normativo-implementador das vontades escorreitas, posição que faz com que seus críticos reverberem que essa postura tímida da sua teoria frustraria as promessas da democracia radical.
>
> Portanto, pelo que se observa, poder-se-ia dizer que Habermas se preocupa com três eixos os quais podem se desenvolver os fundamentos da sua teoria: quantidade e qualidade dos atores, forma de apreciação das questões na esfera pública, e poder normativo das deliberações.

Essa teoria é fundamentada principalmente na confiança em que os sujeitos depositam na construção dos diálogos, os quais podem ser denominados de consensos. Gutierrez e Almeida (2013, p. 170) acrescentam que:

> A TAC apresenta um paradigma baseado na confiança em que a construção argumentativa de consensos, atendidas exigências formais específicas, chega a proposições dotadas de conteúdo de verdade. Como o lugar em que ocorre esta forma de comunicação é mais amplo e importante que os subsistemas econômicos e políticos, a teoria abre espaço para uma leitura otimista e transformadora da realidade social, que não é explorada em seu interior. Reside aí grande parte de seu encanto.

Todos os instrumentos observados no presente capítulo – participação popular, Compromisso de Ajustamento de Conduta, *Custus Vulnerabilis* – são viáveis para aproximar a sociedade na solução administrativa da lide. Imperioso ressaltar que os meios de solução alternativa de conflitos não é objeto de análise neste livro.

A Teoria da Ação Comunicativa é elemento de validação do discurso social frente ao Estado na modernidade e Gilvan Hansen (2020, p. 58) acrescenta que:

> Na esfera política, destarte, somente é considerado legítimo o governo que basear suas decisões em argumentos racionais, os quais possam ser conhecidos e discutidos pelos membros da sociedade e aceitos como válidos. Igualmente só têm validade as leis e normas jurídicas fundadas em critérios racionais e que possam ser submetidos ao domínio público; as constituições passam a ser, nesse período, uma exigência social, uma vez que se tornam a consagração dos princípios racionais cujos métodos vão nortear as ações de governos, magistrados e demais indivíduos. A organização política resgata da tradição greco-romana a figura do parlamento, dando a ela novas tonalidades: se nos povos antigos havia um grupo de pessoas alijado de qualquer representatividade (escravos, por exemplo), agora todos são potencialmente representáveis no parlamento.

Caminhando para uma análise acerca da possibilidade de validação do discurso social no Compromisso de Ajustamento de Conduta, por meio do fortalecimento da democracia participativa, observar-se-á as compreensões de Enriquez (2008, p. 92) sobre a contribuição da mineração para o desenvolvimento nacional:

> O debate atual sobre este tema oscila entre duas posições opostas dominantes e uma terceira via alternativa:
>
> a mineração é uma atividade nefasta e as economias de base mineira apresentam indicadores socioeconômicos inferiores aos das economias não mineradoras. Nessa linha de argumentação se destacam os trabalhos clássicos de Lewis (1984), Bunker (1988), Shafer (1994) e, mais recentemente, Freudenburg (1998), Gylfason (2000) e Whitemore (2006);
>
> A mineração é um trampolim para o desenvolvimento. Isso seria provado pela experiência histórica de alguns países que se desenvolveram a partir da atividade mineral. Diversos relatoris do Banco Mundial e os estudos de Davis (1995, 1998), Radetzki (1992) e Pegg (2006), representam essa linha.
>
> A mineração gera possibilidades de desenvolvimento, mas, para que seja considerada uma atividade sustentável, há grandes desafios a superar, conforme alertam os trabalhos clássicos de de Hartwick (1975), Bomsel (1992), e os mais recentes de Mikesell (1994), Eggert (2000), Veiga *et al* (2001) e Curi (2002).

Diante da argumentação apresentada, verifica-se a necessidade de se aprofundar na temática da mineração sustentável pautada no discurso de participação sob a ótica Habermasiana. Assim, Enriquez (2008) ainda sustenta que as abordagens acima mencionadas podem sofrer derivações de acordo com a escala analisada, seja uma ótica regionalizada (micro) ou numa vertente ampla (macro) da mineração. Logo, a mineração sustentável será analisada em linhas subsequentes. Contudo, destaca-se que essa sustentabilidade será guiada pelo viés da participação social na formulação do TAC pelo órgão ministerial. Assim, elementos de concretização da democracia serão abordados como linha de raciocínio dentro do direito minerário.

CAPÍTULO 6

MINERAÇÃO SUSTENTÁVEL

Após a investigação histórica acerca do desenvolvimento das normas jurídicas inerentes à mineração e ao meio ambiente, permeando os traços técnicos da atividade minerária e suas nuances, avançando para o estudo do instituto do compromisso de ajustamento de conduta e a participação popular como elemento obrigatório de concretização da cidadania direta, ingressa-se, agora, no derradeiro capítulo desta obra, o qual possui como escopo central o estudo da mineração sustentável, a qual pode ser concretizada com a participação popular na ética do discurso e do agir comunicativo proposto pelos ideais Habermasianas. Para isso, inicialmente, delinear-se-á as trajetórias do desenvolvimento e análise da contribuição da globalização no presente objeto de estudo.

6.1 REFLEXÕES SOBRE O DESENVOLVIMENTO: UM OLHAR ALÉM DA ECONOMIA

Para que o desenvolvimento sustentável seja analisado, é válido destacar que o próprio termo desenvolvimento, em sua expressão mais ampla, não é uníssono nas áreas do saber. Diversas teorias buscam estabelecer padrões sobre o desenvolvimento, como o Índice de Desenvolvimento Humano, por exemplo. Contudo, observar-se-á que a problemática é demasiadamente mais profunda. Por conta disso, o estudo dessas teorias irá trazer uma amplitude conceitual e estruturará toda a linha de raciocínio.

Laura Carvalho (2018) faz uma análise sobre a trajetória do boom ao caos econômico no Brasil iniciando um debate sobre a projeção econômica dos anos 2000 envolvendo a mineração:

> As altas taxas de crescimento da economia chinesa e sua demanda crescente pelas chamadas *commodities* (como petróleo, minérios e produtos agrícolas) tiveram impacto positivo e beneficiaram o conjunto de economias latino-americanas no alvorecer do século XXI. Essa sorte explica boa parte do que o economista Edmar Bacha denominou milagrinho brasileiro: nossa economia saltou de uma taxa anual de crescimento média de 2,1% nos anos 1980 e 1990 para 3,7% na década de 2000. Na contramão do ocorrido na maior parte dos países ricos no mesmo período, esse crescimento no Brasil e em outros países da América Latina foi marcado pela redução em diversos indicadores de desigualdade e expansão do nível de emprego formal.

Com essa visão de relevância da mineração para economia, surge um diálogo entre o diplomata peruano Oswaldo Rivero (2002) e a economista Maria Amélia Enriquez (2010) para apresentar os principais pontos acerca do desenvolvimento, o qual é ponto de partida para uma compreensão acerca da sustentabilidade.

Inicialmente, Enriquez (2010, p. 17) sustenta o recorte temático em quatro grandes linhas de abordagem sobre o desenvolvimento: a) teorias clássicas de crescimento da economia convencional (*mainstream);* b) teorias de inspiração marxista; c) teorias institucionalistas; d) propostas de desenvolvimento sustentável.

As teorias clássicas do crescimento da economia convencional estreitam os traços conceituais de desenvolvimento e crescimento econômico, nos preceitos de Enriquez (2010, p. 12):

> Também denominadas teorias ortodoxas dominantes, para as quais desenvolvimento é o mesmo que crescimento econômico, que, por sua vez, depende do nível de investimentos produtivos realizados na economia. Portanto, boas políticas de indução ao desenvolvimento devem estimular a poupança, que, por sua vez, se converterá automaticamente em investimentos. Essas teorias servem de base para autores que concebem os investimentos produtivos como um trampolim para o desenvolvimento econômico. As mais importantes expressões desse bloco de pensamento são os modelos de crescimento clássicos de Harrod/Domar e de Robert Solow, além das teorias das etapas de crescimento de Rostow. A lógica é a seguinte: dotação de recursos naturais → novos investimentos → ampliação do capital → expansão do crescimento → desenvolvimento econômico.

Por mais que sejam extremamente relevantes, não é palco da presente pesquisa o aprofundamento nos modelos econômicos. Limita-se assim que as teorias clássicas são fundamentadas principalmente na expansão econômica por meio de investimentos e reinvestimentos, todos com base inicial nos recursos naturais, formando assim um grande ciclo, ou seja, transforma-se o ambiente em objetos estratégicos que serão inseridos no mercado, gerando assim, recursos financeiros que irão ser aplicados novamente e assim sucessivamente.

Por seu turno, as teorias de inspiração marxistas, conhecidas também como neomarxistas, representam intensa crítica aos modelos dominantes/clássicos e vislumbram, como foco central, o desenvolvimento do subdesenvolvimento, Enriquez (2010, p. 18):

> Essas abordagens influenciaram os modelos para os quais, ao invés de soluções, economias abundantes em recursos naturais têm muitos problemas a administrar. Nessa linha destacam-se as teses estruturalistas da Cepal, os trabalhos de Celso Furtado, as distintas interpretações da "escola da dependência", as teses de Bunker e, até certo ponto, os postulados de Altver. Essas interpretações veem com bastante ceticismo a perspectiva de desenvolvimento das economias primário-exportadoras, por exemplo. Nesta corrente também se incluem as teses de Hirschman, por seu autointitulado "parentesco" com as ideias estruturalistas da Cepal. De uma forma genérica e agregada, podemos dizer que a explicação lógica se desdobra assim: Exploração de recursos naturais → enclave → escassos efeitos de encadeamento de produção e de consumo → estrutura de governo burocrática e fraca → dissipação das rendas captadas pelos encadeamentos fiscais → atraso no crescimento e no desenvolvimento econômico.

Para essas teorias, então, demonstra-se a dificuldade no desenvolvimento econômico por conta de precária estrutura de centralização e direcionamento de matéria prima/serviços somado ao fato de extrema base burocrática estatal. Aqui pode-se, inclusive, compreender que o Brasil, principalmente na política de exportação é uma máquina burocrática, ou seja, há inúmeros procedimentos não lineares, não agrupáveis em diversos ramos de atuação, inclusive, na mineração. Por conta disso, muitas vezes, é mais viável a expansão econômica por meio de empresas transnacionais ou de expansão de polos de apoio em diversos pontos do globo.

Por sua vez, as Teorias institucionalistas, também conhecidas como neoinstitucionalistas analisam o papel desempenhado pelas instituições responsáveis pelos resultados socioeconômicas, ou seja, a qualidade dessas instituições interfere diretamente na eficiência econômica. Ainda sob os ensinamentos de Enriquez (2010, p. 19):

> Essa abordagem influencia o estudo das economias baseadas na exploração de seus recursos naturais por ser um marco analítico que permite entender as mudanças no desenvolvimento a partir de uma perspectiva que se descola da base puramente material do processo de desenvolvimento. O principal objeto de estudo dos institucionalistas são as instituições políticas e econômicas e, principalmente, as regras formais e informais que se plasmam na cultura, no comportamento dos agentes e nas organizações sociais. Esse conjunto pode favorecer ou impor obstáculos ao processo de desenvolvimento econômico quando um setor produtivo baseado no uso de recursos naturais, por exemplo, adquirir dinamismo. Nessa perspectiva, iremos enfocar especialmente as teses de Douglass North, Robert Putnam e algo de Joseph Stiglitz. A lógica causal é a seguinte: investimento na extração de recursos naturais → rendas e demais benefícios e oportunidades abertas pelo novo investimento → qualidade das instituições → bom ou mau gerenciamento dos benefícios das rendas e das oportunidades.

Por mais que o modelo institucionalista preveja o uso direito de matéria ambiental no processo de formação de renda, nem sempre ela se aplica à mineração levando-se em conta principalmente o potencial de desenvolvimento de postos de trabalho, arrecadação tributária e até mesmo alavancar a mão de obra especializada. Há nítido interesse do Estado ao tratar da mineração, prática constante no Brasil há décadas.

Por fim, as propostas de desenvolvimento sustentável apresentam contornos de dimensões não analisadas e até mesmo negligenciadas, com argumentação da dificuldade de agrupar o desenvolvimento com a sustentabilidade, conforme Enriquez (2008, p. 19):

> Nessa perspectiva, há interpretações diametralmente opostas, que argumentam a impossibilidade de desenvolvimento sustentável em geral, e especialmente em regiões periféricas que exploram os recursos naturais. Há quem chame essa proposta de "neocolonialismo" e similares (Goldsmith, Altvater e Sthephen Bunker, Martinez-Allier) e os que veem

a sustentabilidade de regiões extrativistas como uma construção possível (David Pearce), desde que respeitados os critérios de justiça social, eficiência econômica e prudência ecológica (Ignacy Sachs). Essas abordagens influenciam as análises sobre o desenvolvimento e o uso de recursos naturais não renováveis, de acordo com o esquema a seguir: exploração de recursos naturais → intrinsecamente insustentável e possibilidade de sustentabilidade fraca → critérios e condições sociais, ecológicos e econômicos que envolvam empresa, governo e comunidades → indicadores de sustentabilidade.

Como se vê, as teorias sobre o desenvolvimento não são convergentes e isso é plenamente normal ao se deparar um instituto tão complexo como o desenvolvimento. Apesar de ter mencionado uma forte carga teórica de inúmeras teorias de desenvolvimento, nesta obra, analisar-se-á a mineração sustentável sob a ótica de uma aproximação social no processo decisório.

Na obra da economista Maria Amélia Enriquez (2008) alinha-se as principais ideias acerca do desenvolvimento com o escopo de analisar e discutir os novos e principais desafios para alcançar a sustentabilidade, partindo do pressuposto do estudo das economias que possuem base produtiva permeada de uso intensivo de recursos naturais.

Numa outra vertente mais voltada à produtividade, Rivero (2002, p. 133) apresenta um olhar sobre as ENIs – Economias Nacionais Inviáveis, ao fundamento central da dependência das nações ao setor científico, base diferenciadora no desenvolvimento ao afirmar que:

> Os países subdesenvolvidos, que representam 75% da humanidade (4,8 bilhões de habitantes), têm apenas 7% dos cientistas e engenheiros do mundo, fazem menos de 2% de investimento mundial em pesquisa e desenvolvimento e produzem apenas 3% do *software*. Estas estimativas do atraso são até generosas, já que, na verdade, metade deste minguado arsenal científico-tecnológico encontra-se concentrado em poucos países, como Cingapura, Hong-Kong, Malásia, Taiwan, China, Índia e, em menor grau, Brasil. Todos os demais países estão em uma absoluta indigência científica e tecnológica que gradativamente exclui de uma economia global cada vez mais ávida por manufaturas e serviços de alto conteúdo tecnológico.

Além das assertivas sobre a centralização do conhecimento, válido mencionar que, por todo o globo, cidades e localidades (estas numa compreensão mais expansiva) despontam no crescimento demográfico e, consequentemente, na conscientização acerca da necessidade de se substituir matérias primas oriundas de outros países, como forma de tomar fôlego na economia. Fato que se justifica com a redução da importação de matérias e a criação de compostos em laboratórios. O autor (2002, p. 134) prossegue ao afirmar que:

> As cidades do mundo subdesenvolvido vivem uma explosão demográfica, mas a demanda mundial de matéria prima exportada por unidade de produção industrial está diminuindo como resultado do progresso técnico. Do mesmo modo que caiu o consumo internacional de guano, salitre e borracha, hoje se começa a usar menos ferro, chumbo, zinco, cobre ou estanho por unidade de produção industrial. Minerais e metais vêm sendo substituídos progressivamente por novos materiais criados em laboratório. No caso de matérias-primas agrícolas – como fibras de algodão, juta, café, chá, cacau, açúcar – a demanda também cresce menos com a concorrência de produtos artificiais. Mesmo manufaturas com baixo grau de transformação tecnológica, exportadas pelos países que começam a sua industrialização, estão obtendo preços menos remunerativos que antes.

Como consequência do super desenvolvimento populacional conjugado com a incapacidade de atrair recursos internacionais, Rivero (2002, fl. 135) sustenta que tais requisitos transformam os Estados em ENI – Economias Nacionais Inviáveis, forçando estes países a efetuarem subsequentes empréstimos, inadimplência e, por fim, privatizações:

> Esta incapacidade de atrair recursos do mercado mundial para as crescentes populações urbanas impede os países de se desenvolverem e tende a torná-los *Economias Nacionais Inviáveis (ENIs)*. Todos os países chamados "em desenvolvimento" tiveram de sobreviver por quase todo o século XX com ajuda internacional, empréstimos oficiais e financiamentos privados, sempre caindo em inadimplência ou à beira da falência. Agora vão sobrevivendo, por enquanto, com privatizações e capitais voláteis do especulativo mercado financeiro global.
>
> Um dos exemplos mais ilustrativos sobre as características das ENIs é a história econômica da maioria dos países da América Latina. Ao longo do século, os *booms* transitórios

da região resultariam sobretudo de duas circunstâncias: a alta temporária dos preços de certos produtos primários e a coincidência desta alta com um período de abundante oferta de capital e crédito estrangeiro, que deu lugar a empréstimos e investimentos que depois acabaram.

A intercessão entre os Enriquez (2010) e Rivero (2002) ocorre justamente em questionar o desenvolvimento. A economista com uma obra firme na abordagem das teorias de desenvolvimento pautadas na economia nas mais variadas formas e o diplomata com o questionamento sobre a viabilidade econômica dos países em desenvolvimento no cenário do século XXI, principalmente com institutos sobre economias não viáveis.

O que é perceptível ao se analisar o desenvolvimento na vertente lato sensu, ou seja, com uma percepção global, é que o desenvolvimento não é pautado somente com fatores econômicos. É possível afirmar-se enquanto Estado desenvolvido pelas práticas de gestão administrativa ou até mesmo de sustentabilidade e direcionamento de esforços para conscientização. O desenvolvimento, aos olhos do pesquisador, vai além de regras de crescimento financeiro-estatal. A máquina administrativa deve funcionar plenamente, participação social nos processos decisórios, investimento do Estado em setores estratégicos de desenvolvimento econômico, dentre várias outras possibilidades de interpretação.

Um exemplo desse conceito macro de desenvolvimento abre uma janela de discussão acadêmica sobre globalização. É de conhecimento notório que o Estado atua tanto na ótica interna com mecanismos de organização e hierarquia, mas também como agente diplomático na seara internacional, local de fraca força cogente de decisões, porém de alto valor de aproximação e gestão internacional (tanto econômica quanto de pessoas).

Num meio termo sobre desenvolvimento e globalização, Benayon (1998, p. 76) destaca as principais razões para que o Estado, estruturador das Empresas Transnacionais – ETNs se tornou ultrapassado diante dos alcances de tais instituições:

> As ETNs são, ao mesmo tempo, industriais, financeiras e de serviços e comandam a "globalização". Surgiram e transformaram-se no que são, cevando-se no mercado dos centros e nos demais países. Mas enganam-se muitos de seus dirigentes, impressionados com o poder econômico-financeiro e político

> enfeixado por essas corporações, ao imaginar que o Estado, que as fez crescer, se tornou instrumento obsoleto ou, pelo menos, inadequado nas antigas dimensões e funções. Quatro das razões disso são: 1) o peso das compras governamentais como propulsor dos investimentos para bens e serviços, controlados tecnológica e oligopolistamente pelas ETNs; 2) o uso do poder militar, que implica influência política nos espaços ditos internacionais, em favor das transações econômicas das ETNs, como ilustram as intervenções armadas dos EUA para ter o controle do petróleo no Oriente Médio; 3) investimentos sociais, especialmente em educação e saúde, indispensáveis para gerar mercado (procura) e mão de obra especializada (insumo para a oferta); 4) a manutenção sob o controle do espaço interno, por meio do executivo, legislativo e do aparelho judiciário e órgãos de "segurança", regulando as relações entre os servidores do sistema e administrando a marginalização de parte substancial das populações.

Numa mão de via dupla, na medida em que as empresas transnacionais promovem o desenvolvimento econômico em duas vertentes – localmente para a sociedade envolvida com promoção de empregos e estruturação regional; e, também, num olhar amplo, com fortalecimento da economia do país. Além disso, na contramão, é possível diagnosticar alguns pontos sensíveis nessa supervalorização das mesmas com enfraquecimento estatal. Exemplo disso são a manipulação midiática, com fortes campanhas publicitárias e manipulação de massa, conforme apresentado no capítulo anterior deste livro, somado com outros elementos como o consumismo, ou até mesmo como próprio Benayon (1998) afirma "crença do dinheiro-rei".

Essas empresas de amplitude internacional buscam, em sua maioria, a obtenção de mão de obra extremamente barata, além de benefícios do Estado para instalação de sedes. Sobre o primeiro item, válido mencionar que, uma vez instalada, a instituição empresarial, em países principalmente em desenvolvimento, suga as forças da massa trabalhadora com uma relação de total dependência, conforme Benayon (1998, p. 77) sustenta:

> O objeto principal, ali, do interesse dos concentradores sediados nos países centrais, é o acesso privilegiado às matérias primas, a preço vil. As periferias sofrem predação total, e seus habitantes são empurrados para condições sociais, políticas e

econômicas piores que as do Século XIX. O desmonte do Estado e sua crescente fraqueza significam terem nações inteiras ficando indefesas, com suas pseudo-elites subordinadas aos centros. O processo começou ao se ter permitido a penetração das transnacionais. As sociedades foram envolvidas pelo sistema de poder dos centros, com a colaboração das burguesias locais, desprovidas de consciência e ineptas a liderar a organização do Estado a serviço da sociedade. Isso explica por que a globalização encontra terreno mais desimpedido fora dos centros mundiais do que nestes. As periferias vão sendo destruídas, enquanto imaginam que as pretensas reformas lhes darão um Estado mais eficiente, com redução da esfera deste. Aceitar tais "reformas" denota que as classes sociais estão desestruturadas, e os indivíduos, robotizados.

A relação das ETNs com o Estado é facilitada por meio de políticas tributárias. Tal liame não é compreendido como totalmente errôneo, afinal, a máquina estatal está buscando uma alavanca para economia. Contudo, essa relação deve ser medida a ponto de o Estado não ser segundo plano, ou seja, por maior que a empresa possa ser e por mais benéficos sejam seus resultados, a regulação hierárquica deve prevalecer e o Estado despontar como centro organizacional.

Ao se abordar a temática da globalização, imprescindíveis são as lições de Ulrich Beck (1999) com a afirmação que globalização significa politização, considerando que esta possibilita às empresas o poder de atuação dentro da economia, assim como na sociedade como um todo. Além disso, Beck (2010, p. 27) faz diferenciação entre globalismo e globalização:

> Globalismo designa a concepção de que o mercado mundial bane ou substitui, ele mesmo, a ação política; trata-se, portanto, da ideologia do império do mercado mundial, da ideologia do neoliberalismo. O procedimento é monocausal, restrito ao aspecto econômico, e reduz a pluridimensionalidade da globalização a uma única dimensão – a econômica – que, por sua vez, ainda é pensada de forma linear e deixa todas as outras dimensões – relativas à ecologia, à cultura, à política e à sociedade civil – sob o domínio subordinador do mercado mundial.
>
> [...] Globalidade significa: já vivemos há tempos em uma sociedade mundial, ao menos no sentido de que a ideia de espaços isolados se tornou fictícia. Nenhum país, nenhum grupo podem se isolar dos outros. Desta maneira se entrechocam as

> diversas formas econômicas, culturais e políticas e tudo aquilo que parecia ser evidente, mesmo dentro do modelo ocidental, carece de uma nova legitimação. É por essa razão que "sociedade mundial" significa o conjunto das relações sociais, que não estão integradas à política do Estado nacional ou que não são determinadas (determináveis) por ela.

Ao se debruçar nos traços conceituais de Beck (1999) é perceptível que o globalismo traz a ideia de que o mercado em nível global exclui a ação política, com direcionamento da globalização apenas ao aspecto econômico. Por seu turno, a globalidade é a variabilidade de grupos, que se relacionam na ótica externa. Nos dias de hoje, espaços individuais são inalcançáveis, fato potencializado com o fluxo de pessoas e dados (internet).

Por conseguinte, Ulrich Beck (1999, p. 31) ainda relaciona oito motivos responsáveis pela irretroatividade da globalidade, quais sejam: 1) ampliação geográfica e crescente interação do comércio internacional, a conexão global dos mercados financeiros e o crescimento do poder das companhias transnacionais; 2) a ininterrupta revolução dos meios tecnológicos de informação e comunicação; 3) a exigência, universalmente imposta, por direitos humanos (princípio do discurso democrático); 4) as correntes icônicas da indústria cultural global; 5) a política mundial pós-internacional e policêntrica; 6) a pobreza mundial; 7) a destruição ambiental; 8) conflitos transculturais localizados.

Com a rápida expansão mundial do capitalismo de vigilância está se formando um novo modelo de produção capitalista, conforme Dowbor (2010, p. 98):

> Para o novo modo de produção que surge, mais importante do que controlar os meios de produção tradicionais é controlar os fluxos financeiros e os meios de comunicação e de informação da população, apropriar-se do mecanismo de mudança das leis por meio do controle dos parlamentos e dos sistemas judiciários, comprar universidades e instituições de pesquisa e tudo que se refere ao conhecimento, gerar plataformas de informação e comunicação que entreguem o controle sobre a própria intimidade das pessoas.

Gama e Silva (2020, p. 14) destacam a crise causada pelo desenvolvimento desigual e combinado da economia mundial capitalista dos países com menores recursos:

Os países pobres têm acompanhado através da história as modificações implementadas pelas evoluções técnicas concebidas nos países desenvolvidos e que servem de suporte para os saltos tecnológicos no primeiro mundo e aumento da dependência e pobreza no chamado terceiro mundo. Esse movimento se caracteriza pelo chamado desenvolvimento desigual e combinado da economia mundial capitalista, uma vez que os países desenvolvidos também estão passando por um processo de especialização produtiva industrial, mas que é intensiva em conhecimento e tecnologias cibernéticas digitais. E que para seu bom funcionamento precisam de matérias-primas como alimentos para autorreprodução de sua população e minérios utilizados na composição de próteses cibernéticas, computadores, sensores, satélites, cabos de comunicação submarina, nuvens computacionais e todo tipo de componentes eletrônicos. Estes são aliados ao conhecimento técnico materializado nos algoritmos, bancos de dados e sistemas de informação que são necessários à captura, armazenamento e processamento de outro tipo de matéria-prima muito especial; que são os dados dos usuários das plataformas digitais e toda informação comportamental, ambiental e natural que puder ser digitalizada, para a composição de um ativo informacional crescente.

Assim, somente empresas que possuam capacidade de gerenciamento de grande base de dados possuem as ferramentas para construir e se conectar por meio desses dados e, convalidar os dados em informação e utilizá-las no Capitalismo de Vigilância proposto por Zuboff (2019). Koerner (2021, p. 4) sustenta que:

> A tese central é que o capitalismo de vigilância configura um regime, ou ordem econômica, contrário às bases da civilização liberal. A instalação em curso do poder instrumental afetaria nossos sentimentos e formas de vida, por corroer a confiança nos outros, quebrar reciprocidades e esvaziar a nossa capacidade de criar compromissos e de construir perspectivas compartilhadas de futuro, eliminando nossa autonomia ou livre vontade. Ele é distinto do totalitarismo, pois é operado por empresas, adota meios de modificação soft dos comportamentos, e sua finalidade é o lucro. Ele se afasta do capitalismo de mercado porque pretende a informação total e a certeza sobre comportamentos e processos sociais, quebra as reciprocidades entre empresas, empregados e consumidores, e projeta um

> novo coletivismo com exclusão social, exploração do trabalho precário e indiferença radical em relação à sociedade. Seria um golpe a partir de cima, dirigido contra o mercado, que impôs unilateralmente o controle do conhecimento e declarou sua própria legitimidade. Uma tirania que se alimentaria das pessoas e que implicaria a obliteração da política.

Por fim, Koerner (2021, p. 6) ainda destaca alguns pontos de fragilidade sobre a proposta de Zuboff:

> Outro aspecto da discussão diz respeito à mediação da vida pelo digital, a produção de valor e a onipresença da vigilância. Os conservadores indagam: onde está o dano? O consumidor parece satisfeito, entusiasmado, entretido com o mundo que as tecnologias lhes oferecem... Zuboff e seus críticos marxistas veem a mediação como mais-valia comportamental extraída da experiência humana, como dados produzidos por uma espécie de trabalho não reconhecido como tal, realizado pelos usuários (para além daquele realizado pelos que trabalham nos empregos precários das Big Techs). Os conceitos de experiência humana, dados, trabalho, comportamento e matéria-prima precisam ser repensados. Se o imperativo da acumulação explica a lógica das empresas, não explica a relação dos usuários/trabalhadores com as tecnologias digitais. Se a lógica da vigilância indica os riscos da tecnologia para a democracia e os direitos humanos, não se entende a entrega voluntária das pessoas a esses riscos. Se mecanismos tecnológicos procuram modificar os nossos comportamentos, não se vê qual é a sua novidade em relação a outras mídias e à indústria cultural. Pensar a base da produção de valor e o alvo das atividades de vigilância supõe colocar as perguntas: o que é extraído? Do que "isso" se extrai? O ponto torna-se o da mediação das relações sociais pelo digital e a constituição de objetividades e subjetividades nos entrelaçamentos entre o virtual e o real.

No campo minerário o capitalismo de vigilância deve ser analisado com muita cautela, considerando o alto poder das empresas de mineração em prospectar e gerenciar dados os quais poderiam ser moldados num eventual momento "participativo" com o direcionamento de padrões de conduta, isto é, uma manipulação e afastamento da conectividade entre empresa e sociedade envolvida pelo empreendimento. Além disso, o cenário de dependência social ao sistema capitalista é também um elemento que merece observação cautelar.

Quando há abordagem sobre globalização e economia, os ensinamentos de Ianni (2003, p. 31) sobre as "Economias-mundo" são de grande importância para a investigação científica. Os traços conceituais do instituto já demarcam que:

> Por economia mundial entende-se a economia do mundo globalmente considerado, "o mercado de todo universo", como já dizia Sismondi. Por economia-mundo, termo que forjei a partir do alemão *Weltwirstschaft* entendo a economia de uma porção do nosso planeta somente, desde que forme um todo econômico.

O autor ainda prossegue afirmando três pilares das economias--mundo: 1) ocupam um determinado espaço geográfico, ou seja, com limites; 2) submetem-se à um polo/centro, representado, muitas vezes, como uma grande capital; 3) dividem-se em zonas sucessivas, ou seja, há um centro com uma região de margem.

Habermas (2003, p. 24), por sua vez, sinaliza a necessidade de se instituírem instituições políticas de regulação internacional na dinâmica econômica, ou seja, a importância de uma política democrática como marco de evolução social:

> A globalização da economia, que é cada vez menos economia do povo, impede que os instrumentos conhecidos de orientação funcionem. Por isso, hoje, coloca-se a questão da relação entre política e economia de um modo novo, reflexivo. A política tem de se perguntar se deve ser envolvida ainda mais em uma política de desregulamentação. Ou seja, em uma formulação muito simplificada: será que a perda de influência da política aponta na direção de uma abdicação da política em geral, ou será que o *médium* da política pode se regenerar em outros níveis e crescer na esteira dos mercados transnacionais? Esses problemas permitem colocar o tema da possibilidade e da necessidade de um poder democrático situado além do Estado nacional. Nesse contexto, os objetivos políticos passam a depender da necessidade de regulamentação.

Por seu turno, numa visão sobre a abdicação do Estado-nação frente à ordem econômica, Danner (2014, p. 631) acrescenta que:

> Ora, essas relações, assimétricas em nível global, de poder econômico-político "inverteram a relação entre Estado e economia", uma vez que, se, em termos de Estado-nação, era a política que enquadrava a esfera de poder econômico, em

termos de globalização econômica, é o poder econômico que enquadra o poder político. Com isso, tem-se a hegemonia de capitais transnacionais que, dotados de alta mobilidade, sobrepõem-se aos mecanismos de controle do Estado-nação e, mais ainda, "impõem-lhe" exigências em termos de estruturação sociopolítica. O Estado-nação é, hoje, devido a isso, subsumido pela dinâmica econômica global, ficando refém desses capitais transnacionais. Uma consequência daí advinda é que o Estado-nação, por causa da pressão ligada à concorrência econômica "determinada em nível global", acaba abdicando da política e retirando-se cada vez mais do controle da esfera econômica, bem como restringindo gradativamente as políticas compensatórias destinadas a minimizar os impactos da exploração econômica e do desemprego estrutural.

Num cenário de expansão da globalização e de empresas transnacionais surge a necessidade de se aproximar o diálogo institucionalizado entre Estado, empresas e sociedade, principalmente nas práticas minerárias. Essa necessidade se justifica pelo fato já amparado na Constituição da República de 1988 ao afirmar que a proteção do ambiente é do Estado e da própria sociedade. Esse diálogo deve ultrapassar os mecanismos formais e se implementar concretamente: a sociedade ser agente de voto e voz ativa nos empreendimentos que a afetem diretamente e/ou indiretamente. Lado outro, as empresas de mineração devem estar abertas e próximas à recepcionar essa ação comunicativa chancelada pela fiscalização estatal.

Essa harmonia é fundamental para concretizar a sustentabilidade na mineração, momento em que se referenda com participação popular, no diálogo e na institucionalização do discurso. Uma grande quantidade de teorias econômicas poderia se desdobrar no presente momento da pesquisa. Contudo, Tratar-se-á em linhas subsequentes os contornos da mineração sustentável proposta, isto é, fundamentada na participação popular pós acidentes minerários.

6.2 SUSTENTABILIDADE: DO MEIO AMBIENTE À PARTICIPAÇÃO POPULAR

Uma vez apresentados os pensamentos acerca de desenvolvimento e globalização, prossegue-se a análise da sustentabilidade, a qual é de difícil conceituação, apesar de estar presente nos mais variados discursos e trabalhos acadêmicos. Por conta disso, José Eli da Veiga (2010, p. 37) apresenta fórmula de reflexão de identificação do desenvolvimento sustentável:

> Uma é bem prática: na lista de metas da sociedade contemporânea, em que patamar de urgência estaria situada a busca da sustentabilidade?
>
> Se o critério for urgência, é claro que acabar com a miséria, com os regimes autoritários e com as guerras poderiam ser objetivos imediatamente citados como prioritários. Até porque seria simplesmente ridículo pensar em sustentabilidade diante da suprema humilhação da própria espécie humana, da privação de suas liberdades, e da estupidez de seus morticínios. Mas também é importante notar que, em princípio, tudo isso está contido na noção de desenvolvimento. Pelo menos quando não é rebaixada ou rejeitada, por confundida com simples aumento da riqueza ou crescimento econômico.
>
> Se por desenvolvimento se entender o processo de expansão das liberdades humanas – na linha proposta por Amartya Sen, prêmio Nobel de 1998 –, então sua sustentabilidade deve ser assumida como a prioridade mais alta (Sen, 2000). Basicamente, em sua proposta, ele procura enfatizar que a busca do bem-estar, de democracia e de paz precisa ser combinada, em última instância, com a necessidades de conservação de suas próprias bases materiais, isto é, a conservação dos ecossistemas, por mais artificializados que alguns necessariamente se tornem.

Em outra obra de José Eli da Veiga (2005, p. 175) o autor formula sobre o índice de sustentabilidade ambiental, elaborado por pesquisadores das universidades de Yale e Columbia, o qual permitiu o cálculo para 142 países:

> Esse índice considera cinco dimensões: sistemas ambientais, estresses, vulnerabilidade humana, capacidade social e institucional e responsabilidade global. O primeiro envolve quatro sistemas ambientais: ar, água, solo e ecossistemas. O segundo considera estresse algum tipo muito crítico de poluição, ou qualquer nível exorbitante de exploração de recurso natural. No terceiro, a situação nutricional e as doenças relacionadas ao ambiente são entendidas como vulnerabilidades humanas. A quarta dimensão se refere à existência de capacidade socioinstitucional para lidar com problemas e desafios ambientais. E na quinta entram os esforços e esquemas de cooperação internacional representativos da responsabilidade global.

Foram utilizados vinte indicadores com sessenta e oito variáveis de intensidade, o que possibilitou separar os Estados por grupos mais ou menos vulneráveis, conforme tabela apresentada por Veiga (2010, p. 177):

Tabela 11 – Índice de sustentabilidade ambiental.

Dimensão e indicador	Número de variáveis
(1) Sistemas ambientais	
Qualidade do ar	3
Quantidade de água	2
Qualidade da água	4
Biodiversidade	2
Qualidade dos solos	2
(2) Estresses	
Redução de poluição do ar	5
Redução de poluição da água	4
Ecossistemas	2
Consumismo e desperdícios	2
Pressão demográfica	2
(3) Vulnerabilidade	
Subsistência básica	2
Saúde ambiental	3
(4) Capacidade socioinstitucional	
Ciência e tecnologia	3
Capacidade de debate	4
Governança ambiental	8
Setor privado: capacidade de resposta	5
Ecoeficiência	2
(5) Responsabilidade global	
Participação em esforços multilaterais	7
Redução de transbordamentos	4
Emissões de gases de efeito estufa	2
Total	**68**

Fonte: VEIGA, 2005.

Da análise dos dados apresentados por Veiga (2005) verifica-se que, apesar de conseguir distribuir os Estados em grupos com maior ou menor índice de sustentabilidade, uma vez que se agruparam os dados do Índice de Desenvolvimento Humano.

Efetuar a análise da sustentabilidade com dados lineares, sem observar proporção do Estado, formas de exploração econômica, governança pública efetiva, participação popular, índices educacionais e fornecimento de serviços básicos para o desenvolver do ser humano (saúde, assistência social, saneamento, dentre outros) poderia colocar em xeque a pesquisa. Não há como medir tantas variantes e criar um único índice matemático de ranking internacional.

Outro aspecto que merece é a Agenda 2030 que é fruto do trabalho conjunto de Estados e cidadãos de todo o mundo para pautar e delinear um novo modelo global que seja suficiente para acabar com a pobreza, promover a prosperidade e o bem-estar de todos, proteger o meio ambiente e combater alterações climáticas, sendo dezessete ODS – Objetivos de Desenvolvimento Sustentável e cento e sessenta e nove metas a serem desenvolvidas até o ano de 2030. Válido destacar que existem oito ODM – Objetivos do Desenvolvimento do Milênio e Castro Silva (2018, p. 360) destaca a importância do sétimo objetivo ao afirmar que:

> O sétimo objetivo versa sobre a "sustentabilidade ambiental" (ODM 7). Uma das metas era reduzir a proporção da parcela da população sem acesso contínuo à água potável e ao saneamento básico (em 2012, a porcentagem já estava abaixo da metade da taxa de 1990) e, até 2020, almejava-se melhorar a vida de 100 milhões de pessoas que habitam regiões degradadas (em 2012, a porcentagem da população em condições de moradia urbana precárias estava em 36,6%, face a 53,3% em 1992). O Brasil é uma das reservas da biodiversidade mundial e, por meio da redução de taxas de desmatamento nos biomas nacionais (da Amazônia aos Pampas), participa da contribuição para preservar tal biodiversidade (PROGRAMA, 2015e).

Os dezessete ODS – Objetivos de Desenvolvimento Sustentável são: 1) erradicação da pobreza; 2) fome zero e agricultura sustentável; 3) saúde e bem estar; 4) educação de qualidade; 5) igualdade de gênero; 6) água potável e saneamento; 7) energia acessível e limpa; 8) trabalho decente e crescimento econômico; 9) indústria, inovação e infraestrutura; 10) redução de desigualdades; 11) cidades e comunidades sustentáveis;

12) consumo e produção responsáveis; 13) ação contra a mudança global do clima; 14) vida na água; 15) vida terrestre: 16) paz, justiça e instituições eficazes; 17) parcerias e meios de implementação. De todos os elementos trazidos acima, válido mencionar o ODS-12 (IPEA, 2019) que aborda, inclusive o instituto da pegada ecológica que será apresentado em linhas seguintes:

> Para alcançar as metas deste ODS, a mudança nos padrões de consumo e produção se configuram como medidas indispensáveis na redução da pegada ecológica sobre o meio ambiente. Essas medidas são a base do desenvolvimento econômico e social sustentável. As metas do ODS 12 visam a promoção da eficiência do uso de recursos energéticos e naturais, da infraestrutura sustentável, do acesso a serviços básicos. Além disso, o objetivo prioriza a informação, a gestão coordenada, a transparência e a responsabilização dos atores consumidores de recursos naturais como ferramentas chave para o alcance de padrões mais sustentáveis de produção e consumo.

Cenci *et al.* (2020, p. 40) apresentam importante argumento sobre a inclusão social na vertente de sustentabilidade sob a ótica da Agenda 2030:

> Não paira dúvidas que a sistemática aplicada pelos governantes e signatários do tratado internacional, por intermédio do texto normativo, busca, de forma clara e objetiva, caminhos e alternativas que visem à inclusão social a partir do respeito aos direitos inerentes aos humanos, voltados à dignidade com justiça social, em uma rede de parcerias institucionais e mundiais na tentativa irrestrita de estabelecimento da Agenda 2030. Tais compromissos, firmados pelos signatários, demonstram, especialmente em seus tópicos 39 e 40, a efetividade de suas vontades ao preverem a sua importância, bem como do engajamento social e até de estratégias de financiamentos mundiais, a fim de consolidar as garantias sociais e universais fixadas pelo documento.

Assim, um dos grandes obstáculos da Agenda 2030 é justamente atender todas as metas e pensar numa inclusão social sob a ótica do desenvolvimento. Tudo isso num cenário globalizado. Cenci *et al.* (2020, p. 46) ainda prosseguem com o raciocínio de melhoria contínua no processo de sustentabilidade:

> A instituição de políticas sociais deliberantes que favoreçam o âmbito da promoção e desenvolvimento da Agenda 2030,

> assim como a criação legislativa (referendada pelo estabelecimento e aceite de um plano de Estado - de caráter permanente - capaz de atender às necessidades básicas para a erradicação da pobreza, da fome e das diversas formas de desigualdades sociais que assolam a nação) para que se efetive um mínimo aceitável de objetivos alcançados ante o acordo internacional do qual o Brasil é signatário, sem dúvida alguma está entre os principais desafios a serem enfrentados para a garantia do sucesso de boa parte das 169 metas estabelecidas a partir dos ODSs.
>
> A Agenda 2030 busca nos anseios sociais, ratificados ao longo de dezenas de anos de lutas e construções ideológicas amplamente debatidas por Estados e atores sociais, respostas efetivas para a garantia de um existencial mínimo a toda a sociedade, vista em seu aspecto coletivo como uma unidade a ser preservada. Da mesma forma, objetiva o respeito pelas individualidades de cada um de seus signatários mundiais no enfrentamento de suas demandas mais importantes, adequadas a sua própria realidade socioeconômica e ambiental, fomentando ações e o estabelecimento de novas perspectivas (sejam financeiras, idearias ou tecnológicas) na realização da justiça social plena e efetiva.

A inclusão da sociedade no processo decisório do Estado, como amplamente trabalhado na presente pesquisa também tem reflexos na racionalidade estratégica como elemento de sustentabilidade, ou seja, o direcionamento do consenso social como baliza negocial com a Administração Pública. Lessa (2016, p. 30) afirma que:

> Na busca de soluções determinadas para situações estratégicas, considera-se, usualmente, que o suposto do conhecimento comum é condição de conhecimento relevante. Nesse caso, a possibilidade de existência de um equilíbrio em um jogo estaria também a depender do cumprimento da cláusula de conhecimento comum.
>
> Informalmente, um evento é de conhecimento comum quando ele é conhecido pelas pessoas, todas as pessoas sabem disso, e todas sabem que todas sabem disso, e assim por diante; resumidamente, um evento é CC de ordem n toda vez que (todo mundo sabe) e for verdade. Em segundo lugar, há vários sentidos atribuíveis à condição de conhecimento comum. O sentido original foi elaborado pelo filósofo David Lewis (1969) no contexto de seu trabalho sobre convenções,

> onde ele pretendia estabelecer um argumento lógico que justificasse a possibilidade de coordenação social à la Hume, isto é, sem recorrer ao artifício de um contrato social ou acordo explícito entre as partes envolvidas.

Atingir a sustentabilidade pautada numa racionalidade estratégica seria traçar a vertente social – participativa – na análise macro, ou seja, não ficar preso somente aos preceitos da sustentabilidade como uma visão ecológica. É ampliar o leque conceitual.

Assim, no cenário das mais variadas formas e índices que buscam aferir a sustentabilidade, válido mencionar a pegada ecológica. Fernandes *et al.* (2008, p. 31) destacam que:

> A Pegada Ecológica é uma ferramenta de medição de desenvolvimento sustentável de fácil entendimento e consiste no cálculo da área necessária para garantir, indefinidamente, a sobrevivência de uma determinada população ou sistema econômico, fornecendo energia e recursos naturais, além de assegurar a capacidade de absorver os resíduos ou dejetos produzidos por tal sistema.
>
> Esse método segue a teoria de sistemas, pois realiza a contabilização das entradas e saídas dos fluxos de matérias e energia de um dado sistema econômico, convertendo tais fluxos em área correspondente de terra ou água existentes na natureza para sustentar esse sistema (WACKERNAGEL; REES, 1996 *apud* BELLEN, 2007).

Como visto, a pegada ecológica enquanto indicador de sustentabilidade é fundamentada principalmente no conceito de capacidade de carga, a qual pode ser entendida como responsabilidade tanto da população quanto da distribuição *per capita*, sendo que "a pressão efetuada sobre o meio ambiente cresce proporcionalmente mais rápido que o crescimento populacional" (Fernandes *et al.*, 2008, p. 31).

Além disso, a metodologia para o cálculo da pegada ecológica considera apenas cinco pontos: apropriação de recursos renováveis, extração de recursos não renováveis, absorção de rejeitos, destruição do solo e depleção dos recursos hídricos (Fernandes *et al.*, 2008, p. 32). Cidin e Silva (2004, p. 46) acrescentam informações ainda mais precisas sobre o instituo ao afirmar que:

> Em outras palavras, a pegada ecológica contrasta o consumo dos recursos pelas atividades humanas com a capacidade de

> suporte da natureza e mostra seus impactos no ambiente global são sustentáveis à longo prazo. Ela também possibilita que se estabeleça *benchmarkes*, sendo assim possível de estabelecer comparações entre indivíduos, cidades e nações.
>
> Em resumo, a pegada ecológica pode ser fundamentada em três princípios: sustentabilidade, equidade e *overshoot*.
>
> O primeiro deles, o da sustentabilidade, visa a satisfazer as necessidades humanas no presente e no futuro sem destruir o nosso único meio: a capacidade da natureza regenerar e absorver os resíduos.
>
> Então, para que se avance em direção à ela é preciso que a carga humana esteja em consonância com a capacidade de suporte do ecossistema. Em outras palavras, é preciso que se adeque os níveis de consumo, os estilos de vida, a utilização dos recursos e assimilação dos resíduos com as condições ecológicas, a fim de que não se consumam os produtos e os utilize, mais rapidamente do que possam ser regenerados e ou absorvidos. Segundo Holdren e Ehrlich (1971), é essencial que se estime e continuamente se reavalie os limites finitos do espaço que o homem ocupa e sua capacidade de suporte, e que se tomem os passos que assegurem as futuras gerações, e a presente humanidade, de terem os recursos necessários para uma vida satisfatória.

Como visto, a pegada ecológica traz elementos de análise do consumo de recursos naturais por meio da atividade antrópica, com a demonstração, a médio e longo prazo, acerca da capacidade de suporte da natureza. Como destacado por Cidin e Silva (2004) esse indicador (pegada ecológica) é pautado principalmente na sustentabilidade, equidade e pelo consumo excedente essencial para o desenvolvimento e, ao mesmo tempo, redutor da qualidade ambiental, denominado pelos autores como *overshoot* que, na língua portuguesa, se refere ao termo ultrapassar/exceder.

A sustentabilidade para a pegada ecológica não possui uma relação direta com a sustentabilidade minerária que se busca na presente obra, considerando que esta última está relacionada principalmente com a formalização da comunicação formal e participação popular no processo decisório. A abordagem fundamenta-se numa sustentabilidade sob o olhar participativo, ou seja, ultrapassa os aspectos ambientais, os quais, são de extrema relevância, contudo, sem ser o recorte metodológico.

Lado outro, para o indicador ambiental em comento, há nítida relação com o princípio da equidade intergeracional, o qual dita que se deve efetuar governança ambiental para que as futuras gerações possuam o mesmo direito de gozo do ambiente que a atual sociedade detém (THOMÉ, 2016).

Por seu turno, o segundo pilar da pegada ecológica possui relação intrínseca com a equidade e, nos moldes apresentados por Cidin e Silva (2004, p. 46):

> Este princípio, o da equidade, pode ser direcionado em três ângulos diferentes:
>
> equidade entre as gerações ao longo do tempo: a pegada mensura a extensão com que a humanidade usa os recursos naturais em relação à capacidade de regeneração da natureza;
>
> equidade nacional e internacional em tempos atuais, dentro e entre nações: a pegada mostra quem consome quanto;
>
> equidade entre espécies: a pegada mostra o quanto a humanidade domina a biosfera à custa de outras espécies.
>
> Chegar-se à equidade apenas por meio do crescimento econômico quantitativo, é impossível, porque a biosfera é limitada. Por sua vez, a pegada indica que já estamos excedendo esse limite e que uma extensão futura das atividades humanas liquidará o capital natural de que hoje dependemos e de que as futuras gerações dependerão amanhã.

Por fim, o *overshoot* como pilar da pegada ecológica se refere ao limite existente em relação à toda energia e matéria, ou seja, chega um momento que o desenvolvimento só se torna possível com a utilização da matriz ambiental (Cidin e Silva, 2004).

Existem outros indicadores de sustentabilidade, como os próprios Selos Verdes, os quais são frequentes no espaço mercadológico. Biazin e Godoy (2018, p. 6) apresentam o surgimento desses selos:

> Em decorrência da maior consciência ecológica dos consumidores, os atributos ambientais tornaram-se um dos diferenciadores na escolha de produtos. Em resposta, proliferam, em número cada vez maior, os rótulos ambientais (selos verdes), pois estes são o elo de comunicação entre o fabricante e o consumidor. Os rótulos ambientais são selos de comunicação que visam dar informações ao consumidor a respeito do produto. A rotulagem ambiental caracteriza-se por um processo de

seleção de matérias-primas produzidas de acordo com especificações ambientais. O selo verde identifica os produtos que causam menos impacto ao meio ambiente em relação aos seus similares. Alguns selos verdes, partem do próprio fabricante que procura demonstrar os aspectos ambientais positivos do produto, visando a conquista dos consumidores. Estas informações nem sempre são verdadeiras. Outros selos são concedidos por organismos certificadores que fiscalizam e comprovam as informações. Diversos países criaram seus próprios selos, os quais passaram a ser um diferencial competitivo. Na maioria dos casos, servindo de barreira comercial não tarifária. Dentre os países pioneiros na utilização da rotulagem ambiental de produtos, destacam-se: Alemanha –Blue Angel – criado em 1977, o programa mais antigo; Estados Unidos – Green Sẹal – 1989; Uniao Européia – European Ecolabel – 1992.

Por conta da multiplicidade das rotulagens ambientais inúmeros problemas vinculados à veracidade surgiram e, com isso, a necessidade de profissionalizar e padronizar os parâmetros, os quais foram encabeçados pela ISSO – *International Organization for Standardization* que, no Brasil, é representada pela ABNT – Associação Brasileira de Normas Técnicas. Dentro da ISSO 14000 encontram-se as normas sobre rotulagem ambiental.

Biazin e Godoy (2018, p. 12) ainda acrescentam as principais características do selo verde brasileiro:

> O Brasil, também, responde às novas exigências internacionais e visando a suprir as necessidades empresariais de superarem as novas barreiras não tarifárias inicia, em 1993, um estudo sobre os programas de Rotulagem Ambiental (selo verde) existentes no mundo, visando fornecer bases para a formulação do modelo brasileiro. O programa é coordenado pela ABNT – Associação Brasileira de Normas Técnicas e atende ao modelo proposto pela norma ISO 14024. O selo é denominado ABNT – Qualidade Ambiental e visa suprir as necessidades brasileiras na área de certificação ambiental. Foram escolhidas dez categorias de produtos prioritárias para a certificação: papel, couro e calçados, eletrodomésticos, cosméticos, aerossóis livres de CFC, baterias de automóveis, detergentes, lâmpadas, móveis de madeira e embalagens. Dentre estes, destacam-se os produtos de couro e calçados que foram escolhidos para ser a primeira categoria a ser certificada e o

> setor moveleiro (madeira) que manifestou interesse pelo selo. No Brasil, a ABNT desenvolve dois programas que envolvem a indústria moveleira: o ABNT/CERFLOR, voltado para a cerificação de florestas e o ABNT – QUALIDADE AMBIENTAL, voltado para produtos. O programa brasileiro de rotulagem encontra-se em fase final de elaboração. Por enquanto é, principalmente, em função da exportação que os produtores buscam o selo verde, porém a tendência é que mesmo em nível nacional os consumidores passem a exigir a comprovação de produtos ecologicamente corretos. Segundo pesquisa da Confederação Nacional da Indústria (CNI) e do Ibope, 68% dos consumidores brasileiros estavam dispostos a pagar mais por um produto que respeita o meio ambiente (MANFREDINE, 1999). Como os dois programas encontram-se em fase final de elaboração, a indústria moveleira não pôde, ainda, se nortear e usufruir dos mesmos. Consequentemente a nossa análise estará centrada no FSC.

Todos estes indicadores da pegada ecológica são pautados, direta ou indiretamente, na resiliência, ou seja, na capacidade de auto recomposição do meio ambiente. Por conta disso, considerando também que a resiliência é base da sustentabilidade, necessário se faz, a análise do instituto pormenorizadamente, conforme item a seguir disposto.

6.3 RESILIÊNCIA: O PROCESSO DE AUTO RECOMPOSIÇÃO

Somente com a mudança de postura perante à própria existência e convívio social, com a inserção da demanda da sustentabilidade como fator prevalente do processo decisório é que poder-se-á ampliar a vida harmônica em sociedade.

Numa outra obra de nossa autoria (2014, p. 36), destacou-se que o caráter da responsabilidade intergeracional:

> A preocupação intergeracional também passa por uma releitura desde o fim da dicotomia homem/natureza e a percepção de que a natureza não é eterna. Assim, a atividade dessa geração pode prejudicar a existência das próximas, pelo que o direito começa a defender as gerações vindouras, direito de uma pessoa que sequer existe, entretanto precisa que seja incutida hodiernamente a ideia de sustentabilidade na sociedade a fim de poder haver, para as gerações vindouras, os mesmos recursos que existem para as gerações presentes.

Para que os elementos da resiliência dentro da sustentabilidade sejam enfrentados, a análise dos pontos conceituais e eventuais modalidades existentes na ciência, com ênfase nas ciências sociais aplicadas se faz necessária.

A base conceitual da resiliência encontra amparo nas mais variadas fontes do saber, com flexão conceitual a ser adequada de acordo com o corpo de disciplina que se aplica. O conceito não é novidade para as ciências, com uma abordagem teórico-prática, com margem interpretativa e está presente desde as ciências exatas como a física e engenharias, passando pelas biológicas, intermediando as sociais e também as de cunho médico. Mas a aplicação da resiliência, assim como do Direito Ambiental, não é linear, de estrutura isolada na legislação e bases cognitivas. Ela é transdisciplinar, ou seja, permeia, conjuntamente, vários ramos do saber para que seja construída. Por fim, seu conceito ainda pode ser flexionado de acordo com o ponto de vista e embasamento do pesquisador. Não se trata de mera questão conceitual.

Na epistemologia científica, a resiliência ganha contornos provenientes das ciências exatas, especificamente da física em meados de 1807, conforme preleciona Soria (2007, p. 1):

> Para a epistemologia cientifica, a resiliência surge nas ciências exatas e se distribuem nas demais ciências: ciências da vida, ciências naturais e ciências sociais e humanas. Especificamente, a noção de resiliência surge e é utilizada há muito tempo pela Física das ciências exatas, sendo um de seus precursores o cientista inglês Thomas Young, que em 1807, considerando tensão e compressão, introduz pela primeira vez a noção de módulo de elasticidade. Young descrevia experimentos sobre tensão e compressão de barras, buscando a relação entre a força que era aplicada num corpo e a deformação que essa força produzia. Esse cientista foi também o pioneiro na análise dos estresses causados pelo impacto, tendo elaborado um método para o cálculo dessas forças, conhecido como Escala de Resiliência, que se torna um caminho de transição dessa categoria conceitual das ciências exatas para as demais áreas de ciências.

O primeiro momento em que o termo resiliência foi utilizado dentro das ciências sociais foi com a obra *Resilience and stability of ecological systems* de Holling (1973, p. 12), o qual apresenta uma visão do termo como "a persistência de relações num sistema; uma medida da capacidade dos sistemas em absorver alterações das suas variáveis de estado, das suas variáveis determinantes e dos seus parâmetros, continuando a perdurar no tempo".

Passados mais de quarenta anos, realizou-se a Conferência Resiliência 2014, em Montpellier na França, quando se reuniram diversos interessados, cientistas, profissionais e representantes o mundo todo, os quais demonstram o sentido conceitual da resiliência nos dias de hoje. Os maiores desafios da humanidade, como alimentar uma população em crescente desigualdade, alterações climáticas, pandemias, dentre outros, destacam o sentido prático dado ao termo[15].

6.3.1 Espécies de resiliência

Apesar da exploração do conceito de resiliência ter evoluído no decurso das décadas, nas ciências sociais aplicadas, ela possui um viés interpretativo com escopo nas igualdades e desequilíbrios (sociais e econômicos), ou seja, não se trata apenas da reconstrução do indivíduo numa órbita pré-determinada. Entende-se a resiliência como um índice jurídico (de obediência legal) e social (de realocação numa determinada comunidade abalada por algum fator, seja ele econômico, social, ambiental). Na presente pesquisa, aborda-se o fator ambiental como eixo de interpretação da resiliência e realocação do ser humano num mercado de trabalho plenamente após o encerramento das atividades de empreendimento que cause total dependência social, mesmo que regionalizado.

Para melhor compreensão, apresenta-se uma variação conceitual de resiliência proposta por Soria *et al.* (2017, p. 3-5). Os referidos autores entendem a divisão em: resiliência do indivíduo; resiliência salutogênese; resiliência sistêmica social-ecologia; resiliência comunitária; e, resiliência e pedagogia da presença.

A resiliência do indivíduo tem relação direta entre o agente (pessoa) com a estrutura (dimensões física, mental e social) e o modo de interação entre eles, atingindo o gerenciamento de vida:

[15] Disponível em: http://www.resilience2014.org/aims-and-vision. Acesso em: 27 fev. 2020.

> Em ciências sociais e humanas, inicialmente na Psicologia, o indivíduo pode ser considerado um agente (a criança, o adolescente, o adulto e o idoso), cuja existência insere-se numa estrutura (a realidade viva do agente, de dimensões física, mental, social e religiosa, entre outras). Para o agente, a percepção da estrutura é real – em outras palavras, se queremos entender a percepção que o agente tem da realidade e das ações realizadas dentro dela, precisamos entender como o agente percebe a realidade. Isso significa que as teorias combinadas sobre o desenvolvimento e comportamento dos agentes são de fundamental importância. Basicamente, a questão que se coloca diz respeito à interação e à relação dinâmica entre o agente e a estrutura – ou seja, o estudo dos modos pelos qual o agente interage com a estrutura e como a estrutura responde às atividades do agente. Esses mecanismos formam o núcleo de um estudo quando estamos tentando definir fatores que levam ao gerenciamento da vida e à resiliência. (SORIA *et al.*, 2007, p. 3).

Já a resiliência autogênese, recursos gerais de resistências e senso de coerência, ainda na visão de Soria *et al* (2017) abrange a interdisciplinaridade entre Sociologia e Psicologia, com a criação dos conceitos de recursos gerais de resistência e senso de coerência. Os primeiros são de caráter interno e externo (variando desde concepções materiais até psicológicas), o possibilita o senso de compreensão. Já o senso de coerência relaciona-se com status de saúde e bem estar. Ambos devem ser aplicados conjuntamente.

Por seu turno, a Resiliência Sistêmica Social-Ecologia tem destinação a comunidades rurais com alta dependência de recursos naturais, tendo como limites sistemas sociais como à identidade cultural e a diversidade, a igualdade de distribuição de renda, e os conflitos sociais.

A resiliência comunitária está fundamentada na resiliência científica inicial modificando o objeto de estudo, postura do pesquisador e critérios de avaliação do fenômeno para a comunidade. Para melhor compreensão, destaca-se os pilares apresentados nessa categoria por Soria *et al* (2017, p. 5):

> São identificados pilares para a resiliência comunitária: a) auto-estima coletiva, o sentimento de orgulho pelo local de vivencia, essa satisfação implicar em reconhecer que cada um faz parte desta sociedade; b) identidade cultural é um

processo interativo que se obtém durante o desenvolvimento e implicam na incorporação de costumes, valores, expressões idiomáticas, danças, canções etc.; c) humor social é a capacidade de expressar em palavras, gestos ou atitudes corporais os elementos cômicos, obtendo um efeito tranqüilizador e prazeroso; d) honestidade coletiva ou estatal, esse aspecto remete ao manejo decente e transparente das ações coletivas da administração, com a existência da consciência de honestidade.

Ao contrario dos pilares da resiliência, são identificados condições características que reduzem a resiliência comunitária ou inibem a capacidade solidária de reação diante da adversidade social. Segundo Ojeda (*apud* MILILLO; OJEDA, 2005), podemos destacar: a) malinchismo, oposição da identidade cultural e auto-estima social; b)fatalismo, atitude passivo diante do efeito natural ou intervenção política; c) autoritarismo, inibição de capacidade de lideranças alternativas e espontâneas; d) corrupção, interesse externo e interno influenciado o prevalecendo da ordem social.

Portanto, a resiliência comunitária combina fatores para potencializar a vertente social de transformação, o que possibilitaria criar estimativas da própria resiliência na sociedade, com prognósticos, eventuais intervenções com o objetivo de fortalecimento global.

Visto a atual aplicação conceitual de resiliência, constata-se a preocupação com a humanidade, aspecto social no desenvolvimento global. Mas sob o olhar da mineração sustentável pautada na participação popular, questiona-se quais as consequências jurídicas nos casos de Bento Rodrigues e Brumadinho partindo do pressuposto dos Compromissos de Ajustamento de Conduta realizados.

6.4 QUAIS AS CONSEQUÊNCIAS JURÍDICAS PARA AS BARRAGENS LOCALIZADAS EM MINAS GERAIS?

Quando se analisa os dois acidentes – Bento Rodrigues/MG e Brumadinho/MG – verifica-se que a atenção dada à eles foi diferenciada, provavelmente porque no primeiro caso, com poucas vítimas humanas, tratou-se o evento como um dano ambiental com alto impacto negativo. Contudo, ao se observar o último caso, conclui-se pelo maior empenho das autoridades em trazer os elementos de informação e participação social. Logo, considerando a discrepância em relação aos dados oficiais dos casos em análise, tecer-se-á ponderações baseadas nos dados.

No caso Bento Rodrigues/MG, após rompimento da barragem do Fundão, houve a celebração de Termo de Ajustamento de Conduta, denominado TAC Governança, entre a Samarco, BHP Billiton, Vale, Ministério Público de Minas Gerais, Ministério Público do Espírito Santo, Ministério Público Federal, Defensoria Pública de Minas Gerais, Defensoria Pública do Espírito Santo e Defensoria Pública da União. Deste compromisso de ajustamento, surgiu a Fundação Renova, mantida pelas empresas que efetuavam a gestão de prospecção minerária, e o estabelecimento de um sistema robusto de governança que caminha no sentido da reparação dos danos causados, com a participação de mais de setenta entidades. No próprio endereço eletrônico da Fundação Renova (2018) há o esquema ilustrado abaixo por meio de setorização:

Figura 7 – Fórum de observadores.

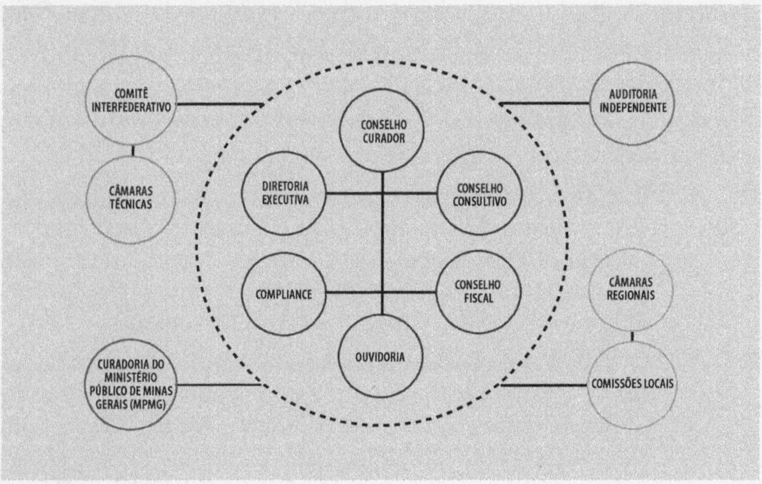

Fonte: RENOVA, 2018.

O TAC Governança, conforme destacado acima ainda criou um comitê multidisciplinar, com a reunião de vários representantes da administração pública e liderado pelo IBAMA, justamente pelo fato desta instituição ser responsável pela execução da política ambiental, nos termos da Lei 6938/81. A própria Fundação Renova (2018, s/p) apresenta o papel de cada órgão estruturado no organograma anterior:

> Nas instâncias internas, o Conselho Curador — composto por representantes indicados pelo CIF e pelas empresas Vale, BHP e Samarco — tem a competência de aprovar os planos, programas e projetos propostos pela Diretoria Executiva da Fundação Renova.
>
> O Conselho Consultivo — integrado por representantes das comunidades atingidas, comitês de bacias, Ibama e instituições acadêmicas — representa a sociedade dentro da Fundação Renova. Seu papel é opinar sobre planos, programas e projetos, além de indicar propostas de solução para os danos causados pelo rompimento da barragem.
>
> A governança interna também conta com o Conselho Fiscal, responsável pelas atividades de fiscalização da gestão e apreciação das contas, verificação da conformidade das ações executadas em termos contábil e financeiro.

Interessante posicionamento da sociedade no caso de Bento Rodrigues/MG que, após a realização de um segundo Compromisso de Ajustamento de Conduta entre Ministério Público de Minas Gerais e empresas responsáveis pela mineração incorporou a participação popular por meio de câmaras regionais e comissões locais, as quais estão sendo formuladas com auxílio de assessorias técnicas, conforme previsto no próprio site da Fundação Renova (2018, s/p):

> Em junho de 2018, foi assinado um novo compromisso, o TAC (Termo de Ajustamento de Conduta) Governança, que incorpora a participação dos atingidos em todas as instâncias dos processos de tomada de decisão da reparação, aprimorando o modelo de construção coletiva de soluções.
>
> O TAC Governança estabelece a criação de câmaras regionais e comissões locais, que estão sendo organizadas com o apoio de assessorias técnicas independentes e representarão as comunidades atingidas. Representantes dessas câmaras e comissões integrarão o Comitê Interfederativo, o Conselho Curador e o Conselho Consultivo da Fundação Renova.
>
> Desde o início, as atividades da Fundação Renova são acompanhadas pelo Ministério Público de Fundações de Minas Gerais, que assegura o cumprimento dos objetivos e o funcionamento desse modelo de reparação de desastres, até então inédito no Brasil.
>
> É necessário que a sociedade também exerça um papel fundamental nas diretrizes e monitoramento das ações da organização.

> Por isso, como parte do TAC Governança, será formado o Fórum de Observadores, órgão externo à Fundação Renova, composto por representantes da sociedade civil, da academia, das pessoas, dos povos e das comunidades tradicionais atingidas. Terá como objetivo acompanhar o que está sendo feito na recuperação dos locais impactados pelo rompimento. Também subsidiará o Ministério Público de Fundações.
>
> Todas as ações de reparação são verificadas por uma auditoria externa independente, que garante transparência no acompanhamento e fiscalização dos investimentos realizados e dos resultados alcançados.
>
> É uma governança complexa, com cerca de 400 pessoas participando de um processo colegiado, com controle compartilhado entre os vários atores. Externamente, também foi constituído um painel com a União Internacional para a Conservação da Natureza e Recursos Naturais (UICN) para acompanhar a evolução dos componentes científicos do processo como um todo.

Toda a estrutura organizacional, como se viu, é devidamente fiscalizada e, apesar da menção sobre a participação das comunidades atingidas em todo processo decisório, não há representatividade no momento da celebração do Compromisso de Ajustamento de Conduta, momento crucial de reflexão e instituição de condicionantes. Acrescenta-se a informação que Bento Rodrigues/MG e Brumadinho/MG foram tragédias de grande porte e, por força da transparência e velocidade de notícias, empreenderam-se esforços no sentido de ouvir a população.

O objeto central da presente obra é justamente analisar uma mineração sustentável com um olhar para a aproximação da sociedade aos processos decisórios em acidentes minerários de grande porte. A escolha do porte do acidente se dá justamente pelo fato que, em grandes acidentes (aqueles que ultrapassam as intercorrências do empreendimento) deve ter o respaldo social. Isto porque são os diretamente atingidos.

Nos casos apresentados, apesar do esforço de diversas instituições da justiça, verificou-se que, no momento da celebração do Compromisso de Ajustamento de Conduta não foram relacionadas ou representadas. A atitude de criar Fundação e Assessorias Técnicas Independentes é louvável do ponto de vista de canalizar as peculiaridades. Contudo, como se viu, o trabalho é longo e demandará diversos meses para a fase inicial de prospecção de dados.

A comunicação entre os sujeitos, para Habermas (1989) pode ser medida pela fala e aborda o mundo objetivo (coisas), o mundo social (normas e instituições) e o mundo subjetivo (experiências e sentimentos). Logo, a interatividade da sociedade é uma interação comunicativa. Portanto, extremamente relevante para o raciocínio da participação popular incluída no processo decisório.

Por fim, ainda sobre o caso de Bento Rodrigues/MG, sob a ótica de solução das lides, a Fundação Renova (2018, s/p) apresentou relatório acerca do andamento do reassentamento das famílias:

> Desde o rompimento, ações emergenciais foram executadas, como auxílio financeiro, moradias temporárias para as 255 famílias atingidas que, atualmente, residem em Mariana e região, e atendimentos nas áreas de saúde e psicossocial. As graves consequências da ruptura da barragem têm desdobrado trabalhos com foco no reassentamento da comunidade sob a perspectiva coletiva, na qual toda a população residente no local de origem terá a opção de se mudar para um novo espaço em comum, sendo resgatadas, na medida do possível, características equivalentes às de onde saíram. A necessidade de construção do povoado e do reestabelecimento de suas condições e modos de vida reforça a centralidade dos reassentamentos para a Fundação Renova.

Por seu turno, em relação à tragédia ocorrida com o rompimento da barragem da Mina do Feijão, em Brumadinho/MG, o Ministério Público de Minas Gerais está atuando proativamente no que se refere às medidas emergenciais de reparação dos danos.

Os procedimentos já iniciados, conforme o próprio site do MPMG (2019) são: 1) Inquérito Civil 0090.19.000014-2 com o escopo de efetuar levantamentos em relação aos danos ambientais verificados em decorrência do rompimento das barragens na Mina Córrego do Feijão, inclusive, para tutelar a vida animal, visando a colheita das provas necessárias à adoção de providências para reparação dos danos; 2) Procedimento Investigatório Criminal 0090.19.000013-4 que buscar apurar a responsabilidade pelo rompimento da barragem córrego do Feijão, em Brumadinho/MG. 3) Inquérito Civil 0090.19.000012-6 que possui escopo de levantar dados de vítimas e salvaguarda de direitos; 4) Inquérito Civil 0090.19.000011-8 para apurar os fatos que resultaram no rompimento da barragem em questão, além de identificar os responsáveis pelo fato e as providências cabíveis para proteção de recursos naturais, além da responsabilização do administrador do empreendimento; 5) Inquérito Civil 0024.19.001433-2 para investigar, no âmbito dos direitos humanos, as repercussões inerentes ao rompimento da barragem localizada em Brumadinho/MG. 6) Ação 0001827-69.2019.8.13.0090 para garantir o abrigo das famílias removidas de seus respectivos imóveis pela Defesa Civil e bloqueio de cinco bilhões de reais da mineradora; 7) Ação 0001835-46.2019.8.13.0090 para bloquear cinco bilhões de reais da mineradora Vale S/A e garantir a adoção de medidas, em caráter emergencial, e reparação de danos ambientais; 8) Ação 5013909-51.2019.8.13.0024 para adoção de medidas preventivas em barragens em zona de risco ou atenção; 9) Ação 5000053-16.2019.8.13.0090 para reparação de danos socioeconômicos ocasionados em decorrência do rompimento da barragem.

Diante da alta complexidade e dimensão da catástrofe de Brumadinho/MG, o Ministério Público de Minas Gerais, Ministério Público Federal, Defensoria Pública de Minas Gerais e Defensoria Pública da União, reuniram esforços para a constituição e busca de Assessoria Técnica Independente, para que sejam a ponte com a sociedade atingida pela tragédia. O órgão ministerial mineiro (MPMG, 2019) criou plataforma online para compartilhamento de documentos (judiciais e administrativos) inerentes ao caso em comento:

> A fim de possibilitar participação e informação qualificada das vítimas nas ações de reparação integral dos danos e reduzir o desequilíbrio entre as partes, o MPMG e as demais Instituições de Justiça atuaram para a garantia do direito à Assessoria Técnica Independente (ATI), vinculada tão somente aos interesses das comunidades atingidas.
>
> Objetivando um tratamento técnico adequado, considerando as especificidades de cada comunidade atingida, e, inclusive, evitando-se o retrabalho e eternização do conflito, as ATIs, após entrada nos territórios, produzirão dados/estudos/perícias com o fim de promover participação efetiva e garantia da centralidade dos atingidos na concepção, formulação, execução, acompanhamento e avaliação dos planos, programas, projetos e ações relacionados à reparação integral.
>
> Frisa-se que o Termo de Chamamento Público para escolha das ATIs foi elaborado em decorrência do reconhecimento do direito à assessoria técnica independente às pessoas atingidas,

em audiência judicial realizada no dia 20/02/2019, com a presença das Instituições de Justiça, o Estado de Minas Gerais e a Vale S/A ("Vale"), no âmbito do processo n. 5010709-36.2019.8.13.0024, movido pelo Estado de Minas Gerais em face da Vale, em razão do Rompimento.

Válido destacar que as ATI – Assessoria Técnica Independente teve seu surgimento marcado pela necessidade de amparar os atingidos pelo rompimento da barragem de Brumadinho/MG de exploração da Vale S/A, no âmbito do processo 5010709-36.2019.8.13.0024, em que o estado de Minas Gerais move em face da mineradora.

Durante a audiência judicial do processo retro mencionado, no dia quatro de abril do ano de dois mil e dezenove, acordaram as partes que as IJ – Instituições de Justiça (Ministério Público de Minas Gerais, Ministério Público Federal, Defensoria Pública de Minas Gerais e Defensoria Pública da União) seriam responsáveis por acompanhar o processo de escolha das entidades que representariam a sociedade. Tudo foi feito, conforme Edital de Chamamento Público, que, nos moldes do item 1.4 prega os objetivos específicos da assessoria técnica (MPMG, 2019):

> 1.4 A assessoria técnica visa, de forma multidisciplinar, garantir o direito à informação, inclusive técnica, às pessoas atingidas, em linguagem adequada às características socioculturais e locais, bem como possibilitar a participação informada nos processos de reparação integral dos danos decorrentes do rompimento, tendo como escopo básico:
>
> a) identificação e caracterização de indivíduos ou grupos populacionais que tiveram sua renda, meios de subsistência, e/ou modo de vida comprometidos, ou que tenham sofrido ou venham a sofrer qualquer tipo de dano por fatos decorrentes do rompimento;
>
> b) Viabilização de assessoria técnica multidisciplinar capaz de atender adequadamente às comunidades atingidas de acordo com a extensão, intensidade e especificidades dos danos sofridos pelas mesmas e observadas as situações de vulnerabilidade social;
>
> c) Apoio técnico e organizacional às comunidades atingidas visando sua participação informada na concepção, formulação, execução, acompanhamento e avaliação de eventuais planos, programas, projetos e ações relacionados à reparação integral dos danos decorrentes do rompimento.

Levando-se em conta a dimensão geográfica do acidente analisado, foi necessário dividir, por regiões, a área impactada e a respectiva entidade representadora: Região 1: Brumadinho; Região 2: Mário Campos, São Joaquim de Bicas, Betim, Igarapé e Juatuba; Região 3: Esmeraldas, Florestal, Pará de Minas, Fortuna de Minas, São José da Varginha, Pequi, Maravilhas, Papagaios e Paraopeba; Região 4: Pompéu e Curvelo; Região 5: demais municípios banhados pelo Lago da UHE de Três Marias (São Gonçalo do Abaeté, Felixlândia, Morada Nova de Minas, Biquinhas, Paineiras, Martinho Campos, Abaeté e Três Marias).

Todo o processo de mobilização para a escolha das Assessorias Técnicas Independentes envolveu a população de vinte e seis municípios, de todas as regiões acima delimitadas, com a realização aproximada de 200 (duzentas) reuniões e formação de 94 (noventa e quatro) Comissões de Atingidos (MPMG, 2019).

Durante o período compreendido entre maio e agosto do ano de dois mil e dezenove, várias entidades sem fins lucrativos se credenciaram para participar desse processo de escolha, efetuaram apresentação formal à comunidade por meio de reuniões e, por meio de assembleia geral, foram eleitas, por região, respectivamente: AEDAS – Associação Estadual de Defesa Ambiental e Social para as regiões 1 e 2; NACAB – Núcleo de Assessoria às Comunidades Atingidas por Barragens para a região 3 e, por fim, Instituto Guaicuy para amparar as regiões 4 e 5 (MPMG, 2019).

Ainda sobre as ATIs – Assessorias Técnicas Independentes, válido destacar que o Termo de Referência do Edital 2019/04/08 apresenta no item 1.2 os requisitos que as instituições deveriam possuir para habilitação:

> As entidades interessadas em prestar assessoria técnica independente deverão preencher os seguintes requisitos:
>
> a) Possuir, no mínimo, 3 (três) anos de existência;
>
> b) Experiência técnica comprovada na atuação com pessoas atingidas por desastres ou grandes obras ou empreendimentos;
>
> c) Experiência técnica comprovada de atuação na perspectiva de direitos humanos, mobilização social e/ou metodologias participativas;
>
> d) Independência técnica, financeira e institucional em relação à Vale, não podendo ter com ela contratado, no Brasil ou no exterior, conjunta ou individualmente;

e) Não possuir fins lucrativos;

f) Não ter participado de qualquer prática ou realizado qualquer ato contrário à Lei Anticorrupção Brasileira (Lei nº 12.846/2013), bem como todas as outras leis e normas com finalidade e efeito semelhantes e ainda não estar respondendo a processos criminais ou investigações em inquéritos civis públicos relacionados à improbidade administrativa;

g) Possuir mecanismos de transparência e controle interno e social ou apresentar declaração de que, caso venha a ser credenciada, para a celebração do futuro contrato de prestação de serviços de assessoria técnica, terá implantado ou aperfeiçoado tais mecanismos;

Uma vez preenchidos todos os requisitos, as instituições interessadas efetuavam pré cadastro e, uma vez credenciadas, foram colocadas pelo crivo de votação para escolha da representatividade de todas as regiões. O mesmo termo de referência (MPMG, 2019) determina o delineamento básico do plano de trabalho, ou seja, o prospecto de atuação:

> O Plano de Trabalho deve estar de acordo com o escopo básico, contendo minimamente:
>
> a) identificação da entidade e de seu(s) coordenador(es);
>
> b) justificativa, descrevendo as razões que levaram à elaboração do Plano de Trabalho;
>
> c) objetivo geral, indicando o resultado final que o projeto visa atingir ou alcançar a longoprazo;
>
> d) objetivos específicos ou metas, que correspondem às ações e medidas que devem serexecutadas dentro de determinado período de tempo;
>
> e) metodologia, na qual se deve indicar como se pretende atingir os objetivos com foco naefetiva participação e envolvimento das comunidades;
>
> f) cronograma, contendo informação dos prazos em que as atividades serão desenvolvidas;
>
> g) orçamento, com planilha de custos detalhada;
>
> h) instrumento de monitoramento e avaliação pelas pessoas atingidas;
>
> i) plano de composição da equipe técnica multidisciplinar que atuará de maneira permanente na região, identificando as exigências de formação e qualificação para os trabalhos a serem executados;

j) previsão de eventuais serviços técnicos especializados;

k) prazos previstos de execução, com cronograma físico-financeiro e com estimativa de parcelas para desembolso;

l) dados de conta bancária de titularidade da entidade, aberta e utilizada exclusivamente com a finalidade de receber e gerir recursos provenientes do projeto de assessoria técnica;

m) elementos que demonstrem o caráter participativo do processo de elaboração do Plano de Trabalho;

n) Prever a realização de auditorias contábil-financeira e finalística, que deverá ser exercida por entidade: (I) externa e independente em relação à entidade escolhida e à Vale; (II) legalmente habilitada no Conselho Regional de Contabilidade para exercício de auditoria externa; (III) ter atuado como auditora externa por pelo menos 05 (cinco) anos; (IV) atuar conforme os regramentos próprios das ciências contábeis.

Importante destacar que as ATI – Assessorias Técnicas Independentes possuem rigoroso sistema de contratação, o qual sempre deverá ser feito com processo seletivo. Como ilustração, a AEDAS – Associação Estadual de Defesa Ambiental e Social, no Termo de Referência 01/2020 (MPMG, 2019) para Região 2, destaca como justificativa de contratação de equipe multidisciplinar:

> Dessa forma, mesmo quase um ano e meio após o desastre, as necessidades imediatas – ou seja, o "acúmulo de emergências" não resolvidas em tempo devido, juntamente com o progressivo quadro de morbidades de médio e longo prazo relacionados ao desastre, que configuram a situação atual de saúde da população atingida – são reconhecidas e relatadas, nas preocupações das comunidades com sua saúde, como Necessidades Emergenciais (ainda que emergência em saúde seja caracterizada como "uma situação que demande o emprego urgente de medidas de prevenção, de controle e de contenção de riscos, de danos e de agravos à saúde pública em situações [...] de desastres...")
>
> Assim, o levantamento, tratamento e diagnóstico de informações e dados precisos e confiáveis sobre as Necessidades Emergenciais (no sentido descrito anteriormente, guiado, validado e mantido pela percepção popular) dos atingidos e atingidas pelo desastre promovido pela Vale S.A. na Região 2 é fundamental para o embasamento da própria população no processo de construção e definição das propostas de atenção

e reparação integral que de fato venham a satisfazer suas necessidades de saúde.

O referido documento é datado de julho do ano de 2020 e prevê, conforme item 9.1, a equipe multidisciplinar terá o prazo de 06 (seis) meses para apresentação de relatório final acerca das condições socioeconômicas e ambientais do caso específico da região 2.

O trâmite simplificado das ATI – Assessorias Técnicas Independentes é possível considerando o bloqueio judicial de valores da empresa Vale S/A e, por meio de espécie de restituição/reembolso, retira-se dessa verba bloqueada e paga-se a equipe multidisciplinar.

Por mais que essas assessorias tenham papel fundamental de diagnóstico e aproximação social, verifica-se que o objeto de estudo continua lacunoso, ou seja, a população atingida por acidentes minerários de grande porte ainda não foi integrada no processo decisório direto.

A estratégia de institucionalizar e terceirizar o mapeamento de danos é uma escolha acertada, caso contrário, o litígio poderia beirar o infinito. Suponha-se as inúmeras ações individuais e coletivas, com os mais variados pedidos, nas mais diversificadas searas (cível, administrativa, ambiental, criminal), com o sistema recursal brasileiro. Certo que o litígio prolongaria por décadas e afastaria, dessa forma, o senso e o acesso à justiça, considerando a falha estatal na prestação da atividade jurisdicional.

Mas a iniciativa não pode ser isenta de críticas, isto porque, o fundo financeiro que quita as assessorias técnicas independentes é proveniente da verba bloqueada judicialmente da Vale S/A. Dessa forma, a empresa estaria, indiretamente, pagando por uma atividade desenvolvida por equipe multidisciplinar escolhida por aclamação e as instituições da justiça (representatividade do Estado) seriam apenas a chancela moral e de constatação de cumprimento de condicionantes?

O autor entende que da maneira aplicada há o afastamento da sociedade do processo decisório levando-se em consideração que, muitas vezes, as comunidades ribeirinhas atingidas, não possuem um elevado grau de instrução sobre os próprios direitos e creem nas instituições que compõem o judiciário a figura de representatividade. Uma vez que, afasta-se a comunidade da formulação do Compromisso de Ajustamento de Conduta, deixa-se de ouvir os verdadeiros anseios sociais, que poderiam ser um dos pilares do referido acordo.

É sabido que em grandes tragédias ambientais o número de vítimas pode ser altíssimo, mas burocratizar o sistema de participação popular não é medida de governança ambiental. Na ótica atual, as pessoas serão ouvidas por equipes multidisciplinares, as quais levarão às instituições de justiça os anseios para, após, serem ou não elencados como prioritários da judicialização de demandas. Nítida figura de democracia representativa. Lembrando-se que as ATIs foram escolhidas dentre aquelas que apresentaram projeto dentro dos requisitos já apresentados no presente capítulo. Esperar que as assessorias formulem estudo (de seis meses, inicialmente), para filtragem e suposta participação popular e envio ao judiciário pode gerar uma burocracia e total enfraquecimento do instituto. Exemplo disso, foi a própria Vale S/A que já acionou o Judiciário e, conforme Movimento de Atingidos por Barragens (2020, s/p), e a empresa solicitou a redução de orçamento e prazo de atuação das referidas assessorias.

Caminhando no mesmo sentido, após análise do desenvolvimento e da sustentabilidade, passar-se-á, por fim, ao cenário da mineração sustentável pautada na participação popular com apresentação dos dados processuais vinculados à reparação do meio ambiente nos casos de Bento Rodrigues/MG e Brumadinho/MG.

6.5 REFLEXÕES FINAIS SOBRE A PARTICIPAÇÃO POPULAR NUMA ÓTICA SUSTENTÁVEL

Mesmo não sendo o centro de estudo deste livro, é válido destacar que o sistema de barragens, como um todo, ainda é frágil no Brasil, especificamente em Minas Gerais. Por conta disso, antes de tecer reflexões sobre a inclusão da participação popular como vetor de uma mineração sustentável, apresenta-se as inúmeras barragens com procedimentos administrativos e/ou judicialiformes propostos pelo Ministério Público de Minas Gerais.

Não se busca uma inflamação dos ânimos sociais, mas sim a elucidação que o problema ocorrido em Bento Rodrigues/MG e Brumadinho/MG podem não ser os únicos e que futuras intercorrências e acidentes na mineração ainda podem ocorrer. Por conta disso, válido mencionar que o Ministério Público de Minas Gerais (2019, s/p) tomou inúmeras providências, dentre elas: a) Barragem VI em Brumadinho foi ajuizada Ação Civil Pública 5000056-68.2019.8.13.0090 com o objetivo de criar obrigação de fazer em face da Vale S/A em relação a medidas de estabilidade da referida barragem; b) Barragens Capitão do Mato (Nova Lima), Laranjeiras (Barão de Cocais), Menezes II (Brumadinho), Taquaras (Nova Lima), Dique B (Nova Lima) e Forquilhas I, II e III, (Ouro Preto), todas da Vale S/A, foram questionadas na Ação Civil Pública 5013909-51.2019.8.13.0024, cobrando da mineradora a adoção de medidas de segurança e de estabilidade das barragens; c) Barragens de Forquilhas I, II e III (Itabirito/MG), por meio da Ação Civil Pública 0004741-98.2019.8.13.0319 para avaliar a possibilidade de rompimento e consequente inundação do município; d) Barragens Vargem Grande (Nova Lima), Sul Superior (Barão de Cocais), B3/B4 da Mina Mar Azul (Nova Lima), foi ajuizada Ação Civil Pública 5013909-51.2019.8.13.0024 para análise da estabilidade das contenções. Ainda em relação às barragens B3/B4, situadas em Nova Lima, foi proposta a ACP 5000905-37.2019.8.13.0188 que trata de aspectos sobre a estabilidade das estruturas, além de medidas de proteção ao patrimônio cultural e à fauna. Já a ACP 5000901-97.2019.8.13.0188 aborda questões reativas aos direitos humanos. Acrescenta-se que o Ministério Público de Minas Gerais também propôs a ACP 5001130-57.2019.8.13.0188 para suspender as operações na barragem Vargem Grande até que a estabilidade da estrutura seja comprovada; e) Barragem Sul Inferior (Barão de Cocais), há a ACP 5000121-74.2019.8.13.0054, com o fim de assegurar a estabilidade das barragens Dique 2, Dique A, Dique B, Dique C, Dique do Patrimônio, Dique dos Ingleses, Dique Fazendinha, Sul Inferior, Norte/Laranjeiras; f) Barragem do Doutor (Ouro Preto), ACP 5000435-60.2019.8.13.0461; f) Complexo do Pontal (Itabira) – ACP 5000406-54.2019.8.13.0317; g) Barragem Três Fontes (Itabira), a ACP 5000548-58.2019.8.13.0317 (SIGILO); h) Barragem B2-Auxiliar (Rio Acima), a qual faz parte do Complexo Fernandinho, que abrange também as barragens B2, Ecológica I e Ecológica II, sendo objeto de ação civil pública de número 0026398-38.2018.8.13.0188; i) Barragem Campo Grande (Mariana), ACP 5000616-50.2019.8.13.0400. j) Barragem Mãe D'água (Nova Era) – ACP 5000234-13.2019.8.13.0447.

Nem todas as barragens objeto de ações acima relacionadas são de titularidade da Vale S/A. Não se discute a responsabilidade civil e sim tais dados reforçam a fragilidade do sistema de barragens no Brasil. Caso não houvesse nenhum acidente minerário, provavelmente a gestão de rejeitos no Brasil continuaria sempre a mesma.

Além de todos esses procedimentos já em trâmite no Judiciário, válido mencionar que existem barragens não catalogados pela Agência Nacional de Mineração. Diante disso, o Ministério Público de Minas Gerais ajuizou inúmeras Ações Civis Públicas naqueles empreendimentos ainda não catalogados e passíveis de averiguação de potencialidade lesiva (MPMG, 2019, s/p): a) Itabira - Barragem Santana ACP 5000402-17.2019.8.13.0317. (SIGILO); b) Itabira - Complexo Conceição ACP 5000549-43.2019.8.13.0317 (SIGILO); c) Itabira - Complexo Mina do Meio ACP 5000548-58.2019.8.13.0317 (SIGILO); d) Nova Lima - Dique III (Mina Abóboras) ACP 5000915-81.2019.8.13.0188; e) Nova Lima (Rio Acima) - Barragem B2, Ecológica I, Ecológica II (Complexo Fernandinho) 0026398-38.2018.8.13.0188; f) Ouro Preto - Barragem de Timbopeba e Barragem de Natividade (Complexo Timbopeba) ACP 5000435-60.2019.8.13.0461; g) Rio Piracicaba - Barragem da Porteirinha, Barragem Diogo, Barragem Monjolo, Barragem Elefante ACP 5000092-67.2019.8.13.0557; h) Sabará - Barragem Galego e dique da Pilha 1 ACP 5000833-77.2019.8.13.0567; i) Santa Bárbara (São Gonçalo do Rio Abaixo) - Barragem Sul, Dique de contenção vinculado à Pilha de Disposição de Estéril PDE 3 (Barragem Sabiá), B3 ACP 5000153-77.2019.8.13.0572; j) Santa Bárbara - Barragem Principal, Captação, Pocilga, Athayde (Mina Capanema) ACP 000149-40.2019.8.13.0572; e, por fim, k) Santa Bárbara - Diques de contenção de Cobras, Paracatu, Lavra Azul e barragens Dicão Leste e do Mosquito ACP 5000150-25.2019.8.13.0572.

Com a realidade acima mencionada, difícil tarefa a de estabelecer critérios para uma mineração sustentável quando a realidade brasileira caminha para o caos. Mesmo assim, é possível tecer algumas reflexões que poderão trazer um novo pensar sobre o instituto do compromisso de ajustamento de conduta.

Inicialmente, são pessoas, vidas, histórias que estão envolvidas. Quando da ocorrência de acidentes minerários de grande porte, apesar do comando constitucional de ser o meio ambiente um bem de uso comum, constatar-se-á que os atingidos diretamente são as pessoas que mais precisam de aproximação com a instituição a fim de reconstrução das próprias vidas.

Como se viu no decurso da presente obra, a grande maioria dos compromissos de ajustamento de conduta ocorrem entre Ministério

Público e empreendedor, sem participação popular direta. Como medir as necessidades sociais sem a participação dela?

Nos casos de Bento Rodrigues/MG e Brumadinho/MG, por conta da dimensão da degradação e, principalmente, pelo aporte e expansividade midiática do caso, a sociedade diretamente atingida teve uma maior ênfase. Contudo, como apresentado no presente capítulo, a instituição de uma grande rede envolvendo assessorias técnicas poderá prolongar e burocratizar a comunidade atingida. O autor da presente pesquisa entende que é complexa a organização e formalização desse diálogo sociedade-instituições da justiça, mas o que se vê na prática é o afastamento por conta das assessorias técnicas, as quais não pertencem ao judiciário e formaliza ainda mais o sistema brasileiro de solução de controvérsias. É preciso na conjectura atual levar as demandas para as assessorias (que sequer estão em pleno funcionamento), para que, por uma filtragem, seja feito o diálogo com as instituições da justiça (Defensorias Públicas e Ministérios Públicos), caracterizando, sem sombra de dúvidas, uma faceta de democracia indireta, se é que é possível redesenhar essa representatividade por pessoas jurídicas.

Nos últimos anos busca-se instrumentos de participação popular com o objetivo de dar legitimidade para as decisões da administração pública, aqui vista numa vertente macro. Scalabrin (2013, p. 161) afirma que:

> Não é de hoje que se cobra um novo perfil para a Administração Pública em Terra Brasilis. De há muito que a doutrina busca trazer novos elementos que possibilitem uma ampliação no acesso das decisões tomadas pelo ente público. Todas as mudanças acima apontadas evidenciam, entretanto, que é chegado o momento de assumir esse compromisso social e colocar em prática determinados modos de agir.

Num acidente minerário de grande porte é possível identificar dois cenários de participação popular plenamente diferentes: antes e depois das tragédias. Como alinhar o comportamento social diante da visualização desse cenário visto como um todo?

Primeiramente, o artigo 225 da Constituição da República Federativa do Brasil traz a base sólida de proteção do meio ambiente, obrigação dúplice: tanto o Estado, quanto a sociedade possui o dever de conservação, considerando ser um bem de uso comum. Apesar de extenso, imprescindível a menção completa do dispositivo:

Art. 225. Todos têm direito ao meio ambiente ecologicamente equilibrado, bem de uso comum do povo e essencial à sadia qualidade de vida, impondo-se ao Poder Público e à coletividade o dever de defendê-lo e preservá-lo para as presentes e futuras gerações.

§ 1º Para assegurar a efetividade desse direito, incumbe ao Poder Público:

I – Preservar e restaurar os processos ecológicos essenciais e prover o manejo ecológico das espécies e ecossistemas;

II – Preservar a diversidade e a integridade do patrimônio genético do País e fiscalizar as entidades dedicadas à pesquisa e manipulação de material genético;

III – definir, em todas as unidades da Federação, espaços territoriais e seus componentes a serem especialmente protegidos, sendo a alteração e a supressão permitidas somente através de lei, vedada qualquer utilização que comprometa a integridade dos atributos que justifiquem sua proteção;

IV – Exigir, na forma da lei, para instalação de obra ou atividade potencialmente causadora de significativa degradação do meio ambiente, estudo prévio de impacto ambiental, a que se dará publicidade;

V – Controlar a produção, a comercialização e o emprego de técnicas, métodos e substâncias que comportem risco para a vida, a qualidade de vida e o meio ambiente;

VI – Promover a educação ambiental em todos os níveis de ensino e a conscientização pública para a preservação do meio ambiente;

VII – proteger a fauna e a flora, vedadas, na forma da lei, as práticas que coloquem em risco sua função ecológica, provoquem a extinção de espécies ou submetam os animais a crueldade.

§ 2º Aquele que explorar recursos minerais fica obrigado a recuperar o meio ambiente degradado, de acordo com solução técnica exigida pelo órgão público competente, na forma da lei.

§ 3º As condutas e atividades consideradas lesivas ao meio ambiente sujeitarão os infratores, pessoas físicas ou jurídicas, a sanções penais e administrativas, independentemente da obrigação de reparar os danos causados.

> § 4º A Floresta Amazônica brasileira, a Mata Atlântica, a Serra do Mar, o Pantanal Mato-Grossense e a Zona Costeira são patrimônio nacional, e sua utilização far-se-á, na forma da lei, dentro de condições que assegurem a preservação do meio ambiente, inclusive quanto ao uso dos recursos naturais.
>
> § 5º São indisponíveis as terras devolutas ou arrecadadas pelos Estados, por ações discriminatórias, necessárias à proteção dos ecossistemas naturais.
>
> § 6º As usinas que operem com reator nuclear deverão ter sua localização definida em lei federal, sem o que não poderão ser instaladas.
>
> § 7º Para fins do disposto na parte final do inciso VII do § 1º deste artigo, não se consideram cruéis as práticas desportivas que utilizem animais, desde que sejam manifestações culturais, conforme o § 1º do art. 215 desta Constituição Federal, registradas como bem de natureza imaterial integrante do patrimônio cultural brasileiro, devendo ser regulamentadas por lei específica que assegure o bem-estar dos animais envolvidos.

Como visto, o dispositivo constitucional apresenta, sem exceções, a obrigação de proteção do meio ambiente, tanto pelo Estado quanto pela sociedade. Dessa compreensão, salienta-se que não é exclusivo da presente geração o uso dos recursos naturais. É necessário que haja consciência ambiental para preservação intragerações, ou seja, que as gerações vindouras recebam esse meio ambiente da forma mais próxima que a sociedade atual o recebeu, sendo, conforme já apresentado na presente obra, corolário do princípio da proteção intergeracional.

Toda essa fundamentação acerca do bem natural se faz necessária para compreender a participação popular em matéria ambiental, assim como do recorte temático da presente obra.

Numa vertente ampla, sem análise de intercorrências ou instalação de empreendimentos que possam ocasionar prejuízos ambientais, a participação popular deve ser plena, ou seja, independentemente de ser direta ou indiretamente atingida. Isso quer dizer que, quando do licenciamento ambiental de empreendimento potencialmente poluidor, as audiências públicas possuem o dever de aproximação da comunidade envolvida, assim como dar amplitude e publicidade para que qualquer pessoa possa participar. Essa compreensão se deve, principalmente, pelo comando constitucional acima relacionado, o qual confere poder para sociedade (como um todo) ser protetora e participante da gestão ambiental.

Uma vez apresentado o argumento central dessa participação ampla, seja no processo de licenciamento ambiental, ou até mesmo na fase de exploração (pesquisa) mineral, pode trazer pontos positivos e negativos.

Considerando uma participação ampla da sociedade nos processos decisórios que envolvam o meio ambiente, podem-se relacionar os principais pontos positivos: a) concretização da cidadania, numa vertente ampla; b) destaque para a publicidade dos atos; c) democracia participativa sem pré-requisitos; d) processos mais democráticos; e) controle social.

Por seu turno, há também pontos negativos em trazer a amplitude dita em linhas anteriores, dentre eles: a) burocratização; b) abertura para questionamentos intermináveis por conta da sociedade, gerando um desestímulo do setor privado; c) especulação e fluxo de pessoas de outras regiões;

Após uma análise dos fatores que eventualmente possam ser positivos e negativos, verifica-se que, na maior parte dos casos, os pontos positivos possuem aproximação com a legislação de uma maneira instrumental. Enquanto isso, os aspectos negativos ligados à praticidade do empreendimento.

Na visão do autor da presente pesquisa, apesar dos ideais de democratização, a abertura de participação popular é mais ajustada quando estimulada e ouvida no processo administrativo ambiental, ou seja, é dever da coletividade participar de todo o passo a passo de licenciamento e instalação de empreendimentos, independentemente se pertencente à sociedade diretamente aplicada ou não. Considerando que o Estado se move, em sua maior parte, por conta da contribuição social e, levando-se em consideração que a própria Magna Carta confere legitimidade para proteção ambiental, não há o que se dizer sobre o cerceamento de participação popular.

Entretanto, quando se analisa impactos ambientais negativos, ou seja, empreendimentos que já foram instalados e estão em pleno funcionamento que tenham a infelicidade de ter registro de intercorrência de desastre ambiental, essa participação na formulação de acordos e do compromisso de ajustamento de conduta não deve se dar numa vertente aberta, com participação de toda a sociedade. Entende-se aqui pela ampla publicidade e informação, considerando o interesse social na causa, mas pelo redimensionamento para a sociedade diretamente atingida. Isso porque é preciso delinear quais são as reparações específicas da coletividade e, numa órbita linear ladeada, a reconstrução do meio ambiente.

É possível visualizar a situação de reparação como canalização de esforços de recomposição. É risco da atividade empresária a ocorrência de tragédias e, com isso, deve o empreendedor reparar os danos sociais e ambientais conjuntamente. Veja-se que não se desestimula a participação popular, apenas redesenha para que efetivamente ocorra a solução do conflito.

Wirth e Hamel (2006, p. 158) explicam que o espírito associativo pode formar redes secundárias pautadas pelos mesmos objetivos ao afirmarem que:

> De cidadãos com tal sentimento cívico e participativo é possível esperar atitudes e comportamentos positivos em relação ao bem comum. É difícil acreditar que indivíduos detentores de um senso de solidariedade social semelhante sejam capazes de pichar e destruir o espaço público, de jogar lixo nas ruas, de poluir o meio ambiente, ou de adotar atitudes pouco cívicas, como sonegar impostos, por exemplo, porque são sabedores de que, dessa forma, toda a comunidade sai perdendo e, perdendo a comunidade, perdem também eles, como seus membros, além de comprometer a eficácia do governo democrático. Ao contrário, estarão abertos a participar com ações positivas na erradicação das mazelas da comunidade e na busca do desenvolvimento como um todo, pois, sentindo-se partícipes, corresponsáveis, compreenderão que todos acabarão beneficiados pelo desenvolvimento do coletivo.
>
> Num ambiente similar, imaginamos, haverá pouco espaço para oportunistas e aproveitadores, pois tais condutas sofrerão a reprovação e o desprezo da opinião pública.

A teoria da Ação Comunicativa de Habermas (1989) possui fundamento o conceito de ação, podendo ser compreendida como a ordem de interação entre grupos, racionalmente. Habermas (1989, p. 166) prioriza a compreensão do ser humano inserido em determinada sociedade, com a realocação das ideias de racionalidade individual para um plano coletivo, trazendo a conceituação do agir comunicativo:

> O agir comunicativo pode ser compreendido como um processo circular no qual o ator é as duas coisas ao mesmo tempo: ele é o iniciador, que domina as situações por meio de

> ações imputáveis; ao mesmo tempo é o produto das tradições nas quais se encontra, dos grupos solidários aos quais pertence e dos processos de socialização nos quais se cria.

Wirth e Hamel (2006, p. 164) ainda acrescentam que:

> Habermas reintroduz a questão democrática por meio de um aspecto participativo e social, em que todos os cidadãos podem ter oportunidade de expressão. O filósofo alemão, mediante a *reviravolta linguístico-pragmática*, esboça a passagem da Ética do Discurso para uma Teoria Discursiva do Direito, substituindo a razão prática pela razão comunicativa, posto que esta distingue-se daquela "por não estar adstrita a nenhum ator singular nem a um macrossujeito sociopolítico. O que torna a razão comunicativa possível é o *médium* linguístico, através do qual as interações se interligam e as formas de vida se estruturam" (2003, p. 20).
>
> Habermas aponta par a necessidade de se garantir aos cidadãos *direitos de comunicação e direitos de participação política* visando, inclusive, à própria legitimidade do processo legislativo.

Verifica-se a importância da participação popular que, conforme Habermas (1997, v. II, p. 28) "legitima as decisões corretamente tomadas como estrutura central de um sistema político diferenciado e configurado como Estado de direito".

Como traçado em linhas anteriores, a participação popular como elemento de concretização das decisões do Estado deve ocorrer em duas intensidades. Inicialmente, com participação irrestrita da sociedade na gestão ambiental. Por sua vez, quando da ocorrência de danos ambientais e necessidade de formulação de Compromisso de Ajustamento de Conduta é prudente que seja conectada somente àquela comunidade diretamente atingida.

Tomando-se como análise derradeira a contribuição da sociedade na formulação de TACs ministeriais, como seria possível atingir a mineração sustentável e quais os mecanismos de implementação?

Remonta-se aqui a matriz de desenvolvimento sustentável pautada nos ideais de Veiga (2010): base econômica, ambiental e social. Tripé que deve ser visto no plano igualitário, ou seja, com mesma força.

A atividade minerária é estratégica do ponto de vista econômico, considerando o amplo e franco desenvolvimento nessa vertente dos municípios mineiros quando comparados ao entorno. Enriquez (2008, p. 231) apresenta dados dessa dinâmica:

> A dinâmica de crescimento econômico dos municípios mineradores de Minas Gerais reafirma a noção de que a atividade mineral induz a um desempenho acima da média no entorno, principalmente se a atividade está em fase de implantação ou expansão. Desde o início da série em análise (anos 1970), o crescimento do PIB per capita de Itabira manteve-se bem acima da média estadual, bem como de seu entorno. Mariana, cuja dinâmica de crescimento do PIB per capita, nos anos 1970, se assemelhava à média estadual e de seu entorno, iniciou um processo de intenso crescimento com a revitalização da atividade mineradora, nos anos 1980, diferenciando-se tanto da média estadual como da de seu entorno imediato.

Por seu turno, já na área ambiental, constata-se um avanço protecionista, certamente ocasionado pela pressão internacional, considerando que as normas ambientais de cunho global tomam contorno cada vez mais pautados na conservação do ambiente e da proteção intergeracional. Dessa forma, Enriquez (2008, p. 292) traça análise no mesmo sentido do autor da presente obra ao afirmar que:

> Até este ponto do estudo, foi verificado que, pela perspectiva ambiental, a atividade mineradora pode ser segmentada em duas fases: antes e após os marcos regulatórios, do aparato institucional das exigências legais, bem como antes e após as crescentes pressões internacionais a favor da conservação ambiental. Nos municípios de base mineradora é mais evidenciada a institucionalização para tratar dos problemas ambientais do que no seu entorno não-minerador. A partir das informações disponíveis, não foi possível associar a mineração ao desmatamento da Amazônia e, tampouco, a doenças típicas de cidades de base mineradora.

Em linhas conclusivas sobre a vertente ecológica, Enriquez (2008, p. 360) ainda sustenta que "quer motivados pela força da lei, pelo mercado ou pela sociedade, é um fato que os novos padrões ambientais contribuem concretamente para promover um maior comprometimento da mineração com a dimensão ecológica".

Por fim, a ótica social merece análise. Para que se concretize um desenvolvimento pautado na sustentabilidade é necessário observar a interação social e os anseios coletivos. Ainda sob o enfoque de Enriquez (2008, p. 293), verifica-se que, do ponto de vista social "os municípios de base mineradora apresentam indicadores de desenvolvimento humano superiores aos do seu entorno, muito embora, da mesma forma, se verifique um componente regional muito forte".

No mesmo caminho das regras ambientais da mineração, o envolvimento social expandiu numa concepção muito forte e questiona qual o verdadeiro papel da mineração para a superação da pobreza e para a construção de um desenvolvimento sustentável. (Enriquez, 2008, p. 361).

Mesmo assim, algumas normas jurídicas ainda caminham no sentido contrário, como o próprio procedimento sigiloso do registro da mineração. Nas lições de Pedro Ataíde (2020, p. 277):

> A mencionada norma é inconstitucional, por violar os princípios da publicidade e do interesse nacional, que devem permear todas as etapas da atividade mineral. O regramento vigente dificulta o controle exercido sobre a mineração, pois diminui sensivelmente as representações nos órgãos de controle (MME, ANM, Ministério Público, Tribunais de Conta, dentre outros).
>
> Mesmo diante da inconstitucionalidade e da ilegalidade, o sigilo nos processos minerários é aplicado. Dessa forma, seria interessante que fosse previsto, no marco regulatório da mineração, a publicidade dos processos minerários.

A sustentabilidade minerária, objeto central deste livro é, conforme delineado, aquela pautada na participação popular, ou seja, com enfoque nessa terceira vertente. Fazendo um paralelo entre Enriquez (2008) e Habermas (1987) é considerável a proposição de que a Teoria da Ação Comunicativa pode validar o discurso social, quando observada do ponto de vista de formalização do compromisso de ajustamento de conduta ministerial, considerando a mineração uma dádiva, conforme prescrito pela autora acima mencionada.

Habermas (1983, p. 221) em sua obra – Para a reconstrução do materialismo histórico – direciona o último capítulo ao estudo das problemáticas de legitimação no Estado moderno, trazendo importantes conceitos:

> Legitimidade significa que há bons argumentos para que um ordenamento político seja reconhecido como justo e equânime: um ordenamento legítimo merece reconhecimento. Com

> essa definição, sublinha-se que a legitimidade é uma exigência de validade contestável; e que é (também) do reconhecimento (pelo menos) factual dessa exigência que depende a estabilidade de um ordenamento de poder. Assim, tanto no plano histórico quanto no analítico, esse conceito encontra aplicação sobretudo nas situações em que a legitimidade de um ordenamento torna-se objeto de polêmica: no qual, como dizemos, surgem problemas de legitimação.

O autor acima mencionado (1983, p. 223) considera, inicialmente, que somente ordenamentos teriam a necessidade de ser legítimos, considerando o escopo de assegurar lealdade das massas. O autor menciona que os problemas inerentes à legitimidade já se faziam presentes em Roma antiga e no período medieval e que os problemas de legitimação estariam vinculados a conflitos de classes:

> Não é particularmente surpreendente que conflitos de classe estejam na base dos diversos fenômenos de ilegitimação; a organização estatal da sociedade, com efeito, é a mais importante condição de uma estrutura de classe no sentido marxiano. Naturalmente, os conflitos de legitimidade não são regularmente travados em termos de conflito econômico, mas sim no plano das doutrinas legitimadoras. Eles devem se ligar às definições da identidade coletiva; e essa, por sua vez, pode se apoiar somente nas estruturas que produzem unidade e asseguram consenso, como são a língua, a participação étnica, a tradição – ou mesmo a razão.

Habermas (1995) na obra – Três modelos normativos de democracia – encontra o embate em duas grandes correntes, liberalismo e o republicanismo. Diante do embate, busca uma terceira via. A teoria do liberalismo exclui a participação popular (excetuado o voto), uma vez que possui como prioridade a estabilidade política. Já o republicanismo pauta-se na liberdade como participação ativa na vida pública, firmando o exercício do poder político pelos cidadãos deve ser direcionado ao bem comum (CHRISTMANN, 2014).

Como fator de equilíbrio, Habermas (1987) formula uma terceira via, a teoria do discurso, fundamentada em consensos resultantes de um agir comunicativo. Tiroli e Alfaya (2020, p. 163) ao discorrerem sobre o modelo discursivo, o qual é procedimento democrático de construção do diálogo sem coerções, com o escopo de personificação da vontade popular, afirmam que:

> Tal procedimento de construção de uma democracia discursiva habermasiana pressupõe que sejam tutelados os direitos que permitem aos indivíduos manifestarem sua autonomia pública por meio da fala, da participação, da liberdade de pensamento, da manifestação de suas percepções sociais construídas historicamente e sobretudo por meio da argumentação, de modo que a força do melhor argumento se imponha na construção da vontade coletiva. Todavia, a comunidade jurídica deve insistir na indisponibilidade de tais direitos e sustentá-los para que sejam exercidos livres de coerção, a fim de que a manifestação discursiva possa ser reconhecida por seus agentes como legítimas.
>
> Em que pese os procedimentos de participação e argumentação coletiva propostos por Habermas serem reconhecidos pelos indivíduos como legítimos, não se pode considerar que por si só seriam suficientes para garantirem a integralidade do cumprimento da vontade popular estabelecida pelo argumento mais forte e manter assim a coesão e solidariedade da comunidade.
>
> Sendo assim, o agir comunicativo não seria suficiente, apesar de ser o meio legítimo de garantir a construção da vontade coletiva, para garantir que se cumpra tal determinação (HABERMAS, 2011).
>
> Sendo assim, Habermas propõe que para além do agir comunicativo, a comunidade deve dispor de mecanismos de esferas pública autônomas que garantam a efetivação da vontade estabelecida, sobretudo institucionalizando-a por meio de uma Constituição e tendo o direito o papel de realizar a mediação dos conflitos decorrentes da manutenção e consolidação da vontade coletiva construída por meio do discurso.

Verifica-se a relevância da participação para o modelo Habermasiano, considerando a necessidade de diálogo orientado por um entendimento mútuo, sendo importante acrescentar as informações trazidas por Christmann (2020, p. 6):

> Ainda, para tal modelo teórico, a separação existente entre Estado e sociedade deve se manter, mas também deve haver a separação da sociedade civil frente ao mercado. A sociedade civil é identificada por Habermas por meio de um núcle institucional, formado por associações e organizações livres, não estatais e não econômicas – além do papel destacado exercido

> pelos meios de comunicação de massa e pelas grandes agências. Cabe, portanto, à sociedade civil realizar a ponte de ligação entre esfera privada – âmbito das experiências pessoais – e a esfera pública – na qual as biografias se entrelaçam a ponto de formarem problemas sociais que são tematizados – conduzindo a formação da opinião.
>
> Nesses termos, a sociedade civil pode ser identificada pela conjunção de quatro características fundamentais que traduzem o processo acima descrito. A primeira, pluralidade (de histórias, de grupos, de perspectivas); a segunda, publicidade (por meio de instituições culturais e de comunicação). Em terceiro, a privacidade (domínio do desenvolvimento moral individual) e, por fim, a legalidade (direitos fundamentais que possibilitam demarcar a separação da pluralidade, publicidade e privacidade em relação ao Estado e ao mercado.

Nos casos de grandes tragédias ambientais, válido descrever que a política deliberativa é vista como processo de reunião de esforços e alinhamento dos anseios coletivos, conforme descrito por Christmann (2020, p. 11):

> Na medida em que a política deliberativa visualiza a discussão e a decisão de temas públicos como um processo em que os indivíduos virtualmente atingidos devem participar e, nesse ínterim, estão potencialmente orientados para a formulação cooperativa de pretensões de validade, identifica-se a proposta de um processo democrático e rico. A democracia deliberativa, nesse sentido, não se mostra limitada aos mecanismos de eleições e representação, incorporando outras esferas em que deliberações direcionadas à formação da opinião acontecem. Dessa maneira, tematizações realizadas na esfera pública informal devem ser consideradas na tomada de decisão final, pelo poder público, a fim de que o exercício do poder político seja legítimo.

Retomando a análise das Assessorias Técnicas Independentes, por mais direcionada à participação popular formal para exercício da cidadania, constata-se que a morosidade e complexidade da aproximação institucionalizada pode gerar um afastamento do senso social de justiça.

Por conta disso, nos Compromissos de Ajustamento de Conduta, realizados atualmente sem a participação popular direta, em especial nos casos envolvendo grandes acidentes (na acepção técnica do termo) da prática minerária, acabam por inserir numa vertente divergente:

sociedade e Estado. Tal fenômeno ocorre pelo fato que, se retirada a sociedade do núcleo de decisões das condicionantes do TAC ministerial, ocorreria uma institucionalização excessiva, com enfraquecimento do Estado Democrático de Direito.

Diante disso, conforme abordado em capítulos anteriores, a figura de *Custos Vulnerabilis* desempenhada pela Defensoria Pública aplicada ao TAC ministerial é um dos fortes mecanismos contemporâneos de amparo social além da normativa de acesso à justiça, ampliando-se como escora formal da sociedade. Essa intervenção da Defensoria Pública nos termos destacados deve ser reconhecida pelo sistema julgador brasileiro como representação social na estruturação de regras a serem seguidas pelo empreendedor: sejam reparatórias ou preventivas. Logo, o formato aproximado da concretização da cidadania no TAC é a tríade: empreendedor, Ministério Público e Defensoria Pública (atuando como *custos vulnerabilis*).

As questões envolvendo a mineração são cíclicas e merecem reflexões contínuas, seja normativa, social, ambiental ou econômica. É necessário ampliar e reforçar os contornos comunicacionais a fim de que se consolide o ideal de uma participação popular cidadã, principalmente levando-se em conta a democracia no Brasil e o cenário frágil da mineração, o qual nos últimos anos se mostrou ofensivo à sociedade, seja por falta de controle estatal, seja por manobras empresariais ou até mesmo por conta do próprio procedimento, dotado de sigilo, regra esta que fere a regra consuetudinária da publicidade, corolário da Magna Carta. Assim, a contribuição do presente trabalho para a academia é justamente reforçar os ideais de cidadania por meio da participação popular, não sendo objeto de estudo o aprofundar nas mais variantes compreensões do instituto da cidadania.

CONCLUSÃO

Após toda a construção teórica envolvendo a participação popular na formulação do Compromisso de Ajustamento de Conduta ambiental, promovido pelo Ministério Público, especificamente naqueles constituídos após acidentes minerários de grande porte por rompimento de barragem de rejeitos, válido remontar os pontos abordados na presente pesquisa acadêmica e refletir sobre a temática.

Importante salientar que, inicialmente, o trabalho procurou refletir sobre a democracia deliberativa no cenário da atividade minerária. Para tanto, sob um olhar Habermasiano, efetivou-se o estudo da democracia, suas nuances históricas, com dados desde a antiguidade e a necessidade do senso de universalidade nas sociedades. Por meio desta soberania popular construiu-se o raciocínio de espaço público como estrutura comunicacional, perpassando por questões inerentes à cidadania e colocação social enquanto ator do processo comunicacional.

Diante desse cenário, a Constituição de um determinado Estado deve se constituir como reflexo das vontades da sociedade. Anseios estes que se formulam por meio de um agir comunicativo, pautado pela ética e na liberdade dos sujeitos, os quais podem unir-se e deliberarem sem depender de nenhum aval. Assim, as instituições democráticas são construídas por meio de um ativismo social. Ativismo aqui não no sentido de movimento formal em prol de anseios específicos, e sim, como aproximação da sociedade no processo decisório do Estado.

A participação popular, então, é a instrumentalização da cidadania num Estado de Direito e a democracia deliberativa é constituída com esse envolvimento das pessoas. Na Constituição da República de 1988 há expressa previsão acerca do poder emanado do povo, que pode ser exercido diretamente ou indiretamente por representantes eleitos. A relação entre Estado e sociedade precisa ser constantemente refletiva, considerando que o estabelecimento da soberania popular por meio de um agir comunicativo ainda caminha lentamente no atual denominado Estado Democrático de Direito.

Ao direcionar a participação da sociedade atingida por rompimento de barragens de rejeitos da mineração é fruto da ponderação sobre a democracia deliberativa e, conforme abordado na presente pesquisa, abriu-se debate acerca da evolução histórica das normas ambientais e minerárias, como forma de dimensionar a pesquisa e entender as concepções exploração e explotação mineral.

Para compreender as preocupações contemporâneas sobre o meio ambiente, as quais crescem amplamente dia após dia, a presente pesquisa se debruçou na evolução normativa por meio de uma periodização. Na fase do Brasil Colônia as discussões sobre extrativismo e comercialização de espécies nativas foram alvo de análise; posteriormente, no período do Império, foram trazidos elementos da Constituição vigente à época e traços de crimes ambientais; por fim, a fase Republicana, as normas mais relevantes, seja do ponto de vista constitucional ou infraconstitucional surgiram como base da concepção ambientalista.

Lado outro, sob a ótica normativa minerária, apresentou-se também os principais diplomas jurídicos, lato senso, iniciando desde o Primeiro Regimento das Terras Minerais de 1603 e se externou os sistemas sobre a propriedade, o qual, nos dias de hoje, rege-se pela dualidade do solo e subsolo. Mas, para que fosse possível destacar o sistema atual, caminhou-se por todos os traços legislativos.

Uma vez apresentados tantos diplomas normativos – fundamentais para compreensão da pesquisa – uma janela reflexiva fora aberta na pesquisa a fim de repensar, de uma maneira exemplificativa, a atividade antrópica no meio ambiente, que, muitas vezes, foi a responsável por inúmeras tragédias mundiais, como é o caso de Minamata, Torrey Canyon, Exxon Valdez, Chernobyl, Fukushima, Bhopal, Amoco Cadiz, Seveso, Golfo do México, Bento Rodrigues e Brumadinho. A natureza é incisiva quando da intercorrência do homem. Os reflexos de todos os eventos traçados na presente obra tomaram proporções mundiais.

Como já amplamente discutido no universo jurídico, as normas, na maior parte das vezes, surgem após eventos que atinjam a sociedade ou que possuam grande repercussão. Na presente obra, optou-se por discutir as normas de relevância ambiental e minerária a partir da década de 60. Tal recorte se baseou no momento histórico de surgimento do Código da Mineração. Assim, é plenamente possível identificar dois momentos de discussão normativa. Inicialmente, numa ótica generalista, com a evolução do saber e dos institutos sobre o meio ambiente e a mineração e, posteriormente, de maneira mais específica das normas aplicáveis ao objeto de pesquisa.

Para se discutir qual seria a forma ideal de se incluir e validar o discurso da sociedade diretamente afetada por catástrofes de rompimento de barragens numa vertente de mineração sustentável, assim como alinhar a interação do causador do dano ambiental com a sociedade e órgão da Administração Pública sem tornar marginalizado o discurso social, foi indispensável a abertura de capítulos de cunho descritivo sobre a mineração, levando-se em conta, principalmente, ser imprescindível o conhecimento trazido, muitas vezes de outras áreas do saber como engenharia ambiental e de minas.

O ponto de partida para essa compreensão da pesquisa foi a própria Constituição da República de 1988, apresentando-se a localização legal e o estudo dos princípios, os quais foram divididos em dois grandes grupos: a) gerais (legalidade, impessoalidade, moralidade, publicidade, eficiência e devido processo legal); b) específicos (supremacia do interesse público sobre o particular, prioridade, rigidez locacional, participação).

O universo da atividade minerária é grandioso e os contornos sobre a prospecção do minério de ferro e sua representatividade na economia nacional se tornou fundamental. A atividade minerária compreende uma série de etapas como levantamentos geológicos, estudos de afloramento, dados geoquímicos e geofísicos, abertura de escavações e sondagem, coleta de amostras e estudos de beneficiamento mineral. Tudo com cinco modalidades de regimes de aproveitamento mineral: licenciamento, permissão, monopolização, autorização e concessão.

Os detalhes que eram conexos com a prática mineral foram abordados com ênfase na prospecção de minério de ferro. Dentre estes institutos conexos, destaca-se o licenciamento ambiental. Instrumento essencial para o monitoramento de análise de risco, condicionantes e dados do empreendimento como um todo que, conforme abordado, possui fase de fechamento de mina muitas vezes esquecido pelas empresas.

Todo o trâmite procedimental, tanto ambiental quanto minerário, exigem o estudo do fechamento de mina. Afinal, o recurso mineral é finito e, com a aproximação do esgotamento, medidas precisam ser implementadas para o rompimento da relação entre mineradora e sociedade, momento crucial para ser analisado o ponto de vista de Maria Amélia Enriquez (2008) ao afirmar que a mineração pode ser considerada uma maldição ou dádiva, tudo a depender da forma de interação e aproveitamento social das oportunidades, sem esquecer dos cuidados que o empreendimento deve ter ao finalizar os trabalhos naquele local.

Ainda sob a ótica descritiva da pesquisa, dissertou-se sobre as barragens de rejeito com todo o delineamento da prática minerária para promover ao leitor uma compreensão crítica do instituto o qual passa por quatro grandes etapas: 1) a prospecção mineral com os estudos preliminares e reconhecimento da área interessada, com a identificação geológica; 2) a pesquisa mineral com a efetiva exploração que, conforme abordado na presente obra, possui uma concepção técnica de pesquisa, além do delineamento dos relatórios iniciais e, principalmente, a avaliação econômica da prospecção, uma vez que só se desenvolve e se inicia empreendimentos que sejam rentáveis; 3) Lavra com o efetivo desenvolvimento e explotação mineral; 4) Descomissionamento com a desativação, fechamento e controle social de pós fechamento. Todo esse trâmite fora necessário para entender o universo da mineração.

Uma vez feitos os estudos e preenchimento do trâmite procedimental junto à Agência Nacional de Mineração, o beneficiamento mineral também teve espaço na presente obra, com a apresentação de algumas operações como cominuição, peneiramento, concentração e secagem. Tudo isso em busca de um aprimoramento e pureza mineral para inserção no mercado consumidor.

Tomando como cenário a prospecção mineral de ferro abordou-se as normas internacionais e portarias do Departamento Nacional de Produção Mineral sobre as barragens e, num caminhar prévio sobre os acidentes por rompimento de barragens, demonstrou-se, inclusive graficamente, os tipos de barragens, com quadros comparativos de resistência e segurança, além de apresentar a gestão de barragens, momento que, ao separar os casos marcantes de tragédias na mineração enumerou-se os diplomas normativos criados no mesmo período, retomando assim o raciocínio do início desta pesquisa acadêmica quando da descrição de eventos impactantes na legislação. Ao se aproximar dos eventos de Bento Rodrigues e Brumadinho, além dos dados dos respectivos impactos ambientais o autor da presente pesquisa optou por imortalizar os nomes das vítimas em ambos os casos, por total respeito às vítimas e famílias. Por fim, diante das proporções dos impactos ambientais, estruturou-se no presente trabalho o cenário atual das barragens e fragilidades no sistema fiscalizatório.

Como retomada aos objetivos da presente obra, quais sejam: objetivo geral (analisar a possibilidade da mineração sustentável partindo da premissa do exercício da cidadania por meio da participação popular) e, por seu turno, objetivos específicos da presente obra, destacam-se: a) pesquisar a evolução legislativa ambiental e minerária; b) compreender o funcionamento da atividade de prospecção mineral no Brasil e explicar o funcionamento e espécies de barragens; c) demonstrar o funcionamento do Compromisso de Ajustamento de Conduta e suas fragilidades; d) apresentar mecanismos de implementação da participação popular cidadã na mineração sustentável traçada como objetivo geral.

Assim, a análise do instituto do compromisso de ajustamento de conduta foi ocorreu mediante aspectos constitucionais e delineamento normativo infraconstitucional no sistema jurídico brasileiro. Como apresentado, o TAC, como popularmente é conhecido, pode ser proposto por vários agentes, mas nesta obra optou-se por aqueles produzidos pelo Ministério Público, uma vez que é a instituição que utiliza com maior frequência o instituto, até mesmo por estar atrelado à propositura de ação civil pública.

Direcionando a pesquisa para o Compromisso de Ajustamento de Conduta ministerial, destacou-se a tutela do meio ambiente pelo Ministério Público, os aspectos controvertidos sobre a natureza jurídica do instituto.

Quando da abordagem acadêmica sobre os acidentes, na acepção técnica do termo, de Bento Rodrigues e Brumadinho, um turbilhão de dados e notícias podem deixar a visão dos atingidos turva. Isto porque, no mundo atual, a construção e direcionamento midiático merece atenção especial. Logo, tema abordado na presente obra permeou os caminhos da segurança da informação e controle midiático.

Diante do horizonte catastrófico por rompimento de barragens, a análise legislativa tomou palco de estudo com a análise principalmente da extinta Lei de Política Nacional de Participação Popular, a qual era forte instrumento de fortalecimento da sociedade. Para tanto, pela aproximação com os direitos humanos, estudou-se ladeada pela Lei de Política Nacional de Segurança de Barragens e pela Política Nacional de Defesa Civil, qual seria o arcabouço legislativo para essa comunidade atingida e, demonstrou-se o instituto do *Custus Vulnerabilis* como novel figura jurídica e mecanismo de implementação e representação social nos Compromissos de Ajustamento de Conduta promovidos pelo Ministério Público. Assim, a Defensoria Pública, com as atribuições de acesso à justiça representaria efetivamente a sociedade no momento da formulação dos TACs. Uma observação levantada é que a sociedade deveria participar ativa e diretamente na celebração dos acordos, porém, nos casos estudados, diante da pluralidade densa de pessoas atingidas, não seria, de plano viável de concretização. Tanto o é que Assessorias Técnicas Independentes foram criadas para fazer a ponte entre a sociedade e as instituições da justiça.

Diante do cenário de participação social na formulação do Compromisso de Ajustamento de Conduta como forma de implementação da cidadania, analisou-se a mineração sustentável. Inicialmente, com reflexões acerca do desenvolvimento além da economia, com uma discussão sobre globalização e sustentabilidade. Já o desenvolvimento sustentável liderado pelos ideais de Veiga (2005) o trabalho trouxe discussões sobre processos de aferição da sustentabilidade, como a pegada ecológica, além de estudar a resiliência como processo de auto recomposição ambiental e suas variantes. Tudo isso com um olhar sistêmico entre mineração e meio ambiente, com um viés de disseminação da cultura da democracia nos processos envolvendo recursos naturais estratégicos para o Estado.

Por fim, através de um levantamento de dados minucioso sobre os desdobramentos jurídicos de Bento Rodrigues/MG e Brumadinho/MG se fez presente com informações acerca tanto dos Compromissos de Ajustamento de Conduta, como pelas Ações Civis Públicas já propostas. Destacando-se que, na formulação dos acordos, não houve efetiva participação popular. Somente a criação das Assessorias Técnicas Independentes, as quais foram apresentadas, em detalhes no capítulo final da presente pesquisa.

Considerando todo o desenvolvimento deste livro, algumas conclusões podem ser, então, destacadas: a) o meio ambiente deve ser protegido pelo Estado e pela sociedade, de maneira concorrente; b) a Constituição da República de 1988, diploma máximo tipicamente de um Estado de Direito, apresenta a participação popular sem seu cerne; c) nos empreendimentos que ocasionem impacto ambiental, a legislação exige a participação popular, devendo esta se dar de maneira ampla, ou seja, não adstrita somente à comunidade diretamente atingida pelo empreendimento; d) quando da ocorrência de degradação ambiental, principalmente naquelas por rompimento de barragens da mineração, esta participação, por conta da multiplicidade de indivíduos e famílias atingidas, a participação popular deverá ocorrer, principalmente, direcionando esforços à estas pessoas; e) a democracia deliberativa Habermasiana é caminho apresentado como instituidor da validade do discurso social; f) no caso de Bento Rodrigues e Brumadinho a figura do *Custos Vulnerabilis* liderado pela Defensoria Pública é mitigador do distanciamento da sociedade e Estado. Contudo, não é suficiente.

Por conta dos pontos acima relacionados, avaliando a tríade que compõem o marco teórico da presente obra, é possível afirmar que através de uma ação comunicativa, pautada nos ideais éticos, na esfera pública, a sociedade estará legitimada, frente a frente, para discutir os próprios direitos e ter voz na formulação dos Compromissos de Ajustamento de Conduta, considerando que tal instituto jurídico deve dar voz àqueles diretamente prejudicados, pessoas estas que saberão o que necessitam.

A mineração é essencial para o desenvolvimento do Estado, mas, conforme apresentado no presente estudo, inúmeras estruturas estão sob alerta e, enquanto a o poder econômico tiver mais força do que a vida de terceiros, esta questão será cíclica. A sociedade precisa de voz como ideal de concretização da cidadania e justiça.

REFERÊNCIAS BIBLIOGRÁFICAS

AARHUS. *Convention on acess to information, public participation in decision-making and acess justice in enrironmental matters.* Dinamarca, 1998. Disponível em: https://www.unece.org/fileadmin/DAM/env/pp/documents/cep43e.pdf. Acesso em: 29 dez. 2019.

AGUIAR, Leonel; ROXO, Luciana. *A credibilidade jornalística como crítica à cultura da desinformação: uma contribuição ao debate de fake News.* Revista Mídia e Cotidiano, v. 13, n. 3, 2019.

ALENCAR, Sahid. *Injustiças socioambientais perpetradas em Aurizona/ MA: uma análise à luz do Acordo de Escazú.* Dissertação de Mestrado. São Luís: 2020. Disponível em: http://tedebc.ufma/dissertações2020/sahid. Acesso em: 10 dez. 2020.

ALMEIDA, Josimar Ribeiro de. *Gestão Ambiental para o desenvolvimento sustentável.* Rio de Janeiro: Thex, 2012.

ALVES, José. *Ação comunicativa e participação popular na formação e aperfeiçoamento de políticas públicas de interesses sociais.* Dissertação de Mestrado, UFMA. São Luis, 2017. Disponível em:

https://tede2.ufma.br/jspui/bitstream/tede/1694/2/Jos%C3%A9%20M%C3%A1rcio.pdf. Acesso em: 10 jan. 2020.

ANA, Agência Nacional de Águas. *Relatório de segurança de barragens 2018.* Disponível em: http://www.snisb.gov.br/portal/snisb/relatorio-anual-de-seguranca-de-barragem/2018/rsb2018_0312.pdf. Acesso em: 12 jan. 2020.

ANDRADE, José Carlos Vieira. *Justiça administrativa: lições.* 9. ed. Coimbra: Almedina, 2007. 503 p.

ARAGAO, Alexandre. *A concepção pós-positivista do princípio da legalidade.* Rev. Direito Administrativo. Rio de Janeiro, 2004. Disponível em: http://bibliotecadigital.fgv.br/ojs/index.php/rda/article/download/44672/44977. Acesso em: 22 dez. 2019.

ARANTES, Márcia. *A legislação ambiental brasileira do Império ao terceiro milênio: premissas técnicas.* Revista Caminhos de Geografia, v. 19, n. 66. Uberlândia, 2018. Disponível em: http://www.seer.ufu.br/index.php/caminhosdegeografia/article/view/39699/22463. Acesso em: 3 fev. 2020.

ARAUJO, C. *Contribuição ao estudo do comportamento de barragens de rejeito de mineração de ferro.* Tese de Doutorado, 2018. Universidade Federal do Rio de Janeiro, Rio de Janeiro, RJ, Brasil.

ANTONOVSKY A. *Health, stress and coping.* San Francisco: Jossey- Bass, 1978

ARRUDA JUNIOR, Pedro. *Responsabilidade civil do Estado brasileiro frente às mudanças climáticas: análise do cenário nacional pós Protocolo de Kyoto.* Dissertação de Mestrado. Belo Horizonte: 2014. Disponível em: http://domhelder.edu.br/mestrado/editor/assets/arquivos_dissertacoesdefendidas/e3e7bf8f8cae 6be3db538444f8788789.pdf. Acesso em: 29 dez. 2019.

ATAÍDE, Pedro. *Direito minerário.* Salvador: JusPodivm, 2020.

AUAD, Denise, *et al. Mecanismos de participação popular no Brasil: plebiscito, referendo e iniciativa popular.* Revista Brasileira de Direito Constitucional, n3, 2004. Disponível em: file:///rbdc/Downloads/73-144-1-SM%20(1).pdf. Acesso em: 12 fev. 2020.

AUGE, Marc. *Não lugares: introdução a uma antropologia da supermodernidade.* 9 ed. São Paulo: Papirus, 2012.

AUGUSTO CESAR, Jeffer *et al. Concenção de Minamate: análise dos impactos socioambientais de uma solução a longo prazo.* Saúde em Debate, v. 41, n 2. Rio de Janeiro, 2017. Disponível em: https://www.scielo.br/scielo.php?pid=S0103-11042017000600050&script=sci_arttext. Acesso em: 30 jan. 2020.

AUSTRALIAN AND NEW ZEALAND MINERALS AND ENERGY COUNCIL (ANZMEC). *Strategic Framework for Mine Closure.* 2000. Disponível em: http://www.ret.gov.au/resources/Documents/mcmpr/Strategic_Framework_fr_Mine_Closure.pdf. Acesso em: 1 jan. 2020.

BARBOSA, Alfredo. *Breve panorama da legislação minerária.* Rev. Direito Administrativo. Rio de Janeiro, 1994. Disponível em: https://pdfs.semanticscholar.org/2960/b543d2fa976f3b58f359048923b25e121f1c.pdf. Acesso em: 12 mar. 2020.

BARRETO DE JESUS, Marcela do Amaral. *Mediação e conciliação no âmbito da jurisdição administrativa no Brasil.* Revista CEJ, ano XXI, n.º 71. Brasília: 2017.

BECK, Ulrich. *Sociedade de Risco: rumo a uma outra modernidade.* Rio de Janeiro: 34, 2010.

BECK, Ulrich. *O que é Globalização? Equívocos do globalismo, respostas à globalização.* São Paulo: Paz e Terra, 1999.

BENAYON, Adriano. *Globalização versus desenvolvimento.* Brasília: LGE, 1998.

BERWIG, Juliane; CARVALHO, Antônio. *Os serviços ecossistêmicos na gestão de desastres ambientais no setor energético.* Revista Eletrônica do Direito, v. 10, n1, 2015. Disponível em: https://siaiap32.univali.br/seer/index.php/rdp/article/download/7163/4062. Acesso em: 29 dez. 2019.

BIAZIN, Celestina; GODOY, Amália. *O selo verde: uma nova exigência internacional para as organizações.* Disponível em: http://www.ciflorestas.com.br/arquivos/doc_o_organizacoes_32081.pdf. Acesso em: 10 nov. 2020.

BOFF, Leonardo. *Saber e Cuidar: Ética do Humano- Compaixão pela Terra.* 8. ed. Petrópolis: Vozes, 2002.

BOFF, Leonardo. *A Opção Terra: A solução para a terra não cai do céu.* Rio de Janeiro: Record, 1999.

BOFF, *Cuidar da Terra, Proteger a Vida – Como evitar o fim do mundo*. Rio de Janeiro: Record, 2010.

BORGES, Monik e PEREIRA, Lennon. *O Ministério Público resolutivo: possibilidade da redução de demandas judiciais, em defesa do meio ambiente.* CONPEDI UFS – Aracaju, 2015. Disponível em: https://www.conpedi.org.br/publicacoes/c178h0tg/0j0ub037/iz8waT8O6ImhW6SJ.pdf. Acesso em: 3 maio 2020.

BORGES DE LIMA, Valdivino. *Minérios e mineração: a rigidez locacional e a exploração industrial.* EREGEO – Encontro Regional de Geografia. Porto Nacional, 2005. Disponível em: https://files.cercomp.ufg.br/weby/up/215/o/LIMA_valdivino_borges__minerios_minera__o.pdf. Acesso em: 22 jan. 2020.

BOTELHO, Tayssa. *Democracia Representativa e participação social: reconstruindo a ponte entre Estado e Sociedade Civil.* Conpedi Direito – Estudo e ensino (Pós-graduação) – Brasil – Encontros. 2. Democracia. 3. Direitos políticos. I. Encontro Nacional do CONPEDI/UFS (24.: 2015: Aracaju, SE).

BRANCO, Aluxan. *Acidentes marítimos e o surgimento de algumas regras.* Trabalho de Conclusão de Curso (Escola de Formação de Oficiais da Marinha Mercante). Rio de Janeiro, 2014. Disponível em: http://www.redebim.dphdm.mar.mil.br/vinculos/000002/00000201.pdf. Acesso em: 10 fev. 2020.

BREA MONTEIRO, Maria. *História Luso-Brasileira.* Disponível em: http://historiacolonial.arquivonacional.gov.br/index.php?option=com_content&view=article&id=3583:comentario&catid=75&Itemid=215. Acesso em: 9 dez. 2019.

BRESSER PEREIRA, Luiz. *Doença holandesa e sua neutralização: uma abordagem Ricardiana.* Revista de Economia Política, v. 28. 2007. Disponível em: https://www.researchgate.net/publication/242289950. Acesso em: 1 mar. 2020.

BURSZTYN, Marcel; PERSEGONA, Marcelo. *A Grande Transformação Ambiental: uma cronologia da dialética homem-natureza.* Rio de Janeiro: Garamond, 2008.

BUSCHBACHER, Robert. *A teoria da resiliência e os sistemas socioecológicos: como se preparar para um futuro imprevisível.* Disponível em: http://repositorio.ipea.gov.br/bitstream/11058/5561/1/BRU_n09_teoria.pdf. Acesso em: 1 mar. 2020.

CAPITANT, David. *O Ministério Público diante das jurisdições administrativas.* Tradução de Rita Jover Faleiros. Revista CEJ, Brasília, n. 34, jul/set 2006. p. 56-61.

CAPRA, Fritjof; MATTEI, Ugo. *A revolução ecojurídica.* São Paulo: Cultrix Pensamento, 2018.

CARDOZO, F *et al. Métodos construtivos de barragens de rejeitos de mineração.* Revista Holos, ano 32, v. 08, 2016.

CARVALHO, Laura. *Valsa brasileira: do boom ao caos econômico.* São Paulo: Todavia, 2018.

CARVALHO DIAS, Jardel. *Avaliação do fechamento de mina à partir dos processos minerários da Superintendência do DNPM de Minas Gerais.* Dissertação de Mestrado. Ouro Preto: 2013. 127 p. Disponível em: http://www.repositorio.ufop.br/bitstream/123456789/3008/1/DISSERTA%C3%87%C3%83O_Avalia%C3%A7%C3%A3oFechamentoMina.PDF. Acesso em: 4 fev. 2020.

CARVALHO NETO, Tarcísio. *O princípio da impessoalidade nas decisões administrativas.* Tese de Doutorado, Universidade de São Paulo. São Paulo, 2014. Disponível em: https://teses.usp.br/teses/disponiveis/2/2134/tde-01032016-125610/publico/Tese_Tarcisio_Vieira_de_Carvalho_Neto.pdf. Acesso em: 11 mar. 2020.

CASTRO, Alexandre, JUNIOR, José. *Modelos de previsão para exportação das principais commodities brasileiras.* IPEA, 2000. Disponível em: http://repositorio.ipea.gov.br/bitstream/11058/2311/1/TD_716.pdf. Acesso em: 14 mar. 2020.

CASTRO, Clayton; DAURA, Samir. *Pluralismo jurídico de Antônio Manuel Hespanha: um estudo do Decreto Presidencial 8243/2014 à luz da Teoria da Ação Comunicativa de Habermas.* Revista de Movimentos Sociais e Conflitos, 2016. Disponível em: file:///revmovsociais/Downloads/1514-3537-2-PB.pdf. Acesso em: 20 mar. 2020.

CASTRO FILHO, Cláudio. *Agenda 2030 para o desenvolvimento sustentável: uma leitura da política pública.* Revista Digital. Campinas, 2018. V. 16, n3. Disponível em: https://periodicos.sbu.unicamp.br/ojs/index.php/rdbci/article/view/8650931/pdf. Acesso em: 20 nov. 2020.

CASTRO MEIRA, José, ROSSI, Alfredo. *Origem do Direito Ambiental.* Inform. Jurídico da Biblioteca Ministro Oscar Saraiva, v. 19, n. 1, 2008. Disponível em: https://ww2.stj.jus.br/publicacaoinstitucional/index.php/informativo/article/viewFile/447/405. Acesso em: 15 nov. 2019.

CENCI, Daniel *et al. A justiça social e a Agenda 2030: políticas de desenvolvimento para a construção de sociedades justas e inclusivas.* Revista Direitos Sociais e Políticas Públicas *UNIFAFIBE). V. 8, n. 2, 2020. Disponível em: http://unifafibe.com.br/revista/indez. Acesso em: 29 dez. 2020.

CHRISTMANN, Luiza. *Democracia deliberativa e participação popular no licenciamento ambiental do OSX-Estaleiro/SC: Desafios e possibilidades.* Disponível em: https://d1wqtxts1xzle7.cloudfront.net/33858637/Postulados_comunicacionais_e_o_processo_do_OSX-Estaleiro_-_. Acesso em: 10 set. 2020.

CIDIN, Renata. SILVA, Ricardo. *Pegada ecológica: instrumento de avaliação de impactos antrópicos no meio natural.* Rev. Estudos Geográficos, v. 2. Rio Claro: 2004. Disponível em: http://www.ifba.edu.br/professores/armando/eng531/Unid%20I/Artigo_Pegada_ecologica.pdf. Acesso em: 9 set. 2020.

CONCEIÇÃO, Cleisiane, *et al. O processo evolutivo da legislação ambiental brasileira no período colonial ao republicano.* Disponível em: https://www.researchgate.net/profile/Cleiciane_Conceicao2/publication/332386768_.pdf. Acesso em: 10 nov. 2019.

COSTALONGA, Luana. PREUSSLER, Gustavo. *O que é globalização? Equívocos globalismo e a resposta à globalização.* Rev. Conhecimento Interativo. V. 12, n. 2. São José dos Pinhais, 2018.

CEZAR, G. *As notícias e seus critérios na perspectiva da rede.* 2014. Tese (Doutorado em Comunicação Social) – Faculdade de Comunicação Social, Pontifícia Universidade Católica do Rio Grande do Sul, Porto Alegre.

CIRAD, Centre de coopération internationale en recherche agronomique pour le développement. *Resilience 2014.* Montpellier, França. Disponível em: http://www.resilience2014.org/aims-and-vision. Acesso em: 26 fev. 2020.

CLUB OF ROMA. *Página institucional: Histórico.* Disponível em: http://www.clubofrome.org/?p=324. Acesso em: 18 jan. 2020.

CONECTAS. *Dados: os números da tragédia de Brumadinho.* 2020. Disponível em: https://www.conectas.org/noticias/fact-sheets-o-numeros--da-tragedia-de-brumadinho. Acesso em: 10 fev. 2020.

COSTA, Rafaela, PINTO, Anna. *Análise econômico-financeira da Vale SA após o acidente de Brumadinho.* Trabalho de Conclusão de Curso. Disponível em: http://cesjf/Downloads/2393-5367-1-SM.pdf. Acesso em: 4 mar. 2020.

CULLEN, Allan. *Rios prisioneiros: a história das barragens.* Belo Horizonte: Itatiaia, 1964.

DAGNINO, Evelina. *Os movimentos sociais e a emergência de uma nova noção de cidadania.* Rev. Política e Sociedade. Brasília, 1994. Disponível em: https://d1wqtxts1xzle7.cloudfront.net/38543694/os_movimentos_sociais_e_a_emergencia_de_uma_nova_nocao_de_ci_1.pdf?1440278177. Acesso em: 20 ago. 2020.

DANNER, Leno. *Habermas: da economia à globalização da política.* Caderno CRH, v. 17, n. 72. Salvador: 2014. Disponível em: https://www.scielo.br/pdf/ccrh/v27n72/12.pdf. Acesso em: 3 set. 2020.

DANTAS, André. *Caracterização de resíduos oriundos do beneficiamento do minério de ferro para uso em pavimentação.* Dissertação de Mestrado, UFRN. Natal, 2015. Disponível em: https://repositorio.ufrn.br/jspui/bitstream/123456789/19871/1/AndreAugustoNobregaDantas_DISSERT.pdf. Acesso em: 2 fev. 2020.

DAVIS, Sasha; CONROY, Jessica. *Invisible radiation reveals who we are as people: environmental complexity, gendered risk and biopolitics.* Revista Social and Cultural Geography, 2017. Disponível em: http://dx.doi.org/10.1080/14649365.2017.1304566. Acesso em: 10 nov. 2019.

DE MARCHI, *et al. O acidente industrial ampliado da Seveso.* Rio de Janeiro. Editora Fiocruz, 2000. Disponível em: https://books.google.com.br/books?hl=en&lr=&id=J2xdDwAAQBAJ&oi=fnd&pg=PT51&dq=acidente+seveso+milano&ots=d6h59IEBUl&sig=4ARDMMqF_BVlLzJ6ERmwRpoyJyg#v=onepage&q&f=false. Acesso em: 20 dez. 2019.

DELGADO, José. *O princípio da moralidade administrativa e a Constituição Federal de 1988.* Revista Digital do Superior Tribunal de Justiça. Brasília, 2004. Disponível em: https://core.ac.uk/reader/79062610. Acesso em: 29 dez. 2020.

DOWBOR, Ladislau. *A era do capital improdutivo: a nova arquitetura do poder, sob dominação financeira, sequestro da democracia e destruição do planeta.* 2. ed. São Paulo: Outras Palavras, 2018.

DOWBOR, Ladislau. *Da propriedade intelectual a economia do conhecimento*. São Paulo: PUC-SP, 2010.

DUARTE, Cândido. HANSEN, Gilvan. *Os direitos à informação e à educação para o consumo no Brasil: uma leitura crítica do Código de Defesa do Consumidor.* I Seminario internacional sobre democracia, cidadania y estado de derecho. Ourense: Universidade de Vigo, 2019. Disponível em: http://sidecied.com/wp-content/uploads/2019/12/Libro-de-Articulos-I-SIDECIED-4.pdf#page=25. Acesso em: 20 set. 2020.

DUPAS, Gilberto. *O mito do progresso.* Revista Novos Estudos, n. 77, 2007. Disponível em: https://www.scielo.br/pdf/nec/n77/a05n77.pdf. Acesso em: 18 dez. 2020.

DURAO, Aylton Barbieri. *Direito e democracia em Habermas.* Revista Argumentos, Ano 7, n. 14. Fortaleza, 2015. Disponível em: 2015_art_abdurão.pdf (ufc.br). Acesso em: 10 jan. 2021.

ELKINGTON, J. *Sustentabilidade, canibais com garfo e faca*. São Paulo: M. Books do Brasil, 2012.

ENRÍQUEZ, Maria. *Mineração: maldição ou dádiva? Os dilemas do desenvolvimento sustentável a partir de uma base mineira*. São Paulo: Signus, 2008.

ENRIQUEZ, Maria. *Trajetórias do desenvolvimento: da ilusão do crescimento ao imperativo de sustentabilidade.* Rio de Janeiro: Gramond, 2010.

ESA, Engenharia Sanitária e Ambiental. *Movimento dos Atingidos por Barragens.* Disponível em: http://www.esabrasilinfo.com.br/2013-09-09-13-11-31/mab. Acesso em: 28 fev. 2020.

FAORO, Raymundo. Os donos do poder: formação do patronato político brasileiro. Rio de Janeiro: Globo, 1958.

FARIA, Cláudia. *Democracia deliberativa: Habermas, Cohen e Bohman.* Revista Lua Nova, n. 49, 2000. Disponível em: https://www.scielo.br/pdf/ln/n50/a04n50.pdf. Acesso em: 19 dez. 2019.

FARIAS, Carlos; COELHO, José. *Mineração e meio ambiente no Brasil.* Revista Ciência, Tecnologia e Inovação. São Paulo, 2002. Disponível em: https://edisciplinas.usp.br/pluginfile.php/5694145/20Minera%20meio.pdf. Acesso em: 11 dez. 2020.

FARRAL, Maria Helena. *O conceito de resiliência no contexto dos sistemas socioecológicos.* Revista Ecolocia, n. 6. 2012. Pág 50-62. Disponível em: http://speco.fc.ul.pt/revistaecologia_6_art_3_2.pdf. Acesso em: 1 mar. 2020.

FAUSTO, Boris. *História do Brasil*. 2. ed. São Paulo: Edusp, 2009.

FEIGELSON, Bruno. *Curso de Direito Minerário*. São Paulo: Saraiva, 2012.

FERNANDES, Márcia *et al*. *Estudo do indicador de sustentabilidade pegada ecológica: uma abordagem teórico-empírica*. II Encontro de engenharia de produção. Foz do Iguaçu: 2008. Disponível em: http://www.abepro.org.br/biblioteca/enegep2007_tr650479_8913.pdf. Acesso em: 20 set. 2020.

FIORILLO, Celso. *Curso de direito ambiental brasileiro*. São Paulo: Saraiva, 2003.

FURTADO, Celso. *Análise do modelo brasileiro*. Rio de Janeiro: Civilização Brasileira, 1972.

FURTADO, Celso. *Teoria e política do desenvolvimento econômico*. São Paulo: Abril Cultural, 1983.

FRANCISCO ARNALDO RODRIGUES DE LIMA. *O direito ambiental nas constituições do Brasil: um breve relato de sua construção histórica e o artigo 225 CF/88 com cláusula pétrea*. Disponível em: http://ambito-juridico.com.br/site/?n_link=revista_artigos_leitura&artigo_id=14555. Acesso em: 29 dez. 2019.

FREIRE, William, *Código de Mineração Anotado*. Belo Horizonte: Mandamentos, 2010.

FREIRE, William. *Aspectos controvertidos do direito minerário e ambiental*. Belo Horizonte: Jurídica, 2013.

FREIRE, William. *Direito da Mineração: questões minerárias, ambientais e tributárias*. Belo Horizonte: D'Plácido, 2017.

FREITAS, Juarez. *Sustentabilidade - Direito ao Futuro*. Belo Horizonte: Fórum, 2011.

FREITAS, Vladimir Passos de; FREITAS, Gilberto Passos de. *Crimes contra a Natureza*. Belo Horizonte: Revista dos Tribunais, 2001.

GAGNON, Edeline. *Taxonomic treatment of the genera of the Caesalpinia group list* Montreal, Canadá: 2016. Disponível em: https://phytokeys.pensoft.net/articles.php?id=9203. Acesso em: 20 dez. 2019.

GAMA, Jader. SILVA, Fábio. *Capitalismo de vigilância e seus nexos com a dependência tecnológica na Amazônia*. Ver. InterEspaço. V. 6, Grajaú/MA, 2020. Disponível em: http://www.periodicoseletronicos.ufma.br/index.php/interespaco/article/view/16223/8759. Acesso em: 29 dez. 2020.

GANDHI, Indira. *Discurso na Conferência de Estocolmo 1972*. Disponível em: http://lasulawsenvironmental. blogspot.com.br/ 2012/07/indira-gandhis-speech-at-stockholm.html. Acesso em: 10 fev. 2020.

GIDDENS, Anthony. *As consequências da modernidade*. Editora da UNESP. São Paulo: 1990.

GLOBO. *Lista de mortos na tragédia de Brumadinho*. Disponível em:

https://g1.globo.com/mg/minas-gerais/noticia/2019/01/26/veja-quem-sao--as-vitimas-da-tragedia-em-brumadinho.ghtml. Acesso em: 19 dez. 2019.

GLOBO. Portal Globo. *Zona da Mata ainda se recupera de rompimento de barragem há 09 anos*. Notícia em 7/11/2015. Disponível em: http://g1.globo.com/mg/zona-da-mata/noticia/2015/11/zona-da-mata-ainda- se-recupera-de-rompimento-de-barragem-ha-9-anos.html. Acesso em: 11 jan. 2020.

GOMES, Marcos. *Caracterização tecnológica no aproveitamento do rejeito de mineiro de ferro*. Dissertação de Mestrado, UFOP. Ouro Preto, 2009. Disponível em: https://repositorio.ufop.br/bitstream/123456789/2397/1/DISSERTA%C3%87%C3%83O_Caracteriza%C3%A7%C3%A3oTecnol%C3%B3gicaAproveitamento.pdf.

GONTIJO, Arimar; MAIA, Claudia. *Tomada de decisão, modelo racional ao comportamental: uma síntese teórica*. Cadernos de Pesquisas em Administração, São Paulo, v. 1, n. 4, 2004. Disponível em: https://d1wqtxts1xzle7.cloudfront.net/11512163/GONTIJO_MAIA%202004.pdf?. Acesso em: 10 dez. 2020.

GUALAZZI, Eduardo Lobo Botelho.*Justiça administrativa*. São Paulo: Revista Forense, 1986. 165 p.

GUTIERREZ, Gustavo; ALMEIDA, Marco. *Teoria da ação comunicativa (Habermas): estrutura, fundamentos e implicações do modelo*. Revista Veritas, v. 58. Porto Alegre, 2013. Disponível em: https://revistaseletronicas.pucrs.br/index.php/veritas/article/view/8691/9031. Acesso em: 10 dez. 2020.

HABERMAS, Jürgen. *A inclusão do outro*. Tradução de George Sperber e Paulo Astor Soethe. São Paulo: Edições Loyola, 2002.

HABERMAS, Jürgen. *Consciência moral e agir comunicativo*. Tradução de Guido Antonio de Almeida. Rio de Janeiro: Tempo Brasileiro, 1989.

HABERMAS, Jürgen. *Direito e Democracia: entre facticidade e validade*. Trad. Flávio Beno Siebeneichler. Rio de Janeiro: Tempo Brasileiro, 1997, vol. I e vol. II.

HABERMAS, Jürgen*Era das transições*. Tradução e Introdução de Flávio Beno Siebeneichler. Rio de Janeiro: Tempo Brasileiro, 2003.

HARBERMAS, Jürgen. *Para a Reconstrução do Materialismo Histórico*. Trad. Carlos Nelson Coutinho. São Paulo: Ed. Brasiliense, 1983.

HABERMAS, Jürgen*Teoría de la acción comunicativa*. Madrid: Taurus, 1987. 2 v.

HABERMAS, Jürgen. *Três modelos normativos de democracia*. Trad. Gabriel Cohn e Álvaro Vita. Lua Nova: Revista de Cultura e Política, São Paulo, 1995.

HANSEN, Gilvan. *A gestão de pessoas em instituições do Poder Judiciário*. In BANWART JUNIOR, Clodomiro José; CACHICHI, Rogério Cangussu Dantas (Org.). Sociologia Jurídica. 1ed. Belo Horizonte: Arraes Editroes, 2015, v. 1, p. 39-60.

HANSEN, Gilvan. *Democracia e cidadania como condições de possibilidade da sociabilidade e do Estado de Direito*. Conferências Magistrales: I Seminario Internacional sobre democracia, cidadania y estado de derecho. Ourense: Universidade de Vigo, 2019a.

HANSEN, Gilvan. *Deterioração ambiental, hipocrisia e moralidade em cenários de pós nacionalidade*. I Seminario Internacional sobre democracia, cidadania y estado de derecho. Ourense, 2019b. Disponível em: http://sidecied.com/wp-content/uploads/2019/06/Actas-1oSidecied-2.pdf#page=45. Acesso em: 3 mar. 2020.

HANSEN, Gilvan. *Modernidade, utopia e trabalho*. Londrina: Engenho das Letras, 2020.

HANSEN, Gilvan, *et al*. *Mudança estrutural na esfera pública: cinquenta anos de um texto atual e multifacetado*. R. Inter. Fil. V 03, n. 02, 2012. Disponível em: http://dx.doi.org/10.7443/problemata.v3i2.14956. Acesso em: 3 mar. 2020.

HARVEY, David. *17 contradições e o fim do capitalismo*. São Paulo, SP: Boitempo, 2016.

HARVEY, David. *O novo imperialismo*. São Paulo: Loyola, 2004.

HECK, Mariana. HERMMAN, Júlio. *A ação normativa da organização marítima internacional e seus instrumentos em face da poluição marítima por óleo causada por navios*. Revista Brasileira de direito internacional, v. 9, n. 3, 2012. Disponível em: http://doi:10.5102/rdi.v9i3.2051. Acesso em: 3 mar. 2020.

HELERBROCK, Rafael. *Acidente de Chernobyl*; *Brasil Escola*. Disponível em: https://brasilescola.uol.com.br/historia/chernobyl-acidente-nuclear.htm. Acesso em: 22 maio 2020.

HENDGES, Antonio. *Histórico e evolução da Legislação Ambiental no Brasil*. 2016. Disponível em: https://www.ecodebate.com.br/2016/11/14/historico-e-evolucao-da-legislacao-ambiental-no-brasil-parte-13-artigo--de-antonio-silvio-hendges/. Acesso em: 3 abr. 2020.

HOLLING, Crawford Stanley. Resilience and stability of ecological systems. Annual Review of Ecology and Systematics, nº 4, p. 1-23, 1973.

IANNI, Octavio. *Teorias da globalização.* 11 ed. Rio de Janeiro: Civilização Brasileira, 2003.

IBRAHIM, Francini. *A relação existente entre o meio ambiente e os direitos humanos: um diálogo necessário com a vedação do retrocesso.* RIDB, ano 1 (2012), n. 12. Disponível em: http://www.cidp.pt/revistas/ridb/2012/12/2012_12_7547_7616.pdf. Acesso em: 3 mar. 2020.

IBRAM – Instituto Brasileiro de Mineração. *Informações sobre a economia mineral brasileira 2015.* Brasília, 2015. 25p. Disponível em: http://www.ibram.org.br/sites/1300/1382/00005836.pdf. Acesso em: 15 fev. 2020.

IBRAM, Instituto Brasileiro de Mineração. *Guia para o planejamento do fechamento de mina.* Brasília: IBRAM, 2013. Disponível em: http://www.ibram.org.br/sites/1300/1382/00004091.pdf. Acesso em: 10 fev. 2020.

ITOPF – *International Tanker Owners Pollution Federation.* Disponível em: http://www.itopf.com/information-services/data-and-statistics/statistics/index.html#major. Acesso em: 2 jan. 2020.

KOERNER, Andrei. *Capitalismo e vigilância digital na sociedade democrática.* RBCS, v. 36, n. 105. Brasília, 2021. Disponível em: https://www.scielo.br/pdf/rbcsoc/v36n105/1806-9053-rbcsoc-36-105-e3610514.pdf. Acesso em: 10 mar. 2021.

LAURINO, Beatriz *et al. Análise acidente em Brumadinho.* Brazilian Journal of Natural Sciences, v. 3, n. 1, 2020. Disponível em: https://doi.org/10.31415/bjns.v3i1.86. Acesso em: 3 mar. 2020.

LEITE, Rogério *et al. Nióbio: uma conquista nacional.* São Paulo: Livraria Duas Cidades, 1988.

LESSA, Célia. *Racionalidade estratégica e instituições.* Ver. Direito Administrativo. São Paulo, 2016. Disponível em: https://www.scielo.br/pdf/rbcsoc/v13n37/37Celia.pdf. Acesso em: 29 dez. 2020.

LEONARDO, César; GARDINAL, Aline. *O papel da Defensoria Pública como instrumento de efetivação do acesso à justiça aos vulneráveis.* RDP, Brasília, v. 17, n. 91, 2020. Disponível em: file:///rdp/3527-13884-1-PB.pdf. Acesso em: 9 mar. 2020.

LEONCY, Leo. *O regime jurídico da mineração no Brasil.* Belém, 1997. Disponível em: http://www.naea.ufpa.br/naea/novosite/index.php?action=Publicacao.arquivo&id=140. Acesso em: 20 mar. 2020.

LIEVANO, Andrés. *Como vai o Acordo de Escazú?* Revista ECO21, 2020. Disponível em: http://eco21.org.br/escazu. Acesso em: 22 dez. 2020.

LIMA, Larissa. *A atuação da Defensoria Pública como custos vulnerabilis no processo penal: uma análise do acesso à justiça.* Trabalho de Conclusão de Curso, UFPB. Paraíba, 2019. Disponível em: File:///ufpb/LSML25092019.pdf. Acesso em: 3 mar. 2020.

LIMA, Rafael *et al. A regularização fundiária urbana de interesse social como solução jurisdicional prioritária: uma diretriz para a atuação da Defensoria Pública na figura de custos vulnerabilis.* Disponível em: https://www.anadep.org.br/wtksite/cms/conteudo/42526/A_regulariza__o_Fundi_ria_urbana_de_interesse_social__como_sele__o_jurisdicional_probit_ria.pdf. Acesso em: 2 maio 2020.

LUBENOW, Jorge. *Esfera pública e democracia deliberativa em Habermas.* Kriterion, Belo Horizonte, n. 121, 2010. Disponível em: https://www.scielo.br/pdf/kr/v51n121/12.pdf. Acesso em: 10 maio 2020.

LUCCHESI, Celso. *Petróleo.* Revista de Estudos Avançados, 1998. Disponível em: http://www.scielo.br/pdf/ea/v12n33/v12n33a03.pdf. Acesso em: 20 nov. 2019.

LUZ, Adão, LINS, Fernando. *Introdução ao tratamento de minérios.* 6 edição. Disponível em: http://mineralis.cetem.gov.br/bitstream/cetem/2172/1/Tratamento%20de%20Min%C3%A9rios%206a%20edi%C3%A7%C3%A3o%20%28CAP.1%29.pdf. Acesso em: 22 maio 2020.

LUZIVOTTO, Caroline Kraus. *A racionalização das tradições na modernidade: um diálogo entre Anthony Giddens e Jurgen Habermas.* Revista Transformação, v. 36, 2013. Disponível em: https://www.scielo.br/pdf/trans/v36nspe/15.pdf. Acesso em: 2 maio 2020.

MACDONALD, Catherine; MCGUIRE, Geraldine; WESTON, Helen. *Integrated Closure Planning Review -Literature Review. Australia: Social Sustainability Services, 2006.* Disponível em: http://www.icmm.com/document/285. Acesso em: 30 jan. 2020.

MACHADO, Paulo Affonso Leme. *Direito ambiental brasileiro*. 24. ed. São Paulo: Malheiros, 2016.

MADEIRA FILHO, Wilson, CALLEGARI, José. *Formação do espírito científico interdisciplinar: a produção solidária do conhecimento*. Confluências, Vol. 12, n. 1. Niterói: PPGSD-UFF, outubro de 2012, páginas 193 a 212. ISSN 1678-7145.

MAGRO, Américo; ARTEIRO, Rodrigo. *Os direitos a prestações materiais e o princípio do retrocesso social: a auto reversibilidade do legislador em face do efeito cliquet.* Encontro de Iniciação Científica. Disponível em: http://toledo.etic/ic. Acesso em: 2 maio 2020.

MARINELA, Fernanda. *Direito administrativo.* 7 ed. Niterói: Impetus, 2013.

MARRARA, Thiago. *As fontes do direito administrativo e o princípio da legalidade.* Revista digital de direito administrativo. São Paulo: USP, 2013. Disponível em: https://www.revistas.usp.br/rdda/article/view/73561/77253. Acesso em: 22 dez. 2020.

MARTUSCELLI, Patrícia. *De Chernobyl a Fukushima: os impactos dos danos ambientais nos direitos das crianças.* Revista Estudos Internacionais, v. 3, n. 2, 2015. Disponível em: http://periodicos.pucminas.br/index.php/estudosinternacionais/article/download/10735/10128/. Acesso em: 2 jan. 2020.

MAZZILLI, Hugo Nigro. *A defesa dos interesses difusos em juízo.* São Paulo: Saraiva, 2011.

MAZZILLI, Hugo Nigri. *Compromisso de Ajustamento de Conduta: evolução e fragilidades e atuação do Ministério Público.* Revista de Direito Ambiental, vol. 41. São Paulo, 2006.

MEADOWS, Dornela *et al. Limites do Crescimento: A atualização de 30 anos.* São Cristóvão: Qualytmark, 2000.

MEDAUAR, Odete. *A processualidade no Direito Administrativo.* 2. ed. São Paulo: Revista dos Tribunais, 2008. 238 p.

MENEZES, Isabel. BANNELL Ralph. *Habermas e a cidadania.* Revista EducAção, 2007. Disponível em: http://www.puc-rio.br/pibic/relatorio_resumo2007/resumos/EDU/padilha_de_menezes.pdf. Acesso em: 10 ago. 2020.

MIGUEL, Luis. *O jornalismo como sistema perito.* Revista Tempo Soc. V. 11, n1. São Paulo, 1999. Disponível em: https://www.scielo.br/scielo.php?pid=S0103-20701999000100011&script=sci_arttext&tlng=pt. Acesso em: 2 jan. 2020.

MILARÉ, Edis. *Direito do ambiente.* 12 ed. São Paulo: Revista dos Tribunais, 2020.

MINISTÉRIO PÚBLICO DE MINAS GERAIS. *Barragens que não possuem certificação de estabilidade, 2020.* Disponível em: https://www.mpmg.mp.br/comunicacao/noticias/barragens-que-nao-possuem-certificacao-de-estabilidade-sao-alvos-do-mpmg.htm. Acesso em: 12 set. 2020.

MINISTÉRIO PÚBLICO DE MINAS GERAIS. *Caso brumadinho: procedimentos de investigação*, 2020. Disponível em: https://www.mpmg.mp.br/comunicacao/noticias/caso-brumadinho-procedimentos-de-investigacao--instaurados-e-acoes-ajuizadas.htm. Acesso em: 15 ago. 2020.

MINISTÉRIO PÙBLICO DE MINAS GERAIS. *Força tarefa: barragens, 2019.* Disponível em: https://mpmgbarragens.info/teste-pagina-mina/. Acesso em: 22 ago. 2020.

MONTEIRO, Elizabeh. *Pau Brasil: do extanco à extinção.* Rio de Janeiro, 2018. Disponível em: http://historiacolonial.arquivonacional.gov.br/index.php?option=com_content&view=article&id=3597&Itemid=360. Acesso em: 20 dez. 2019.

MPF. *Caso Samarco.* Disponível em: http://www.mpf.mp.br/grandes-casos/caso-samarco/atuacao-do-mpf/linha-do-tempo. Acesso em: 2 jan. 2020.

MUKAI, Toshio e NAZO, Georgette. *O direito ambiental no Brasil: evolução histórica e a relevância do direito internacional do meio ambiente.* R. Direito Administrativo. Rio de Janeiro, 2001. Disponível em: http://bibliotecadigital.fgv.br/ojs/index.php/rda/article/viewFile/48313/46493. Acesso em: 3 mar. 2020.

NASCIMENTO E SILVA, Leila. *Barragens de rejeito da mineração: análise do sistema de gestão do Estado de Minas Gerais.* Rio de Janeiro: Lumen Iuris, 2019.

O GLOBO, Portal. *Empresa ainda pôde parcelar dívida em 60 vezes, das quais pagou 35 até hoje* (por Márcio Menasce). Notícia em 18/11/2015. Disponível em: http://oglobo.globo.com/brasil/multa-de-mineradora--por-acidente-em-2007-foi-reduzida-em- 80-18076926. Acesso em: 11 jan.2020.

OLIVEIRA, Valdir, OLIVEIRA, Daniela. *A semântica do eufemismo: mineração e tragédia em Brumadinho.* Rev. Eletrônica Comun Inf Saúde, 2019. Disponível em: https://www.arca.fiocruz.br/bitstream/icict/32640/2/4.pdf. Acesso em: 13 jan. 2020.

ORGANIZAÇÃO DAS NAÇÕES UNIDAS *The Future We Want.* Rio de Janeiro, 2012. Disponível em: http://www.uncsd2012.org/content/documents/727The Future We Want 19 June 1230pm.pdf. Acesso em: 20 jan 2020.

PEIXOTO, C. L. P. *Proposta de nova metodologia de desaguamento de rejeitos em polpa.* Ouro Preto, 2012, 93 p. Dissertação de Mestrado – Universidade Federal de Ouro Preto, Núcleo de Geotecnia da Escola de Minas.

PENNA, Carlos. *O estado do planeta: sociedade de consumo e degradação ambiental.* Rio de Janeiro: Bertrand Brasil, 2000.

PEREIRA, Celso; VALE, Rodrigo. *O novo código da mineração: convergências e divergências.* Juiz de Fora, 2015. Disponível em: https://www.ufjf.br/poemas/files/2014/07/O-Novo-C%C3%B3digo-da-Minera%C3%A7%C3%A3o-Relat%C3%B3rio-Preliminar.pdf. Acesso em: 2 jan. 2020.

PERLINGEIRO, Ricardo. *A Justiça Administrativa brasileira comparada.* Revista CEJ, Brasília, Ano XVI, n. 57, p. 6-18, maio/ago. 2012.

PERLINGEIRO*Código de Jurisdição Administrativa: o modelo alemão.* São Paulo: Renovar, 2009, 265 p.

PERLINGEIRO*Justiça Administrativa no Brasil: uma jurisdição administrativa judicial, extrajudicial ou híbrida?* Revista CEJ, Brasília, Ano XVIII, n. 62, p. 79-82, jan./abr. 2014.

PIKETTY, Thomas. *Capital e ideologia.* 1 ed. Rio de Janeiro: Intrínseca, 2020.

PIKETTY, Thomas. *O capital no século XXI.* 1 ed. Rio de Janeiro: Intrínseca, 2014.

POPPER, K.R. Conhecimento objetivo. São Paulo: EDUSP, 1975.

POSSEBOM, José. *Acidente de Bhopal faz 30 anos.* Fundacentro: 2014. Disponível em: http://www.fundacentro.gov.br/noticias/detalhe-da-noticia/2014/12/acidente-de-bhopal-faz-30-anos. Acesso em: 10 fev. 2020.

POVEDA, Eliane Pereira Rodrigues. *A eficácia legal na desativação de empreendimentos minerários.* São Paulo: Signus, 2007.

POVOS RESILIENTES, PLANETA RESILIENTE. Disponível em: http://www.onu.org.br/docs/gsp-resumo.pdf. Acesso em: 5 fev. 2020.

RABENHORST, Eduardo Ramalho. *Dignidade humana e moralidade democrática.* Brasília: Brasília Jurídica, 2001.

RAGAZZI, Lucas; ROCHA, Murilo. *Brumadinho: a engenharia de um crime.* Belo Horizonte: Letramento, 2019.

RAVETZ, Jeromy *et al. O acidente industrial ampliado de Seveso: paradigma e paradoxo.* Rio de Janeiro: Editora Fiocruz, 2000. Disponível em: http://books.scielo.org/id/jn8dd/pdf/freitas-9788575415085-07.pdf. Acesso em: 2 jan. 2020.

REIS, Nelson; BARRETO, Maria. *Desativação de Empreendimento Mineiro no Brasil.* São Paulo: Signus, 2001.

RENOVA, Fundação. *O modelo de solução: o termo de transação e ajustamento de conduta.* Disponível em: https://www.fundacaorenova.org/sobre-o-termo/. Acesso em: 11 set. 2020.

RIBEIRO, José Cláudio Junqueira; MENDES, Samuel Felisbino. *A participação no fechamento de mina no direito comparado.* Veredas do Direito, Belo Horizonte, v. 10, n. 20, p. 23/54. Disponível em: http://egov.ufsc.br/portal/sites/default/files/a_participacao_no_fechamento_de_mina_no_direito_comparado.pdf. Acesso em: 16 fev. 2020.

RIBEIRO, Bruna *et al. Cidadania e democracia deliberativa na era digital: para além de Habermas.* Rev. Comunicação e Informação, v. 16, n. 1, 2013.

RICCI CAMARGO, Angélica. *O projeto do alvará de 13 de maio de 1803.* Disponível em: http://mapa.an.gov.br/images/publicacoes/ProjetoAlvara/files/assets/common/downloads/publication.pdf. Acesso em: 2 mar. 2020.

RIVERO, Oswaldo. *O mito do desenvolvimento: os países inviáveis no século XXI.* Petrópolis: Vozes, 2002.

ROUSSEAU, Jean Jacques. *Do contrato social.* São Paulo: Martin Claret, 2003.

SACHS, Ignacy. *Foreign trade and economic development of underdeveloped countries.* Londres: Asia Publishing House, 1963.

SACHS, Ignacy. *Caminhos para o desenvolvimento sustentável.* Rio de Janeiro: Garamond, 2009.

SANTOS, Boaventura S. *Reinventar a democracia.* Lisboa: Gradiva, 1998.

SANTOS, Boaventura S. *Crítica da Razão indolente.* São Paulo: Cortez, 2000.

SANTOS, Márcia *et al. Estudo do indicador de sustentabilidade "pegada ecológica": uma abordagem teórico-empírica.* Rev. Ibero-americana de Estratégia. Vol. 7, núm. 1. São Paulo: 2008. Disponível em: https://www.redalyc.org/pdf/3312/331227111004.pdf. Acesso em: 30 ago. 2020.

SANTOS, Milton. *O espaço do cidadão.* São Paulo: Editora da Universidade de São Paulo, 2007.

SANTOS, Milton. *Pensando o espaço do homem.* 5 ed. São Paulo, Editora da Universidade de São Paulo, 2007.

SARLET, Ingo Wolfgang. *Dignidade da pessoa humana e direitos fundamentais na Constituição Federal de 1988.* Porto Alegre: Livraria do Advogado, 2002.

SARMENTO, Daniel. *A propriedade mineral segundo o regime res nullius vigente no Brasil.* Revista de Direito Administrativo. Rio de Janeiro, 1976. Disponível em: http://bibliotecadigital.fgv.br/ojs/index.php/rda/article/download/41821/40514. Acesso em: 11 mar. 2020.

SCALABRIN, Felipe. *Participação na administração pública: rumo à consensualidade e à cidadania ativa.* Rev. Estudos Legislativos, v.7, n.7. Porto Alegre: 2013. Disponível em: http://submissoes.al.rs.gov.br/index.php/estudos_legislativos/article/download/138/pdf. Acesso em: 18 set. 2020.

SCHEMBRI, Gisele P da R.; COELHO, Emanuel M.S; CARVALHO, Gilson Lemos de. *Análise do potencial de risco e classificação das barragens de rejeito da mineração no estado.* São Paulo, 2002.

SCHUMPETER, Joseph A. *Teoria do Desenvolvimento Econômico.* São Paulo: Abril Cultural, 1892.

SCLIAR, C. Geopolítica das minas do Brasil – a importância da mineração para a sociedade. Rio de Janeiro: Revan, 1996. 187 p.

SCOLFORO, José Roberto Soares, *et al. Curso de capacitação para o Cadastro Ambiental Rural: histórico e evolução da legislação ambiental brasileira.* Lavras: UFLA, 2014. PDF.

SCHEIFLER, Alexandre. *A reserva legal de propriedades rurais com produção de leite no vale do Taquari.* Dissertação de Mestrado em Sistemas Ambientais (UNIVATES). Lajeado, 2018. Disponível em: https://www.univates.br/bdu/bitstream/10737/2165/6/2018AlexandreBatistaScheifler.pdf.txt. Acesso em: 20 nov. 2019.

SEN, Amartya. *A ideia de justiça.* São Paulo: Companhia das Letras, 2011.

SEN, Amartya. *Bienestar, justicia y mercado.* Barcelona: Edici, 1998.

SEN, Amartya. *The economics of life and death.* Scientific American, n. 66, 1993.

SHARMA, Ashwani. *Legally binding Minamata Convention on Mercury: politics, Science behind.* Revista Currency Science, v. 16, n. 8, 2014. Disponível em: http://www.currentscience.ac.in/cs/volumes/106/08/1063.pdf. Acesso em: 10 mar. 2020.

SILVEIRA, Denis Coutinho. *Teoria da justiça de John Rawls: entre o liberalismo e o comunitarismo.* Revista Trans/Form/Ação. São Paulo, 2007. Disponível em: pdf/trans/v30n1/v30n1a11. Acesso em: 10 jan. 2021.

SIRVINSKAS, Luís Paulo. *Manual de Direito Ambiental.* 17 ed. São Paulo: Saraiva, 2019.

SERRA, Cristina. *Tragédia em Mariana: a história do maior desastre ambiental do mundo.* Rio de Janeiro: Record, 2019.

SILVA, Rafaela *et al. Convenção de Minamata: análise dos impactos socioambientais de uma solução em longo prazo.* Revista Saúde Debate, v. 41, n. Especial. Rio de Janeiro, 2017. Disponível em: http://www.scielo.br/pdf/sdeb/v41nspe2/0103-1104-sdeb-41-spe2-0050.pdf. Acesso em: 10 jan. 2020.

SINIMA. *Sistema Nacional de Informações do Meio Ambiente.* Disponível em: https://www.mma.gov.br/informacoes-ambientais/indicadores-ambientais/item/11232-sistema-nacional-de-informa%C3%A7%C3%B5es-sobre-meio-ambiente-sinima.html. Acesso em: 2 mar. 2020.

STATUM. *Tudo o que você precisa saber sobre barragem na mineração.* Disponível em: http://blog.statum.eng.br/barragem-na-mineracao/. Acesso em: 22 mar. 2020.

SORIA, Heliana Baia Evelin; BLANDTT, Lucinaldo da Silva; RIBEIRO, Jorgeane Correa. *Resiliência: a capacidade de adaptação e/ou transformação nas desigualdades sociais.* III Jornada Internacional de Políticas Públicas. Maranhão: São Luiz. Disponível em: http://www.joinpp.ufma.br/jornadas/joinppIII/html/mesas/c8b2dcffea0bcdf77c7fHeliana_Lucinaldo_Jorgeane.pdf. Acesso em: 10 fev. 2020.

TAVARES, Rosana. *O sentimento de pertencimento social como direito universal.* Disponível em: http://dx.doi.org/10.5007/1984-8951.2014v15n106p179. Acesso em: 30 mar. 2020.

THEODORO, Suzi *et al. Gestão ambiental: uma prática para mediar conflitos socioambientais.* Revista Nuredan. São Paulo: 2016. Disponível em: http://www.nuredam.com.br/files/divulgacao/artigos/Gest%E3o%20Ambiental%20e%20Conflitos%20socioambientais.pdf. Acesso em: 8 nov. 2020.

THOME, Romeu, PASSINI, Matheus. *Barragens de rejeitos de mineração: características do método de alteamento para montante que fundamentaram a suspensão de sua utilização em Minas Gerais.* Revista de Ciências Sociais Aplicadas, v. 18, n. 34, 2018.

THOME, Romeu *et al. Acidentes com barragens de rejeitos da mineração e o princípio da prevenção.* 2 tiragem. Rio de Janeiro: Lumen Iuris, 2016.

TIROLI, Luiz. ALFAYA, Natália. *A democracia deliberativa e o modelo procedimental.* Rev. Do Instituto de Direito Constitucional e Cidadania, v. 5, n.1. Londrina: 2020. Disponível em: https://www.revistadoidcc.com.br/index.php/revista/article/view/71. Acesso em: 16 set. 2020.

TRINDADE, Antonio Augusto Cançado. *A humanização do Direito Internacional.* Belo Horizonte: Del Rey, 2006.

TRINDADE, Antonio Augusto Cançado *et al. Tratados internacionais de Proteção de Direitos Humanos e a Reforma do Poder Judiciário.* Rio de Janeiro: Renovar, 2006.

VALLA, Victor. *Sobre participação popular: uma questão de perspectiva.* Cad. Saúde Pública. Rio de Janeiro, 1998. Disponível em: https://www.scielo.br/pdf/csp/v14s2/1322.pdf. Acesso em: 2 mar. 2020.

VEIGA *Desenvolvimento sustentável: o desafio do século XXI*. Rio de Janeiro: Garamond, 2005.

VEIGA, José Eli. *Sustentabilidade: A legitimação de um novo valor*. São Paulo: Editora Senac, 2010.

VIÉGAS, Rodrigo, *et al. Negociação e acordo ambiental: o Termo de Ajustamento de Conduta como forma de tratamento dos conflitos ambientais*. Rio de Janeiro, 2014. Disponível em: https://br.boell.org/sites/default/files/sumario_executivo_-_negociacao_e_acordo_ambiental_-_boll_brasil.pdf. Acesso em: 10 mar. 2020.

WASQUES, Rentao, TRINTIN, Jaima. *Doença holandesa: aspectos teóricos e evidências empíricas para a economia brasileira*. Revista de Estudos Sociais, v. 20, n.41, 2018. Disponível em: http://periodicoscientificos.ufmt.br/ojs/index.php/res/article/view/7211/html. Acesso em: 10 maio 2020.

WEIMANN, Guilherme. *Brumadinho: Vale tenta boicotar assessorias técnicas dos atingidos pelo rompimento*. Belo Horizonte, 2020. Disponível em: https://www.brasildefato.com.br/2020/01/20/brumadinho-vale-tenta-boicotar-assessorias-tecnicas-dos-atingidos-pelo-rompimento. Acesso em: 14 set. 2020.

WIRTH, Leo. HAMEL, Marcio. *Democracia participativa e desenvolvimento*. Rev. Desenvolvimento em questão. Vol 4, núm. 7, 2006. Disponível em: https://www.redalyc.org/pdf/752/75240707.pdf. Acesso em: 9 set. 2020.

WOLFF, Ana. *Caracterização de rejeitos de minério de ferro de minas da Vale*. Dissertação de Mestrado, UFOP. Ouro Preto, 2009. Disponível em: https://www.repositorio.ufop.br/bitstream/123456789/2345/1/DISSERTA%C3%87%C3%83O_Caracteriza%C3%A7%C3%A3oRejeitosMin%C3%A9rio.pdf. Acesso em: 10 dez. 2019.

ZANELLATO, Marco. *Ministério Público: Termo de Ajustamento de Conduta*. Palestra. Disponível em: http://www.esmp.sp.gov.br/eventos/passados/2008_mpconsumidor_marcoantoniozanellato.pdf. Acesso em: 10 dez. 2019.

ZUBOFF, Shoshana. *Big Other: surveillance capitalism and the prospects of na information civilization*. Journal of Information Technology, 30, 1: 75-89. DOI: https://doi.org/10.1057/jit.2015.5.

REFERÊNCIAS LEGAIS

BRASIL, República Federativa. *Constituição Política do Império do Brazil de 1824.* Disponível em: http://www.planalto.gov.br/ccivil_03/Constituicao/Constituicao24.htm. Acesso em: 10 jan. 2020.

BRASIL, República Federativa *Constituição da República dos Estados Unidos do Brasil de 1891.* Disponível em: http://www.planalto.gov.br/ccivil_03/Constituicao/Constituicao91.htm. Acesso em: 20 dez. 2019.

BRASIL, República Federativa. *Constituição da República dos Estados Unidos do Brasil de 1934.* Disponível em: http://www.planalto.gov.br/ccivil_03/Constituicao/Constituicao34.htm. Acesso em: 20 dez. 2019.

BRASIL, República Federativa. *Constituição dos Estados Unidos do Brasil de 1937.* Disponível em: http://www.planalto.gov.br/ccivil_03/Constituicao/Constituicao37.htm. Acesso em: 20 dez. 2019.

BRASIL, República Federativa. *Constituição dos Estados Unidos do Brasil de1946.* Disponível em: http://www.planalto.gov.br/ccivil_03/Constituicao/Constituicao46.htm. Acesso em: 20 dez. 2019.

BRASIL, República Federativa. *Constituição da República Federativa do Brasil de 1967.* Disponível em: http://www.planalto.gov.br/ccivil_03/Constituicao/Constituicao67.htm. Acesso em: 11 jan. 2020.

BRASIL, República Federativa. *Constituição da República Federativa do Brasil* de 1988. Disponível em: http://www.planalto.gov.br/ccivil_03/Constituicao/Constituicao.htm. Acesso em: 20 jan. 2020.

BRASIL, República Federativa. *Decreto 11 de 18 de janeiro de 1991.* Aprova a Estrutura Regimental do Ministério da Justiça. Disponível em: http://www.planalto.gov.br/ccivil_03/decreto/1990-1994/D0011.htm. Acesso em: 9 jan. 2020.

BRASIL, República Federativa. *Decreto-Lei 221 de 28 de fevereiro de 1967.* Dispõe sobre a proteção e estímulos à pesca. Disponível em: http://www.planalto.gov.br/ccivil_03/Decreto-Lei/Del0221.htm. Acesso em: 10 dez. 2019.

BRASIL, República Federativa. *Decreto 227, de 28 de fevereiro de 1967*. Dá nova redação ao Código de Minas. Diário Oficial da União, Brasília, 28 fev. 1967. Disponível em: http://www.planalto.gov.br/ccivil_03/decreto-lei/Del0227.htm. Acesso em: 20 jan. 2020.

BRASIL, República Federativa. *Decreto 761 de 19 de fevereiro de 1993*. Dispõe sobre a criação e Estrutura Regimental do Ministério da Justiça. Disponível em: http://www.planalto.gov.br/ccivil_03/decreto/1990-1994/D0761.htm. Acesso em: 10 fev. 2020.

BRASIL, República Federativa. *Decreto 2.870 de 10 de dezembro de 1998*. Promulga a Convenção Internacional sobre preparo, resposta e cooperação no caso de poluição por óleo. Disponível em: http://www.planalto.gov.br/ccivil_03/decreto/D2870.htm: Acesso em: 10 fev. 2020.

BRASIL, República Federativa. *Decreto 4265 de 15 de janeiro de 1921*. Regula a disposição de propriedade de minas. Disponível em: https://www2.camara.leg.br/legin/fed/decret/1920-1929/decreto-4265-15-janeiro-1921-568703-publicacaooriginal-92061-pl.html. Acesso em: 11 maio 2020.

BRASIL. República Federativa. *Decreto 5.481 de 25 de junho de 1928*. Dispõe sobre a alienação parcial de edifícios de mais de cinco andares. Disponível em: https://www2.camara.leg.br/legin/fed/decret/1920-1929/decreto-5481-25-junho-1928-776630-publicacaooriginal-140611-pl.html. Acesso em: 29 dez. 2019.

BRASIL. *Decreto 8243 de 23 de maio de 2014*. Dispõe sobre o Plano Nacional de Participação Social. Disponível em: http://www.planalto.gov.br/ccivil_03/_ato2011-2014/2014/decreto/d8243.htm.

BRASIL, República Federativa. *Decreto 16.300 de 31 de dezembro de 1923*. Aprova o regulamento do Departamento Nacional de Saúde Pública. Disponível em: http://www.planalto.gov.br/ccivil_03/decreto/1910-1929/d16300.htm. Acesso em: 3 dez. 2019.

BRASIL, República Federativa. *Decreto 19.398 de 11 de novembro de 1930*. Institui o governo provisório da República dos Estados Unidos do Brasil. Disponível em: https://www2.camara.leg.br/legin/fed/decret/1930-1939/decreto-19398-11-novembro-1930-517605-publicacaooriginal-1-pe.html. Acesso em: 10 dez. 2019.

BRASIL, República Federativa. *Decreto 20.223 de 17 de julho de 1931*. Suspende, até ulterior deliberação, a oneração e promessa de alienação de jazida mineral. Disponível em: https://www2.camara.leg.br/legin/fed/decret/1930-1939/decreto-20223-17-julho-1931-519116-publicacaooriginal-1-pe.html. Acesso em: 22 dez. 2019.

BRASIL, República Federativa. *Decreto 20.799 de 16 de dezembro de 1931.* Retifica o decreto 20.223 de 17 de julho de 1931. Disponível em: https://www2.camara.leg.br/legin/fed/decret/1930-1939/decreto-20799-16-dezembro-1931-519446-publicacaooriginal-1-pe.html. Acesso em: 27 dez. 2019.

BRASIL, República Federativa. *Decreto 24.642 de 10 de julho de 1934.* Decreta o Código de Minas. Disponível em: http://www.planalto.gov.br/ccivil_03/decreto/1930-1949/D24642.htm. Acesso em: 3 jan. 2020.

BRASIL, República Federativa. *Decreto 24.643 de 10 de julho de 1934.* Decreta o Código de águas. Disponível em: https://www2.camara.leg.br/legin/fed/decret/1930-1939/decreto-24643-10-julho-1934-498122-norma-atualizada-pe.html. Acesso em: 3 mar. 2020.

BRASIL. República Federativa. *Decreto 24.645 de 10 de julho de 1934.* Estabelece medidas de proteção aos animais. Disponível em: https://www2.camara.leg.br/legin/fed/decret/1930-1939/decreto-24645-10-julho-1934-516837-publicacaooriginal-1-pe.html. Acesso em: 3 jan. 2020.

BRASIL, República Federativa. *Decreto 49.974-A de 21 de janeiro de 1961.* Regulamenta o Código Nacional de Saúde. Disponível em: https://www2.camara.leg.br/legin/fed/decret/1960-1969/decreto-49974-a-21-janeiro-1961-333333-publicacaooriginal-1-pe.html. Acesso em: 3 jan. 2020.

BRASIL, República Federativa. *Decreto 50.877 de 29 de junho de 1961.* Dispõe sobre o lançamento de resíduos tóxicos ou oleosos nas águas interiores. Disponível em: https://www2.camara.leg.br/legin/fed/decret/1960-1969/decreto-50877-29-junho-1961-390520-publicacaooriginal-1-pe.html. Acesso em: 3 mar. 2020.

BRASIL, República Federativa. *Lei 601 de 18 de setembro de 1850.* Dispõe sobre as terras devolutas do Império. Disponível em: http://www.planalto.gov.br/ccivil_03/LEIS/L0601-1850.htm. Acesso em: 3 jan. 2020.

BRASIL, República Federativa. *Lei 2933 de 06 de janeiro de 1915.* Regula a propriedade de minas. Disponível em: http://www.planalto.gov.br/ccivil_03/decreto/historicos/dpl/DPL2933-1915.htm. Acesso em: 10 jan. 2020.

BRASIL, República Federativa. *Lei 3071 de 1 de janeiro de 1916.* Código Civil dos Estados Unidos do Brasil. Disponível em: https://www2.camara.leg.br/legin/fed/lei/1910-1919/lei-3071-1-janeiro-1916-397989-publicacaooriginal-1-pl.html. Acesso em: 4 dez. 2019.

BRASIL, República Federativa. *Lei 3.782 de 22 de julho de 1960.* Cria os Ministérios da Indústria e do Comércio e das Minas e Energia. Disponível em: http://www.planalto.gov.br/ccivil_03/LEIS/1950-1969/L3782.htm. Acesso em: 23 jan. 2020.

BRASIL, República Federativa. *Lei 4.717 de 29 de junho de 1965.* Regula a ação popular. Disponível em: http://www.planalto.gov.br/ccivil_03/leis/l4717.htm. Acesso em: 14 jan. 2020.

BRASIL, República Federativa. *Lei 5.318 de 26 de setembro de 1967.* Institui a Política Nacional de Saneamento. Disponível em: https://www2.camara.leg.br/legin/fed/lei/1960-1969/lei-5318-26-setembro-1967-359153-norma-pl.html. Acesso em: 5 mar. 2020.

BRASIL, República Federativa. *Lei 5.727 de 04 de novembro de 1971.* Dispõe sobre o primeiro plano nacional de desenvolvimento. Disponível em: http://www.planalto.gov.br/ccivil_03/leis/1970-1979/L5727.htm. Acesso em: 23 jan. 2020.

BRASIL, República Federativa. *Lei 6.151 de 04 de dezembro de 1974.* Dispõe sobre o segundo plano nacional de desenvolvimento. Disponível em: http://www.planalto.gov.br/ccivil_03/leis/1970-1979/L6151.htm. Acesso em: 24 jan. 2020.

BRASIL, República Federativa. *Lei 6.507 de 19 de dezembro de 1977.* Dispõe sobre a inspeção da produção e do comércio de mudas. Disponível em: http://www.planalto.gov.br/ccivil_03/LEIS/1970-1979/L6507.htm. Acesso em: 10 jan. 2020.

BRASIL, República Federativa. *Lei 6.567 de 24 de setembro de 1978.* Dispõe sobre o regime especial para exploração de substâncias minerais. Disponível em: http://www.planalto.gov.br/ccivil_03/leis/l6567.htm. Acesso em: 12 fev. 2020.

BRASIL, República Federativa. *Lei n. 6.938, de 31 de agosto de 1981.* Dispõe sobre a Política Nacional do Meio Ambiente, seus fins e mecanismos de formulação e aplicação. Diário Oficial da União, Brasília, 02 set. 1981. Disponível em: http://www.planalto.gov.br/ccivil_03/leis/l6938.htm. Acesso em: 20 jan. 2020.

BRASIL. *Congresso Nacional. Lei n. 7347 de 24 de Julho de 1985.*Disciplina a ação civil pública de responsabilidade por danos causados ao meio-ambiente, ao consumidor, a bens e direitos de valor artístico, estético, histórico, turístico e paisagístico e dá outras providências. Disponível em: http://www.planalto.gov.br/ccivil_03/leis/L7347orig.htm.

BRASIL. *Congresso Nacional. Lei n. 8078 de 11 de setembro de 1990.*Dispõe sobre a proteção do consumidor e dá outras providências. Disponível em: http://www.planalto.gov.br/ccivil_03/leis/L8078.htm.

BRASIL. *Congresso Nacional. Lei n. 8069 de 13 de julho de 1990.* Dispõe sobre o Estatuto da Criança e do Adolescente e dá outras providências. Disponível em: http://www.planalto.gov.br/ccivil_03/leis/L8069Compilado.htm.

BRASIL, República Federativa. *Lei 10.406 de 10 de janeiro de 2002.* Institui o Código Civil. Disponível em: http://www.planalto.gov.br/ccivil_03/leis/2002/L10406compilada.htm. Acesso em: 16 dez. 2019.

BRASIL. República Federativa. *Lei 10.650 de 16 de abril de 2003.* Dispõe sobre o acesso público aos dados e informações do Sisnama. Disponível em: http://www.planalto.gov.br/ccivil_03/LEIS/2003/L10.650.htm. Acesso em: 10 fev. 2020.

BRASIL, República Federativa. *Lei 12.334 de 20 de setembro de 2010.* Dispõe sobre a Política Nacional de Segurança de Barragens. Disponível em: http://www.planalto.gov.br/ccivil_03/_ato2007- 2010/2010/lei/l12334.htm. Acesso em: 28 fev. 2020.

BRASIL, República Federativa. *Lei 12.608 de 10 de abril de 2012.* Dispõe sobre a Política Nacional de Proteção e Defesa Civil – PNPDEC; Disponível em: http://www.planalto.gov.br/ccivil_03/_Ato2011- 2014/2012/Lei/L12608.htm. Acesso em: 28 fev. 2020.

BRASIL, República Federativa. *Lei 13.105 de 16 de março de 2015.* Código de Processo Civil. Disponível em: http://www.planalto.gov.br/ccivil_03/_ato2015-2018/2015/lei/l13105.htm. Acesso em: 10 dez. 2019.

BRASIL, República Federativa. *Lei Delegada 10 de 11 de outubro de 1962.* Cria a Superintendência do Desenvolvimento da pesca. Disponível em: http://www.planalto.gov.br/ccivil_03/LEIS/Ldl/Ldl10.htm. Acesso em: 23 dez. 2019.

BRASIL, República Federativa. *Projeto de Lei 5807 de 19 de junho de 2013.* Dispõe sobre atividades na mineração. Disponível em: https://www.camara.leg.br/proposicoesWeb/fichadetramitacao?idProposicao=581696. Acesso em: 10 mar. 2020.

CEPAL – Comissión Económica para América Latina y el Caribe. *Acesso a la información, la participación y la justicia em assuntos ambientales em América Latina y el Caribe: Hacia el logro de la Agenda 2030 para el desarollo sostenible.* Santiago: CEPAL, 2018b.

CEPAL – Comissión Económica para América Latina y el Caribe. *Acordo Regional sobre o acesso à informação, participação pública e acesso à justiça em assuntos ambientais na América Latina e no Caribe.* Santiago: CEPAL, 2018a.

CONAMA, Conselho Nacional do Meio Ambiente. *Resolução 9 de 1987.* Disponível em: http://www2.mma.gov.br/port/conama/legiabre.cfm?codlegi=60. Acesso em: 3 dez. 2019.

CONAMA, Conselho Nacional de Meio Ambiente. *Resolução 01, de 1986.* Dispõe sobre as diretrizes para análise de impacto ambiental. Disponível em: http://www.mma.gov.br/port/conama/legiabre.cfm?codlegi=23. Acesso em: 8 jan. 2020.

COPAM, Conselho Estadual de Política Ambiental. *Deliberação Normativa 225 de 2018.* Disponível em: http://www.siam.mg.gov.br/sla/download.pdf?idNorma=46218. Acesso em: 14 maio 2020.

DEFENSORIA PÚBLICA DE MINAS GERAIS. *Legislação.* Disponível em: https://defensoria.mg.def.br/index.php/dpmg/legislacao/. Acesso em: 19 dez. 2019.

DEPARTAMENTO NACIONAL DE PRODUÇÃO MINERAL. *Portaria 237 de 18 de outubro de 2001.* Determinar a publicação das Normas Reguladoras de Mineração – NRM. Diário Oficial da União, Brasília, 19 out. 2001. Disponível em: http://www.dnpmpe.gov.br/Legisla/Port_237_01.htm. Acesso em: 20 jan. 2020.

DEPARTAMENTO NACIONAL DE PRODUÇÃO MINERAL. *Portaria 155 de 2016.* Disponível em: http://www.dnpm.gov.br/acesso-a-informacao/legislacao/portarias-do-diretor-geral-do-dnpm/portarias-do-diretor-geral/portaria-dnpm-no-155--de-2016. Acesso em: 14 abr. 2020.

DEPARTAMENTO NACIONAL DE PRODUÇÃO MINERAL. *Normas Reguladoras da Mineração 20.* Diário Oficial da União, Brasília, 12 jan 2002. Disponível em: http://www.dnpmpe.gov.br/Legisla/Port_237_01.htm. Acesso em: 23 jan. 2020.

ENIT., Escola Nacional de Inspeção do Trabalho. *Norma Regulamentadora 13.* Disponível em: https://enit.trabalho.gov.br/portal/images/Arquivos_SST/SST_NR/NR-13.pdf. Acesso em: 14 jan. 2020.

FUNDAÇÃO ESTADUAL DO MEIO AMBIENTE. *Inventário de barragens 2015.* Disponível em: http://feam.br/images/stores/2016/residuos_mineracao/inventario2015. Acesso em: 9 dez. 2019.

FUNDAÇÃO ESTADUAL DO MEIO AMBIENTE. *Inventário de barragens 2016.* Disponível em: http://feam.br/images/stores/2017/residuos_mineracao/inventario2016. Acesso em: 19 dez. 2019.

FUNDAÇÃO ESTADUAL DO MEIO AMBIENTE. *Inventário de barragens 2017.* Disponível em: http://feam.br/images/stores/2018/residuos_mineracao/inventario2017. Acesso em: 17 dez. 2019.

FUNDAÇÃO ESTADUAL DO MEIO AMBIENTE. *Inventário de barragens 2018*. Disponível em: http://feam.br/images/stores/2019/residuos_mineracao/inventario2018. Acesso em: 19 dez. 2019.

FUNDAÇÃO ESTADUAL DO MEIO AMBIENTE. *Relatório sobre rompimento de barragem*. Notícia em 19/03/07. Disponível em: http://www.feam.br/noticias/1/183-feam-divulga-relatorio-sobre-rompimento-de--barragem. Acesso em: 19 dez. 2019.

IBAMA, Instituto Brasileiro do Meio Ambiente. *Nota Técnica 001/2016: Termo de transação e de ajustamento de conduta relativo ao rompimento da barragem do Fundão em Mariana/MG*. Disponível em: http://www.ibama.gov.br/phocadownload/noticias_ambientais/nota_tecnica_001-2016.pdf. Acesso em: 10 fev. 2020.

IPEA. Instituto de Pesquisa Econômica Aplicada. *Agenda 2030 – ODS – Metas Nacionais dos Objetivos de Desenvolvimento Sustentável*. 2019. Disponível em: http://www.ipea.gov.br/portal/index.php?option=com_content&view=article&id=33895&I temid=433. Acesso em: 20 dez. 2020.

MINAS GERAIS. *Constituição Estadual*. Disponível em: https://www.almg.gov.br/export/sites/default/consulte/legislacao/Downloads/pdfs/ConstituicaoEstadual.pdf. Acesso em: 22 jan. 2020.

MMA, Ministério do Meio Ambiente. *Declaração da Conferência de ONU no Ambiente Humano*. Estocolmo, 5-16 de junho de 1972. Disponível em: www.mma.gov.br/estruturas/agenda21/_arquivos/estocolmo.doc. Acesso em: 11 jan. 2020.

ORGANIZAÇÃO DAS NAÇÕES UNIDAS. *Declaração de Estocolmo sobre o meio ambiente humano*. Disponível em: http://www.dhnet.org.br/direitos/sip/onu/doc/estoc72.htm. Acesso em: 11 jan. 2020.

ORGANIZAÇÃO DAS NAÇÕES UNIDAS. *Declaração do Rio sobre Meio Ambiente e Desenvolvimento*. Rio de Janeiro, 1992. Disponível em: http://www.onu.org.br/rio20/img/2012/01/rio92.pdf. Acesso em: 20 jan. 2020.

RELATÓRIO DE BRUNTLAND. *Our Common Future*. Disponível em: http//:www.mudancasclimaticas.andi.org.br/node/91. Acesso em: 2 mar. 2020.

STF. *Ação Direta de Inconstitucionalidade 2943 – Distrito Federal*. Disponível em: http://redir.stf.jus.br/paginadorpub/paginador.jsp?docTP=TP&docID=9058261. Acesso em: 2 mar. 2020.